Mark Zahel

Alm- und Hüttenwanderungen
Südtirol Ost

Eisacktal, Pustertal, Dolomiten

77 ausgewählte Touren

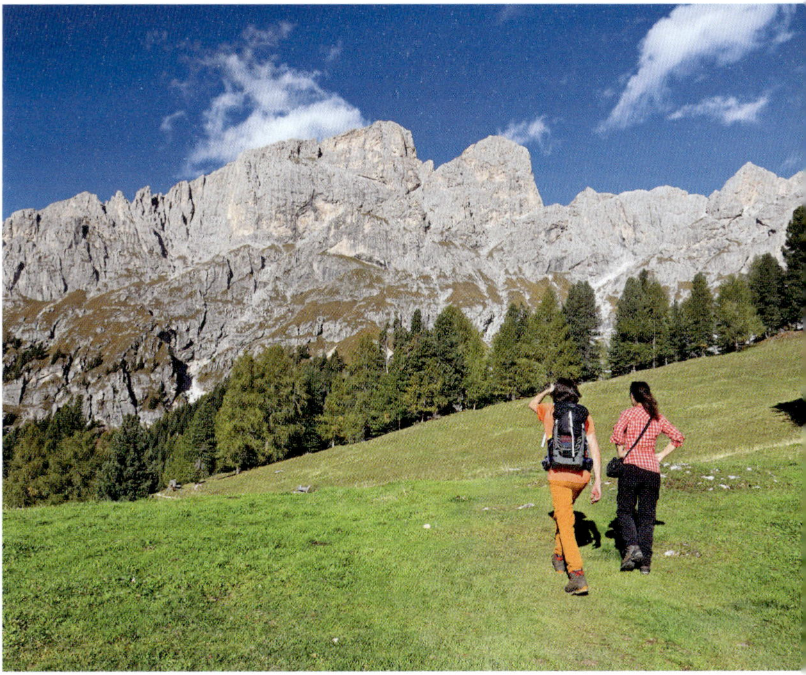

ROTHER
BERGVERLAG

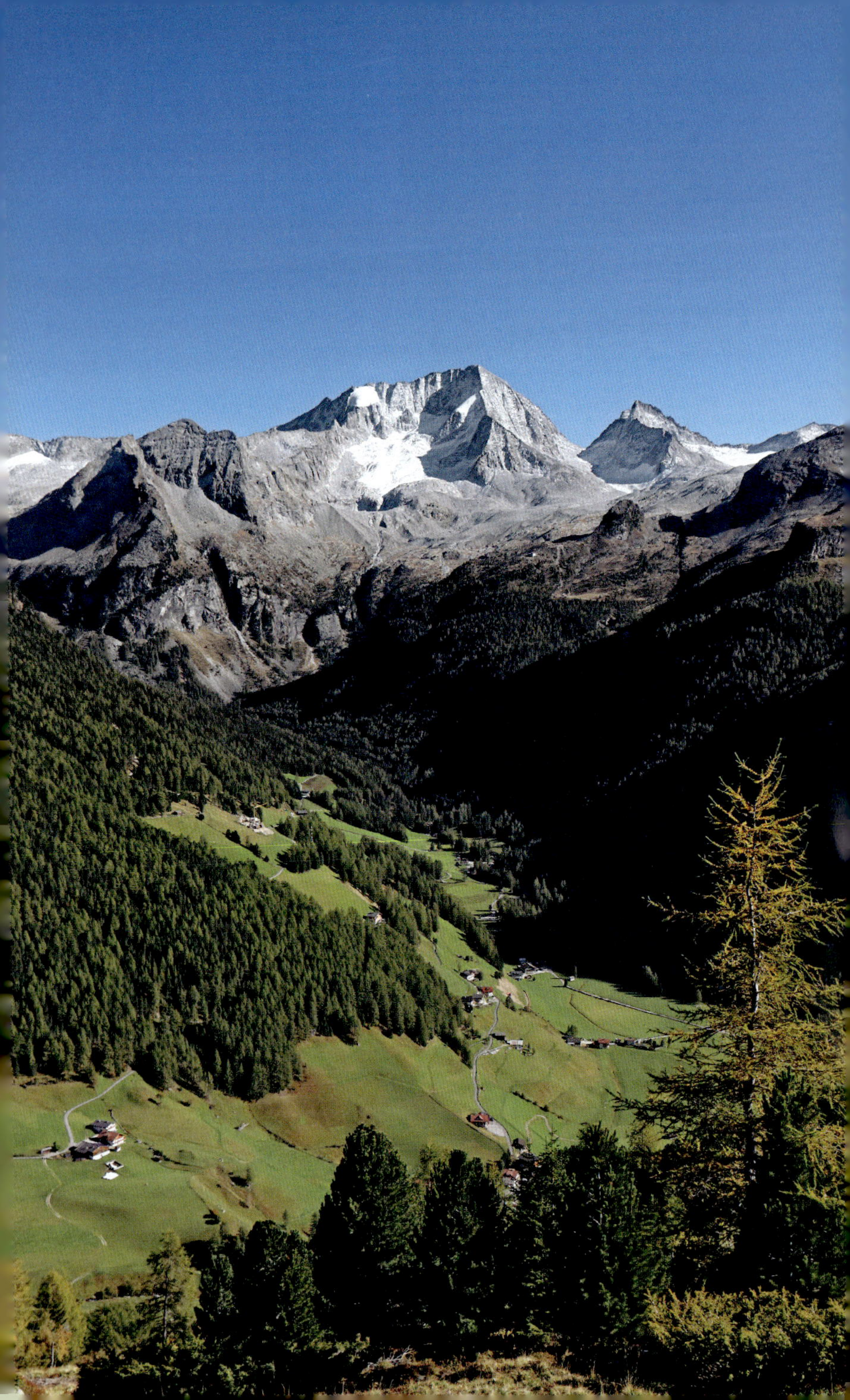

Vorwort

Wandern in Südtirol – fürwahr ein unerschöpfliches Thema! Die landschaftliche Spannbreite dieses sonnenverwöhnten Landstrichs auf der Alpensüdseite reicht von den Weinbergen und Obstgärten des Unterlandes bis zu den eisigen Höhen des Alpenhauptkammes und der Ortlergruppe, die am allerhöchsten Berg fast 4000 Meter messen. Die meisten Wanderer sind mit Vorliebe irgendwo dazwischen unterwegs und stellen traditionell gern das Genussmotto in den Vordergrund ihrer Aktivitäten. Und wo käme dieses Motto wohl besser zum Tragen als auf Streifzügen zu den zahlreichen bewirtschafteten Almen und Hütten, die mit prima Aussicht, kulinarischen Köstlichkeiten und einem herrlichen Naturerlebnis ringsum punkten?
Ein Aufstieg durch würzigen Bergwald, hinein in die ganz eigene Welt der Hochweiden, wo sich das Blickfeld allmählich weitet und die Kuhglocken meditative Klänge verströmen: Dort liegt das Ziel, an dem unsere Wünsche bereits angelangt sind, die Sehnsucht nach Idylle und Seelenfrieden oder ganz profan nach einem erfrischenden Getränk und einer herzhaften Mahlzeit. Die klassische Südtiroler Marende ist auch bei Touristen ein Evergreen, ebenso wie landestypische Fleisch- und Veggie-Gerichte ein Stück »Glück auf dem Teller« bedeuten.
Was Sie hier in den Händen halten, ist ein thematisch ausgerichtetes Wanderbuch. Es bietet keinen allgemeinen Rundumschlag an Tourenvorschlägen, sondern eine spezifische Ausrichtung auf Almen und Berghütten, die jeweils mit ihren Besonderheiten hinsichtlich Stil, Lage und Umgebung, zuweilen auch mit geschichtlichen Hintergründen, vorgestellt werden. Ergänzend zum bereits erschienenen Titel über die Westhälfte Südtirols widmet sich dieser Band den östlichen Regionen rund um Eisack- und Pustertal. Der Ostkamm der Sarntaler Alpen, die südlich des Hauptkamms gelegenen Teile der Stubaier und Zillertaler Alpen einschließlich der Pfunderer Berge, die Rieserfernergruppe und last but not least die großartigen Dolomiten – soweit sie zu Südtirol gehören – finden sich im Portfolio.
Bei den 77 konkreten Wandervorschlägen bestehen natürlich merkliche Unterschiede zwischen einem gemütlichen Almbummel und einem Aufstieg zu einer hochgelegenen Schutzhütte, der uns manchmal schon auf Augenhöhe mit stattlichen Berggipfeln bringt. Praktisch vollzählig vorgestellt werden die echten Tourenstützpunkte der Region; bei der enormen Anzahl an Almen ist indes eine großzügige Auswahl getroffen worden. Ihrer relativ geringen Anforderungen wegen eignen sich die weitaus meisten Touren für die ganze Familie, gegebenenfalls in Form einer verkürzten Variante, sofern der Nachwuchs noch nicht so ausdauernd sein sollte. Und wer die Einkehr erst nach erfolgreicher Gipfelbesteigung bevorzugt, findet auch ein paar Hinweise auf das erweiterte Tourenumfeld.
Bleibt mir, Ihnen vielfältige »Genüsse« in einer der schönsten Alpenregionen zu wünschen …

Mark Zahel

Am Reiner Höhenweg stellt sich der Hochgall zur Schau.

Inhalt

Fernblick von bestechender Schönheit beim Becherhaus.

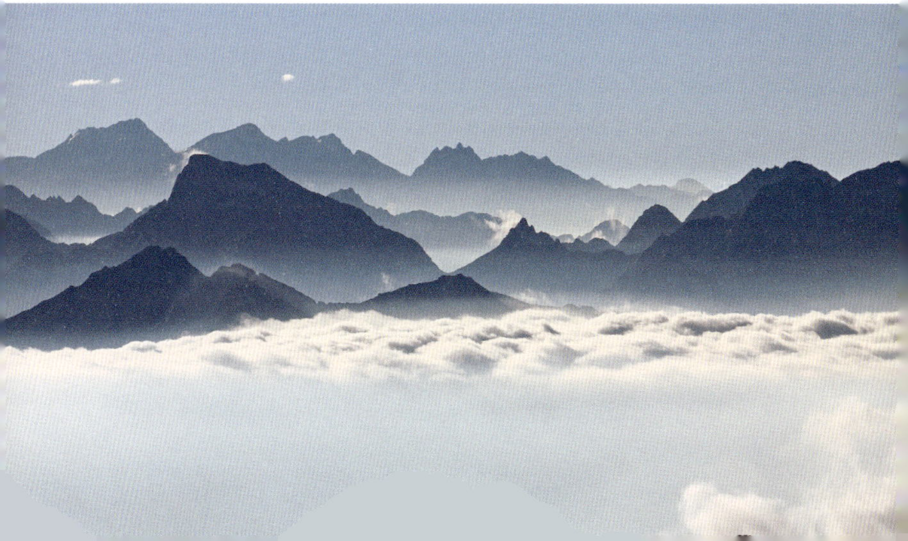

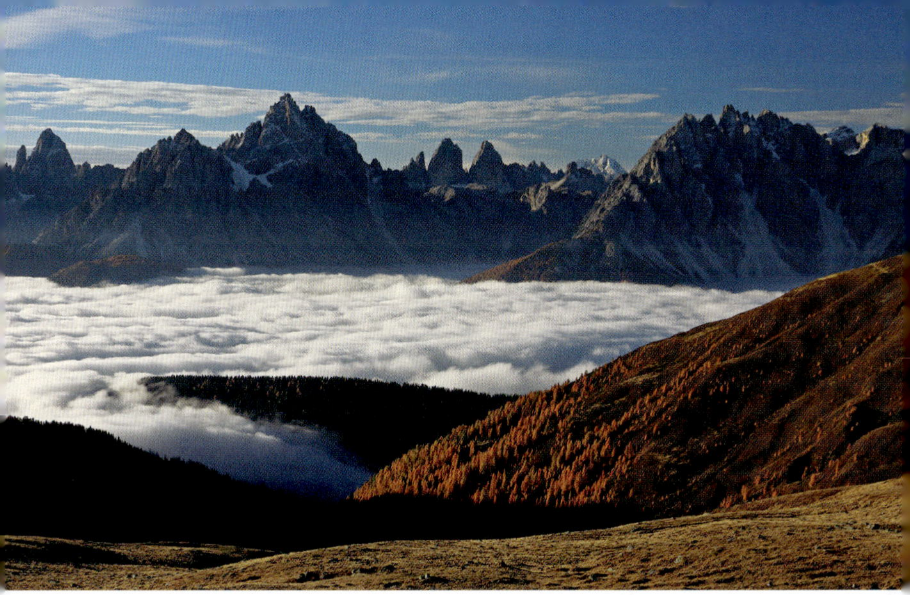

Herbstliche Nebeldecke über dem Hochpustertal; vis-à-vis ragen die Sextener Dolomiten auf.

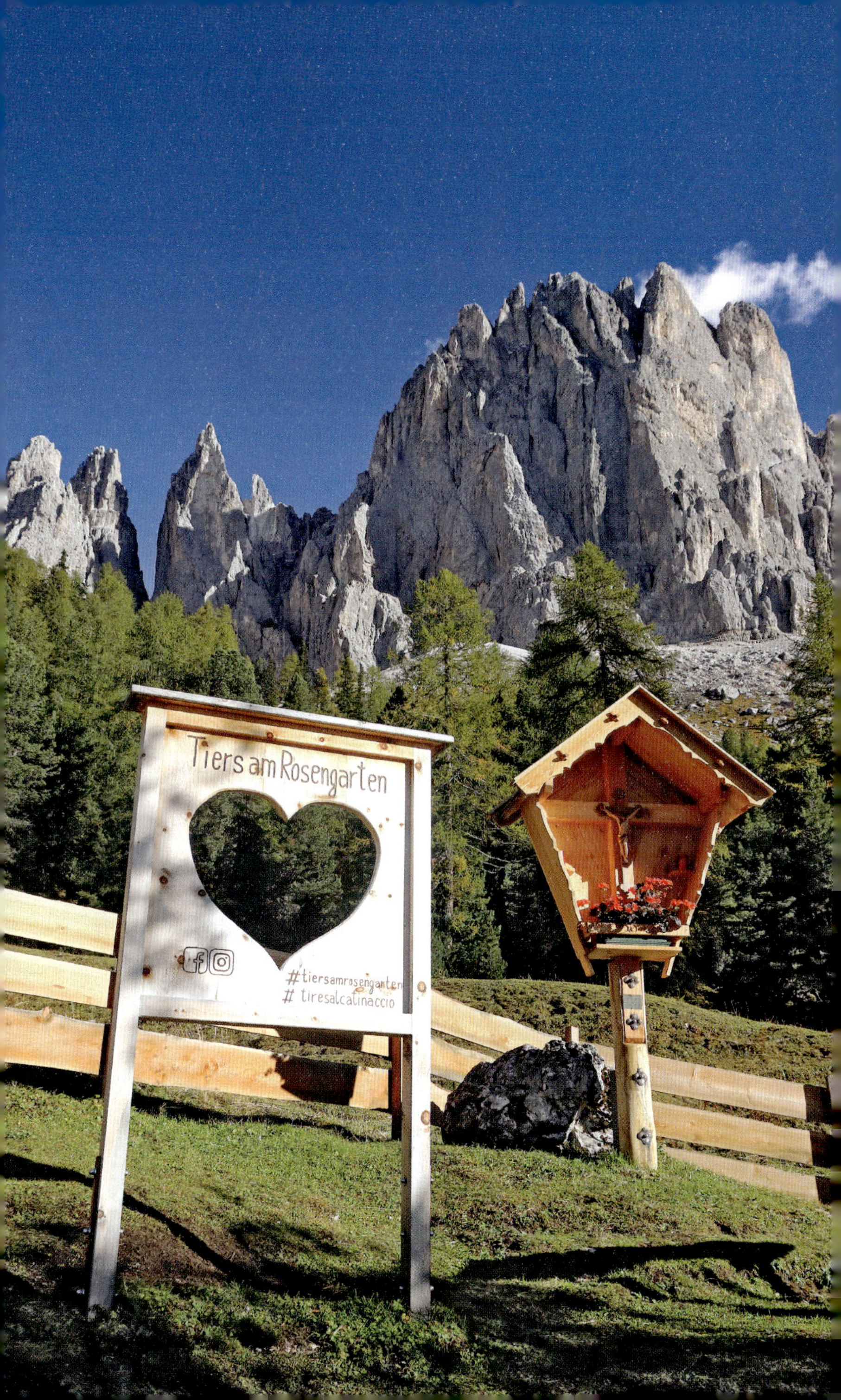
Tiers am Rosengarten
#tiersamrosengarten
tiresalcatinaccio

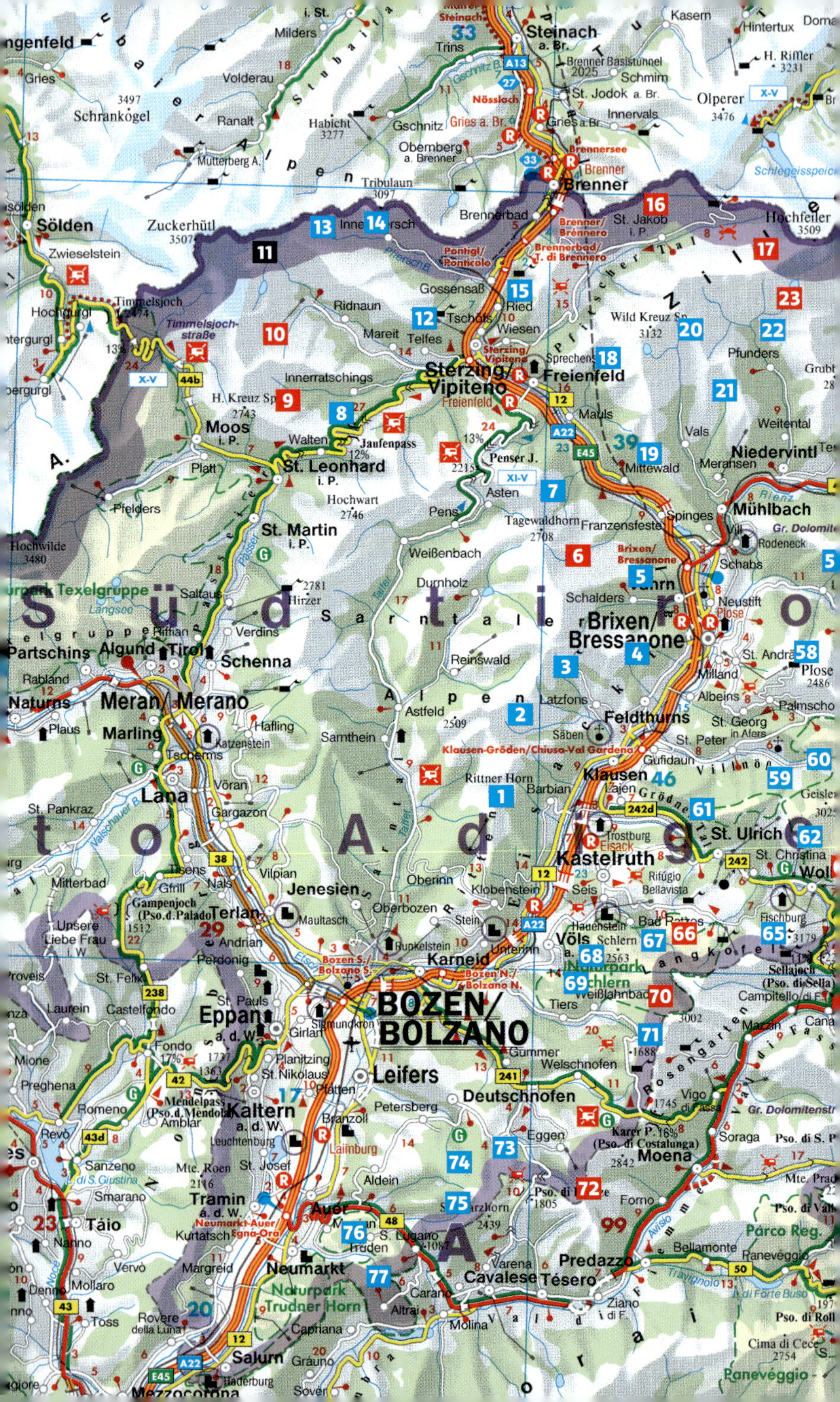

Steinach
Brenner
Sölden
Sterzing/Vipiteno
Freienfeld
Moos i. P.
St. Leonhard i. P.
St. Martin i. P.
Jaufenpass
Penser J.
Mühlbach
Franzensfeste
Brixen/Bressanone
Feldthurns
Klausen
St. Ulrich
Kastelruth
Meran/Merano
Algund
Tirol
Schenna
Partschins
Naturns
Marling
Lana
Jenesien
Terlan
Eppan a. d. W.
BOZEN/BOLZANO
Leifers
Deutschnofen
Kaltern a. d. W.
Tramin a. d. W.
Auer
Neumarkt
Salurn
Moena
Predazzo
Cavalese
Tesero
Südtirol
Alto Adige
Sarntaler Alpen
Texelgruppe
Naturpark Schlern
Naturpark Trudner Horn
Zuckerhütl 3507
Hochwilde 3480
Hochfeiler 3509
Olperer 3476
Timmelsjoch
Mendelpass
Karer P.
Vigo di Fassa
Soraga
Ortisei
St. Christina
Wolkenstein
Seis
Völs
Tiers
Welschnofen
Sarnthein
Ridnaun
Pfunders
Niedervintl
Rodeneck
Neustift
Plose 2486

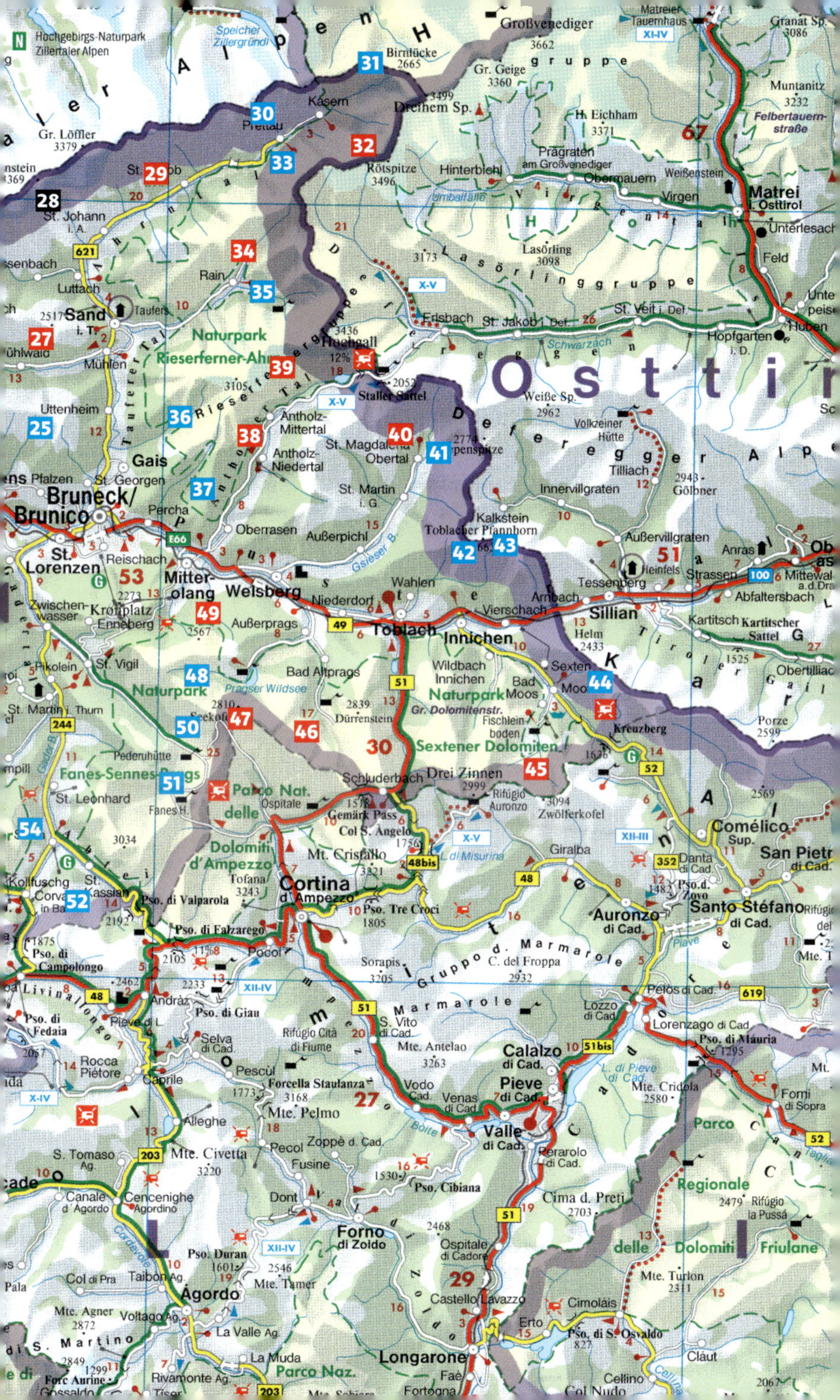

Hochgebirgs-Naturpark Zillertaler Alpen
Großvenediger
Birnlücke
Dreiherrn Sp.
Kasern
Prettau
Gr. Löffler
St. Johann
Sand i. T.
Naturpark Rieserferner-Ahrn
Hochgall
Staller Sattel
Ostti
Defregger Alpen
Uttenheim
Gais
Bruneck/Brunico
St. Lorenzen
Antholz-Mittertal
Antholz-Niedertal
St. Magdalena
Obertal
St. Martin i. G.
Oberrasen
Außerpichl
Mitter-olang
Welsberg
Niederdorf
Toblach
Innichen
Sillian
Sexten
Kreuzberg
Tessenberg
Heinfels
Außervillgraten
Innervillgraten
Kalkstein
Matrei i. Osttirol
Virgen
Lasörlinggruppe
St. Jakob i. Def.
St. Veit i. Def.
Hopfgarten i. D.
Huben
Felbertauernstraße
Naturpark Sextener Dolomiten
Drei Zinnen
Schluderbach
Parco Nat. delle Dolomiti d'Ampezzo
Fanes-Sennes-Prags
St. Vigil
Pragser Wildsee
Cortina d'Ampezzo
Pso. di Falzarego
Pso. di Valparola
Pso. Tre Croci
Pso. di Campolongo
Pso. di Giau
Misurina
Auronzo di Cad.
Santo Stéfano di Cad.
Comélico Sup.
San Pietro di Cad.
Marmarole
S. Vito di Cad.
Mte. Antelao
Calalzo di Cad.
Pieve di Cad.
Valle di Cad.
Pso. di Máuria
Forni di Sopra
Parco Regionale delle Dolomiti Friulane
Mte. Pelmo
Forcella Staulanza
Forno di Zoldo
Pso. Cibiana
Mte. Civetta
Alleghe
Caprile
Arabba
Pso. Duran
Ágordo
Cencenighe Agordino
Longarone
Pso. di S. Osvaldo
Cimolais
Erto
S. Martino
Mte. Agner

Top-Touren

Teplitzer Hütte und Becherhaus
Aus dem Ridnauntal bis ins 3000er-Niveau: der längste Hüttenweg und das höchste Schutzhaus Südtirols, allerdings auch mit abgestuften Möglichkeiten *(Tour 11, 11.30 Std.)*.

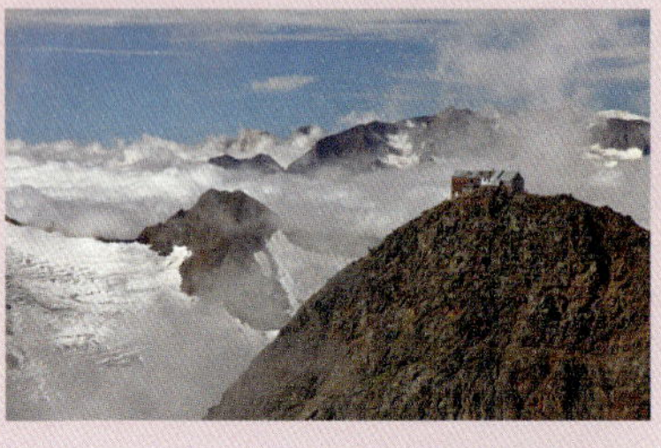

Tribulaunhütte
Uriger Alpinstützpunkt inmitten der eindrucksvollen Bergwelt über dem Pflerschtal *(Tour 14, 4.45 Std.)*.

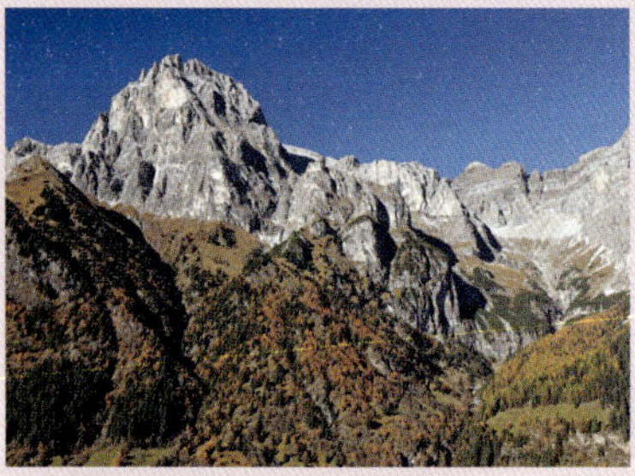

Astnerbergalm und Tiefrastenhütte
Hütte am See – stets aufs Neue eine Verlockung! Die Tiefrastenhütte in den Pfunderer Bergen zählt zu den am schönsten gelegenen im Land *(Tour 24, 4.15 Std.)*.

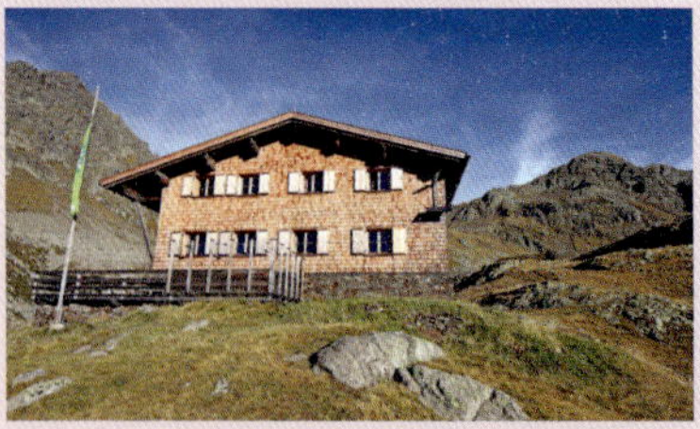

Weizgruber Alm
Herrliche Traverse auf dem Mühlwalder Almweg, der noch unverfälschten Südtiroler Charme vermittelt *(Tour 27, 5.15 Std.)*.

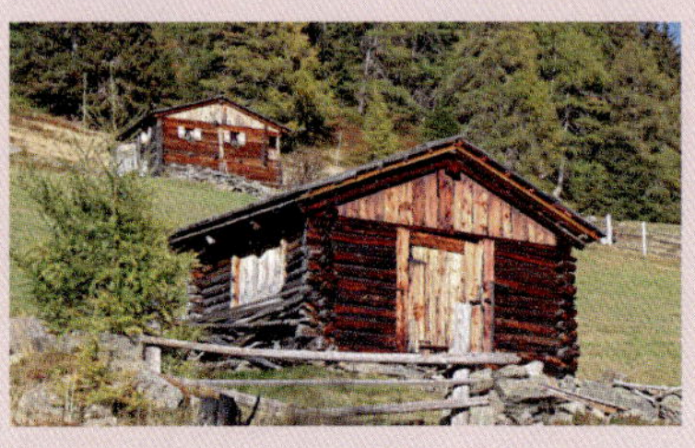

Birnlückenhütte
Der Talschluss des Ahrntals hält für kulinarische Genusswanderer die Qual der Wahl bereit – so dicht liegen hier die Jausenstationen. Für Ambitionierte geht's natürlich Richtung Birnlücke *(Tour 31, 5.20 Std.)*.

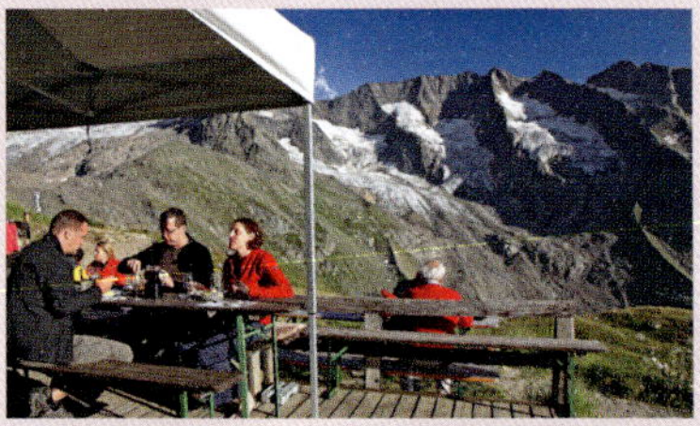

Bonner Hütte
Ein grenznaher Stützpunkt bei Toblach, der lange verwaist war, inzwischen aber wieder in neuem Glanz erstrahlt *(Tour 42, 3.45 Std.)*.

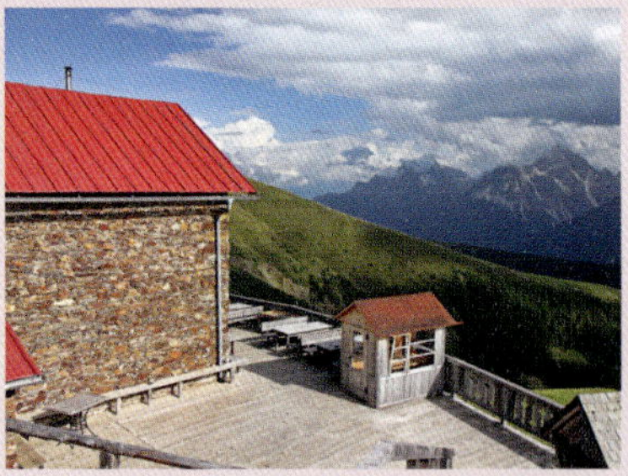

Zsigmondyhütte und Drei-Zinnen-Hütte
Populärer geht's eigentlich kaum noch, doch das Charisma der Sextener Dolomiten um Zwölfer und Drei Zinnen ist fürwahr unvergleichlich *(Tour 45, 6.45 Std.).*

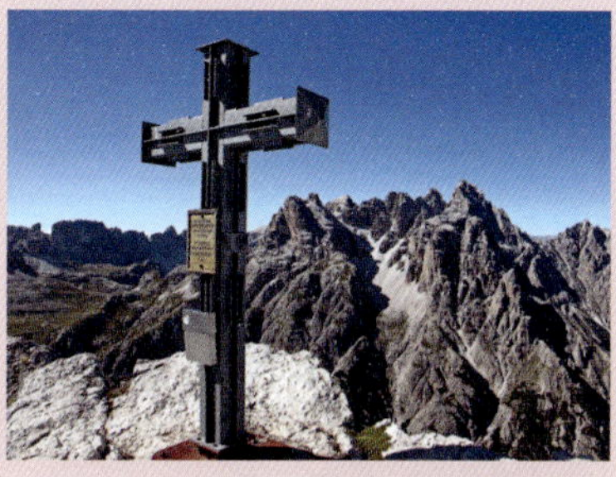

Grünwaldalm und Fojedöra-Alm
Hinein in eine idyllische Seitenkammer der Pragser Bergwelt, vom berühmten Wildsee zu einer wundervollen Hochalm *(Tour 48, 4.30 Std.).*

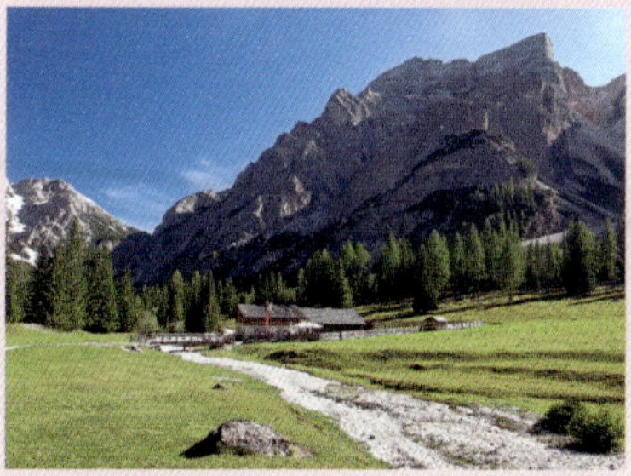

Pisciaduhütte
Inmitten der felsigen Sella-Nordfront kommen nur gestandene Bergwanderer zum Ziel – eine Hüttenwanderung mit zünftigen Kraxeleinlagen *(Tour 53, 3.45 Std.).*

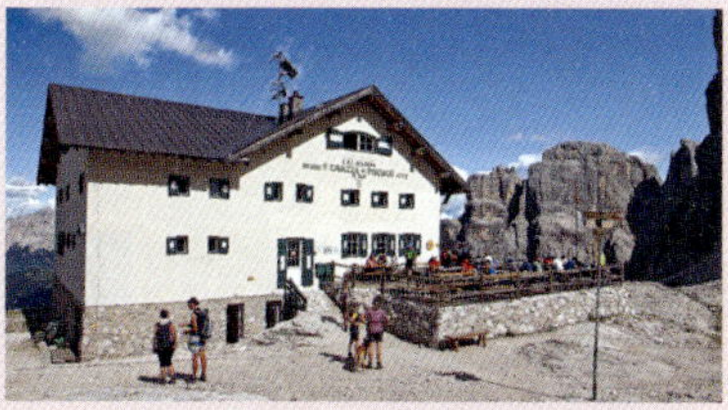

Über die Lüsner Alm
Beschauliche Höhenwanderung vor weitem Horizont, abseits jeglicher alpinen Strenge. Dabei stehen vier komfortable Almgasthäuser zur Auswahl *(Tour 57, 4.30 Std.).*

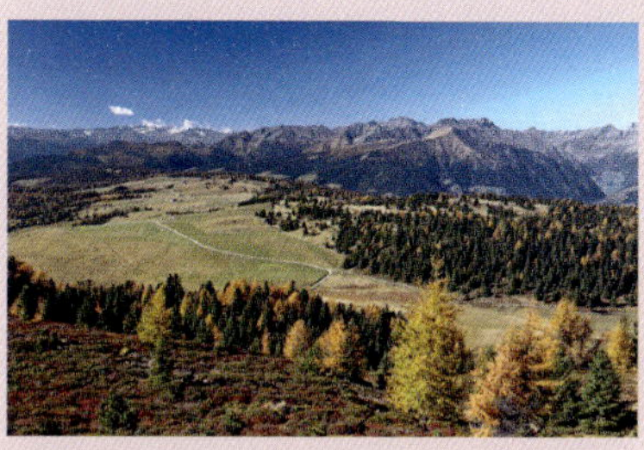

Tierser-Alpl-Hütte und Grasleitenhütte
Toller Hütten-Doppelpack über dem felsumkränzten Tschamintal, einem der eindrücklichsten Hochtäler in den Dolomiten *(Tour 70, 8.00 Std.).*

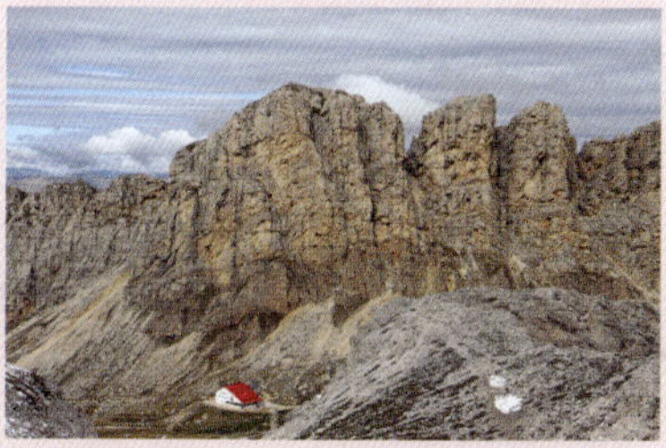

Laabalm, Neuhütt und Petersberger Leger
Das sanfte, heitere Gesicht Südtirols zeigt sich auf dem Regglberg, jener wald- und wiesenreichen Hochfläche zwischen Etsch und Dolomiten *(Tour 74, 2.15 Std.).*

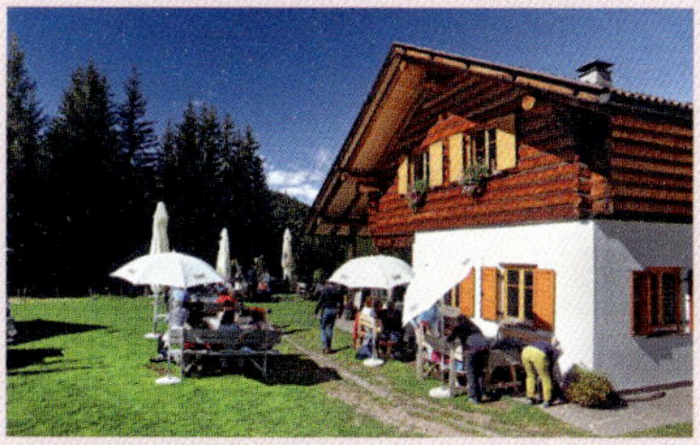

Zum Gebrauch des Buches

Auswahl der Ziele

Dieses Buch versammelt neben allen klassischen Berghütten, die meist vom Alpenverein erbaut wurden und auf alpine Touren ausgerichtet sind, auch eine große Zahl von Almen, die sich mit einem Jausenangebot auf hungrige und durstige Wanderer eingestellt haben. Bei der überwiegenden Zahl der vorgestellten Touren wird mehr als nur eine Einkehrstation berührt – in einigen Fällen sogar bis zu einem halben Dutzend! Dies ermöglicht häufig eine flexible Gestaltung, mehr noch, wenn auch Gipfelzugaben einbezogen werden, die allerdings im Kontext dieses Buches nur angerissen werden können. Dafür gibt es eigene Literatur, aus der Feder des Autors zum Beispiel den Titel »Panoramawege und Aussichtsberge Südtirol«. Stellt man mal einen Vergleich an, so fällt auf, dass sich mit den Almen und Hütten als den maßgeblichen Zielen ein durchschnittlich eher moderates Anforderungsniveau ergibt und somit eine große Gruppe von Wanderern ansprechen lässt, nicht zuletzt alle genussorientierten sowie Familien mit Kindern.

Tourenplanung

In diesem Band werden demnach fast ausschließlich Bergwanderungen von geringer bis mittlerer Schwierigkeit vorgestellt – nur einige wenige erreichen die Stufe »schwarz« der dreiteiligen Farbskala oder den Bereich T4 der differenzierten SAC-Skala. Die Touren verlaufen stets auf markierten Wegen und Steigen. Gleichwohl ist in Bezug auf Geländebeschaffenheit, Höhenlage und Marschdistanz ein gewisses Maß an Varianz zu verzeichnen, sodass jeder Nutzer mit Vorteil das persönliche Leistungsvermögen sowie die

Anheimelnd: die Hochalmhütten (Fojedöra) in den Pragser Dolomiten.

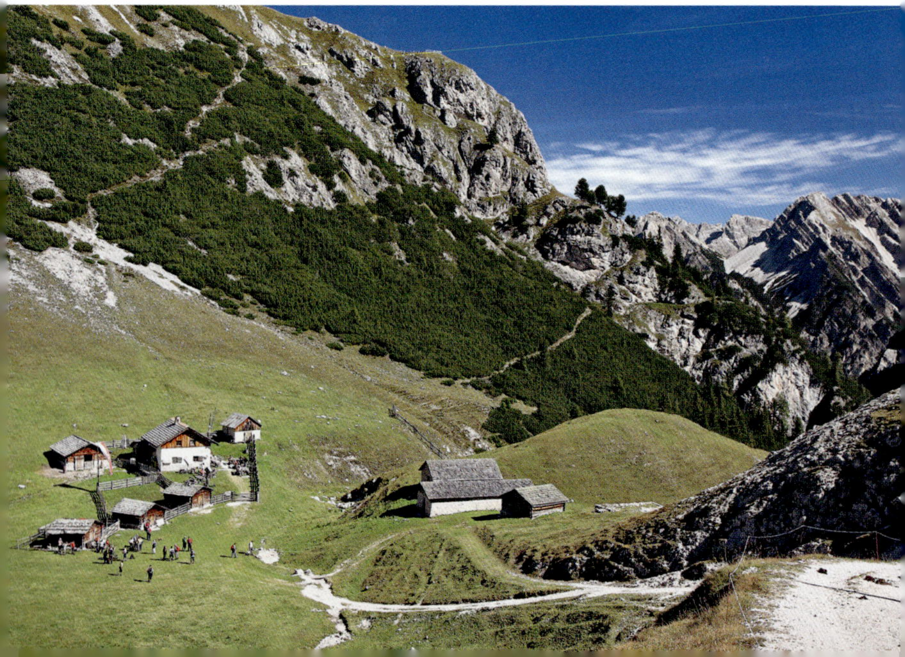

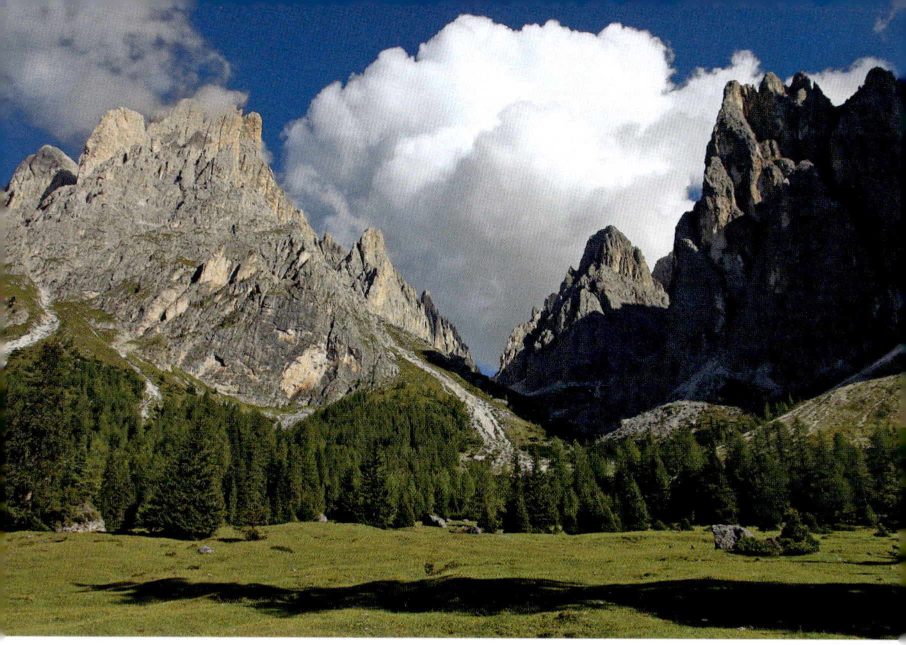

Die Langkofelgruppe bietet ein dramatisches Felsenszenario.

eigenen Vorlieben mit dem jeweiligen Tourencharakter abstimmen wird, um passende Ziele herauszufiltern. Dies ist der erste Schritt bei der Planung. Die wichtigen »Basics«, also die Parameter und Symbole im Tourenkopf, sowie die in der Kurzinfo zusammengestellten Informationen bilden die Grundlage dafür. Zum allgemeinen Verständnis lesen Sie bitte die folgenden Erläuterungen.

Parameter

Auf den ersten Blick erkennbar sind die Angaben für Gehzeit, Strecke sowie Höhenmeter im Auf- und Abstieg hervorgehoben. Sie beziehen sich jeweils auf die komplette Tour. Möchte jemand nur eine Teilstrecke begehen (etwa bis zu einer bestimmten Jausenstation), können die Daten recht gut aus dem Höhenprofil abgeleitet werden.

Um möglichen Missverständnissen vorzubeugen, eine wichtige Erklärung zur Gehzeit: Diese Angabe ist stets als reine Marschdauer ohne Pausen zu verstehen, gemessen an einem Normalwanderer mit solider Grundkondition, aber ohne übertriebenen sportlichen Anspruch. Als Faustregel werden je nach Gelände im Aufstieg rund 300 bis maximal 400 Höhenmeter pro Stunde zugrunde gelegt, im Abstieg etwa das 1,5-fache. Auch wenn mit der Tourenauswahl vor allem Genusswanderer, deren Gehtempo oft nicht besonders hoch sein mag, angesprochen sind, wird die übliche Systematik der Rother-Wanderbücher dahingehend nicht aufgeweicht. Schließlich soll ja auch eine titelübergreifende Vergleichbarkeit verschiedener Touren gewährleistet bleiben.

In der Praxis kann es – je nach Fitness und Leistungsvermögen – selbstverständlich eine erhebliche Streuung geben, nicht zuletzt durch wetter- oder geländebedingte Erschwernisse (z.B. Hitze, Nässe). Auch Faktoren wie Rucksackgewicht und Gruppengröße

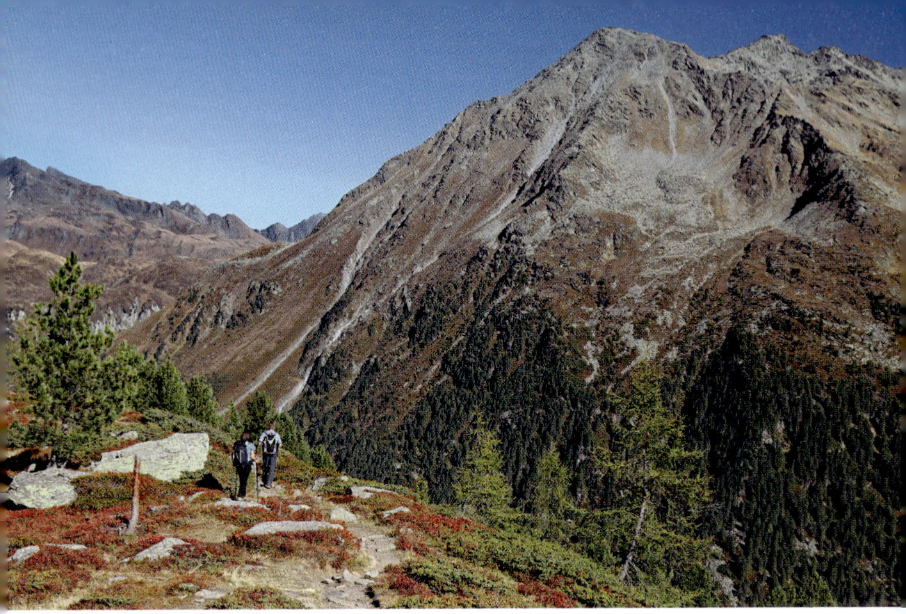

Über dem Knuttental verläuft der Reiner Höhenweg von Alm zu Alm.

bzw. -zusammensetzung wirken sich aus. Man sollte daher nach einigen Erfahrungen mit dem Buch seinen persönlichen »Zeitmaßstab« herausfinden und berücksichtigen. Gerade mit Kindern ist es zudem sinnvoll, deutlich längere Verweilzeiten auf der Strecke einzuplanen.

Symbole

Diese werden auf der Umschlagklappe definiert und vermitteln einige grobe Grundkriterien.

- Ist die Tour mit öffentlichen Verkehrsmitteln durchführbar? Das Symbol taucht auch auf, wenn ein vertretbar kurzer, zusätzlicher Fußmarsch von der nächsten Bushaltestelle bis zum empfohlenen Parkplatz (Ausgangspunkt) notwendig ist.
- Können Aufstiegshilfen (Seilbahn bzw. Sessellift) genutzt werden? Manchmal ist dies obligatorisch in die Routenbeschreibung integriert, manchmal wird nur die Option angesprochen.
- Fast immer lassen sich unsere Alm- und Hüttenwanderungen als familientauglich einstufen, sodass dieses Symbol in aller Regel gesetzt ist.
- Das Einkehrsymbol ist verständlicherweise überall vorhanden, das Übernachtungssymbol, sofern eine entsprechende Möglichkeit besteht (beim Hauptziel oder einem relevanten Nebenziel).
- Wie häufig wird die Tour begangen? Es kann natürlich nur eine tendenzielle Angabe erfolgen, die bei unserer Thematik zumeist ziemlich hoch angesetzt werden muss. Man bedenke dabei freilich die generelle Diskrepanz zwischen Werk- und arbeitsfreien Tagen respektive zwischen Haupt- und Nebensaison.
- Das Mountainbike-Symbol erscheint, wenn das Haupt- oder Nebenziel prinzipiell mit dem Bike erreichbar ist (also ohne Singletrails oder dergleichen). Das bedeutet jedoch nicht automatisch, dass dies auch über die beschriebene Rou-

te geschieht – mitunter steht dem Mountainbiker jedoch eine Alternativstrecke (i.d.R. ein befestigter Wirtschaftsweg) zur Verfügung.

■ Das Klettersteig-Symbol bezieht sich auf gesicherte Abschnitte, die über vereinzelte kurze Drahtseilstellen hinausgehen. Für Hüttenwege ist dieser Punkt nur äußerst selten relevant.

■ Ist die Hütte oder Alm auch im Winter bewirtschaftet? Falls ja, achte man jedoch auf die konkreten Angaben im Kasten »Einkehr«. Bei verschiedenen Zielen kann dies nämlich differenziert sein, außerdem bedeutet es nicht, dass die gesamte Tour im Winter problemlos gangbar ist (sondern u.U. auch nur ein Teilstück).

Ausgangspunkt

Dort startet man zu Fuß (als erster Wegpunkt deklariert und in den Tourenkarten zudem mit einem roten Kreis gekennzeichnet). Falls die Zufahrt nicht offensichtlich ist, wird sie in kompakter Form aufgezeigt. Zudem wird ein Hinweis auf die öffentlichen Verkehrsmittel gegeben. Bei bestimmten Touren können oder sollen Seilbahnen für den Einstieg genutzt werden. Dafür beachte man die Betriebszeiten.

Anforderungen

Dieser sehr wichtige Punkt gibt über Beschaffenheit der Wege bzw. des Geländes, über besonders relevante Schwierigkeiten sowie an Begeher gestellte Voraussetzungen Auskunft. All dies gründet sich allein auf objektive Kriterien und daher immer auf die Annahme günstiger Verhältnisse. Dass beispielsweise schlechtes Wetter die Anforderungen merklich erhöhen kann, muss jeder selbst einkalkulieren.

Die Summe dieser Fakten bestimmt die Gesamteinschätzung, die einerseits durch die Anwendung der differenzierten, vom Schweizer Alpenclub (SAC) etablierten Wanderskala und andererseits durch die Farbe der Tourennummer gekennzeichnet wird. Dabei bezieht sich die Gesamtbewertung stets auf die vollständige

Rauschende Wasserkaskaden am Zillertaler Hauptkamm (Trippachkar).

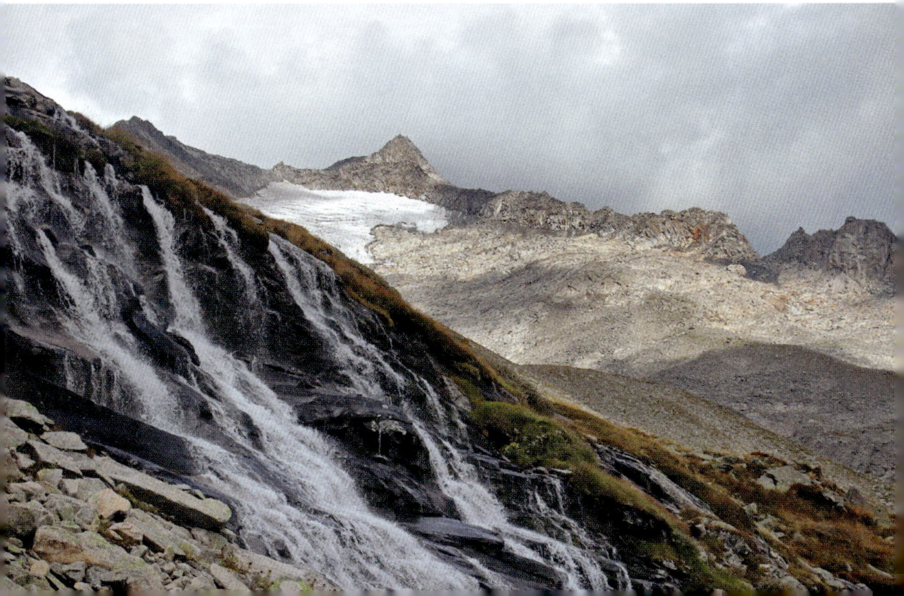

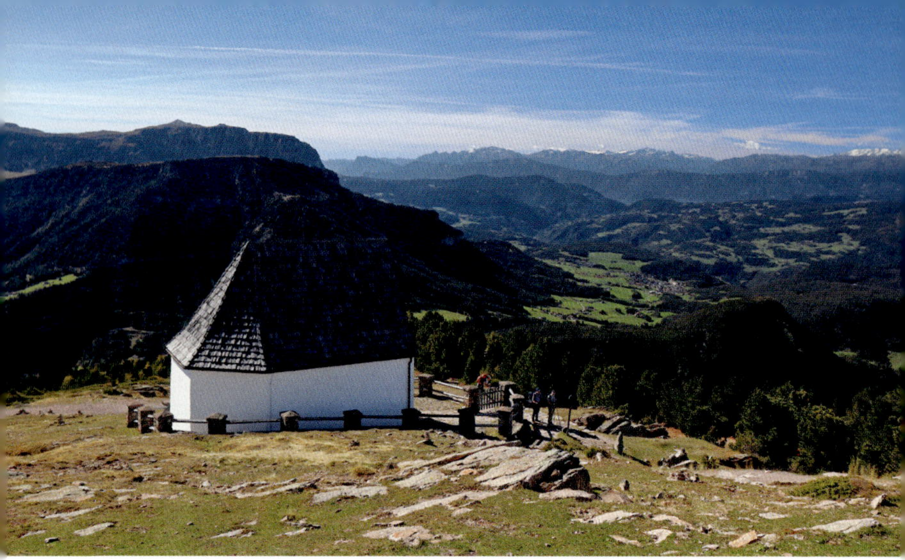

Bei Heiligkreuz an der Raschötz genießen wir den weiten Horizont.

Tour, während Teilstrecken durchaus leichter sein können (interessant wiederum im Hinblick auf eine flexible Tourenplanung). Farblich werden drei Anforderungsniveaus unterschieden:

■ Leicht

Bergwanderung auf gut ausgebauten und markierten Wegen von meist nur mäßiger Steilheit. Passagen in abschüssigem Gelände sind, wenn überhaupt, die Ausnahme. Besondere Bergerfahrung ist nicht notwendig, gelegentlich kann ein Grundmaß an Trittsicherheit vorteilhaft sein. Auch konditionell nicht überdurchschnittlich fordernd.

■ Mittel

Wege und Bergpfade, die solide Trittsicherheit erfordern, in ausgesetztem Terrain auch Schwindelfreiheit. Sie sind in der Regel ausreichend markiert, weisen aber nicht selten schmalen Verlauf auf und können stellenweise gesichert sein. Im alpinen Gelände nimmt die Abhängigkeit von den herrschenden Verhältnissen zu, was alles in allem ein gewisses Maß an Bergerfahrung verlangt. Ist bei technisch leichteren Routen allein der konditionelle Anspruch hoch, wird ebenfalls in diese Kategorie eingestuft.

■ Schwierig

Anspruchsvollere Bergtouren in oft hochalpinem Gelände, die streckenweise weglos bzw. unmarkiert verlaufen können. Mitunter ist Kletterei erforderlich (im unteren Schwierigkeitsgrad I, ausnahmsweise bis II, gegebenenfalls auch klettersteigartige Passagen). Absolute Trittsicherheit und Schwindelfreiheit sind ebenso unerlässlich wie umfassende alpine Erfahrung. Aufgrund von Höhe und Schwierigkeit der Ziele ist hier die Abhängigkeit von Wetter und Verhältnissen besonders zu beachten.

Die Wanderskala des SAC umfasst insgesamt sechs Stufen, wobei sich typische Hüttenwege meist im Bereich zwischen T1 und T3 abspielen. Bis T2 gilt üblicherweise die Einstufung »blau«, spätestens ab T4 »schwarz«. Etwaige Anpassungen können manchmal aufgrund besonderer konditioneller Ansprüche erfolgen.

Die Schwierigkeitsskala nach Muster des SAC

Grad	Weg, Gelände	Anforderungen
T1 Wandern	Weg gut gebahnt, Gelände flach oder leicht geneigt, keine Absturzgefahr.	Keine Anforderungen, auch mit Turnschuhen geeignet, Orientierung problemlos.
T2 Bergwandern	Weg mit durchgehender Trasse, Gelände teilweise steil, Absturzgefahr nicht völlig ausgeschlossen.	Etwas Trittsicherheit, Trekkingschuhe empfehlenswert, elementares Orientierungsvermögen.
T3 Anspruchsvolles Bergwandern	Weg nicht unbedingt durchgehend, ausgesetzte Stellen evtl. gesichert, ggf. etwas Händeunterstützung, Geröllflächen, einfache Schrofen.	Gute Trittsicherheit, Trekkingschuhe, elementare alpine Erfahrung, durchschnittliches Orientierungsvermögen.
T4 Alpinwandern	Weg nicht zwingend vorhanden, stellenweise leichte Kletterei, Gelände recht exponiert, heikle Grashalden, Schrofen, Firnfelder.	Vertrautheit mit exponiertem Gelände, solide alpine Erfahrung, gutes Orientierungsvermögen.
T5 Anspruchsvolles Alpinwandern	Teils weglos mit Kletterpassagen im I. Grad, evtl. nicht markiert. Häufig exponiertes bzw. heikles Gelände.	Gute alpine Erfahrung und sicheres Beurteilungsvermögen auch im hochalpinen Gelände.
T6 Schwieriges Alpinwandern	Meist weglos und in der Regel nicht markiert. Kletterpassagen bis II bei diffizilen Rahmenbedingungen.	Umfassende alpine Erfahrung inkl. grundlegender Kletterkenntnisse.

Inmitten einer herbschönen Dolomiten-Landschaft ist unterhalb der Pareispitze die Faneshütte zu erkennen.

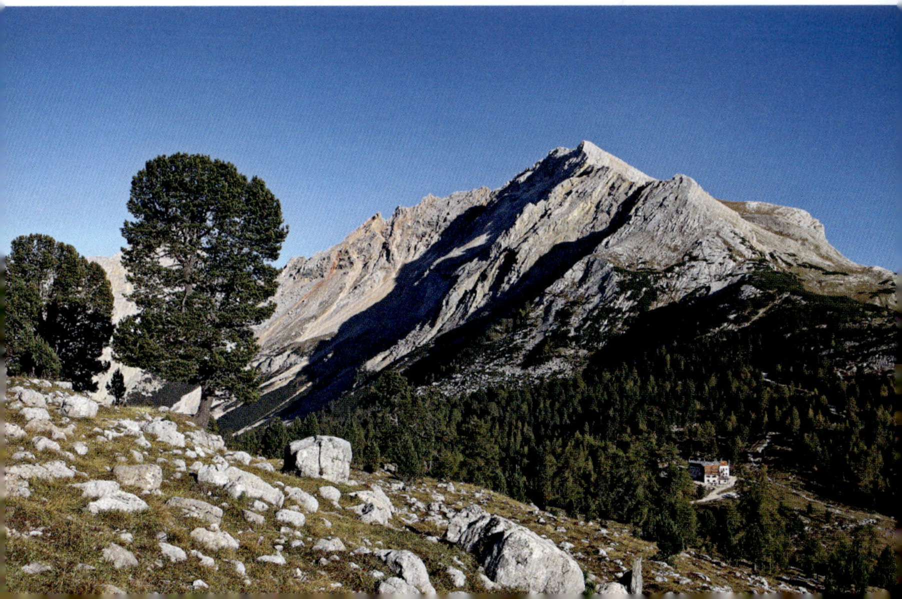

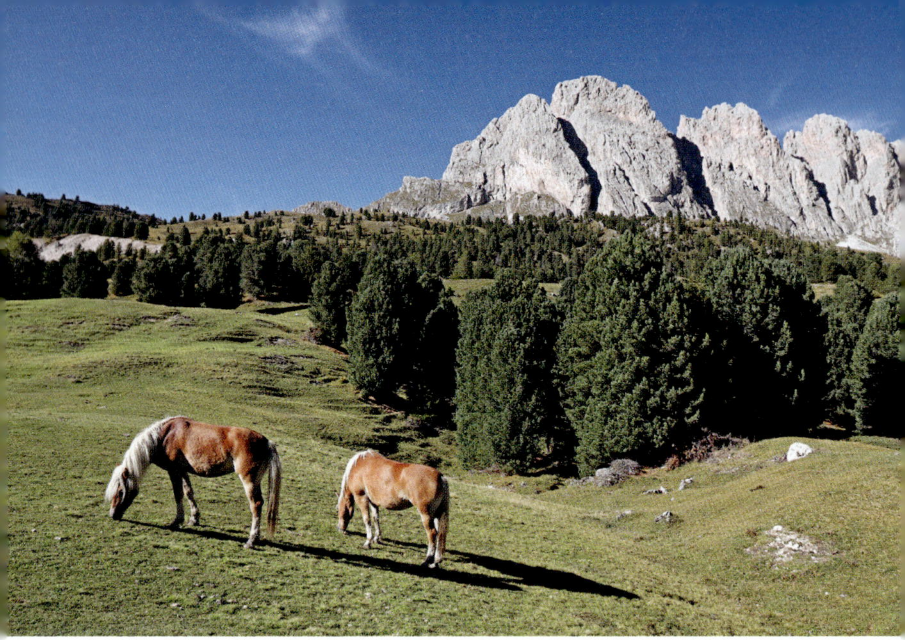

Sommerweiden auf der Cisles-Alm.

Varianten

Auf andere sinnvolle Gestaltungsmöglichkeiten in Zusammenhang mit der betreffenden Tour wird in kompakter Form hingewiesen.

Wanderung durchs Fanes-Hochtal.

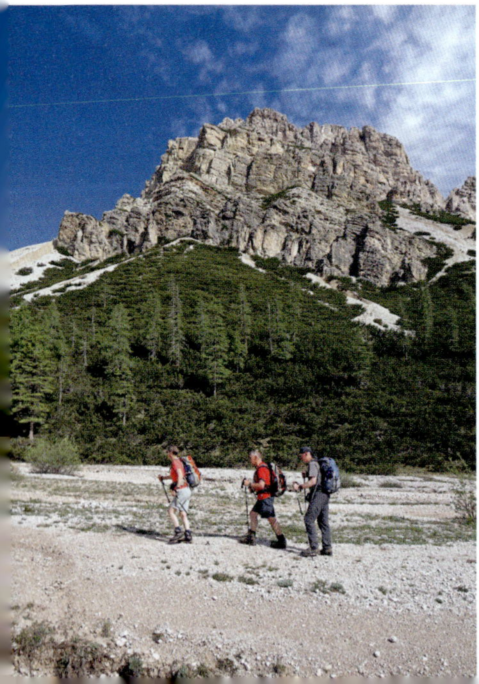

Karten

Die Mitnahme einer Wanderkarte empfiehlt sich grundsätzlich bei jeder Tour. Standardmäßig genannt werden hier die Karten von Tabacco, welche für Südtirol flächendeckend im Maßstab 1:25.000 vorliegen. Normalerweise sind auch die Höhenangaben daraus entnommen, vorbehaltlich einiger widersprüchlicher Fälle. Integraler Bestandteil dieses Buches sind Ausschnitte aus den Karten von Freytag & Berndt, deren Originalblätter im Handel allerdings nur noch teilweise verfügbar sind.

Einkehr

Zumal die Berg- und Almhütten in diesem Buch absolut im Mittelpunkt stehen, werden die entsprechenden Basis-Informationen dazu aus dem Tourensteckbrief herausgezogen und prominenter in einem eigenen

GPS-Tracks und Koordinaten der Ausgangspunkte

Auf **gps.rother.de** stehen zu diesem Wanderbuch GPS-Tracks und die Koordinaten der Ausgangspunkte zum kostenlosen Download bereit. Dieser QR-Code führt direkt zum Download.
1. Auflage, Passwort: 331601map
Die GPS-Tracks können in die **Rother App** importiert werden. In der App kann man unterwegs stets sehen, wo man gerade ist und wo es langgeht. **Anleitungen dazu: rother.de/gps**
Trotz sorgfältiger Prüfung können wir Fehler und zwischenzeitliche Veränderungen nicht ausschließen. Verlassen Sie sich für die Orientierung niemals einzig und allein auf die GPS-Daten, sondern beurteilen Sie die Verhältnisse vor Ort.

Kasten präsentiert, und zwar in ablaufgerechter Reihenfolge. Man findet Angaben zur Bewirtschaftungszeit (die allerdings von Jahr zu Jahr etwas variieren kann) und zu Übernachtungsmöglichkeiten, außerdem Telefonnummern und Internetadressen. Damit kann man also auch Kontakt aufnehmen, um sich wegen der tatsächlichen Öffnung zu vergewissern, über die aktuellen Verhältnisse zu erkundigen und vor allem auch, um Schlafplätze zu reservieren.

Touren

In einem speziellen Kasten wird stichwortartig auf die erweiterten Tourenmöglichkeiten von einer Hütte aus eingegangen. Die Auswahl muss auf wichtige und bevorzugt auf Normalwanderer zugeschnittene Vorschläge beschränkt bleiben. Inkludiert sind kompakte Hinweise zu den wichtigsten Basics »Schwierigkeit« (T-Skala) und Gehzeit. Dabei gilt für Gipfeltouren die einfache Aufstiegszeit!

Am Tiefrastensee entdecken wir einen besonders schönen Hüttenstandort.

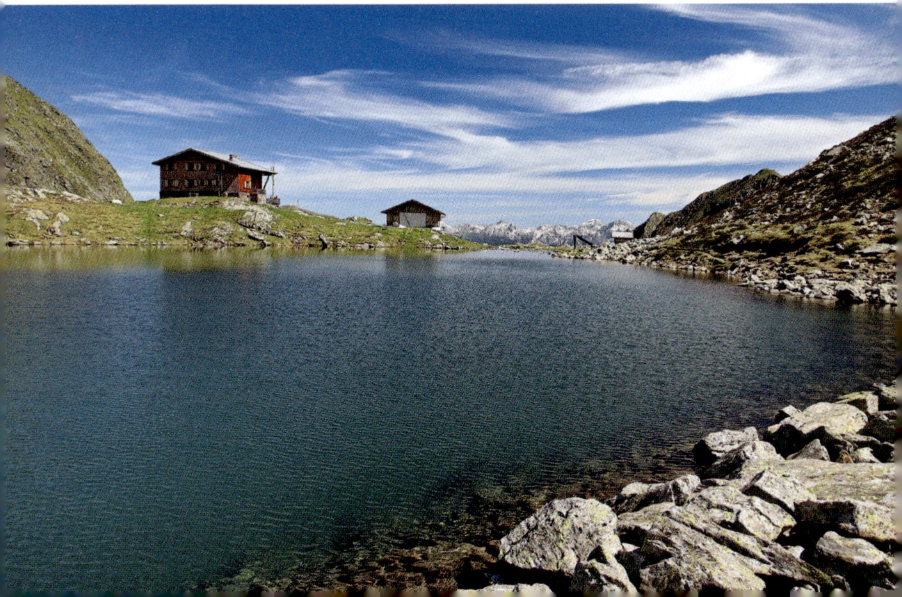

Allgemeine Hinweise

Hüttengeschichte

Mit der Zielsetzung, das Unterwegssein im Gebirge zu fördern und erleichtern, wurde vom in der zweiten Hälfte des 19. Jahrhunderts gegründeten Alpenverein allmählich eine touristische Infrastruktur in Form von Hütten und Wegen aufgebaut. Zu jener Zeit herrschte eine regelrechte Aufbruchsstimmung. Verschiedene Sektionen – teils ortsansässig, oft aber aus fernen deutschen Städten – gingen mit Eifer ans Werk und errichteten die meisten alpinen Stützpunkte in der Zeit von etwa 1875 bis zum Ersten Weltkrieg. Als Südtirol danach dem italienischen Staat angegliedert wurde, hatte dies auch für die Hütten einschneidende Konsequenzen, die sich in teilweise turbulenten Chroniken nachvollziehen lassen. Zumeist übernahm der CAI die Führung und bemühte sich um eine Fortführung der bergsteigerischen Traditionen. Bei einer ganzen Anzahl lief die Konzession dafür im Jahr 2010 aus, nachdem diese Häuser bereits 1999 eigentumsrechtlich an die Autonome Provinz Südtirol gefallen waren. Land, AVS und CAI bilden heute eine Körperschaft, die für das Aushandeln von Pachtverträgen oder notwendige Sanierungsmaßnahmen zuständig ist.

Traditionelle Südtiroler Küche

Auf den meisten Alm- und Berghütten kommen landestypische bzw. traditionelle Südtiroler Gerichte auf den Teller – gern wird mit ebendiesen Attributen sogar geworben. Doch was verbirgt sich eigentlich dahinter? Auch wenn der Einfluss aus dem italienischen Süden in den letzten Jahrzehnten sicher zugenommen hat, bestehen in der Südtiroler Küche traditionell mehr Gemeinsamkeiten mit dem alpenländischen Norden sowie die Überlieferung einer bodenständigen Bergbauernküche.
Ein gängiger Begriff ist die Südtiroler Marende, die meist nachmittags als

Dolomiten wie aus dem Bilderbuch: Büllelejochhütte mit Zwölferkofel.

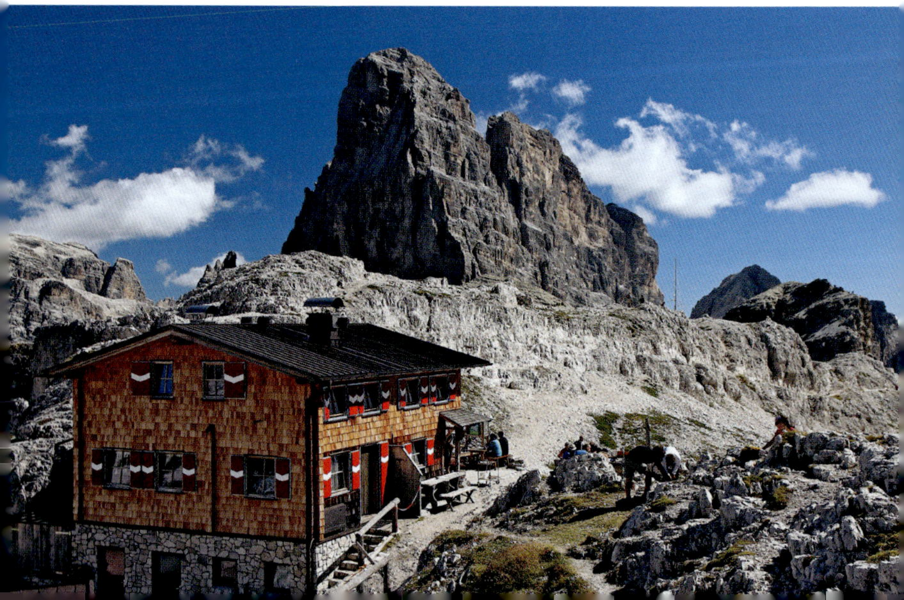

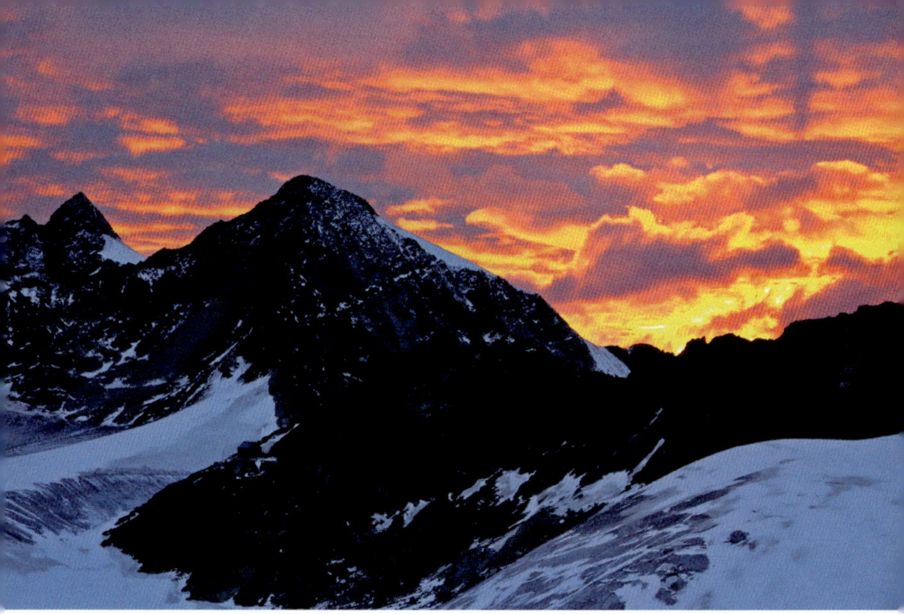

Das letzte Tageslicht über Zuckerhütl und Wildem Pfaff, eingefangen am Becherhaus.

Zwischenmahlzeit genossen wird, aber zuweilen auch den Gehalt einer Hauptmahlzeit annehmen kann. Wichtigster Bestandteil ist der Speck, daneben werden Kaminwurzen, Almkäse und Aufstriche gereicht, eine Garnitur mit Gurken, eingelegtem Gemüse und Kren (Meerrettich); im Körberl befinden sich meist das knusprige Schüttelbrot und die typischen Vinschgerlen, die als Paar gebacken schon mindestens seit dem 13. Jahrhundert überliefert sind. Eine reduziertere Form findet sich als Speck- oder Kasbrettl häufig auf Almen.

Bleiben wir doch noch kurz beim Käse: Fast 100 Sorten von Kuh, Schaf und Ziege werden in Südtirol hergestellt. Neben dem klassischen Bergkäse ist der Graukäse, der aus der Sauermilch bei der Butterherstellung gewonnen wird, sehr bekannt. Eine geschützte Ursprungsbezeichnung trägt der »Stilfser«, da die Rohmilch garantiert zu 100 Prozent von Südtiroler Bergbauernhöfen stammt.

Nun aber in die warme Küche, angefangen bei den Suppen: Althergebrachte Rezepte sind die Mehl- oder Brennsuppe sowie die gehaltvolle Gerstsuppe, die meist beim Törggelen gegessen wird. Auf Hütten findet man nahezu überall eine Knödelsuppe, womit natürlich ein ganz zentraler Bestandteil der Südtiroler Küche angesprochen ist. Denn Knödel bzw. Nocken in den verschiedensten Formen sind von der Speisekarte einfach nicht wegzudenken. Am geläufigsten sind wohl Speck- und Käseknödel, besonders herzhaft die Kaspressknödel, weiters Leber-, Spinat- oder raffinierte Kräuterknödel. Wer sich schwer entscheiden kann, sollte vielleicht ein Knödeltris bestellen und kann dann gleich drei verschiedene Sorten auf einmal probieren. Falls man noch irgendwo Schwarzplentene Knödel antrifft, hat man Glück – sie sind aus Buchweizen gemacht, der sonst auch bei einigen Süßspeisen Verwendung findet, in Tortenform oder als Schwarzplentener Riebl.

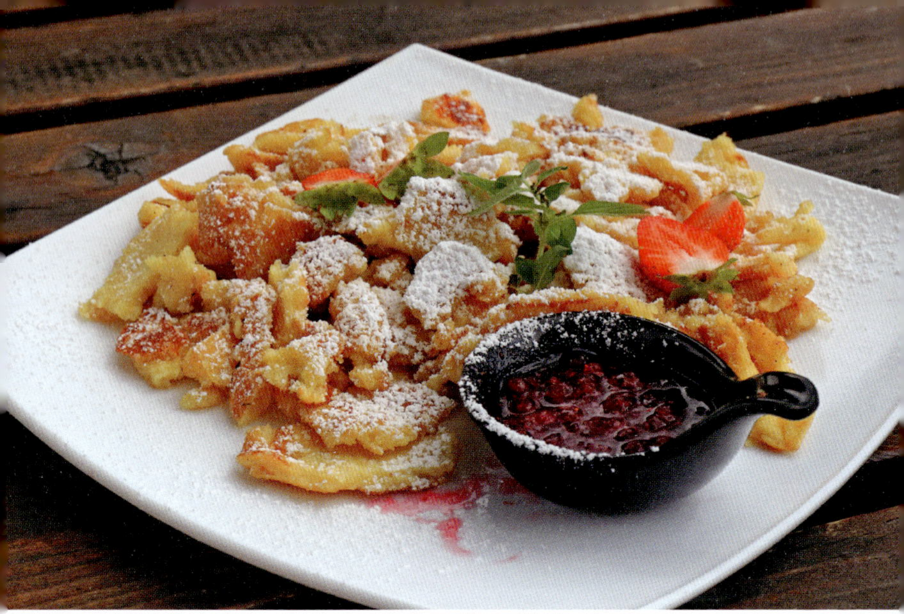

Klassiker unter den Süßspeisen: Kaiserschmarrn.

Nudelgerichte sind wahrscheinlich in jeder kulinarischen Angebotspalette mehr oder weniger Selbstläufer, zudem sehr variabel in der kreativen Ausgestaltung. Gleichsam nach »Art des Hauses« bekommt man auf vielen Hütten die schmackhaften Hirtenmakkaroni, gelegentlich auch Schupfnudeln oder die beliebten Schlutzkrapfen, meist mit Spinat und Topfen gefüllte Teigtaschen, die mit brauner Butter und Parmesan serviert werden.

Auch wenn beim Fleisch mit dem Wiener Schnitzel vielerorts längst der »Mainstream« Einzug gehalten hat, bietet Südtirol natürlich auch einige stärker regional geprägte Gerichte: ein Bauernbratl von der Schweinerippe etwa, Schöpsernes, Lammbraten und diverse Wildspezialitäten. Gemüse- und Salatbeilagen orientieren sich ebenfalls wieder vermehrt an regionalen und saisonalen Aspekten. Am wichtigsten sind die Erdäpfel (Kartoffeln), deren heimisches Hauptanbaugebiet im Pustertal liegt, und der Weißkohl, der meist zu Sauerkraut verarbeitet wird. Manche Almbetriebe haben auch Freude daran, ihren eigenen Kräutergarten zu pflegen und damit die Speisen individuell zu verfeinern. Man sollte das durchaus würdigen!

Echt tirolerisch: Kaspressknödelsuppe mit Krautsalat.

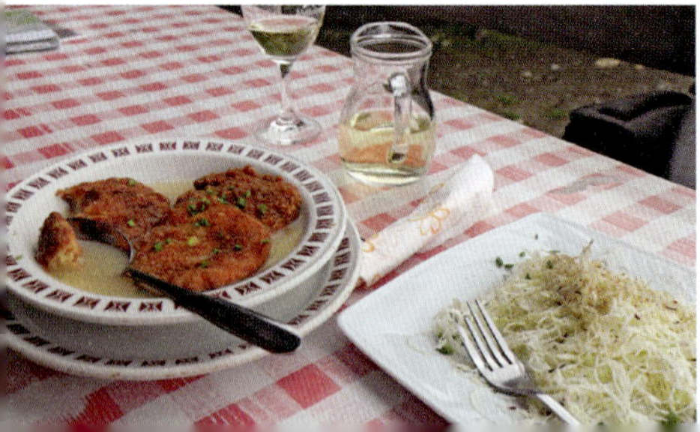

Doch die ganze Schlemmerei findet womöglich kein Ende ohne eine leckere Süßspeise zum Nachtisch, oder? Traditionell südtirolerisch sind Krapfen (welche es übrigens auch in herzhafter Form gibt), Strauben, Strudel, feine »Kiachl« und Buchteln. Bei Gebackenem werden häufig Äpfel verarbeitet, aber auch andere Obstsorten – schließlich ist Südtirol

Obstland! Den Kaiserschmarrn verbindet man vielleicht eher mit Österreich, doch die enge kulinarische Verflechtung wurde oben ja schon angedeutet. Wer die beliebte Eierspeise lieber deftig als süß mag, wird sich freilich ein gefülltes Omelett bestellen.

Und für den Durst kommt ein Bier oder Radler auf den Tisch (»Forst« in Algund ist die größte von insgesamt neun Südtiroler Brauereien), eine Saftschorle aus Holunder oder anderen Früchten oder einfach ein Mineralwasser von der Plose. Manch einer schätzt zum runden Abschluss eines Essens einen Obstbrand oder Grappa respektive zum langen Genießen einen Südtiroler Wein aus dem milden Unterland. Vernatsch und Lagrein sind als autochthone rote Rebsorten hervorzuheben, unter den »Weißen« wird als Hauswein oft ein Weißburgunder kredenzt. Während der Törggelenzeit im Herbst, wenn in den typischen Weinbauregionen »Nuier« und »Suser« verkostet werden, kommt dieses Thema bekanntlich ganz groß zum Tragen ...

Familientouren

Alm- und Hüttenwanderungen können wegen der zumeist gut beherrschbaren Anforderungen im Großen und Ganzen als prädestiniert für Familien gelten. Kinder lieben Spielmöglichkeiten und interessante Dinge am Wegesrand, freuen sich auf besondere Attraktionen am Zielpunkt und sind meist auch lieber auf spannenden, abwechslungsreichen Pfaden unterwegs als auf einer monotonen Forststraße. Ob eine Tour allerdings wirklich ganz konkret für den eigenen Familienausflug geeignet ist, muss letztlich individuell gesehen und von den Eltern im Hinblick auf Alter und Belastbarkeit ihres Nachwuchses verantwortungsbewusst selbst eingeschätzt werden. Einerseits zeigt die Erfahrung, dass Kinder – falls ihr Interesse geweckt ist – durchaus häufig bereits eine erstaunliche körperliche Leistungsfä-

Bei der Pisciaduhütte erleben wir die dolomitische Felsenwucht hautnah.

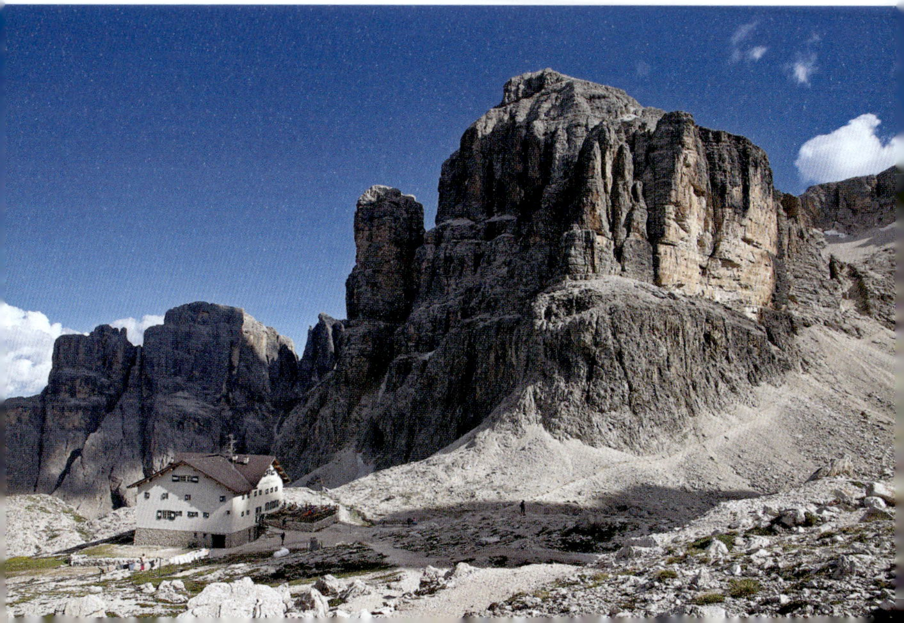

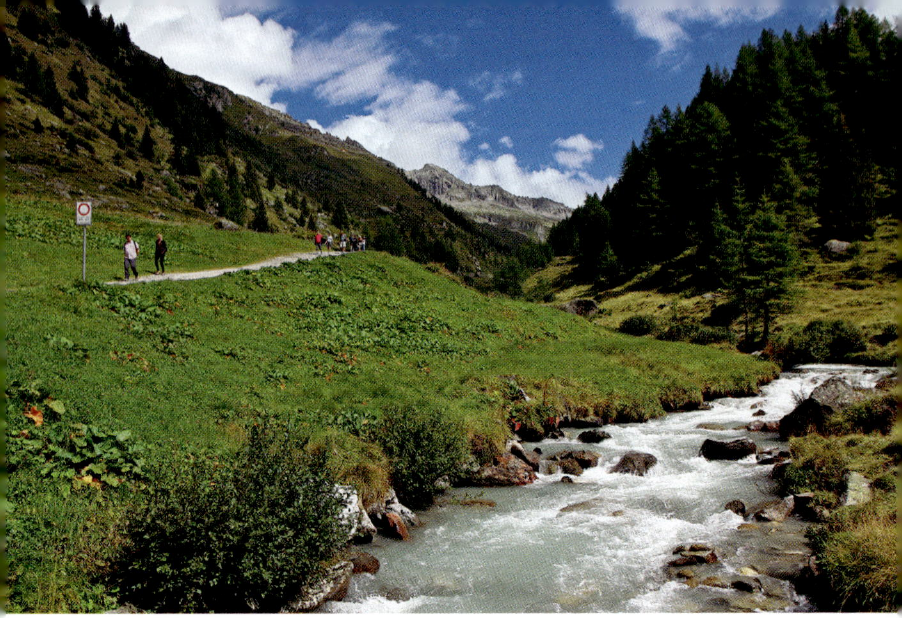

Nur wenige Kilometer oberhalb dieser Stelle entspringt die Ahr.

higkeit mitbringen. Andererseits wird von einer konkreten Altersempfehlung bei einzelnen Touren geflissentlich abgesehen. Denn eine Achtjährige mit reichlich Bewegungstalent tut sich womöglich leichter als ein Elfjähriger, der Sport hauptsächlich nur aus dem Fernsehen kennt ... Nicht anders als bei Erwachsenen spielt natürlich auch Übung eine erhebliche Rolle. Daher ist es sinnvoll, Kinder behutsam an das Bergwandern heranzuführen, ihre Trittsicherheit und Ausdauer maßvoll zu erproben, und sie auch schon an der Tourenauswahl teilhaben zu lassen.

Ausrüstung

Manche rasch und leicht erreichbare Alm kann sicher ohne Weiteres mit Minimalausstattung angelaufen werden, davon abgesehen gilt für unsere Tourenauswahl aber die übliche Bergwanderausrüstung, zumal man sich in vielen Fällen schon spürbar in die Höhe begibt. Neben bergtauglichem, robustem Schuhwerk denke man insbesondere an warme, wetterfeste Kleidung, denn selbst wenn ein warmer Sommertag angekündigt ist, kann es weiter oben empfindlich kühl sein. Auch Regenschutz einschließlich Rucksackhülle ist obligatorisch. Je nach Wetterlage wird man andererseits auch mal um eine kurze Hose froh sein.

Bei allfälligen Hüttenübernachtungen muss der Rucksackinhalt um Wechselwäsche, Hygienezeug sowie Hüttenschlafsack erweitert werden. Kleinkram wie Wanderkarte, Handy, Taschen- bzw. Stirnlampe, Messer, Sonnenschutz (Creme, Brille und Kappe), Mülltüte und eine kleine Notfallapotheke nicht vergessen! Man achte jedoch darauf, sich nicht wie einen Maulesel zu bepacken, denn ein schwerer Rucksack kann den Wandergenuss doch sehr einschränken. »So viel wie nötig, so wenig wie möglich«, lautet gleichsam das Motto. Eine gut gefüllte Trinkflasche ist natürlich wichtig, doch angesichts der Einkehrmöglichkeit(en) kann in puncto Proviant sicher Zurückhaltung geübt werden. Eine Art »Notration« sollte freilich immer dabei sein.

Der in diesem Buch angenommene Normalfall geht von Wanderungen während der Sommersaison aus. Sofern Ziele auch im Winter geöffnet sind, bedeutet dies eine differenzierte Praxis. Richtige Berghütten locken im Wesentlichen Skitourengeher an, leichter erreichbare Almgasthäuser auch Winterwanderer. Zur Ausrüstung gehören dann unbedingt wintertaugliche Schuhe, Stöcke und Grödel.

Öffentliche Verkehrsmittel

Eine überregionale Anreise ohne Auto erfolgt normalerweise per Zug über den Brenner Richtung Bozen bzw. bei Franzensfeste abzweigend ins Pustertal. Das öffentliche Busnetz in Südtirol bedient fast alle besiedelten Täler und kann für den Großteil der Touren gut eingesetzt werden. Allerdings gibt es auch ein paar Einschränkungen, denn zuweilen werden vorgeschobene Parkplätze genutzt, die praktisch nur individuell angefahren werden können. Manchmal mag der Versatz von Bushaltestelle und Parkplatz nicht sonderlich ins Gewicht fallen, denn auf ein paar Minuten mehr Zustieg kommt es bestimmt nicht an, doch liegen einige Ausgangspunkte auch ziemlich weit vom Tal entfernt. Lässt sich nicht irgendwie eine Mitfahrgelegenheit organisieren, schaut man bei solchen Touren ohne eigenes Fahrzeug womöglich in die Röhre. Wer mit Öffis unterwegs ist, kümmert sich am besten schon bei der Planung um die entsprechenden Busverbindungen, z.B. unter www.suedtirolmobil.info.

Hüttenübernachtungen

Wer auf Hütten übernachten möchte, freut sich sicher auf Gemütlichkeit und Geselligkeit. Damit verbunden ist aber auch die Berücksichtigung gewisser Regeln und Gepflogenheiten.

Sonnenaufgang bei der Schwarzensteinhütte.

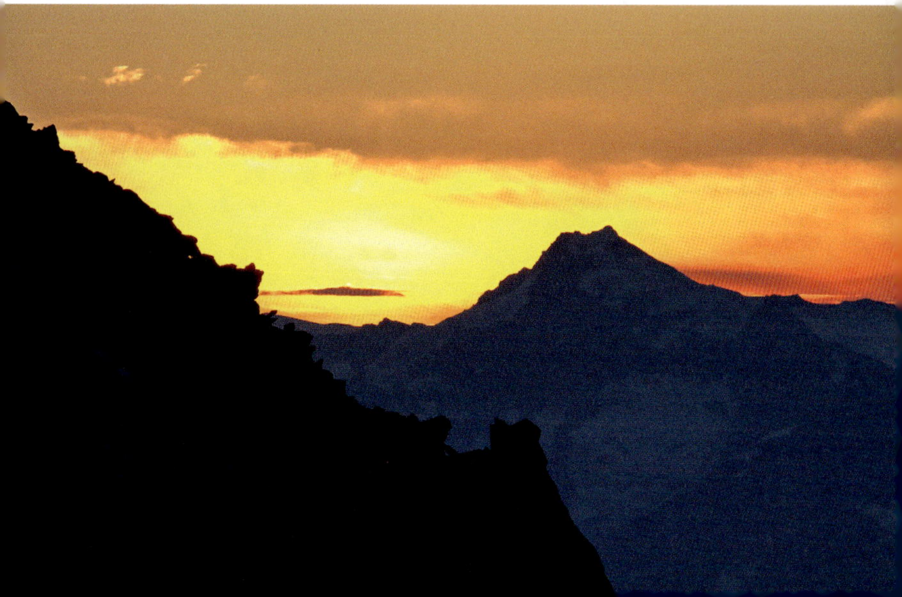

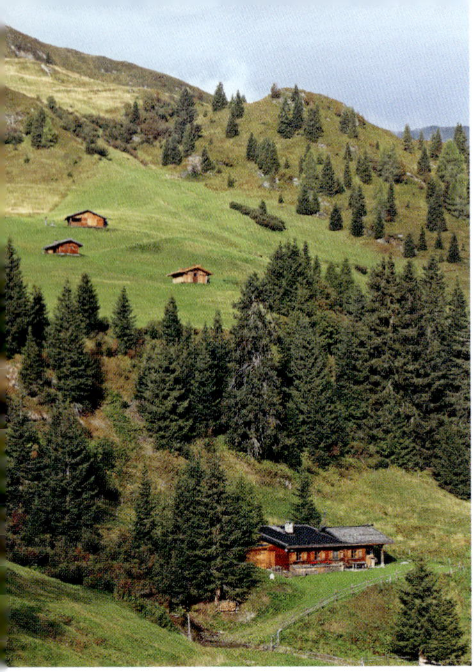

Kulturlandschaft beim Aufstieg aus dem Ridnauntal zur Oberen Gewingesalm.

■ Da die Privatsphäre naturgemäß Einschränkungen erfährt, sind alle Gäste zur gegenseitigen Rücksichtnahme aufgerufen. Hüttenruhe besteht in der Regel zwischen 22 und 6 oder 7 Uhr.

■ Auch wenn nach und nach viele Hütten modernisiert werden und man dabei auch den gestiegenen Ansprüchen der Gäste Rechnung trägt, so können die sanitären Standards nicht überall wie in Talquartieren gewährleistet werden. Das erfordert eine gewisse Akzeptanz. Eine Dusche zum Beispiel darf zwar fallweise als willkommen angenommen, sollte aber nicht in jedem Fall erwartet werden.

■ Die Verwendung eines Hüttenschlafsacks ist – zumindest auf typischen Berghütten – obligatorisch.

■ Schlafräume dürfen nicht mit Bergschuhen betreten werden.

■ In der Hütte besteht Rauchverbot. Eigener Abfall soll nicht zurückgelassen werden.

■ Viele Hüttenwirte wünschen heutzutage eine Reservierung, entweder über die angegebene Telefonnummer oder über die Homepage. Manchmal wird auch eine Anzahlung verlangt, speziell bei Gruppen.

Murmeltiere sind im Alm- und Hochweidengelände zu Hause.

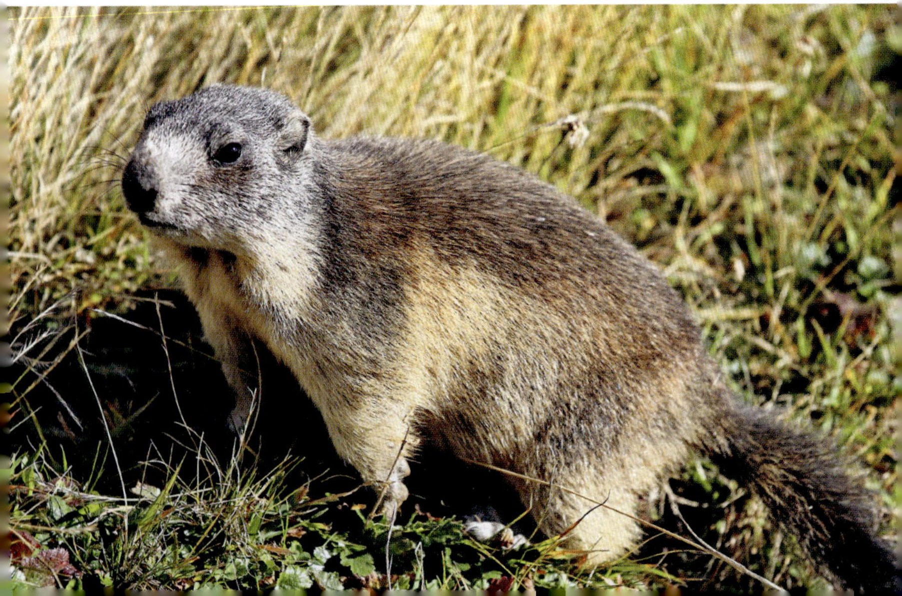

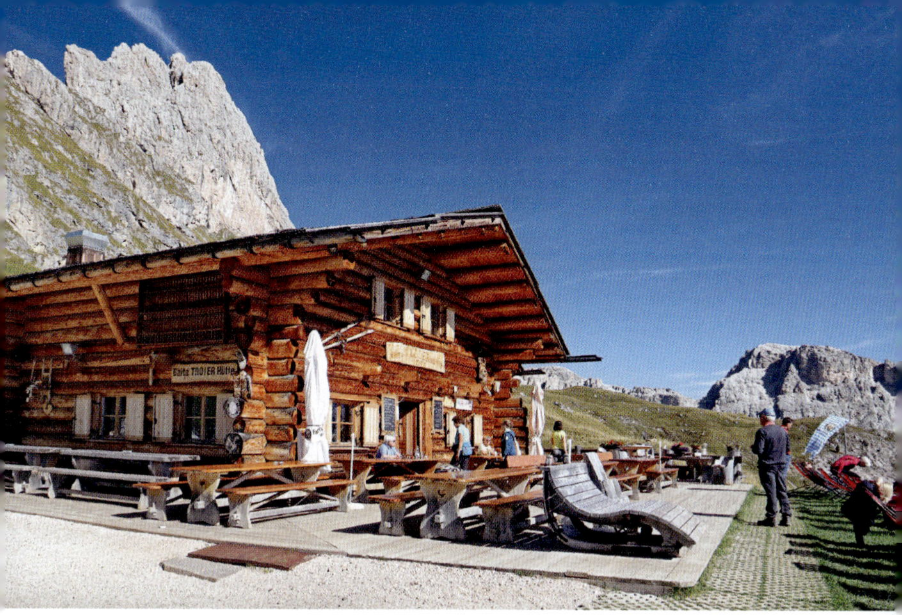

Die Troierhütte, eine von zahlreichen Einkehrstationen rund um die Geislergruppe.

Reservierungspraxis und Stornobedingungen werden aber derzeit unterschiedlich gehandhabt.

■ In jedem Fall ist rechtzeitig telefonisch abzusagen, falls man verhindert ist, damit die Schlafplätze anderweitig vergeben werden können. Die Vorbestellung auf mehreren Hütten für denselben Termin kommt im Übrigen einer Unverschämtheit gleich – das muss in aller Deutlichkeit gesagt werden!

■ Auf Alpenvereinshütten erhalten Mitglieder ermäßigte Nächtigungspreise.

■ Auf Hütten kann man sich in der Regel voll verpflegen. Die Angebotspalette hat ihre Tradition in regionaler Hausmannskost, kann aber im Einzelfall sehr unterschiedlich ausfallen. Zunehmend wird auch Halbpension offeriert, allerdings nicht – wie beispielsweise in der Schweiz üblich – als obligate Methode. Es gilt wieder die Akzeptanzregel, denn Berghütten sind nicht mit Talhotels zu vergleichen!

■ Essenszeiten werden von den Hüttenwirten individuell festgelegt. Meist gibt es Frühstück ab 7 oder 7.30 Uhr (bei hochalpinem Umfeld bzw. nach Absprache eventuell auch früher), Abendessen ab 18 oder 18.30 Uhr.

■ Selbstversorgung ist offiziell nur Alpenvereinsmitgliedern gestattet, der Genuss mitgebrachter Alkoholika stets verboten.

Wetter

Bei Unternehmungen im Gebirge sollten wir immer auch der Wetterprognose Rechnung tragen. Nicht nur, dass dieser Punkt entscheidend dazu beiträgt, wie reizvoll und genussreich man eine Wanderung empfinden wird; es handelt sich auch um einen sicherheitsrelevanten Aspekt. An dieser Stelle sei weniger die Handy-App, die eher auf pauschale Modellierungen zurückgreift, empfohlen als vielmehr die offizielle Prognose des Landeswetterdienstes: **wetter.provinz.bz.it**. Nützlich sein

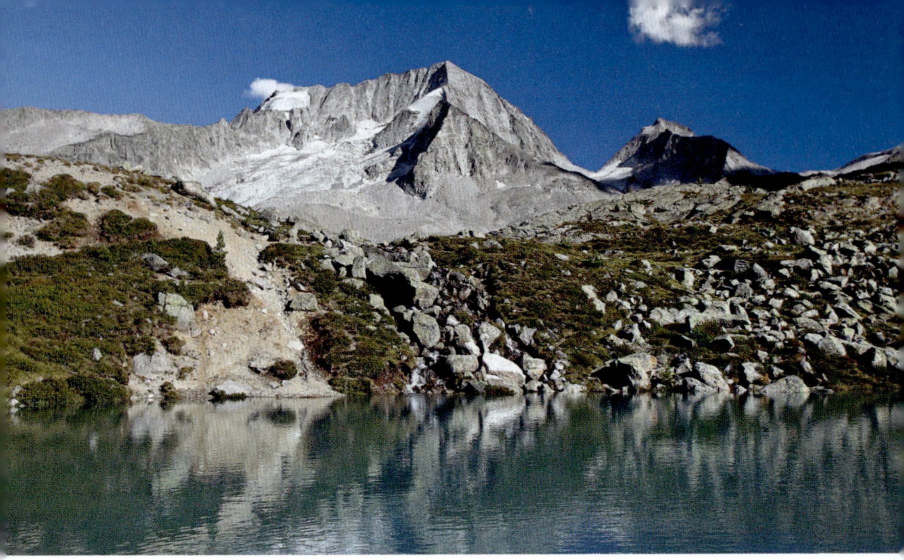

Unweit der Kasseler Hütte bezaubert der Tristensee mit dem Hochgall im Hintergrund.

kann auch der Alpenvereinswetterbericht: **www.alpenverein.de/DAV-Services/Bergwetter**.

Gefahren

Das Gebirge birgt vielfältige Gefahren, für die man erst mit reifender Fähigkeit zur Selbsteinschätzung und vertiefter Beschäftigung mit den Naturelementen ein Gespür bekommt. Allgemein wird dies mit dem Begriff »Bergerfahrung« umschrieben. Nachfolgend einige der wichtigsten Gefahrenpotenziale, die man im Auge haben muss:

- Am offensichtlichsten ist meist die Ausrutsch- bzw. Absturzgefahr. Ruhige, konzentrierte Fortbewegung ist daher im ausgesetzten Gelände oberstes Gebot. Wer sich nicht schwindelfrei weiß, hat diesem Umstand bereits bei der Tourenauswahl Rechnung zu tragen.
- Leicht zu unterschätzen sind hartgefrorene Schneefelder, die schon bei relativ geringer Neigung zu bösen Unfällen führen können. Kommt es zum Ausgleiten, sofort reagieren und in die bremsende Liegestützhaltung gehen, bevor der Körper Beschleunigung aufnimmt. Am besten begeht man die Routen erst nach vollständiger Ausaperung.
- Bei Nässe werden Schrofen und steile Grashänge besonders tückisch.
- Steinschlaggefährdete Passagen sollten, falls nicht vermeidbar, rasch aber konzentriert begangen werden. Auf Klettersteigen sind Selbstsicherung und Helm üblich.
- Wegmarkierungen bilden normalerweise die sichere Leitlinie durchs Gebirge, auf die wir als Bergwanderer vertrauen. Hat man sie aus Unachtsamkeit oder aufgrund schlechter Sichtbedingungen verloren, sollte man nicht blindlings durchs Gelände tapsen, sondern wieder zum letzten bekannten Punkt zurückgehen.
- Unter den Wettergefahren stehen Gewitter an oberster Stelle, zumal sie sommers im Gebirge ziemlich häufig sind. Neben Blitzschlägen drohen auch die durch Starkregen verursachten mittelbaren Gefahren wie Muren etc. Durch gutes Timing (in der Regel früher Aufbruch!) und aufmerksame Wetterbeobachtung

sollte man gewährleisten, vor den meist in der zweiten Tageshälfte auftretenden Gewittern wieder im Tal oder in der Hütte zu sein.

■ Die meisten Probleme bei Bergwanderungen treten vermutlich durch konditionelle Selbstüberschätzung auf. Vor allem Hitze macht vielen arg zu schaffen. Man sollte seine Leistungsfähigkeit kritisch hinterfragen und sich nicht überfordern. Wichtig ist, viel zu trinken. Unter Umständen begnüge man sich lieber mit einem kleineren Zwischenziel, anstatt die Tour unter Qualen fortzusetzen.

■ Aufgrund einiger tragischer Unfälle, teils sogar mit tödlichem Ausgang, ist in letzter Zeit eine potenzielle Gefahr verstärkt ins Bewusstsein getreten, die man unter Umständen kaum als solche wahrnimmt. Sie geht vom Almvieh aus, auch wenn es in aller Regel bloß friedlich die Weiden abgrast. Insbesondere Mutterkühe können nämlich gereizt darauf reagieren, wenn man sich ihren Kälbern nähert – ganz besonders, wenn ein Hund mit von der Partie ist. Andererseits sollte niemand beim Passieren einer Herde auf offener Weide übertriebene Ängste entwickeln. Es gilt einfach, respektvollen Abstand zu halten und Aufmerksamkeit walten zu lassen.

Notfall/Bergrettung

Falls man trotz aller Vorsicht in eine Notsituation gerät, gilt es nicht in Panik zu verfallen, sondern ruhig und überlegt zu handeln. Verletzten ist zunächst Erste Hilfe zu leisten. Mit einem Mobiltelefon lässt sich am einfachsten direkt die Bergrettung verständigen.

■ Allgemeine europäische Notrufnummer: 112

■ Bergrettung in Italien: 118

Falls keine Mobilfunkverbindung zur Verfügung steht, dient das internationale alpine Notsignal dazu, auf sich aufmerksam zu machen. Es besteht aus einem optischen oder akustischen Zeichen, das sechsmal in der Minute in regelmäßigen Abständen gegeben und mit jeweils einer Minute Pause dazwischen wiederholt wird, bis eine Antwort kommt. Diese besteht aus dreimaligem Zeichen innerhalb einer Minute.

An der Valsscharte in den »grünen« Pfunderer Bergen.

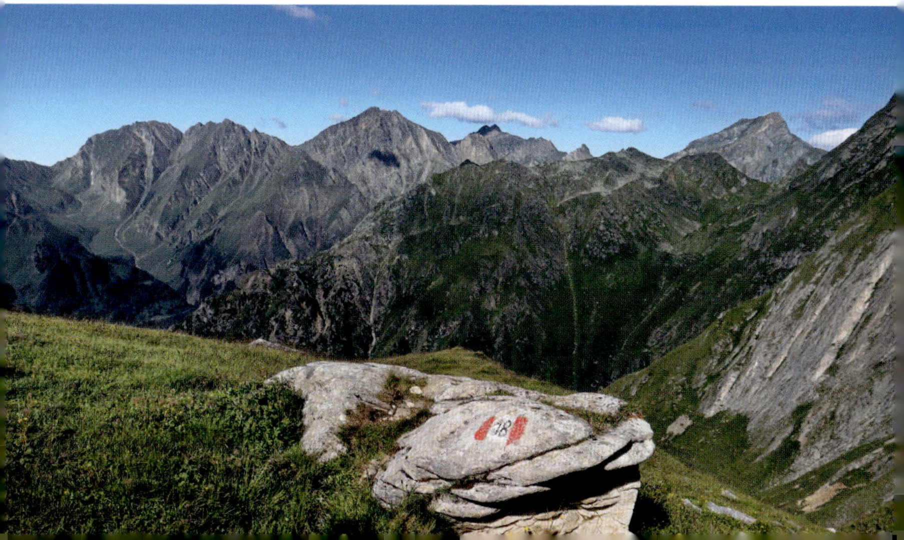

Der Umwelt zuliebe ...

Auch beim Wandern hinterlassen wir einen ökologischen Fußabdruck, aber im Einklang mit der Natur unterwegs zu sein, ist gar nicht so schwer!

VORBEREITUNG UND ANFAHRT

- Sich vorab informieren, worauf in Bezug auf Natur und Umwelt in der jeweiligen Wanderregion besonders zu achten ist.
- Soweit möglich mit Bahn und Bus anreisen, Wander- und Rufbusse nutzen.
- Ist eine Anfahrt mit dem Auto nötig, Fahrgemeinschaften bilden.
- Bei weiten Anfahrten Mehrtagestouren planen oder von einem Quartier vor Ort aus mehrere Touren absolvieren.
- Flugreisen möglichst reduzieren und durch Beiträge zu Klimaschutzprojekten kompensieren.

KLEIDUNG UND AUSRÜSTUNG

- Beim Kauf von Outdoor-Kleidung auf umweltfreundliche und faire Herstellung achten und Kleidungsstücke möglichst viele Jahre nutzen.
- Ausrüstung kann man eventuell auch gebraucht kaufen oder ausleihen.
- Reparieren statt neu kaufen.

VERPFLEGUNG

- Beim Einkauf Bio-Ware, regionale und saisonale Erzeugnisse bevorzugen.
- Hütten und Gasthäuser auswählen, die regionale Produkte verwenden.
- Auf Einwegflaschen und Plastikverpackungen verzichten, stattdessen wiederverwendbare Trinkflaschen und Brotzeitboxen benutzen.

ÜBERNACHTUNG

- Bei lokalen Anbietern buchen, damit Menschen vor Ort profitieren.
- Auf Hütten und in anderen Unterkünften Strom und Wasser sparen.

UNTERWEGS

- Wege benutzen und Abkürzer vermeiden.
- Sperrungen von Wegen und Schutzgebieten respektieren.
- Keine Blumen pflücken und keine Pflanzen entnehmen.
- Waldbrandgefahr beachten.
- Müll wieder mit nach Hause nehmen und dort entsorgen.
- Toilettengänge in freier Natur möglichst vermeiden.
- Lärm vermeiden.
- Hunde an die Leine nehmen.

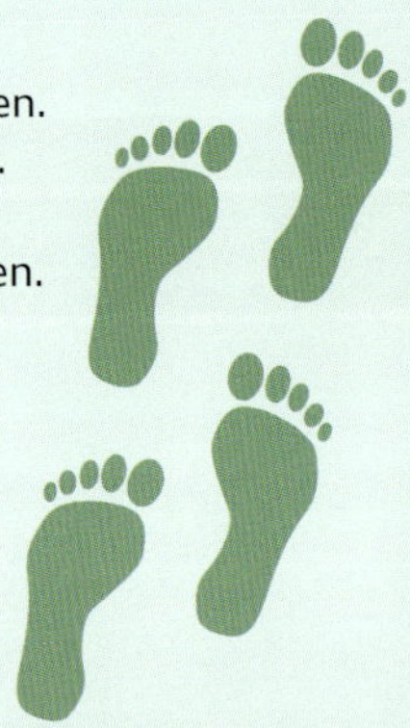

ROTHER
BERGVERLAG

Kurzer Einblick in die Region

Eisacktal und Wipptal

Die markante Talfurche zwischen Brenner und Bozen, Teilstück der wohl wichtigsten Transitroute durch die Alpen, wird vom Eisack durchflossen und im oberen Abschnitt (bis zur Sachsenklemme bei Franzensfeste) meist eigenständig als Wipptal bezeichnet. Abgesehen vom kulturellen Interesse, das beispielsweise Städtchen wie Sterzing und Brixen hervorrufen, wird der unmittelbare Bereich dieser Talschaft seitens der Wanderer eher stiefmütterlich behandelt, obschon sich auch hier einige reizvolle Ziele ausmachen lassen. Mehr Potenzial bieten freilich die oft noch recht ursprünglichen Seitentäler, angefangen mit Pflersch ganz im Norden, das nahe am imposanten Stubaier Hauptkamm bleibt. Vom Sterzinger Becken aus ziehen westwärts auch Ridnaun und Ratschings in die Stubaier Alpen hinein – gegenüber im Bereich der Zillertaler Alpen liegt Pfitsch. Die Umgebung zeigt eindeutig zentralalpinen Charakter, auch wenn die geologische Situation rund um die Tribulaune uns eher in den Dolomiten wähnen lässt. Vorherrschend sind jedoch Kristallingesteine und charakteristisch die stattlichen absoluten Höhen der Gipfel.

Diese nehmen gen Süden tendenziell ab, sodass sich die Sarntaler Alpen in ihrem Nordteil noch einigermaßen schroff, gen Süden dann aber immer sanfter präsentieren. Ausgedehnte Waldflanken mit kleineren Ortschaften und Streuweilern sowie gebietsweise ausgedehnte Hochweiden (etwa die Villanderer Alm) prägen den Ostkamm dieser hufeisenförmigen Gebirgsgruppe auf der Seite des Eisacktals. Hier ist schon aufgrund der Zielgattungen oft Beschaulichkeit angesagt. Für die Pfunderer Berge gegenüber gilt prinzipiell Ähnliches – damit treten wir aber

Vergletscherte Landschaft am Stubaier Hauptkamm; unten das Becherhaus.

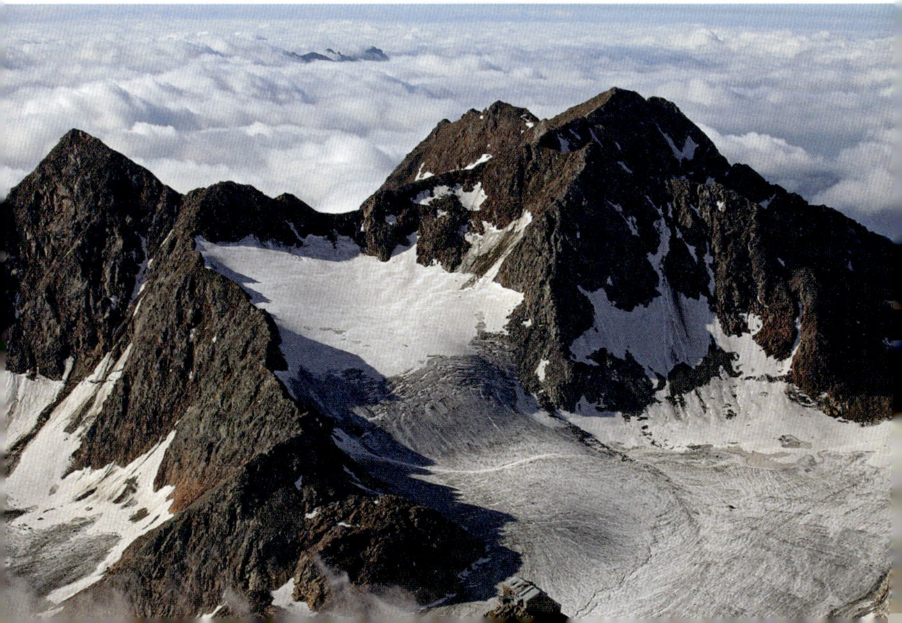

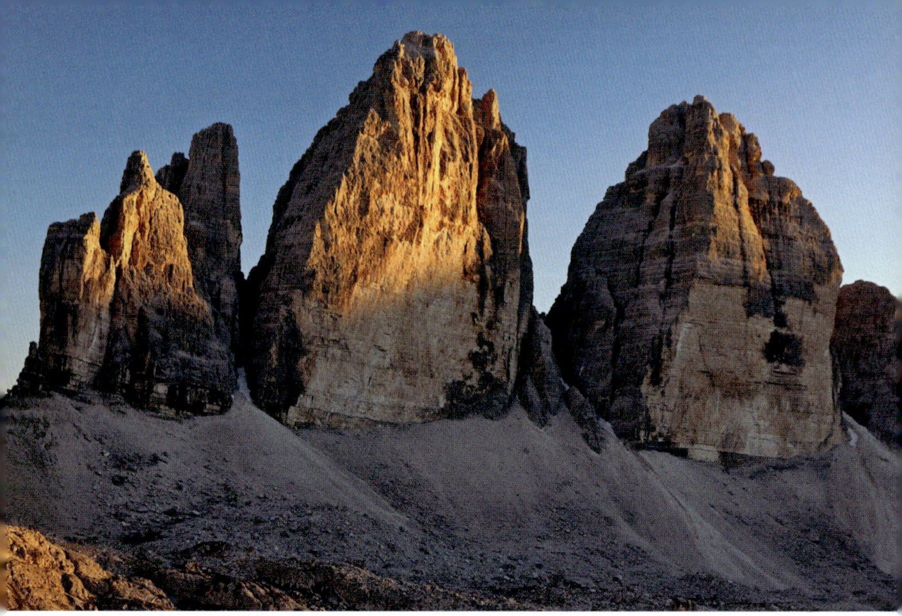

Die Drei Zinnen – absolutes Aushängeschild der Dolomiten.

bereits ins Einzugsgebiet des Pustertals ein. Und die Dolomiten, die eisacktalseitig mit Seitenästen wie Lüsen, Villnöss, Gröden, Tiers und dem Eggental aufwarten, sollen weiter unten im Zusammenhang beleuchtet werden …

In den Zillertaler Alpen gibt es tolle Höhenwege von Hütte zu Hütte.

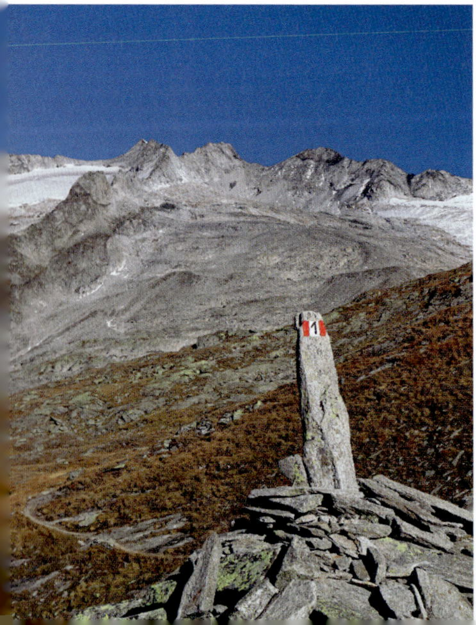

Pustertal und nördliche Seitentäler

Knapp nördlich des Brixner Beckens befindet sich die Eckverbindung zwischen Eisack- und Pustertal. Letzteres gilt oft als das »grüne Tal« Südtirols, was im Vergleich zu anderen Gegenden vielleicht ein wenig zu selektiv klingt, im Kern aber nicht unzutreffend erscheint. Die Hauptachse erweist sich tatsächlich als relativ weiträumiges grünes Band, wozu auch der meist sanfte Abschwung der nördlich gelegenen Bergkämme wesentlich beiträgt. Mögen die Zillertaler Alpen in ihren hauptkammnahen Bereichen wie auch die Rieserfernergruppe ziemlich schroff und kantig daherkommen, so mildert sich dieses Bild gegen das Pustertal hin sukzessive. Im Verlauf unseres Tourenportfolios schauen wir quasi in jedes primäre und sekundäre Seitental, angefangen mit Vals ganz im Westen. Es ge-

hört schon zu den Pfunderer Bergen, jenem ausgedehnten »Anhängsel« der riesigen Zillertaler Alpen, das sich alpintouristisch zwar relativ bescheiden gibt, landschaftlich aber durchaus einen prägenden Eindruck hinterlässt: viel Grün auch noch an höheren und steileren Bergen, überhaupt ein interessantes Relief und vor allem ein meist sehr ursprüngliches Flair. Das Pfunderer Tal darf schon seines Namens wegen als Herz dieser Gegend gelten, weiter östlich erstreckt sich die Pustertaler Sonnenterasse zwischen Terenten und Pfalzen, abgelöst vom Brunecker Becken in der geografischen Mitte des Pustertals.
Hier mündet von Norden das Tauferer Ahrntal. Nach einem nahezu ebenen Talboden zweigen vor respektive bei Sand in Taufers das Mühlwalder Tal und das Reintal (zwischen Rieserferner- und Durreckgruppe) ab, aus dem eigentlichen Ahrntal – welches bis ins äußerste Nordosteck Südtirols aufschließt – noch das kleinere Weißenbachtal. Über dem Ahrntal stehen die stattlichen Gneisgipfel des Zillertaler Hauptkamms Spalier. Allenfalls marginal verzweigte Talsysteme bilden weiter östlich noch Antholz und Gsies, beide eher bäuerlich geprägt. Die Rieserfernergruppe geht hier in das Defereggengebirge über, welches sich dann hauptsächlich schon in Osttirol erstreckt.

Dolomiten

Zu den bemerkenswertesten Landschaften Südtirols, ja der gesamten Alpen, zählen zweifellos die Dolomiten. Ihre Formenschätze sind gleichsam unübertroffen, wobei auch das zahmere Almgelände zwischen den mal gewaltigen, mal filigranen Felsmassiven eine wichtige Rolle spielt, setzen sich diese dadurch doch erst richtig in Szene. So muss man kein ausgewiesener Bergsteiger sein, um sich von dieser Ausstrahlung gefangen nehmen zu lassen; die Dolomiten sind in weiten Bereichen sehr gut zugänglich, zumal touristisch auch großzügig (zuweilen gar übermäßig) erschlossen.

Beliebter Anlaufpunkt in den Sarntaler Alpen: das Latzfonser Kreuz.

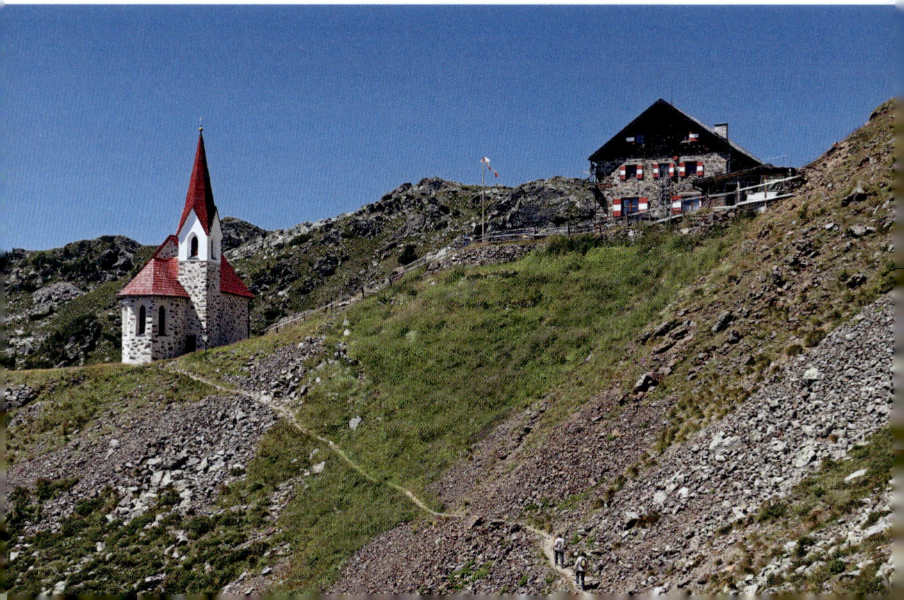

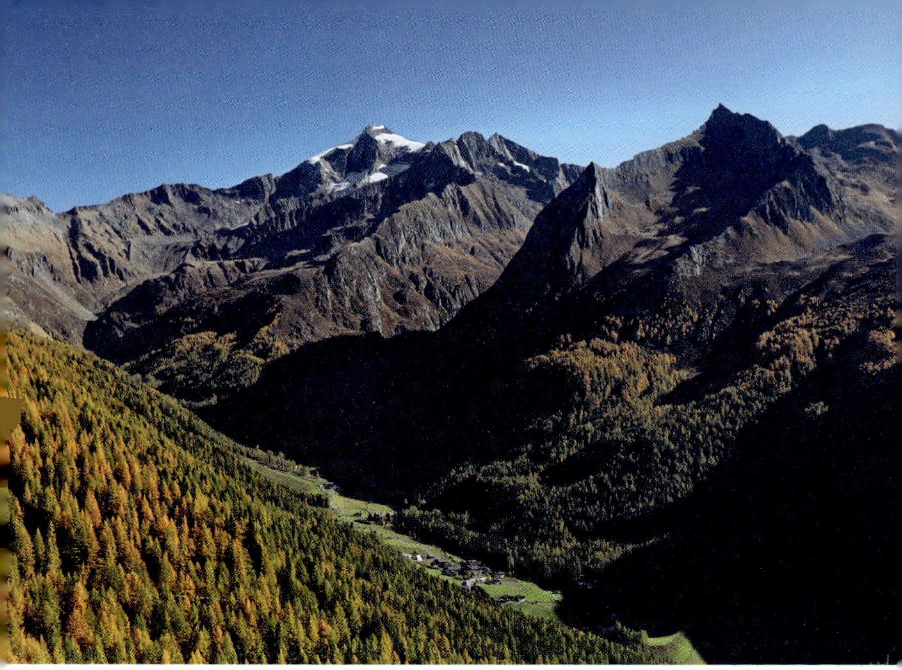

Blick ins herbstlich anmutende innere Ahrntal.

Legen wir in der geografischen Betrachtung ganz im Osten los, liegen mit den Sextener Dolomiten gleich einige Glanzlichter auf dem Präsentierteller. Rund um Drei Zinnen und Co. holt die Landschaft zu optischen Paukenschlägen aus. Jenseits des Höhlensteintals schließen sich die Pragser Dolomiten an, wo es besonders die Perle des Pragser Wildsees zu hoher Popularität gebracht hat. Eine morphologische Besonderheit sind die stark mit alten ladinischen Sagen verknüpften Hochflächen der Sennes und Fanes – »herbschön« könnte man sie nennen. Gegen Westen wird die Fanesgruppe vom Gadertal, auch unter dem Namen (Alta) Badia geläufig, begrenzt.

Jenseits gelangen wir in die Gebiete der Westlichen Dolomiten, etwa die Sella oder die formenreiche Geisler-Puez-Gruppe. Ein auch für die »Bleichen Berge« eigentlich untypisches Areal liegt nördlich des markanten Peitlerkofels: Denn rund um die Plose und das Lüsner Tal zeitigt Altkristallin, wie es auch in den Sarntaler Alpen vorherrscht, ein gemäßigteres, eher weitgeschwungenes Landschaftsbild. Villnöss und Gröden hingegen sind wieder echte Aushängeschilder Südtiroler Dolomitszenerien. Ersteres beherrschen die Geislerspitzen über dem Talschluss, Zweitgenanntes sieht sich eingerahmt von der Geisler-Südseite, dem wuchtigen Sellastock und der spektakulären Langkofelgruppe, an die sich westlich die ausgedehnte Seiser Alm anschließt.

Und namhaft geht es weiter: Gleichsam untrennbar zur Seiser Alm gehört der Schlern und auch der Rosengarten erhebt sich nicht fern. Diese Berge offenbaren sich perspektivisch schon dem Raum Bozen und sind entsprechend bekannt. Während östlich des Rosengartens das Trentiner Fassatal verläuft, liegen westlich das Tierser Tal und das Eggental mit einer Art Mittelgebirgsterrasse, die vor allem auch den Vorbau des Schlern umgibt. Und solch einen Mittelgebirgscharakter trägt im Wesentlichen auch der sogenannte Regglberg, jene recht ausgedehnte, kupierte Gegend um Deutschnofen. Ein Mosaik aus Wäldern, Wiesen und idyllischen Siedlungen erstreckt sich hier und hauptsächlich der tiefe »Canyon« der Bletterbachschlucht sowie die Kulisse des Latemar erinnern uns daran, dass wir uns eigentlich im Hochgebirge befinden. In der Gegend um Truden, dem südlichsten Winkel unseres Tourengebietes, mischen sich schon spürbar trentinische Einflüsse ein. Hier liegt übrigens auch einer von sechs Naturparks des gesamten Südtiroler Ostens: Namentlich sind dies: Trudner Horn, Schlern, Puez-Geisler, Fanes-Sennes-Prags, Sextener Dolomiten und Rieserferner-Ahrn.

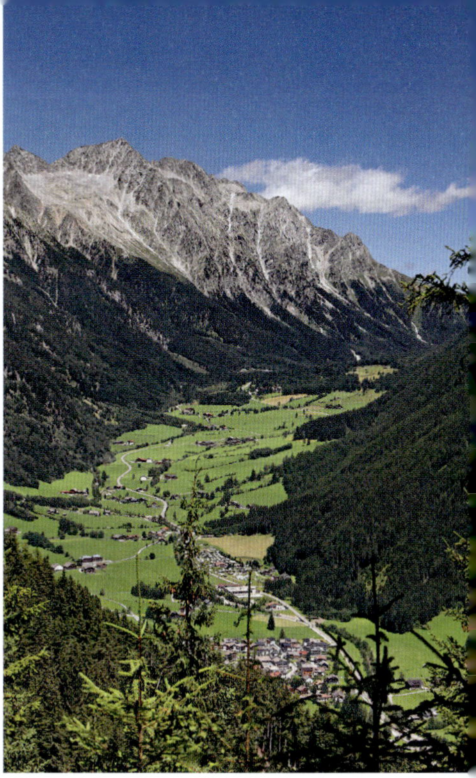

Das Antholzer Tal am Fuß der Rieserfernergruppe.

Auf dem Weg zur Steviahütte in den Grödner Dolomiten.

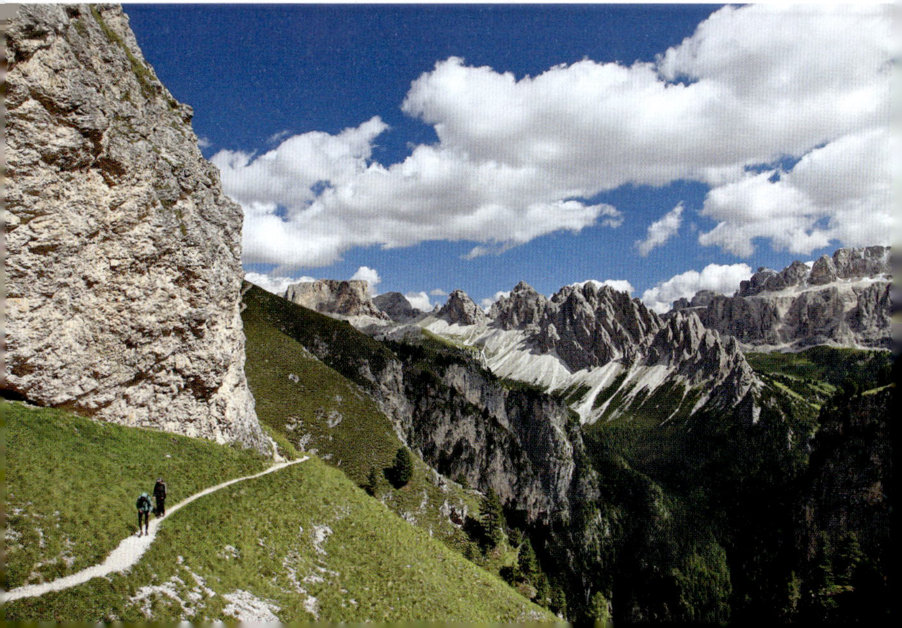

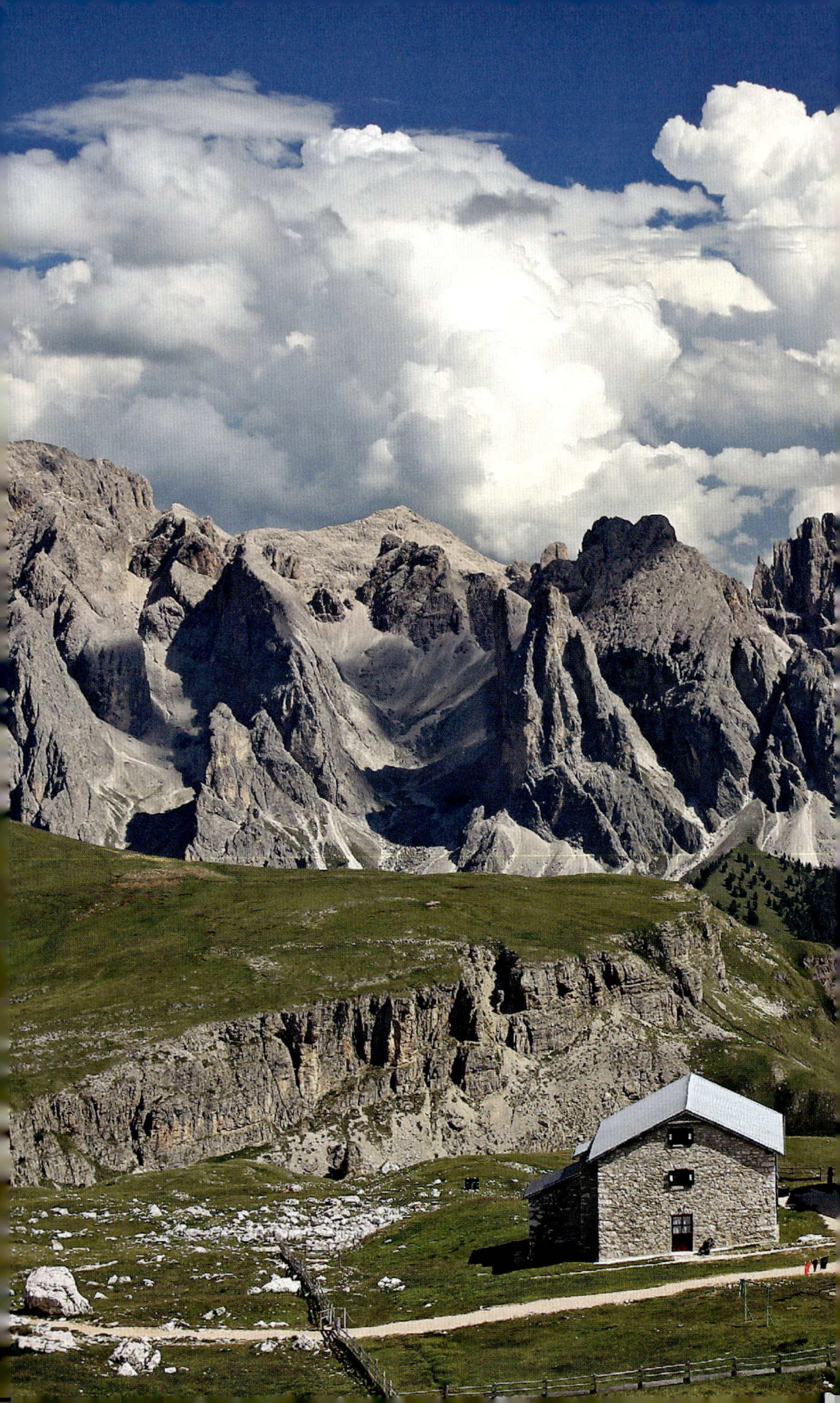

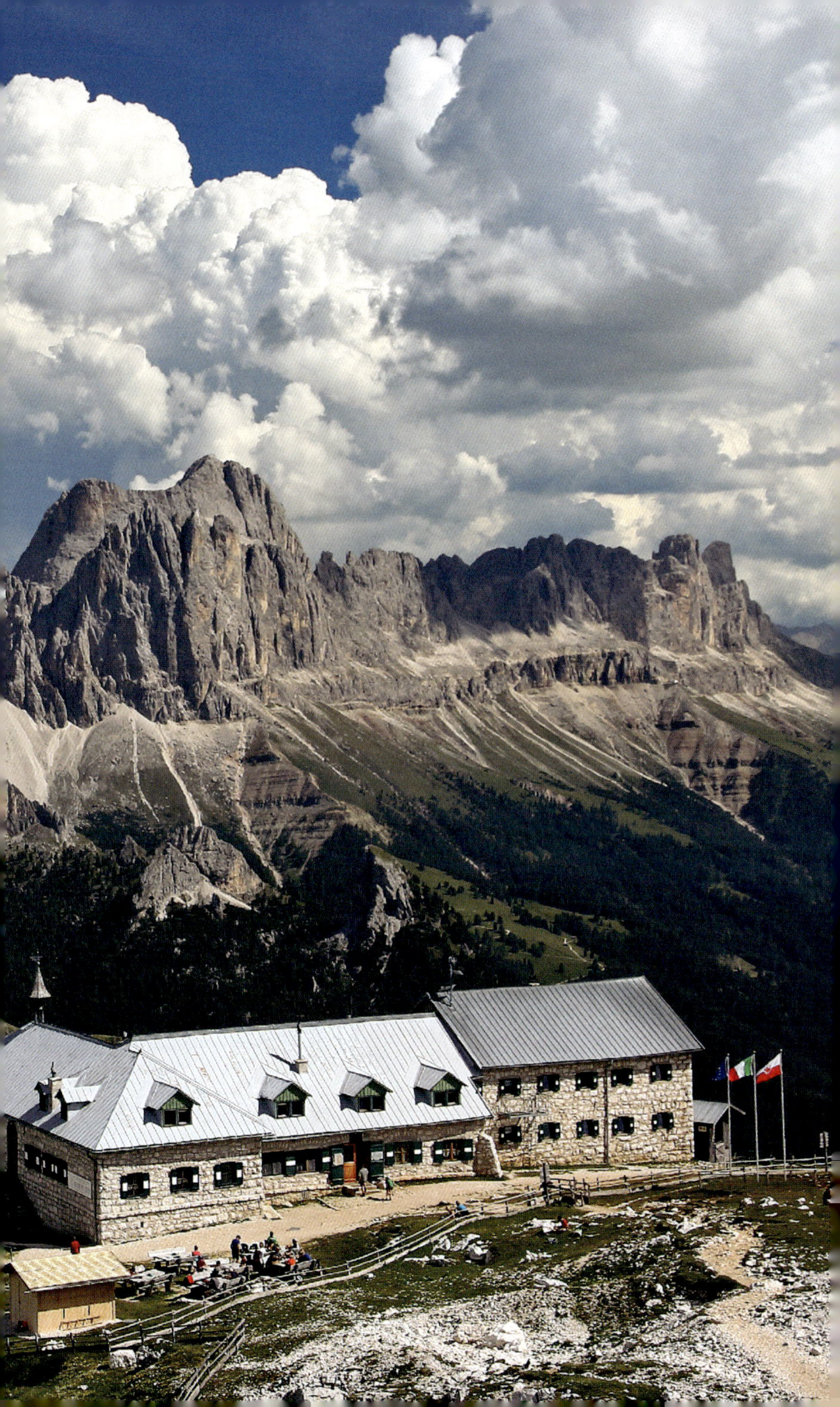

1 Rittner-Horn-Haus, 2259 m
Von Pemmern über das Unterhornhaus

4.00 Std. | 11,2 km | ↗720 m | ↘720 m

Ein Aussichtsberg par excellence

Das »Horn« im Namen lässt sich wohl nur als maßlose Übertreibung werten, denn behäbiger als das Rittner Horn kann ein Berg eigentlich kaum sein. Die flache Kuppe bildet die südlichste nennenswerte Aufwölbung im Ostkamm der Sarntaler Alpen, bevor sich dieser über die Rittner Hochfläche mit ihren Streuweilern bis gegen den Bozener Talkessel absenkt. Hier besitzt Südtirol fast Mittelgebirgscharakter, doch auch ohne alpintypisches Antlitz lässt sich einiger Ruhm einheimsen. Schließlich stellt sich jenseits des Eisacktals jede Menge formgewaltige Prominenz zur Schau: Peitlerkofel, Geislerspitzen, Sella, Langkofel, Marmolada, Schlern, Rosengarten und Latemar. Die Reihe der westlichen Dolomitenbastionen ist eine wahrhaft illustre Gesellschaft. Und beinahe endlos reicht der Blick in südliche Gefilde, wo die Horizontlinie irgendwo im Dunst verschwimmt. Nicht umsonst wählte der Österreichische Touristenklub (ÖTK) bereits 1893 den Gipfel des Rittner Horns als Standort für ein Schutzhaus. Man erkennt es von Weitem als ulkigen Würfel, wie er etwas verloren neben dem mächtigen Antennenbau auf der ausladenden Bergkuppe steht. Alpinistische Ambitionen sind hier also fehl am Platz – was zählt, ist die Schau. Und die gehört halt zu den besten in ganz Südtirol!

Ausgangspunkt: Pemmern, 1538 m, bei der Talstation der Seilbahn auf die Schwarzseespitze, die optional genutzt werden kann. Mit Öffis per Seilbahn/Schmalspurbahn oder Bus von Bozen nach Klobenstein, anschließend Busverbindung nach Pemmern.

Anforderungen: T1–2. Ganz leichte,

Der Aufstieg von Pemmern ist lieblicher Natur.

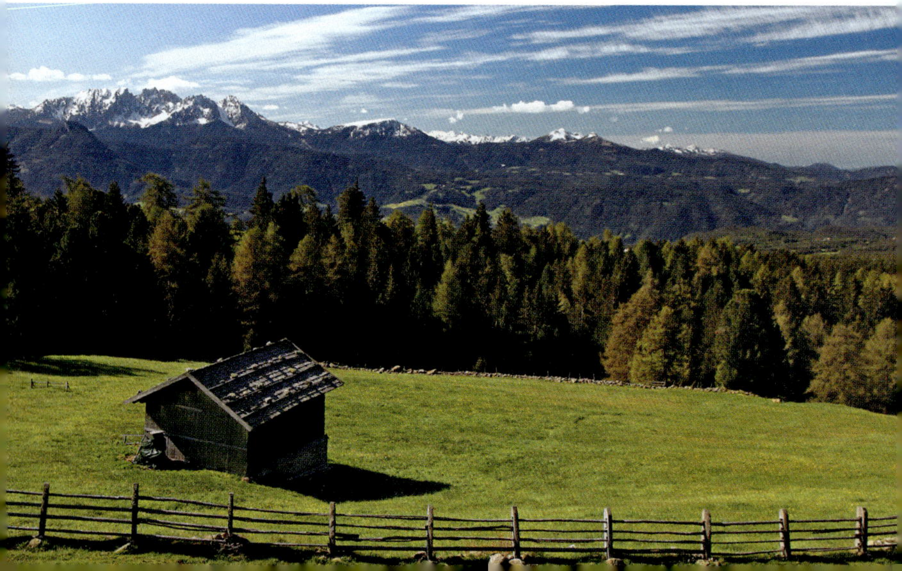

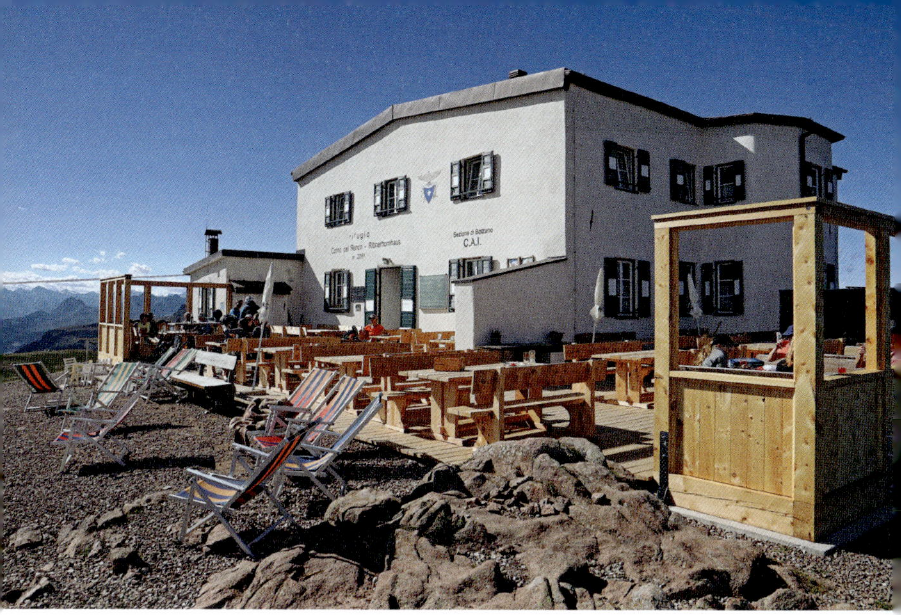

Das Rittner-Horn-Haus steht am höchsten Punkt des Berges.

nur mäßig steile Wanderwege, zwischendurch auch Fahrpiste. Mit der Seilbahn reduzierter konditioneller Anspruch; der Aufstieg dauert dann nur rund 1.00 Std.

Varianten: Weitere praktikable Ausgangspunkte liegen beim Parkplatz »Kaser« unweit der Gasserhütte (Zufahrt von Villanders, auch per Bus) sowie beim Parkplatz »Huberkreuz« (erreichbar von Barbian). In diesen Fällen verlaufen die Zustiege über den Gasteiger Sattel (Wege Nr. 7 und 1) bzw. über die Platzer Alm (Weg Nr. 4).

Karte: Tabacco 1:25.000, Blatt 034 oder 040.

In **Pemmern** ❶ nehmen wir den Weg Nr. 1 auf, vollziehen ein paar Kehren und kommen allmählich in freieres Gelände voran. Es geht über eine Pistenschneise bergauf und anschließend im Bogen um die Schwarzseespitze herum. Parallel zu einem Fahrweg wird das **Unterhornhaus** ❷, 2042 m, angelaufen – kurz davor kommt auch der kurze Abstiegsweg

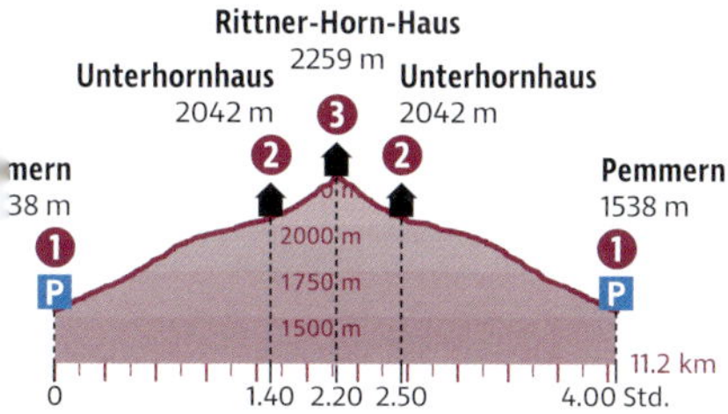

Unter den Fahnen Europas, Italiens und Tirols wird das Panorama erklärt.

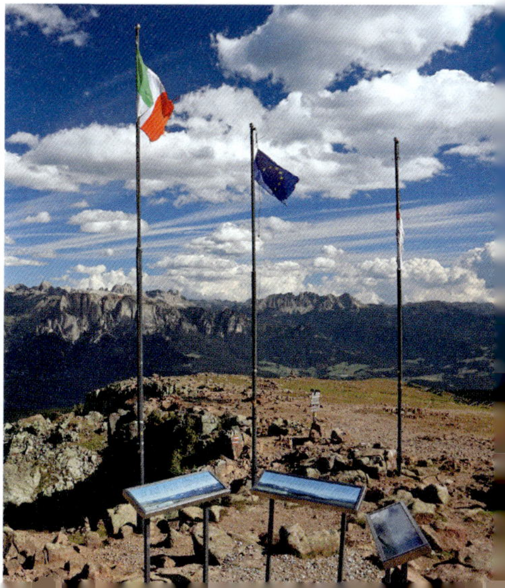

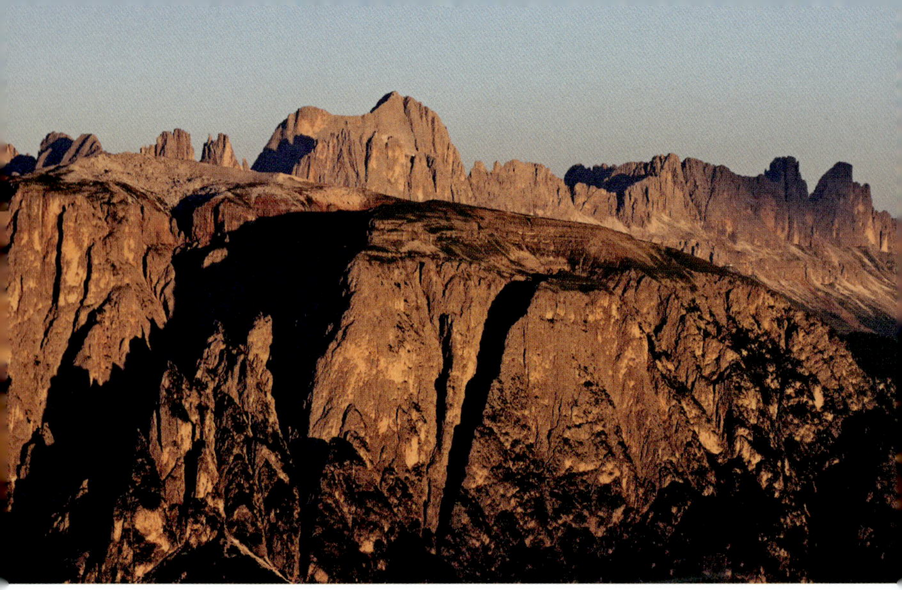

Gegen Abend zeigen sich die Dolomiten vis-à-vis besonders stimmungsvoll.

von der Bergstation dazu. Ein gut ausgebauter Steig, der zur Vermeidung von Erosionsschäden teils eingezäunt ist, führt nun über die mäßig steile Südabdachung hinauf zum **Rittner-Horn-Haus** ❸, 2259 m, wo das Panorama auf mehreren Tafeln detailliert erklärt wird. Der Rückweg ist identisch.

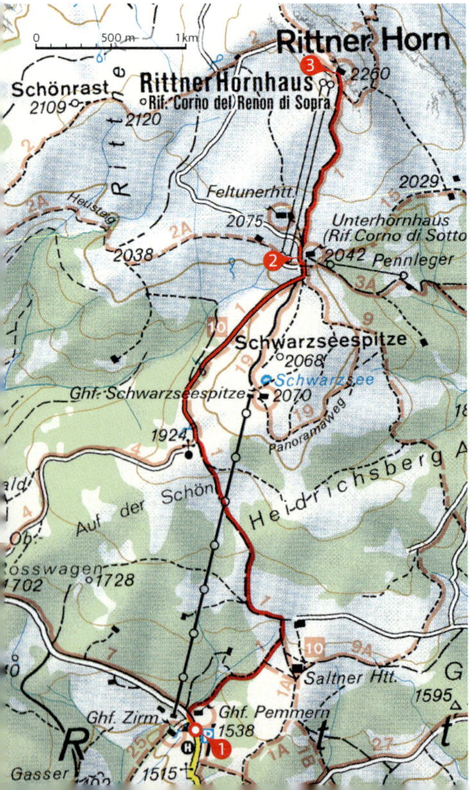

EINKEHR

Gasthof Unterhorn, 2042 m: privat, fast ganzjährig bewirtschaftet, 18 Schlafplätze, Tel. +39 0471 356371, unterhorn.it.

Rittner-Horn-Haus, 2259 m: CAI, Mitte/Ende Mai bis Ende Oktober sowie Restaurantbetrieb im Winter, 24 Schlafplätze, Tel. +39 0471 1550602 oder +39 348 0353635, schutzhaus-rittner-horn.com.

TOUREN

Latzfonser Kreuz, 2311 m: Etappe der Sarntaler Hufeisentour, über die weitläufigen Flächen der Villanderer Alm (vgl. Tour 2) sowie der Jocherer Alm (T2), 4.00 Std.

Villanderer Berg, 2509 m: zunächst Abstieg zum Gasteiger Sattel, dann von Südosten, die Ochsenlucke tangierend, gipfelwärts (T2), 2.20 Std.

Auf der Villanderer Alm

Zwischen Gasserhütte, Totenkirchl und Stöfflhütte

4.30 Std. | 15,9 km | ↗ 630 m | ↘ 630 m

Ausgedehnte Hochweiden mit einem halben Dutzend Raststationen

Die Villanderer Alm gehört zu den größten Hochweidenarealen Südtirols. Sie erstreckt sich über rund 20 Quadratkilometer und ist ein Paradies für gemütliche Wanderungen. Denn der Landschaft fehlt die strenge Note des Hochgebirges; das Relief gleitet in sanften Zügen dahin und zeigt sich schon aufgrund der bäuerlichen Aktivitäten gut erschlossen. Etliche Jausenstationen buhlen um die Gunst der Wanderer, sowohl stattliche Almgasthäuser wie die Stöfflhütte als auch urige kleine Hüttchen wie die Pfroderalm. Theoretisch könnten wir auf unserem Streifzug über die Villanderer Alm ein halbes Dutzend Male einkehren. Pfiffig ist die Idee eines kulinarischen Almtages, an dem jeweils mit einer besonderen Spezialität aufgewartet wird: Gasserhütte sonntags Schweinshaxe, Mair in Plun freitags gegrillte Bachforelle, Pfroderalm samstags Kniekiacheln, Stöfflhütte freitags Knödel und Tiroler Vorspeisen, Marzuner Schupfe samstags Almmarende, Rinderplatzhütte dienstags Plentenes. Womit doch schon mal eine ordentliche Bandbreite traditioneller Südtiroler Kost abgedeckt wäre …

Ausgangspunkt: Parkplatz »Saltnerstein« bei der Gasserhütte, 1744 m (Gebühr). Linienbus von Villanders.
Anforderungen: T1–2. Meist breite, befestigte Wege, nur zwischendurch auch mal Steigabschnitte im Latschengelände, aber nirgends steil. Für die volle Tour etwas Grundausdauer angezeigt.

Varianten: Einzelne Hütten können ausgelassen werden, etwa die kürzeren Schlenker über Marzuner Schupfe bzw. Rinderplatzhütte oder die Pfroderalm mit dem Höhenweg über den Totenrücken. Auch vor der Stöfflhütte lässt sich bereits die »Biege« machen.
Karte: Tabacco 1:25.000, Blatt 040.

Die Rinderplatzhütte.

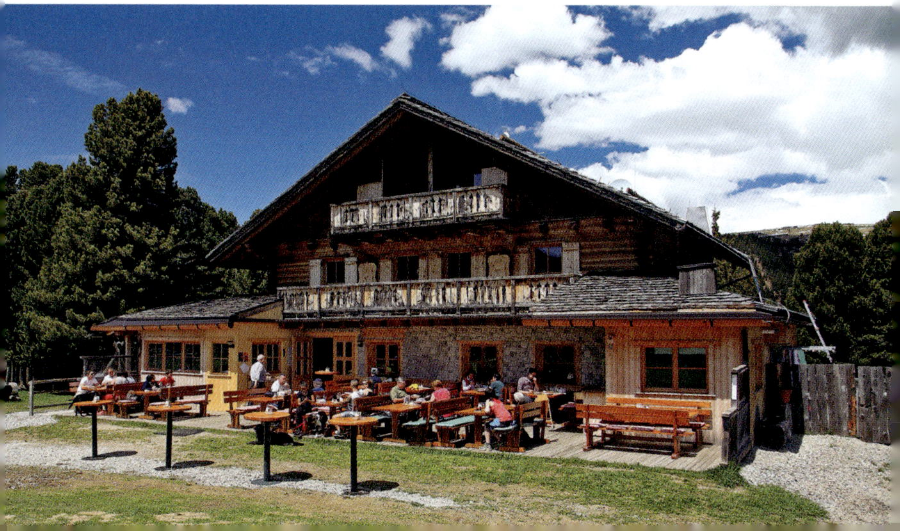

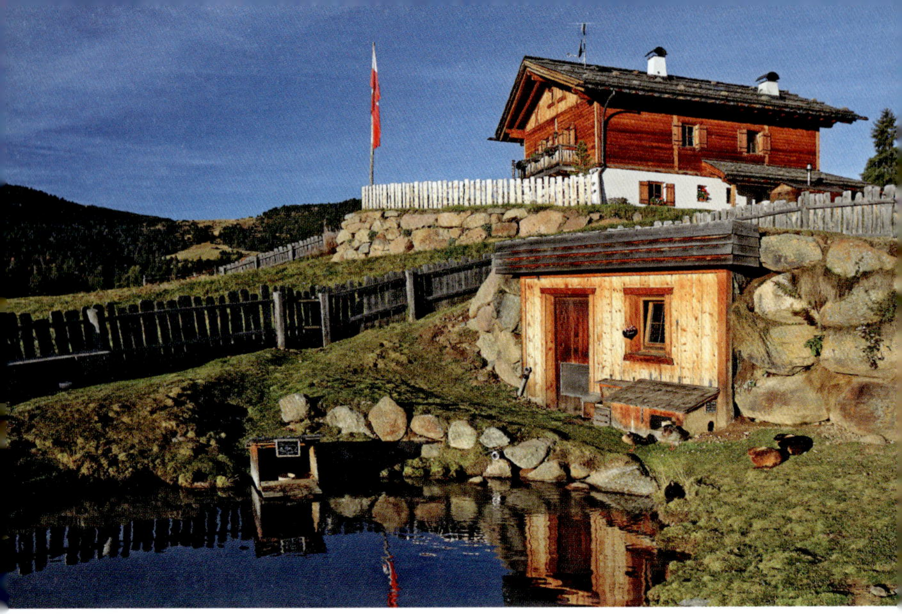

Mair-in-Plun-Alm.

Von der **Gasserhütte ❶** wählen wir die Route Nr. 6/15 parallel zum Fahrweg, später auch diesen, und gelangen nordwestwärts recht rasch zur Almhütte **Mair in Plun ❷**, 1860 m, dialektisch auch Moar in Plun. Hier zunächst geradeaus weiter, am »Altar« vorbei und bei der nächsten

EINKEHR

Gasserhütte, 1744 m: ganzjährig mit Übernachtungsmöglichkeit (von Oktober bis Juni Mo Ruhetag), Tel. +39 0472 843510 oder +39 338 6908811, gasserhuette.it.

Mair in Plun, 1860 m: Mitte Mai bis Anfang November und Weihnachten bis Ende März, Tel. +39 335 474625, mairinplun.com.

Pfroderalm, 2130 m: Anfang Juni bis Mitte/Ende Oktober, Tel. +39 335 6833677.

Stöfflhütte, 2057 m: Mitte Mai bis Anfang November und Weihnachten bis Mitte März (im Winter Mo Ruhetag), Übernachtungsmöglichkeit, Tel. +39 338 7319464, stoefflhuette.it.

Marzuner Schupfe, 1933 m: Ende Mai bis Mitte/Ende Oktober, Tel. +39 339 3242735.

Rinderplatzhütte, 1799 m: ganzjährig mit Übernachtungsmöglichkeit, Tel. +39 0472 310033 oder +39 335 1438245, rinderplatz.com.

TOUREN

Latzfonser Kreuz, 2311 m: ab Stöfflhütte über die Jocherer Alm 2.00 Std.

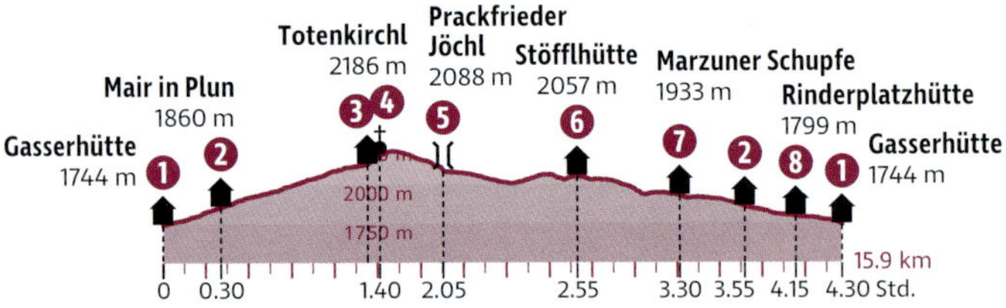

Gabelung mit Nr. 6 links Richtung Totenkirchl. In dem offenen Almgelände steigt unser Weg sanft an. Weiter oben wird die Route Nr. 1 (gleichzeitig E10) gekreuzt, während wir zwischen diversen Schupfen hindurchwandern und kurz vor dem Totenrücken die **Pfroderalm** ❸, 2130 m, erreichen. Wenige Gehminuten oberhalb empfängt uns in einer Lücke am Kamm das legendäre **Totenkirchl** ❹, 2186 m. Der Totenrücken wird nun der Länge nach bis ins **Prackfrieder Jöchl** ❺, 2088 m, überschritten. Dort stößt man wieder auf einen breiten, befestigten Weg und folgt diesem sachte abwärts ins Gebiet mit dem Flurnamen Rafuschgelalm. Abermals kreuzt Route Nr. 1, die auch zum Sarntaler Hufeisen gehört. Dann gilt es auf den Linksabzweig zur Stöfflhütte zu achten, ansonsten käme man bereits zum Rückweg Richtung Mair in Plun bzw. Marzuner Schupfe. Nach einer Gegensteigung schaltet sich ein kurzer, eventuell feuchter Steigabschnitt durch ein Latschenfeld ein. Etwas tiefer treffen wir auf den Hauptweg Nr. 15 und gelangen über

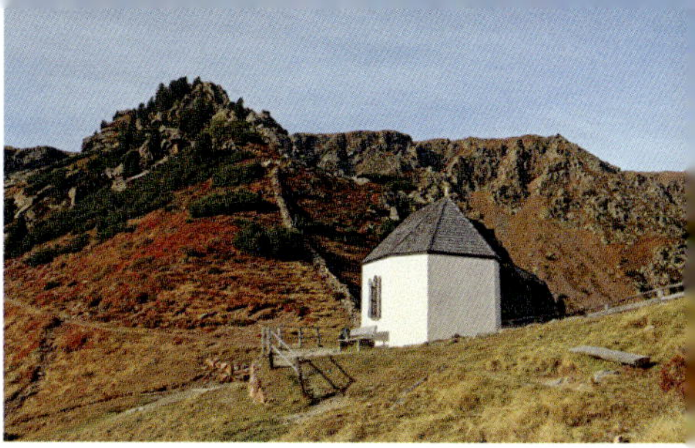

Unsere Wanderung macht auch am legendären Totenkirchl Station.

eine letzte Kurve am nördlichsten Punkt unserer Tour zum Gasthaus **Stöfflhütte** ❻, 2057 m. Besagte Nr. 15 gibt anschließend den Rückweg südwärts vor. Dabei lässt sich freilich noch eine Schleife über die etwas abseits gelegene **Marzuner Schupfe** ❼, 1933 m, unternehmen (Wegweiser ins Latschenfeld beachten). Jenseits eines Bacheinschnitts kehrt man wieder auf die Hauptroute zurück und kommt ein zweites Mal zur **Mair-in-Plun-Hütte** ❷. Ein Stück weiter können wir nun auch noch die **Rinderplatzhütte** ❽, 1799 m, einbinden, indem wir uns nach links wenden. Von dort schließt sich durchs Wiesengelände der Kreis zur **Gasserhütte** ❶.

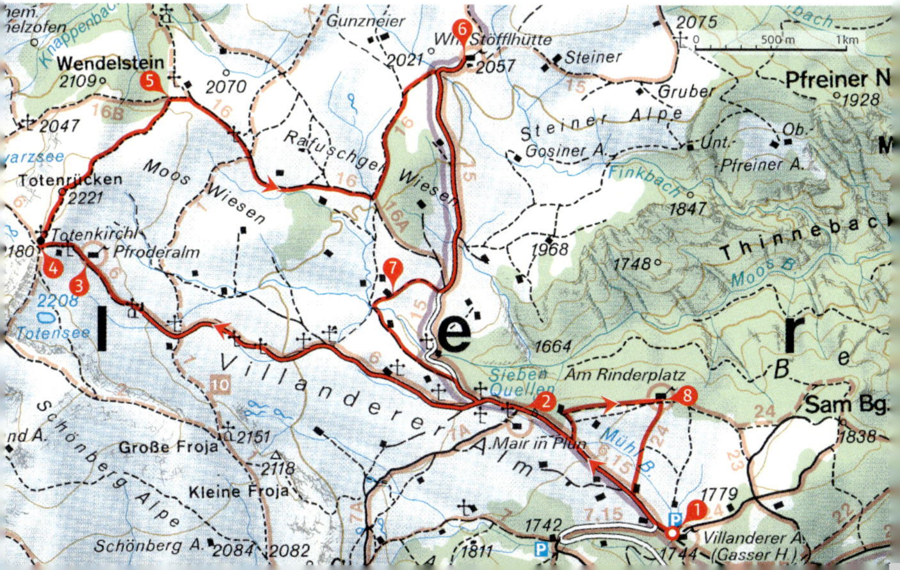

3 Klausner Hütte und Schutzhaus Latzfonser Kreuz

Der Ostzustieg vom Kühhof bei Latzfons

4.15 Std. | 12,6 km | ↗ 750 m | ↘ 750 m

Zur höchsten Wallfahrt Südtirols

Zu den bekanntesten Pilgerzielen Südtirols zählt das Latzfonser Kreuz. Weithin sichtbar schaut der rote Turm des Kirchleins über die Hangkante zu Füßen der Kassianspitze. Gleich nebenan steht eine Schutzhütte, schließlich wollen Leib und Seele zusammengehalten sein. Man schrieb das Jahr 1700, als Latzfonser Bauern – mit der dringlichen Fürbitte um Beistand von »oben« – ein Kruzifix herauftrugen. Drei aufeinanderfolgende Ernten waren ihnen durch schwere Unwetter verhagelt worden. Auf diese Weise glaubten sie, unheilvolle Gewitter abwenden zu können und ihr Hab und Gut fortan beschützt zu wissen. Aus dieser Tradition entwickelte sich allmählich eine richtige Wallfahrt. Im Jahr 1743 wurde das erste Kirchlein gebaut, dessen Nachfolger im neugotischen Stil aus dem Jahr 1868 noch heute in den Sommermonaten den »Schwarzen Herrgott« beherbergt. Später kam ein Hospiz dazu, um den immer zahlreicher werdenden Wallfahrern Unterkunft zu bieten, lange bevor die Alpenvereine damit begannen, das Gebirge für Wanderer und Bergsteiger zu erschließen. Mittlerweile steht die dritte Hüttengeneration an dieser Stelle, heute natürlich längst zu touristischer Funktion gewandelt, obschon auch die traditionelle Wallfahrt weiterhin lebendig geblieben ist. Das kann man etwa am Wochenende nach Fronleichnam beobachten, wenn der »Schwarze Herrgott« in einer feierlichen Prozession in sein Sommerquartier gebracht wird, oder zum Magdalenentag im Juli. Auf halbem Wege zum Latzfonser Kreuz, bevor der eigentliche Kreuzweg einsetzt, berühren wir noch die Klausner Hütte. Sie ist von einem idyllischen Almgelände umgeben.

Beim Zustieg zum Latzfonser Kreuz kommen wir an der Klausner Hütte vorbei.

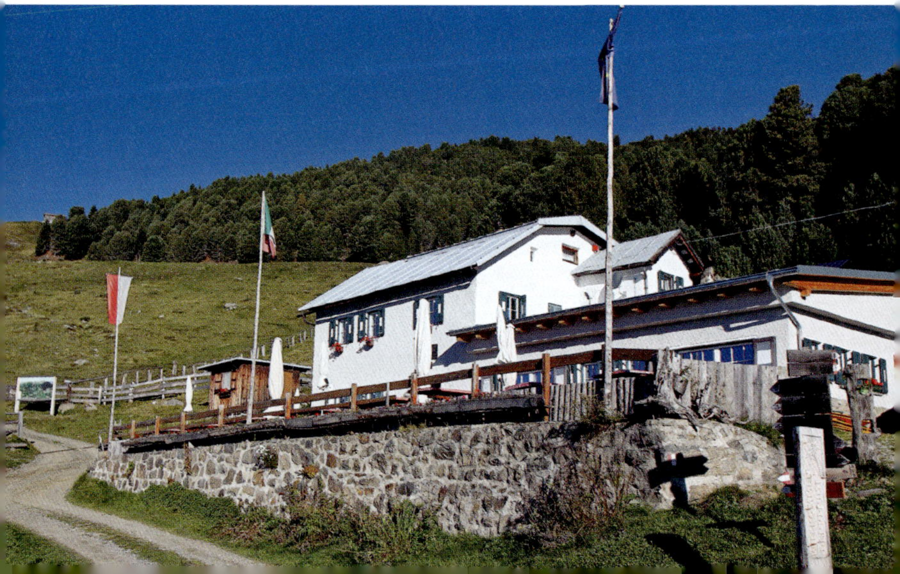

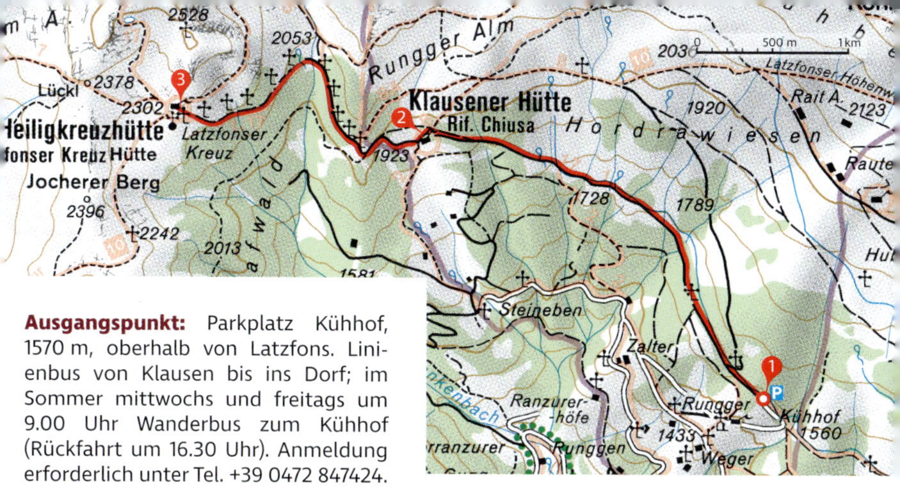

Ausgangspunkt: Parkplatz Kühhof, 1570 m, oberhalb von Latzfons. Linienbus von Klausen bis ins Dorf; im Sommer mittwochs und freitags um 9.00 Uhr Wanderbus zum Kühhof (Rückfahrt um 16.30 Uhr). Anmeldung erforderlich unter Tel. +39 0472 847424. Zu Fuß ab Latzfons verlängert sich der Aufstieg um gut 1 Std.

Anforderungen: T1. Problemlose Wanderung auf breitem Weg, im letzten Teil aufsteilend. Für Ungeübte ist zumindest der Höhenunterschied ins Kalkül zu ziehen.

Variante: Für einen alternativen Rückweg können wir ab Rungger Hütten den etwas höher am Hang verlaufenden Weg Nr. 13 wählen.

Karte: Tabacco 1:25.000, Blatt 030.

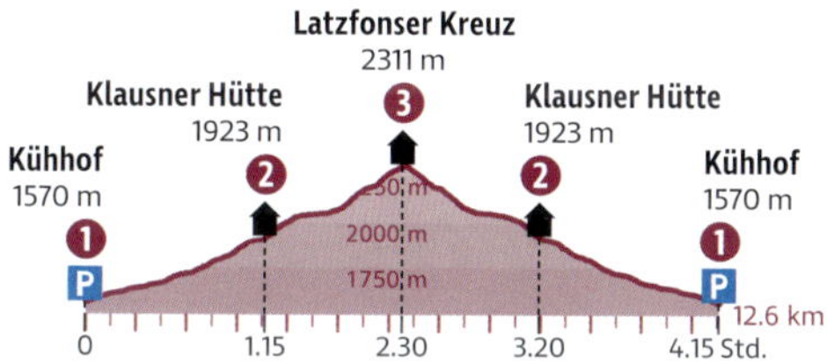

Beim **Kühhof** ❶ nehmen wir den Weg Nr. 1 auf und haben bis zur **Klausner Hütte** ❷, 1923 m, eine sehr beschauliche Wanderung durch Wald und Wiesenfluren mit malerischen Schupfen vor uns. Der breite Wirtschaftsweg steigt nur ganz allmählich an. Im Anschluss passieren wir die Rungger Hütten und sind nun auf dem Kreuzweg mit seinen insgesamt 15 Bildstöcken unterwegs. Etwa wo die Route Nr. 5B Richtung Fortschellscharte abzweigt, wird über eine Bachrunse eine Linkskurve

EINKEHR

Klausner Hütte, 1923 m: CAI, Anfang Mai bis Ende Oktober täglich und Weihnachten bis Ende Februar Fr bis So, 22 Schlafplätze, Tel. +39 320 7078058, klausnerhuette.it.

Schutzhaus Latzfonser Kreuz, 2311 m: privat, Anfang Juni bis Mitte/Ende Oktober, 43 Schlafplätze, Tel. +39 0472 545017 oder +39 334 1145608, latzfonserkreuz.com.

Leckere Hirtennudeln und ein Glaserl Rotwein.

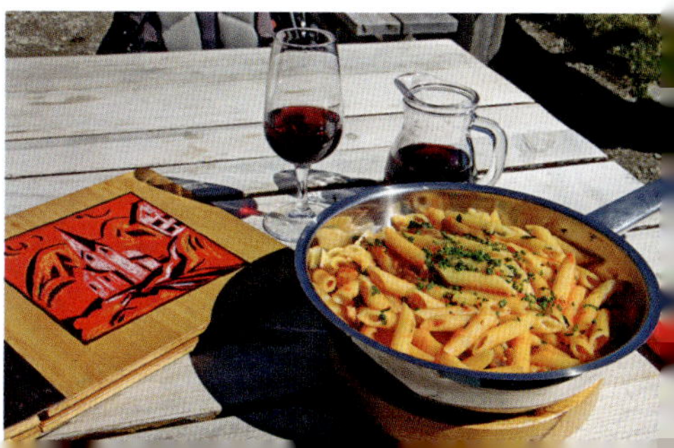

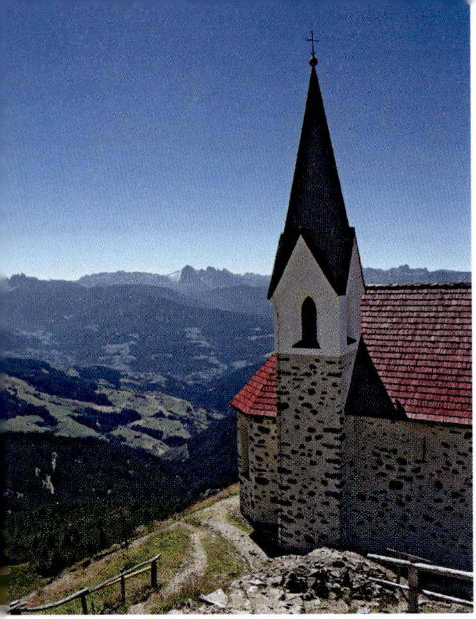

Das Bergkirchlein ist schon lange als Wallfahrtsziel populär.

TOUREN

Lorenzispitze, 2483 m: von der Klausner Hütte über die Südflanke (T2–3), 1.30 Std.

Kassianspitze, 2581 m: Hausberg des Latzfonser Kreuzes, Aufstieg via Kassiansee (T2–3), 0.50 Std., unbezeichnete Variante über den Ritzlar (T3+), 1.00 Std.

Radlseehütte, 2284 m: vor allem mit der Klausner Hütte gut in einer Tagestour kombinierbar, unschwierige Verbindung über den Latzfonser Höhenweg (T2), ca. 2.15 Std.

Flaggerschartenhütte, 2481 m: Etappe des Sarntaler Hufeisen, vom Latzfonser Kreuz in nördlicher Richtung via Fortschellscharte und Tellerjoch (T2–3), 4.30 Std.

Rittner-Horn-Haus, 2259 m: auf der Hufeisentour südwärts (T2), Originalroute 4.00 Std., Varianten teils länger.

vollzogen und die Steigung nimmt zu. Oben auf der Bergschulter sind Kirchlein und Schutzhütte am **Latzfonser Kreuz** ❸, 2311 m, längst sichtbar und nach einer Weile auch erreicht. Der Rückweg wird meistens in gleicher Weise absolviert.

Nebenan lädt das Schutzhaus zur Einkehr ein.

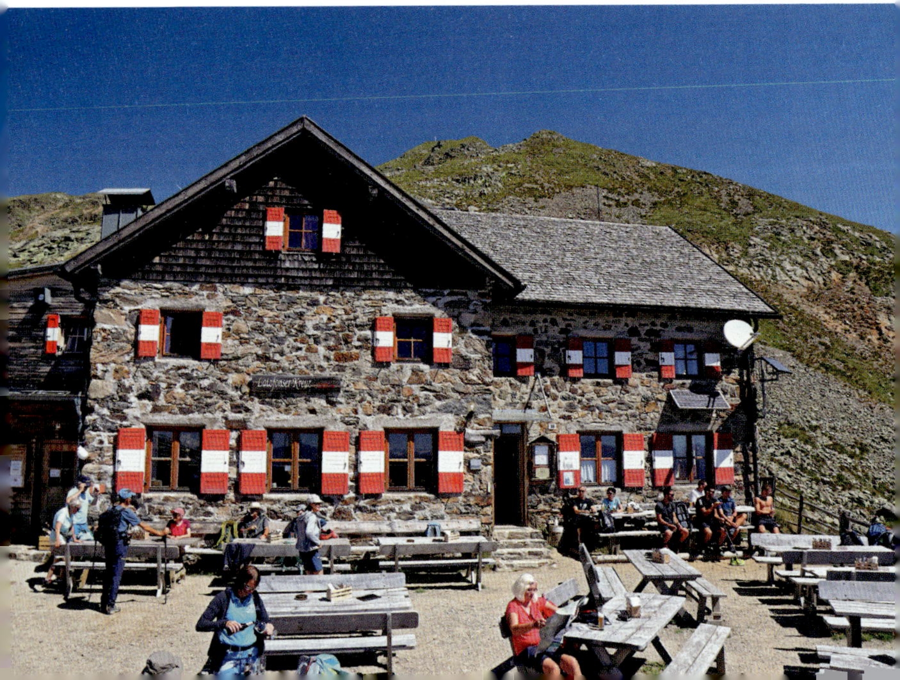

Radlseehütte, 2284 m
Vom Perlungerhof im Weiler Gereuth

4.15 Std. | 9,3 km | ↗ 900 m | ↘ 900 m

Logenplatz hoch über dem Eisacktal
Nach dem Zweiten Weltkrieg begannen die Aktivitäten des Südtiroler Alpenvereins, der nach und nach an ausgesuchten Standorten des Landes eigene Hütten errichtete, allmählich Früchte zu tragen. Manchmal gab es dort schon Vorgänger, wie im Fall der Radlseehütte hoch über Brixen. Während des Krieges brannte dort eine private Unterkunft ab. Freilich, dachte man sich wohl, könne ein solch wunderbarer Platz nicht verwaist bleiben. Der geheimnisumwitterte Radlsee in unmittelbarer Nähe und die überwältigende Fernsicht über das Eisacktal bis in die Dolomiten, deren Paradefront vom Peitlerkofel bis zum Rosengarten mit einem Blick zu erfassen ist, üben schon eine starke Anziehungskraft aus. Zudem ist die Radlseehütte mit verschiedenen Zustiegsmöglichkeiten gesegnet, die uns zumeist keine besonderen Hürden auferlegen, außer einer gewissen Summe zu bewältigender Höhenmeter natürlich. Vom nordseitigen Bad Schalders aus sind es deren gar viele, sodass diese Option für die meisten ausscheidet. Vorteilhafter sieht die Bilanz vom Perlunger, dem höchsten Hof im Weiler Gereuth, vom Kühhof sowie vom Garner Wetterkreuz aus, und auch von Oberschnauders kommen regelmäßig Leute hoch. Ein guter Plan wäre übrigens der Besuch an einem Donnerstag. Dann ist nämlich Knödeltag mit einer zehnfachen Auswahl!

Die unverwechselbare Zackenreihe der Geislerspitzen im Abendlicht.

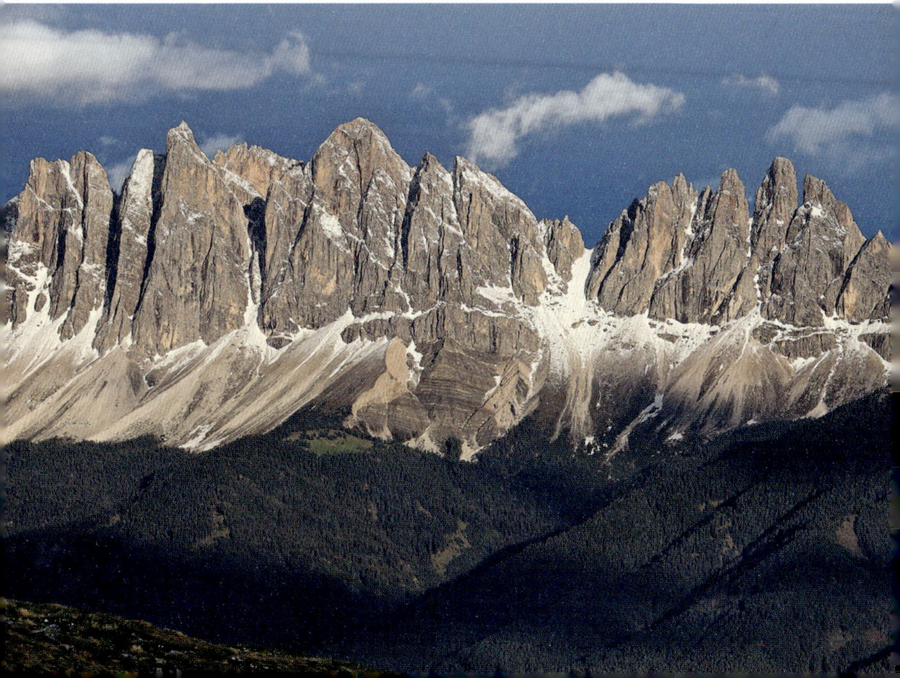

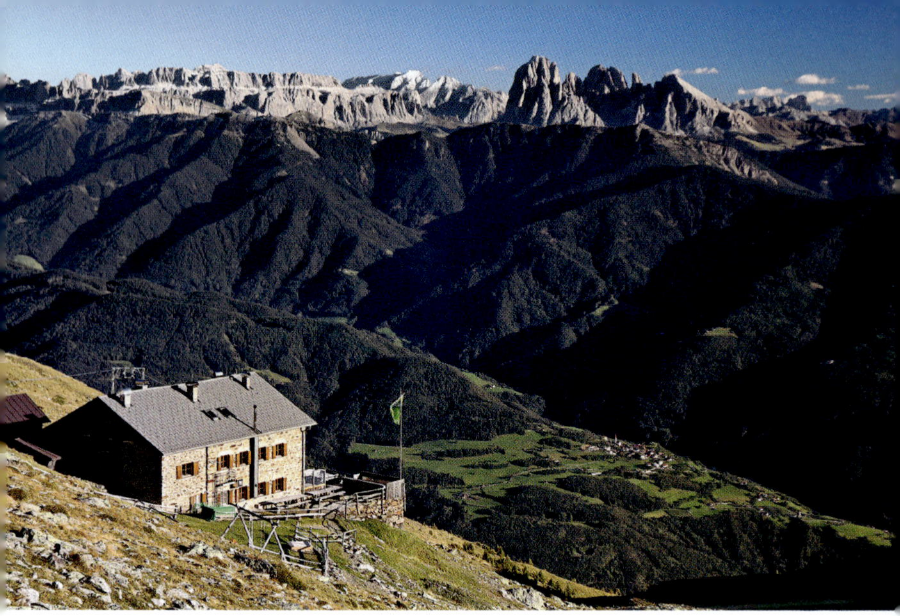

Auch vom Panorama her lässt die Radlseehütte keine Wünsche offen.

Ausgangspunkt: Parkplatz beim Perlunger, ca. 1390 m, im Höfeweiler Gereuth. Zufahrt von Brixen über Pinzagen und Tils, wo die Buslinie endet.
Anforderungen: T2. Problemlose Bergwanderwege und teils auch Forststraßen, die meiste Zeit bewaldetes Gelände, oben aber sehr aussichtsreich. Konditionell gemäßigte Tagesleistung.

Vom Parkplatz **Perlunger** ❶ gehen wir an Kapelle und Hof vorbei, nehmen die Markierung Nr. 8 auf, vorerst auf einer Forststraße. Diese wird in einer Kehre verlassen, um über den Bärengraben hinweg nach **Tan-**

Abends herrscht in der Hütte Gemütlichkeit.

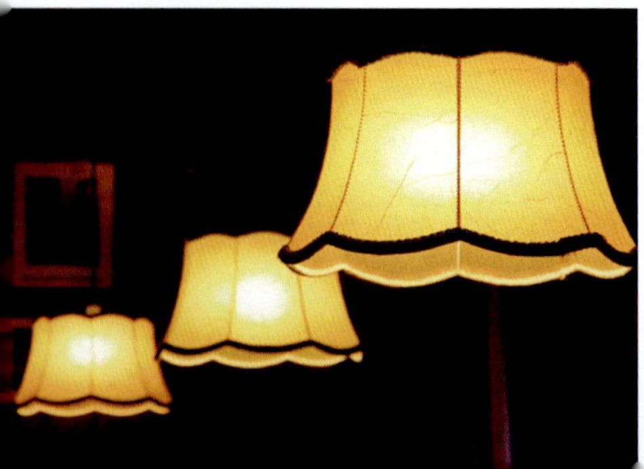

Varianten: 1. Vom Kühhof, 1570 m, über die als Jausenstation geführte Brugger Schupfe, 2.30 Std.
2. Vom Garner Wetterkreuz, ca. 1430 m, über den Kühberg und oben gemeinsam mit der Route vom Kühhof, 2.30 Std.
3. Von Oberschnauders, 1227 m, via Bleiberg und Rossboden, 3.00 Std.
Karte: Tabacco 1:25.000, Blatt 030.

EINKEHR

Radlseehütte, 2284 m: AVS, Mitte Mai bis Anfang November, 50 Schlafplätze, Tel. +39 0472 855230 oder +39 349 3230331, radlseehuette.it.

TOUREN

Königsangerspitze, 2436 m: über Route Nr. 7 rasch und leicht zu erreichen, perfekt auch zum Sonnenauf- oder -untergang (T2), 0.25 Std.
Klausner Hütte, 1923 m, und Latzfonser Kreuz, 2311 m: Weg Nr. 7 führt von der Königsangerspitze weiter zur Lorenzischarte (und nordwärts hinab zu den Schrüttenseen), Fortsetzung zu den Hütten möglich (alternativ auch über den Latzfonser Höhenweg in der Südflanke, Nr. 8).

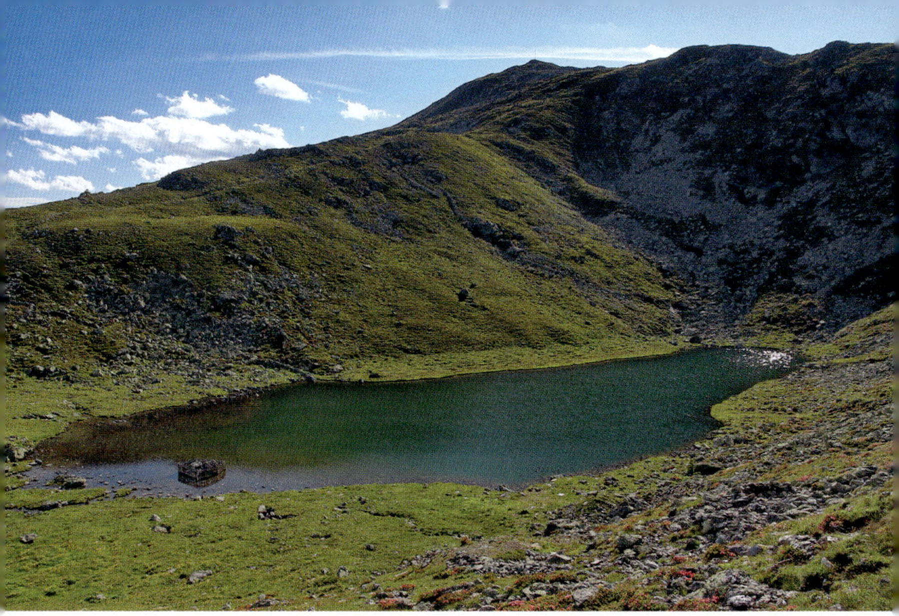

Nur einen Katzensprung entfernt befindet sich der Radlsee.

nefried ②, 1771 m, zu gelangen (Bildstock). Nun haben wir zwei Möglichkeiten: Entweder kurz hinüber zur Fortsetzung auf einem Fahrweg, später einige Abkürzungen nutzend zur Materialseilbahn und erst ganz zuletzt in offenem Gelände zur **Radlseehütte ③**, 2284 m, empor. Oder mit der Variante Nr. 8B direkter bergauf, an einem Almhüttchen vorbei und nochmals an den Bärengraben heran. Danach links haltend zu einem freien Geländerücken beim Hundskopf und mit einer Hangquerung das letzte Stück hinüber zum Ziel. Der See befindet sich knapp unterhalb in einer Mulde. Für den Rückweg wird man sich abwechslungshalber für die Alternative entscheiden, ab Tannefried bleibt dann nur derselbe Weg.

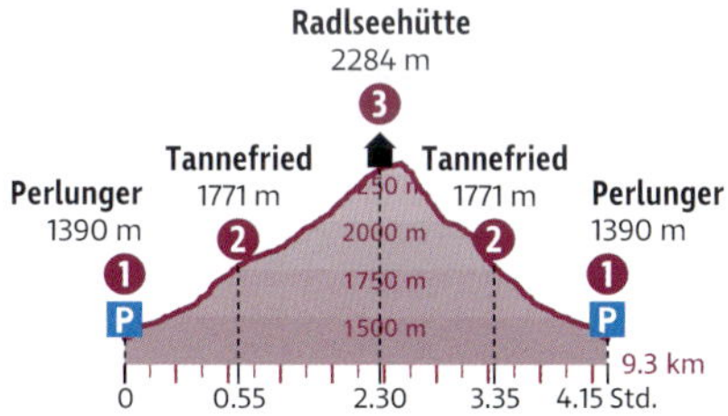

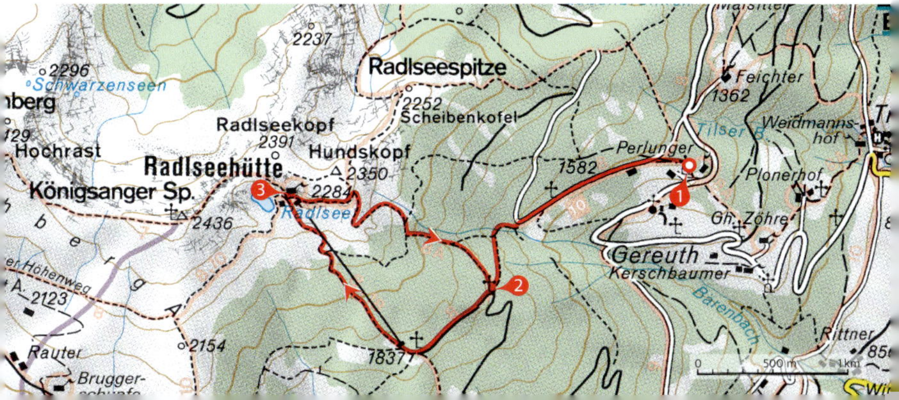

5 Zirmaitalm, 1891 m
Von Spiluck oberhalb Vahrn

2.00 Std. | 4,6 km | ↗450 m | ↘450 m

Urige Alm in stiller Umgebung

Mustert man die Flanken der Sarntaler Alpen über dem Eisacktal, so fällt – abgesehen von gewissen Fleckchen – ein weithin eher bescheidener Erschließungsgrad auf. Es herrscht viel Wald vor, durchsetzt von einigen Almrodungen oberhalb typischer Streuweiler. Relativ selten finden wir dort bewirtschaftete Ziele – eines davon ist die Zirmaitalm oberhalb von Spiluck, in einer Seitenkammer des Schalderer Tals. Hier geht es noch richtig urig zu, fern jeder Alltagshektik, die eher drunten auf der Brenner-Autobahn zu verorten ist.

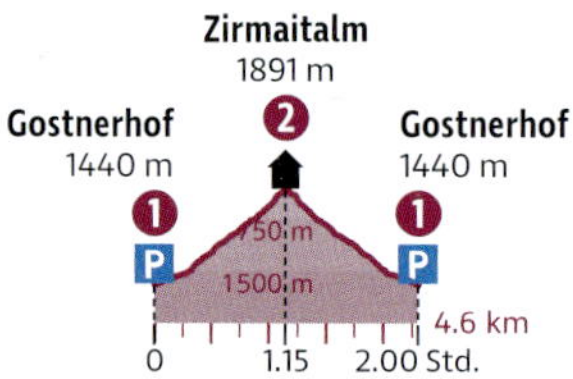

Ausgangspunkt: Parkplatz beim Gostnerhof, ca. 1440 m. Mit Öffis muss man in Spiluck, ca. 1300 m, starten (Buslinie vom Bahnhof Brixen).
Anforderungen: T1–2. Leichte und recht kurze Wanderung über Forststraßenabschnitte und Abkürzungen auf Steig.
Karte: Tabacco 1:25.000, Blatt 030.

Vom Waldparkplatz beim **Gostnerhof** ❶ starten wir auf einer Forststraße (Nr. 2), die auf Höhe der Steinwiesalm verlassen wird. Man verbleibt geradeaus im Bereich eines Grabeneinschnitts, wechselt zwischendurch hinüber auf die linke Seite und weiter oben wieder zurück nach rechts.

Die Zirmaitalm liegt in sehr idyllischer Umgebung …

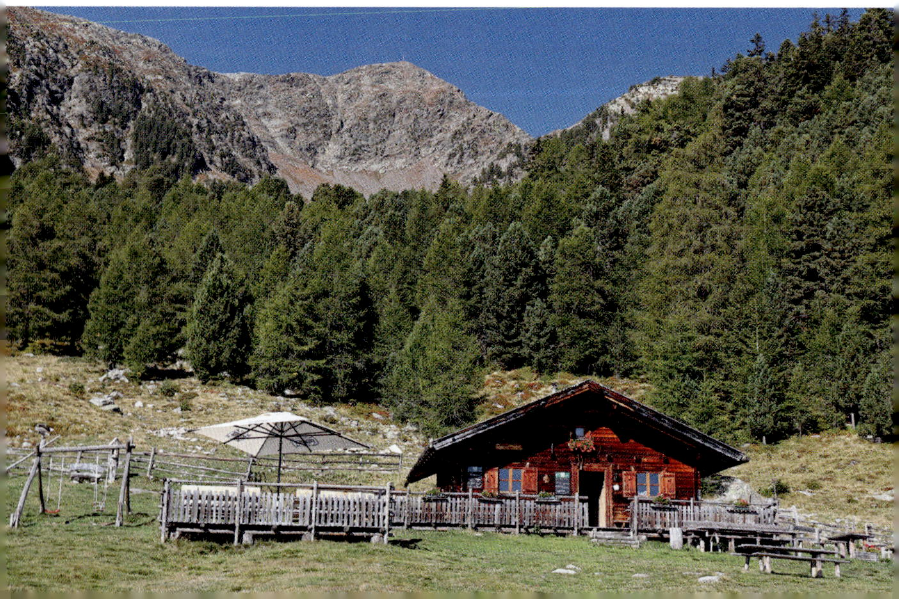

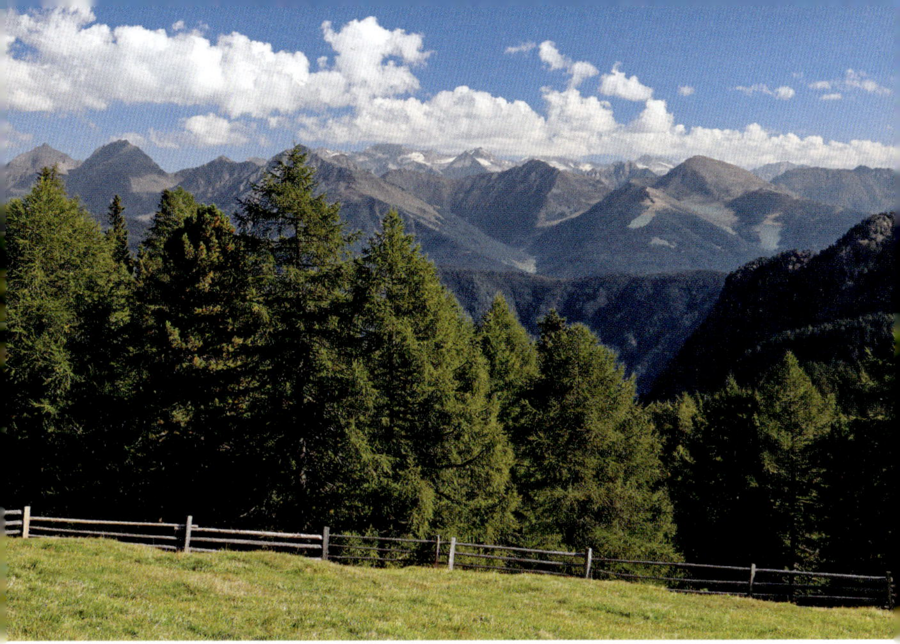

... und bietet auch einen Fernblick bis in die Zillertaler Alpen.

EINKEHR

Gostnerhof: Hofschank ganzjährig geöffnet (Mi/Do Ruhetag), Übernachtungsmöglichkeit, Tel. +39 0472 830250, gostnerhofspiluck.it.
Zirmaitalm, 1891 m: Anfang Juni bis Mitte September einfach bewirtschaftet, Tel. +39 338 2613114.

TOUREN

Karspitze, 2517 m: Route Nr. 2 über den Südostrücken (T3), ab Zirmaitalm 1.45 Std.
Scheibenberg, 1925 m: am besten als Rundtour mit Aufstieg von Spiluck und Fortsetzung via Spilucker Scharte (Jöchl) zur Zirmaitalm (T2–3), insgesamt 4.00 Std.

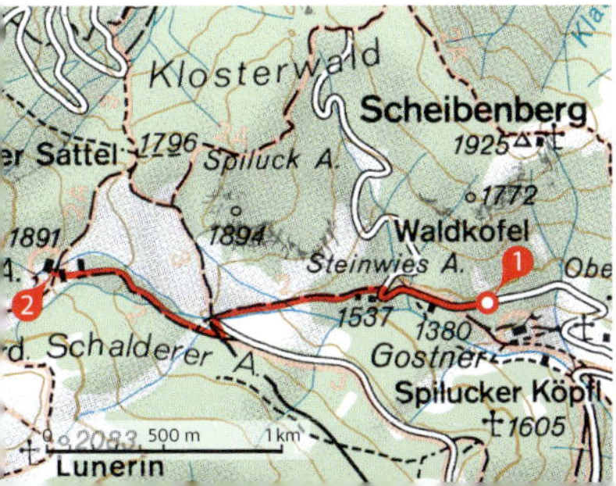

Der Wald lichtet sich und eröffnet schließlich das Areal der **Zirmaitalm** ❷, 1891 m, die nun direkt über die Weide angesteuert wird. Zurück geht es auf demselben Weg.

In der Nähe des Gostnerhofs geht's los.

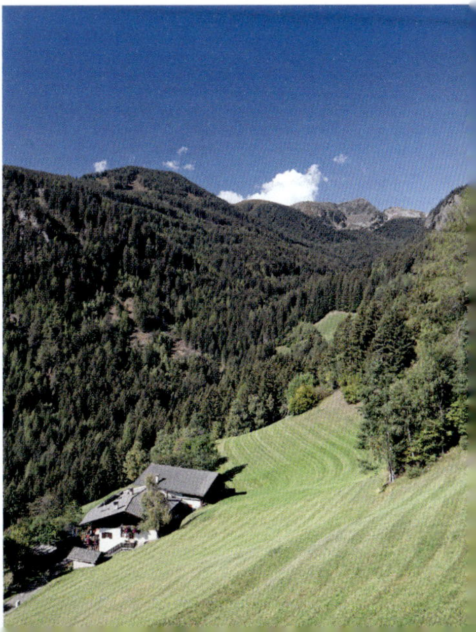

6 Flaggerschartenhütte (Marburger Hütte), 2481 m

Der lange Weg durchs Flaggertal

9.00 Std. | 23,5 km | ↗1630 m | ↘1630 m

Höchste Hütte der Sarntaler Alpen

Die Flaggerschartenhütte, auch als Marburger Hütte geläufig, hat bereits im Parallelband »West« Aufnahme gefunden, wird sie doch meistens von Durnholz aus angesteuert. Bei topografisch exakter Betrachtung liegt ihr Standort jedoch knapp auf der Seite des Eisacktals. Und der Zustieg von dort hat es ganz schön in sich, zählt mit gut fünf Stunden Aufstiegszeit definitiv zu den längsten und anstrengendsten weit und breit. Eine schöne Herausforderung für gestandene Bergwanderer! Die Erbauersektionen Marburg und Siegen eröffneten ihre Hütte wenige Wochen vor Ausbruch des Ersten Weltkriegs – eine denkbar schlechte Fügung. Enteignung und Verwahrlosung prägten die nächsten Jahrzehnte, ehe der CAI Franzensfeste wieder eine ordnungsgemäße Bewirtschaftung ermöglichte. Seit 1999 gehört die noch in sehr einfachem und rustikalem Stil erhaltene Flaggerschartenhütte der Autonomen Provinz Südtirol. Ihre geringen Kapazitäten sind oft von Weitwanderern auf der Sarntaler Hufeisentour gut belegt.

Ausgangspunkt: Mittewald, 803 m, Bushaltestelle an der Brennerstraße, Parkmöglichkeit im Ort oder idealerweise noch ein Stück weiter beim Fahrverbot der Forststraße ins Flaggertal, ca. 850 m. Man fährt hierfür unter Autobahn und Eisenbahn hindurch Richtung Erlerhof.
Anforderungen: T2+. Bis zur Unteren Flaggeralm recht steiler Fahrweg, teils geschottert, teils betoniert, anschließend Bergsteig durch Wald, über Weideböden und zuletzt in steiniger Umgebung. Keine besonderen Geländeschwierigkeiten, aber sehr lang mit beträchtlichem Höhenunterschied. Hin und zurück als Tagestour nur für konditionsstarke Wanderer zu empfehlen.
Variante: Der Anstieg von Durnholz auf Sarntaler Seite kann im Band »Alm- und Hüttenwanderungen Südtirol West« studiert werden.
Karte: Tabacco 1:25.000, Blatt 037 und 040.

Über allen Gipfeln ist Ruh …

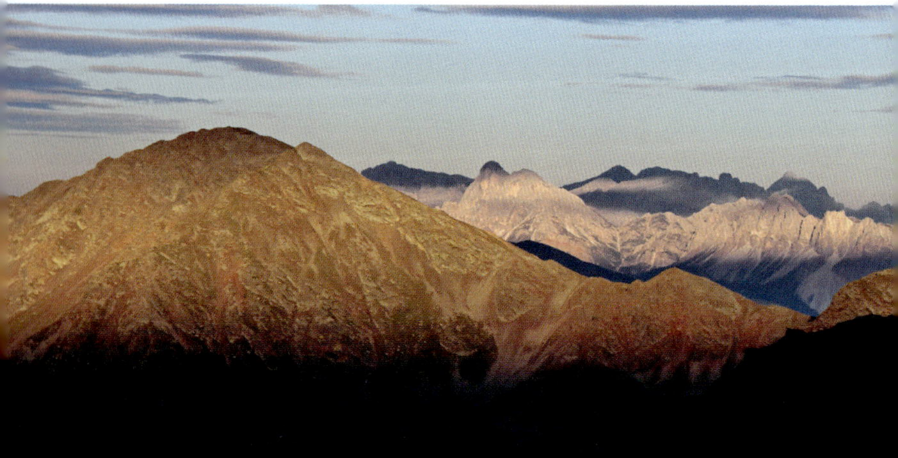

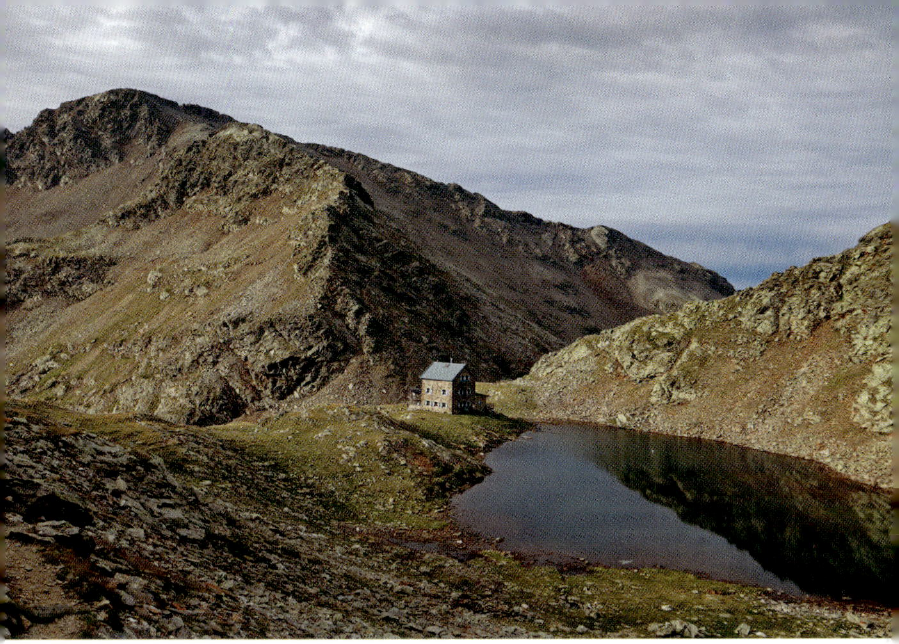

Direkt am Flaggersee und vis-à-vis der Jakobspitze besitzt die Hütte einen reizvollen Standort.

Von Mittewald können wir noch bis zum Beginn des **Flaggertals ❶** mit dem Auto fahren – vor dem Fahrverbotsschild gibt es etwas Parkraum. Damit befinden wir uns schon auf der Route Nr. 16, die nun taleinwärts

EINKEHR

Flaggerschartenhütte (Marburger Hütte), 2481 m: Auton. Prov. Südtirol, Mitte Juni bis Anfang Oktober, 34 Schlafplätze, Tel. +39 347 8284867, forcellavallaga.it.

TOUREN

Tagewaldhorn, 2708 m: auf Route Nr. 15A schräg durch die Südflanke und zuletzt mit etwas Kletterei am Ostgrat (T3–4), 1.15 Std.

Jakobspitze, 2741 m: mit Umgehung der vorgelagerten Lorenzispitze über die Nordseite (T3), 1.00 Std.

Latzfonser Kreuz, 2311 m: Sarntaler Hufeisentour über Tellerjoch und den Hangweg zur Fortschellscharte (T2–3), 4.00 Std.

Penser-Joch-Haus (Gasthaus Alpenrose), 2215 m: über Hörtlanerscharte, Distelsee, Niedereck und um den Astenberg herum (T2–3), 4.00 Std.

Imposante Wasserfallstufe im oberen Flaggertal.

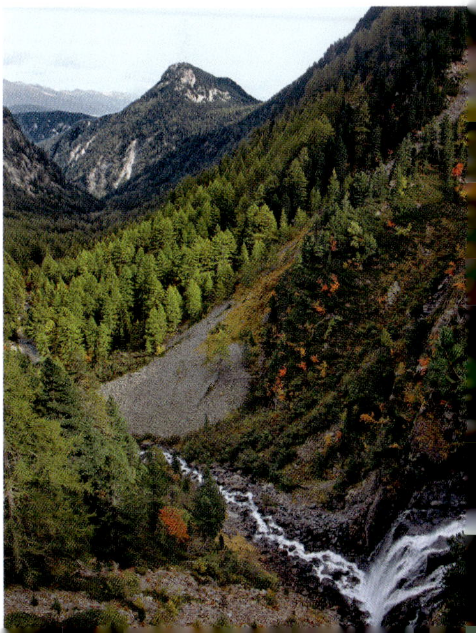

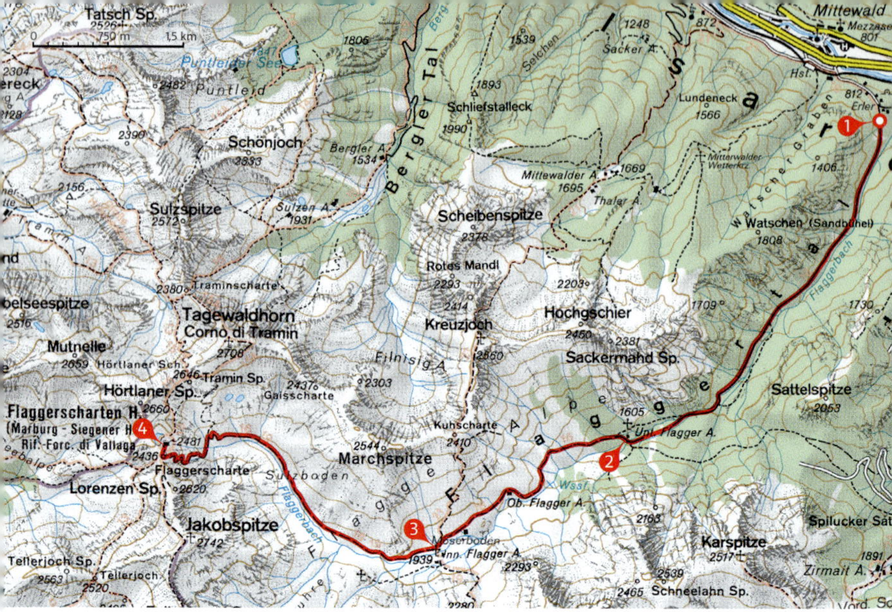

phasenweise kräftig anzieht, auf befestigtem Untergrund freilich kein Problem. Ab und zu sind einzelne Serpentinen eingestreut. Nach fast zweieinhalb Stunden erreichen wir die Freifläche der **Unteren Flaggeralm ❷**, 1605 m. Weiter geht es an der rechten Seite des Taleinschnitts durch lichten Wald und oberhalb eines Wasserfalls entlang auf die nächste Geländestufe. Durch ein Gatter betreten wir einen schönen Weidegrund und kommen etwas höher zu einem weiteren, noch größeren Hochboden, wo auch die **Innere Flaggeralm ❸**, 1939 m, liegt. Hier zweigen die Routen Nr. 19 (Übergang ins Schalderer Tal) und Nr. 21 (hinauf zum Kreuzjoch) ab. Unser Weg durchmisst oberhalb eine Talenge, ehe sich die Szenerie wieder etwas weitet. Relativ sachte ansteigend nähern wir uns dem Talhintergrund, wo sich ein felsdurchsetzter Riegel entgegenstellt. Man weicht nach links aus und gewinnt durch einen schuttgefüllten Einschnitt die Flaggerscharte. Von dort verbleiben nur noch wenige Gehminuten rechts hinauf zur **Flaggerschartenhütte ❹**, 2481 m. Für den Rückweg ist dieselbe Route vorgesehen.

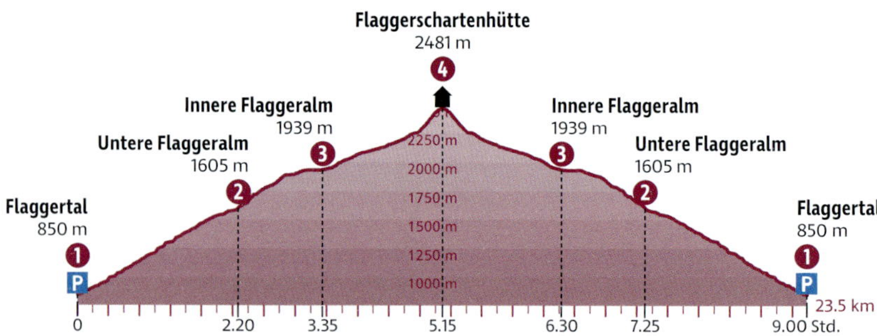

Puntleider Seealm, 1777 m
Von den Puntleider Höfen bei Grasstein

7

2.45 Std. | 5,1 km | ↗ 590 m | ↘ 590 m

Versteckte Kleinode über dem waldreichen Wipptal

Das obere Eisacktal, auch als Wipptal geläufig, kennen viele nur vom mehr oder weniger zügigen Transit. Irgendwo zwischen Sterzing und Franzensfeste zu einer Bergwanderung aufzubrechen, scheint vorderhand nicht sonderlich attraktiv, denn kaum ein Ziel lockt mit bekanntem Namen und die oft düsteren Waldflanken wirken auch nicht übermäßig einladend. Freilich gibt es dort Fleckchen, die einen Stopp lohnen, etwa der zauberhafte, von lichten Lärchenbeständen umkränzte Puntleider See. Etwas unterhalb befindet sich eine Almhütte, die uns auch kulinarisch verwöhnt. Sogar ein kleines Bettenlager ist vorhanden, falls man mal länger in diese Abgeschiedenheit eintauchen möchte.

Ausgangspunkt: Parkplatz Puntleider Höfe beim Fischnaller, 1188 m. Zufahrt von Grasstein über eine schmale Bergstraße (ohne Busanschluss).
Anforderungen: T2. Gewöhnlicher Bergweg durch Wald, phasenweise relativ steil verlaufend, jedoch nirgends gefährlich.
Karte: Tabacco 1:25.000, Blatt 040.

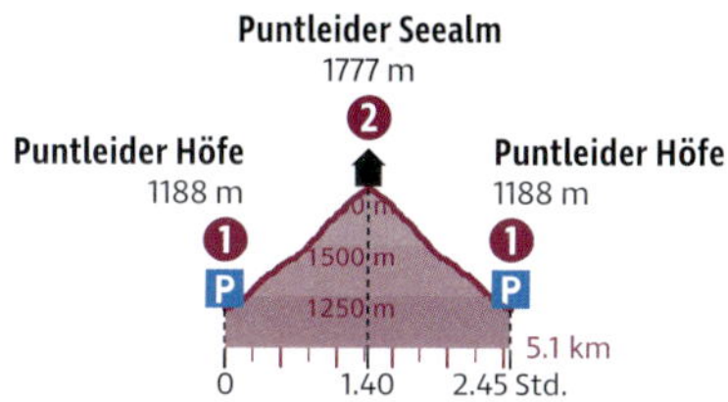

Vom Wanderparkplatz bei den **Puntleider Höfen** ❶ kürzen wir die Schleifen des Almsträßchens ab (Nr. 14), passieren das Mahdl, 1419 m, und gewinnen in sonst meist dichtem Wald links vom Almegg-Rücken an Höhe. Erst bei der **Puntleider Seealm** ❷, 1777 m, öffnet sich die Szenerie, da-

Nur wenig unterhalb des Puntleider Sees empfängt uns die Alm.

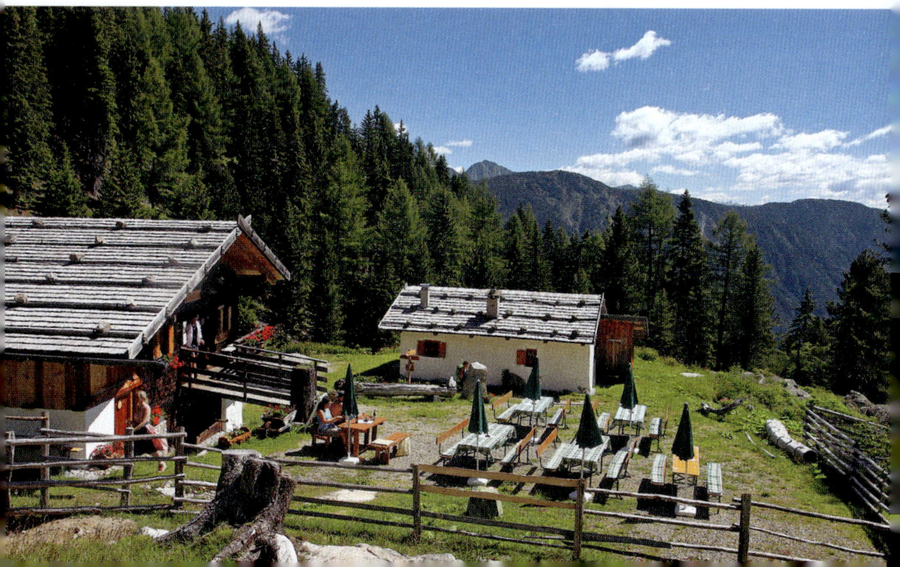

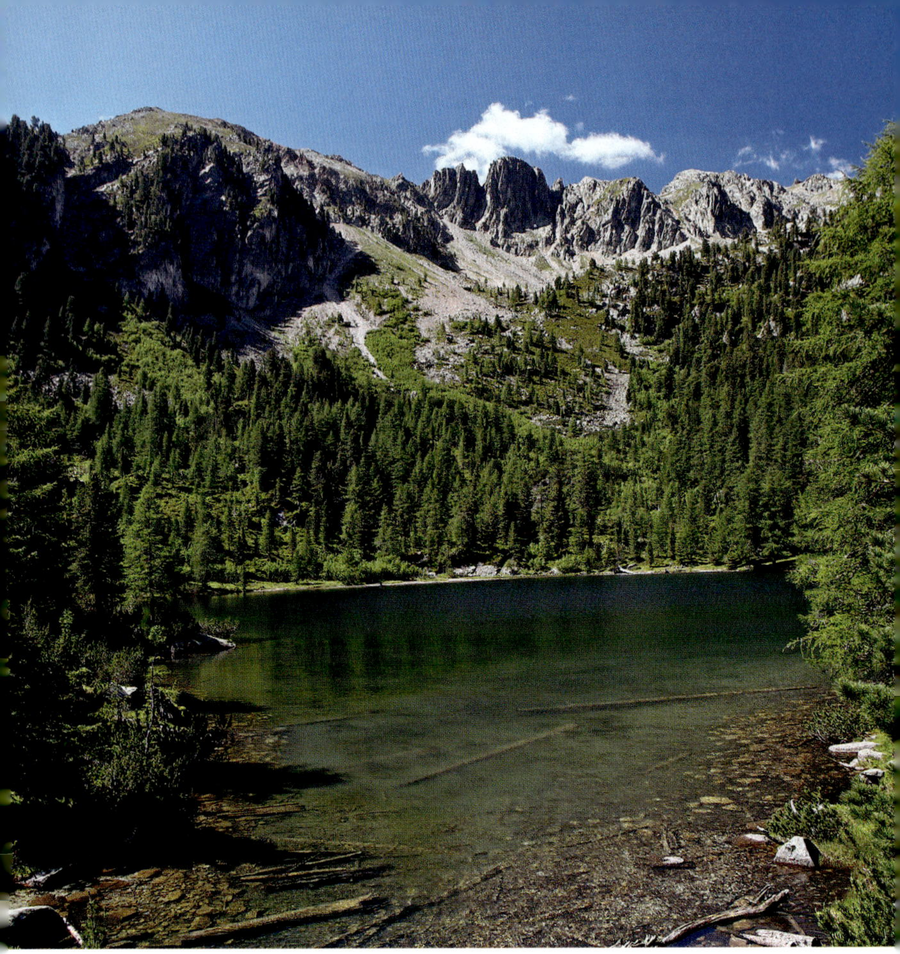

Der Puntleider See zählt zu den schönsten Flecken weit und breit.

mit sind wir nominell schon am Ziel. Freilich wird wohl kaum jemand auf den Besuch des oberhalb gelegenen Puntleider Sees verzichten wollen. Retour geht es auf derselben Route.

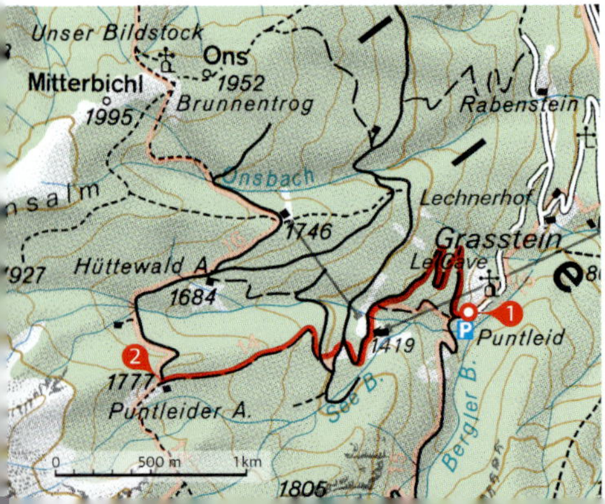

EINKEHR

Puntleider Seealm, 1777 m: Mitte Juni bis Anfang Oktober, Übernachtungsmöglichkeit, Tel. +39 349 6442391.

TOUREN

Puntleider See, 1847 m: Fortsetzung des Aufstiegs mit Nr. 14 (T2), 0.25 Std. Eine Umrundung bietet sich an; außerdem kann ein Übergang ins Bergltal erwogen werden (vom Ausgangspunkt ggf. auch in umgekehrter Richtung).

Ratschinger Almenweg

Rundtour im Seilbahngebiet am Jaufenkamm

3.15 Std. | 9,2 km | ↗550 m | ↘550 m

Auf der Schwelle zwischen Sterzing und Passeier
Als Jaufenkamm bezeichnet man den vom Jaufenpass westwärts gerichteten Gipfelzug, der in der Hohen Kreuzspitze kulminiert und vor allem über dem Passeiertal stark zur Geltung kommt. Nordseitig befindet sich das zum Sterzinger Becken orientierte Ratschingstal mit einer Reihe von Almgebieten, die in einem Teilbereich dem winterlichen Pistenvergnügen untergeordnet wurden. Hier wollen wir eine kleine Runde drehen und haben – inklusive der südseitig gelegenen Flecknerhütte – gleich vier Gelegenheiten zur Einkehr. Wer indes den gesamten offiziellen Ratschinger Almenweg begehen möchte, muss zwischen der Kalcheralm nahe der Jaufenstraße und der Klammalm im Talschluss wesentlich weiter ausschweifen und sich über die Logistik Gedanken machen.

Ausgangspunkt: Bichl im Ratschingstal, Talstation der Bergbahn Ratschings-Jaufen, die bis auf ca. 1840 m führt. Busverbindung von Sterzing. Seilbahnbetriebszeiten zwischen Anfang Juni und Anfang Oktober, täglich von 8.30 bis 16.30 Uhr.
Anforderungen: T2+. Meist mäßig steiles Gelände, dabei gute Bergwanderwege (streckenweise auch mal befestigt), lediglich beim Abstieg zur Wumblsalm nur spärlich gepfadet; hier schadet etwas Trittsicherheit nicht. Mit Seilbahnhilfe moderates Pensum.
Variante: Man kann zwischen den Wegpunkten 3 und 5 am Kamm bleiben und die Flecknerhütte damit auslassen.
Karte: Tabacco 1:25.000, Blatt 038.

Von der **Bergstation** ❶ steuern wir als Erstes ostwärts die **Rinneralm** ❷, 1892 m, an. Dort nehmen wir schräg rechts die Route Nr. 13B auf und wandern quer durchs Pistengelände zum **Rinnersattel** ❸, 2031 m,

Wie ein Scherenschnittmuster zeichnen sich die Berge am Horizont ab.

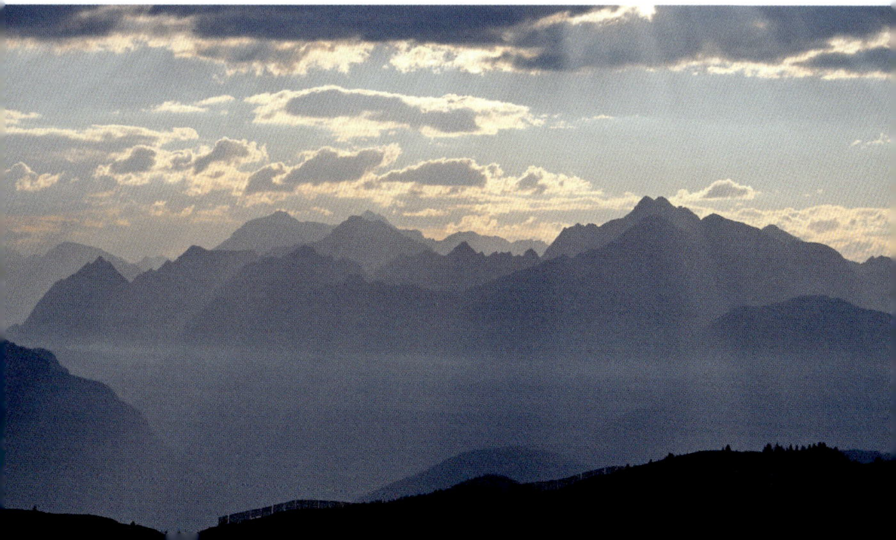

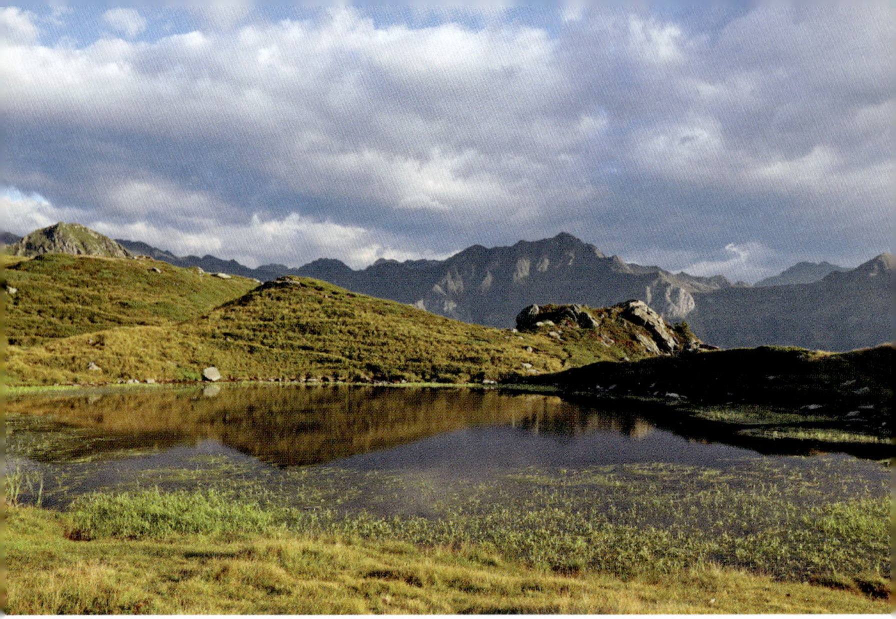

Kleines Seeauge am Rinnersattel.

einem wenig prägnanten Einschnitt am Jaufenkamm, hinauf. Jenseits ein kurzer Abstieg und man trifft auf die Zufahrt zur **Flecknerhütte** ❹, 2058 m, die uns ein Stück weiter westlich empfängt. Kurz dahinter zweigen wir auf den oberen Weg ab und setzen die Gegensteigung fort, bis wir von der Kammhöhe ❺ östlich des Fleckners wieder auf die Nordseite wechseln können. Mit Nr. 10A geht es dort in ein weiträumiges Kar hinab. Man hält sich bald rechts an die Begrenzung, dann wieder links zum ersten Boden. Teilweise ohne erkennbaren Pfad gilt es über die nächsten Geländeabstufungen aufmerksam die Markierungen im Auge

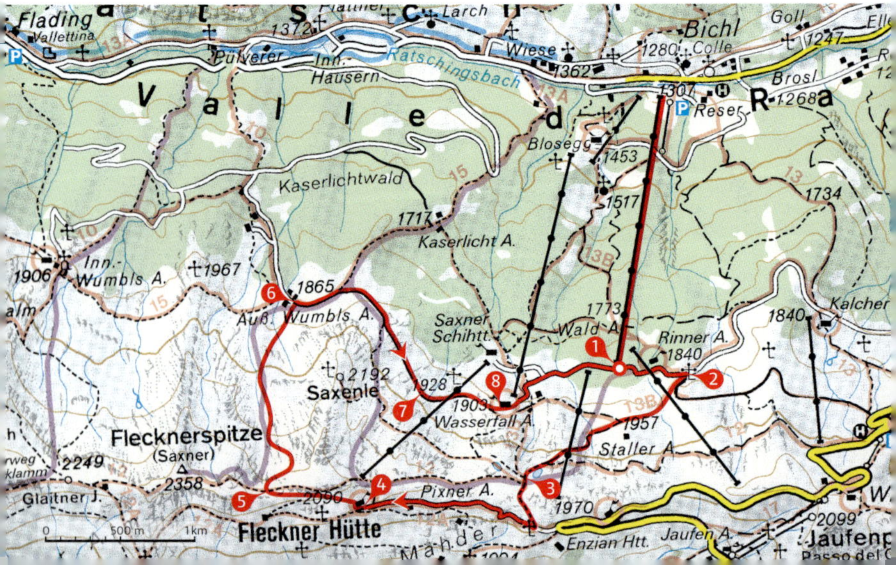

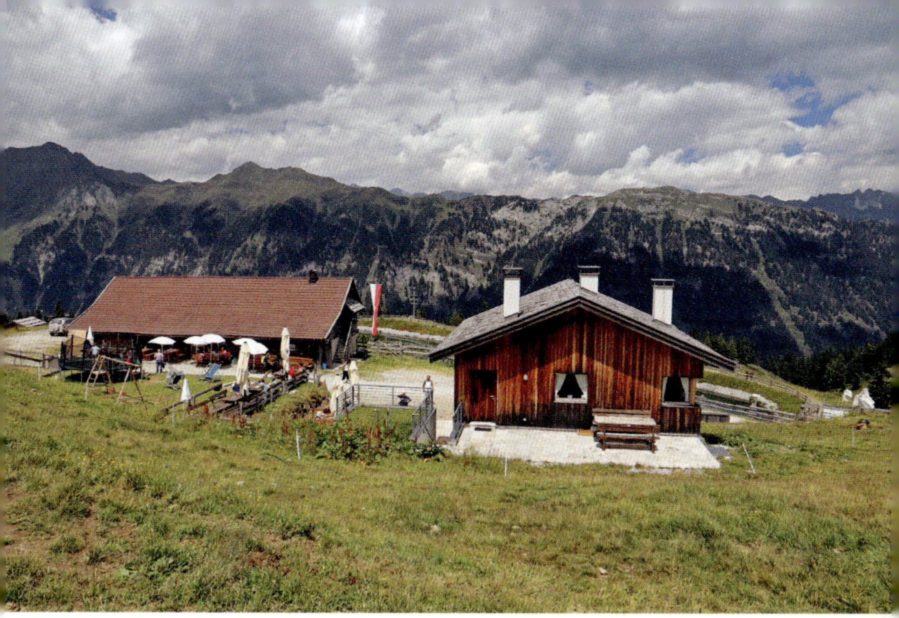

Im Einzugsbereich der Seilbahn liegen mehrere Einkehrstationen, unter anderem die Rinneralm.

zu behalten – das steindurchsetzte Rasengelände ist davon abgesehen nicht schwierig. Richtpunkt ist die **Äußere Wumblsalm** ❻, 1865 m, wo man den Ratschinger Almenweg in östlicher Richtung aufnimmt. Nachdem ein talwärts Richtung Bichl führender Weg abgezweigt ist (Nr. 15), zieht die gut ausgebaute Trasse an einem Wetterkreuz vorbei und quer durch eine Hangbucht leicht aufwärts zur **Saxnerhütte** ❼, 1939 m. Damit sind wir zurück im Skigebiet, wo noch die **Wasserfaller Alm** ❽, 1903 m, wartet, bevor man rasch wieder zur **Bergstation** ❶ gelangt.

EINKEHR

Rinneralm, 1892 m: Anfang Juni bis Anfang Oktober, Tel. +39 335 5214148
Flecknerhütte, 2058 m: Anfang Juni bis Ende Oktober und im Winter Tel. +39 340 3805160, flecknerhuette.bz.it.
Saxnerhütte, 1939 m: Anfang Juni bis Anfang Oktober und im Winter, Tel. +39 339 8633515.
Wasserfaller Alm, 1903 m: Anfang Juni bis Anfang Oktober und im Winter, Tel. +39 339 5951312.

TOUREN

Fleckner, 2331 m: kurzer Abstecher von Wegpunkt 5 über den Ostgrat (T3).

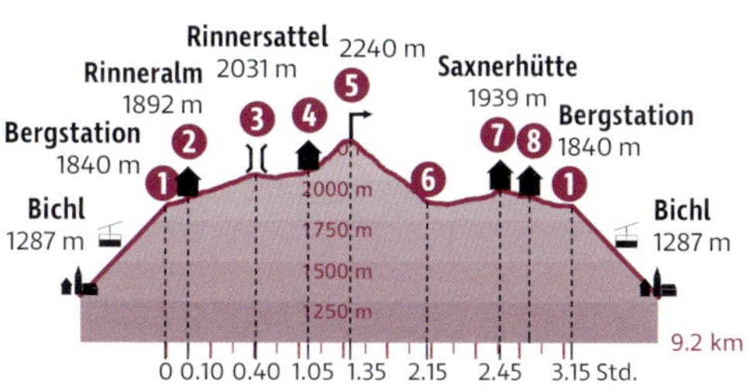

9 Klammalm, 1925 m
Aus dem Ratschinger Talschluss

2.15 Std. | 4,9 km | ↗460 m | ↘460 m

Im Kessel der höchsten Ratschinger Gipfel
Zur kompletten Fassung des Ratschinger Almenwegs gehört eigentlich auch die Klammalm ganz zuhinterst. Leider gestalten sich logistische Aspekte suboptimal, denn es existiert keine Busverbindung bis in den Talschluss und daher empfiehlt sich ein Ausflug zur Klammalm eher als eigenständige Tour. Die Umgebung dort ist wunderschön und eröffnet vielfältige bergsteigerische Möglichkeiten, Gipfelziele mit oder ohne Steig. Genusswanderer beschränken sich indes auf die kleine Runde und lassen lieber auf der urigen Alm so richtig die Seele baumeln. Hier ist Massentourismus jedenfalls ein Fremdwort.

Ausgangspunkt: Flading, 1482 m, am Ende der Ratschinger Talstraße. Der Linienbus von Sterzing verkehrt nur bis Bichl, ca. 5 km entfernt.
Anforderungen: T2–3. Gut angelegte, teils recht steile Bergwege, im Aufstieg sogar mit einigen Fixseilen. Ziemlich kompaktes Programm, das kaum einen halben Tag beansprucht.
Karte: Tabacco 1:25.000, Blatt 038.

In **Flading** ❶ überschreiten wir die Brücke und halten uns bei der Gabelung mit Nr. 30 rechts. Ein Stück weit geht es über Almweiden dahin, bevor sich ein steilerer Waldsteig, später neben einer Rinne verlaufend, emporschraubt. An abschüssigen Stellen helfen einige Fixseile. Nachdem die Geländestufe des Hochecks überwunden ist, biegen wir auf den Wiesenböden bei P. 1888 ❷ links ab und wandern mit Nr. 12A gemütlich

Die Mattenböden der Klammalm unterhalb der Hohen Kreuzspitze.

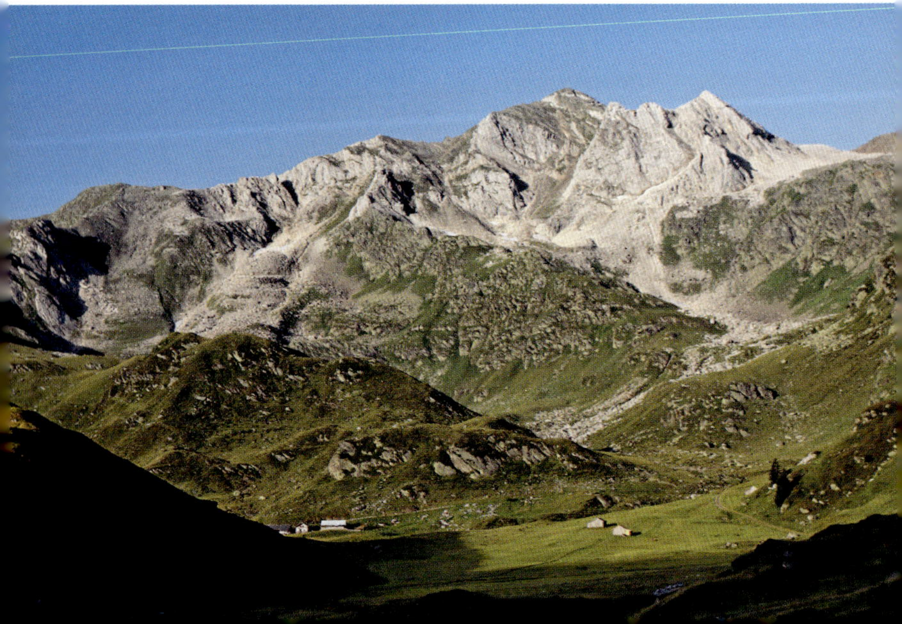

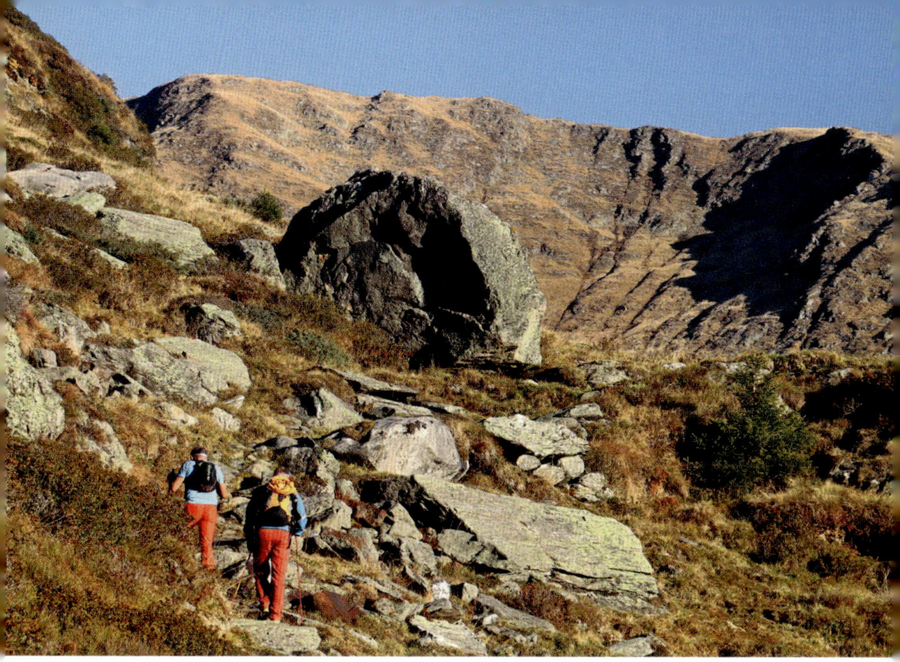

Auch wenn im Herbst die Alm bereits geschlossen ist, lohnt sich ein Aufstieg.

EINKEHR

Klammalm, 1925 m: Anfang Juni bis Ende September (Mo Ruhetag), Tel. +39 377 3257873.

TOUREN

Hohe Kreuzspitze, 2743 m: höchster Gipfel des Jaufenkamms, ab Klammalm entweder über den Butsee und zuletzt von der Westseite (T3+) oder zunächst Richtung Kleine Kreuzspitze und dann über den Ostgrat (T4), 2.45 bis 3.00 Std.

Ratschinger Weiße, 2822 m: Route Nr. 30 ins Gebiet der Gleckalm, anschließend mit Nr. 31 gipfelwärts (T3), 3.15 Std.

Hohe Ferse, 2669 m: ebenfalls Richtung Gleckalm, dann rechts haltend auf den vorgelagerten Schönauer Berg und über den Westgrat zum Gipfel (T4), ca. 3.00 Std.

hinüber zur **Klammalm** ❸, 1925 m. Kurz davor wird ein Bach überschritten. Talwärts wählen wir die direktere Route Nr. 12, noch einige Zeit über Weideterrain, weiter unten wieder in den Hinweg einmündend.

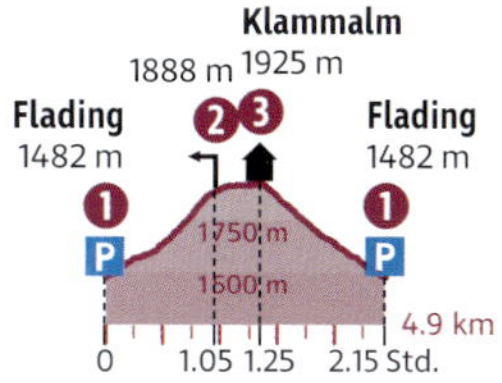

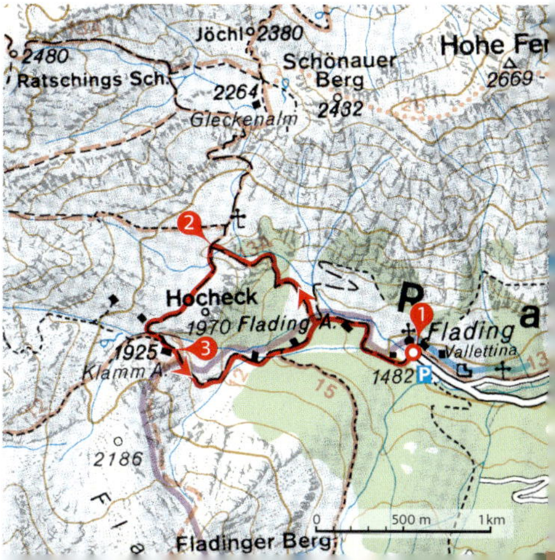

10 Ridnauner Almtour
Ins Staudenberg- und Lazzacher Tal

7.30 Std. | 20,7 km | ↗ 1240 m | ↘ 1240 m

Langer Wandertag mit einer ganzen Handvoll Almen
Dieser pfiffige Kurs berührt nicht weniger als fünf Jausenstationen im Bereich des Staudenbergtals sowie des Lazzacher Tals, die als sekundäre Hochtäler mit dem inneren Ridnaun zusammenhängen. Eine längere Steigung zur Oberen Gewingesalm macht den Auftakt – diese liegt ganz wunderbar auf einer Bergschulter, von wo sich ein Prachtblick in die Ridnauner Talachse ergibt. Direkt im Staudenbergtal befinden sich zwei Ziele: die Martalm im vorderen Teil und die Staudenbergalm ein ganzes Stück weiter hinten. Von dort lässt sich über die Geigenscharte elegant ins benachbarte, stark vom Bergbau geprägte Lazzacher Tal wechseln. Bei der Moarerbergalm hat ehedem das alte Poschhaus gestanden. Talauswärts schauen wir schließlich noch bei der Stadlalm rein, für sich genommen ein beliebter Kurztrip aus dem Ridnauner Talschluss.

Ausgangspunkt: Maiern, 1370 m, hinterstes Dorf im Ridnauntal. Linienbus von Sterzing (fährt bis zur »Bergbau-Welt« im Talschluss).
Anforderungen: T2–3. Zur Gewingesalm Wechsel von Forststraße, Waldsteigen und Wiesenpfaden. Übergang zur Martalm sowie von der Staudenbergalm (dorthin breiter Güterweg) über die Geigenscharte eher schmal gepfadet im Matten-Zwergstrauchgelände; hier liegt der maximale Anspruch. Durchs Lazzacher Tal hinaus guter Steig, zuletzt Fahrweg. Etwas Trittsicherheit vorteilhaft, vollumfänglich begangen vor allem aber eine solide Kondition!
Varianten: 1. Wer sich auf Gewingesalm und Martalm beschränkt, kommt

Beim Aufstieg zur Gewingesalm ergeben sich erste schöne Eindrücke.

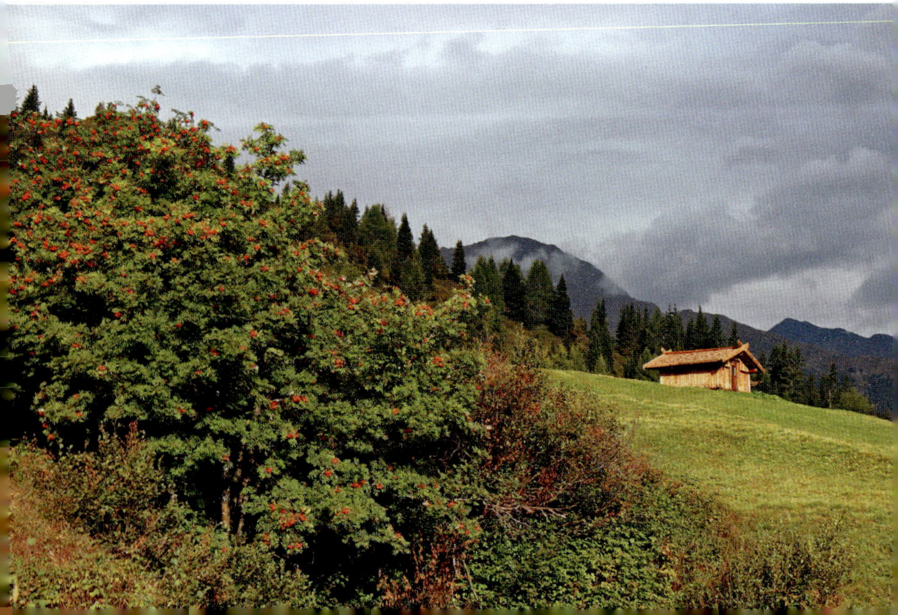

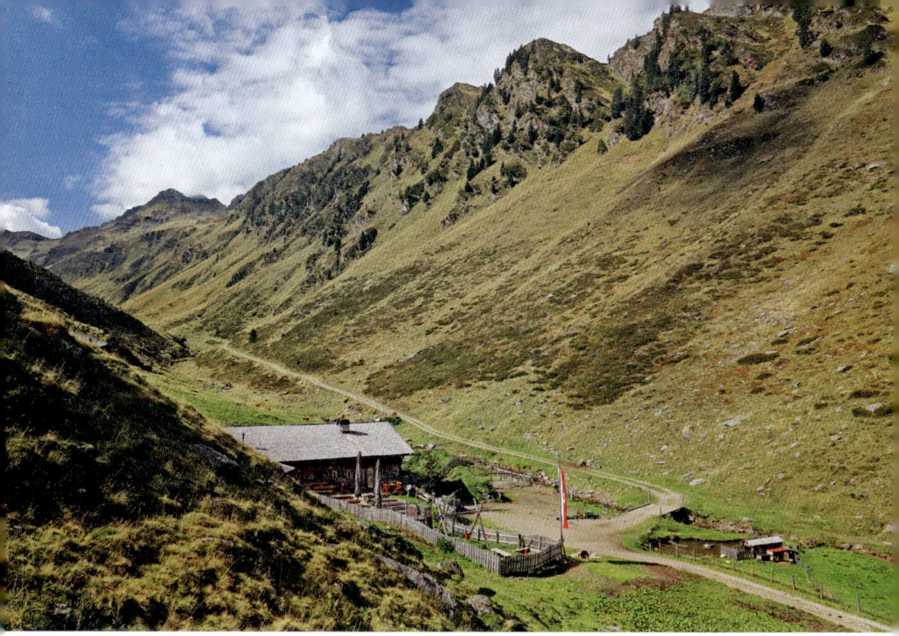

Im Staudenbergtal empfängt uns die Martalm.

mit 3.30 bis 4.00 Std. Gehzeit aus.
2. Von der BergbauWelt bis zur Moarerbergalm und zurück ca. 4.30 Std.
Tipp: Landesbergbaumuseum geöffnet zwischen Anfang April und Anfang November täglich außer montags von 10 bis 18 Uhr (letzte Führung um 16.15 Uhr). Infos unter www.bergbaumuseum.it.
Karte: Tabacco 1:25.000, Blatt 038.

In **Maiern** ❶ begeben wir uns auf Route Nr. 30 zum Waldrand und zum Abzweig von Nr. 29B. An der Forststraße befindet sich ein Parkplatz ❷, der genutzt werden kann, wenn man sich auf die ersten zwei oder drei Almziele beschränken, also später nicht ins Lazzacher Tal wechseln möchte. Wir folgen der Forststraße, bis von unten der Steig Nr. 29 dazukommt. Beim Aufstieg durch den Riederer Wald sind alle Richtungswechsel gut signalisiert. In der Nähe der Unteren Gewingesalm kommen wir kurz auf den Güterweg, doch ist in dem Wiesengelände mittlerweile ein abkürzender Pfad markiert worden, sodass die Schleifen über die (nicht zugängliche) Zunderspitzhütte nicht sämtlich ausgegangen werden müssen. Erst zuletzt wandert man wieder über die Kehren des Fahrwegs hinauf zur **Oberen Gewingesalm** ❸, 2050 m. Am Wet-

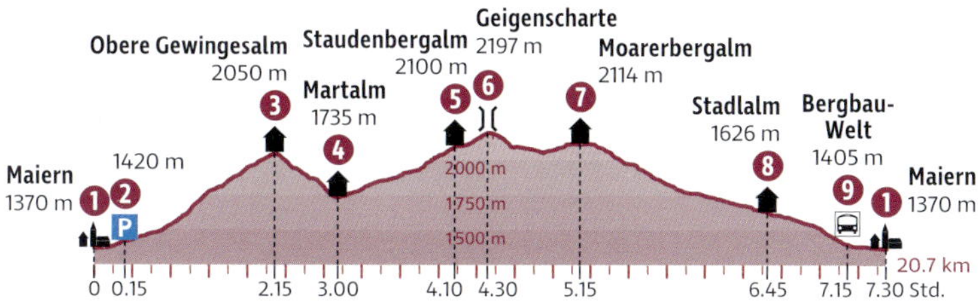

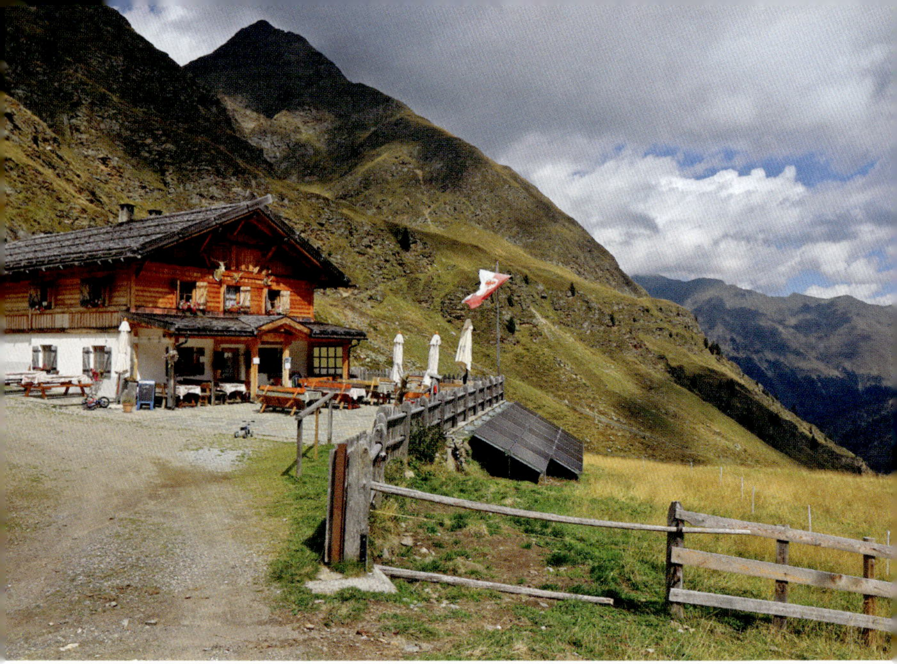

Die Moarerbergalm ist das Hauptziel im Lazzacher Tal.

terkreuz vorbei leiten wir mit Nr. 29A den Abstieg zunächst am nordwärts gerichteten Rücken ein. Alsbald erfolgt ein scharfer Linksknick zu einer absteigenden Traverse durch die von Zwergsträuchern bestandene Flanke. Später senkt sich die Route deutlicher hinab zur **Martalm** ❹, 1735 m, in der Sohle des Staudenbergtals.

EINKEHR

Obere Gewingesalm, 2050 m: Mitte Juni bis Mitte September, Tel. +39 347 8102066.
Martalm, 1735 m: Ende Mai bis Mitte Oktober, Tel. +39 348 9136033.
Staudenbergalm, 2100 m: Mitte Juni bis Mitte September, Tel. +39 349 3664532.
Moarerbergalm (Poschalm), 2114 m: Mitte Juni bis Mitte September (Di Ruhetag), Übernachtungsmöglichkeit, Tel. +39 348 8309759.
Stadlalm, 1626 m: Mitte Juni bis Ende Oktober und Dezember bis April, Tel. +39 348 2832407.

Hier nehmen wir den von Maiern kommenden Güterweg (Nr. 30) auf. Er zieht weit taleinwärts und zuletzt mit einem Aufwärtsbogen zur rechts am Hang gelegenen **Staudenbergalm** ❺, 2100 m. Ein Pfad setzt sich im Mattengelände fort, passiert den Abzweig zum Staudenbergsee (Abstecher dorthin mit Nr. 30B möglich, hin und zurück 0.45 Std. zusätzlich), und gewinnt teils querend, teils steiler aufwärts die **Geigenscharte** ❻, 2197 m. Sie wird von einem markanten Felsgrat flankiert. Jenseits geht es in ähnlich geartetem Gelände insgesamt schräg bergab. Man quert unterhalb eines zerstörten Bergwerkgebäudes entlang und stößt auf den breiten Wirtschaftsweg im Lazzacher Tal. Damit noch um einige Kurven leicht aufwärts zur Ruine des ehemaligen Poschhauses und zur **Moarerbergalm** ❼, 2114 m, auf der anderen Bachseite.
Talauswärts wählen wir die Route Nr. 28, über einen Wiesenhang ab-

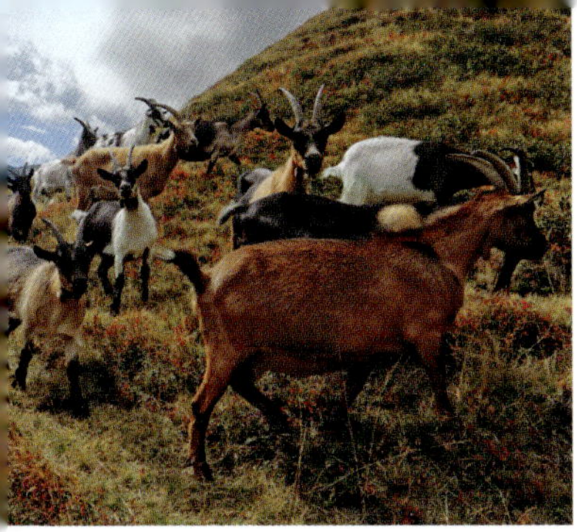

Auf den Höhen tummeln sich Ziegenherden.

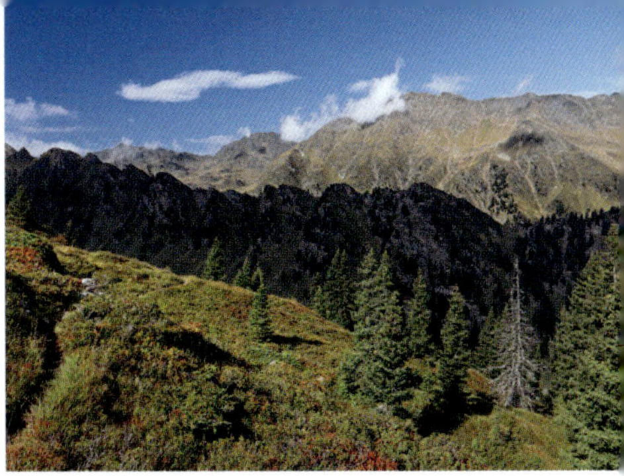

Die Ridnauner Bergwelt zeigt ein spannendes Relief.

wärts zu einem anderen Fahrweg und kurz darauf links abzweigend in den Grund des Hochtals, wo man sich zunächst auf der rechten Bachseite bewegt. Später wechselt man über eine solide Brücke nach links und wandert an einem Schotterboden entlang, danach über weitere Wiesen mit Baumgruppen. Relativ sachte senkt sich die Route bis zur **Stadlalm ❽**, 1626 m, ab. Dort übernimmt wieder ein Fahrweg, der später asphaltiert mit einigen Schleifen zur **»BergbauWelt« ❾** hinunterführt. Auf der öffentlichen Straße verbleibt schlussendlich noch ein Kilometer bis nach **Maiern ❶**.

TOUREN

Zunderspitze, 2381 m: von der Oberen Gewingesalm über den Nordrücken (T3), 1.00 Std.

Hohe Ferse, 2669 m: aus dem innersten Staudenbergtal über das Staudenbergjöchl und den Westgrat (T4), vom Abzweig ca. 2.30 Std.

Sieben-Seen-Weg: von der Moarerbergalm am Moarer Egetensee vorbei zum Egetjoch, weiter via Obere Senner Egeten (kürzere Variante direkt am Trüben See vorbei) Richtung Grohmannhütte (T3), bis hierher ca. 4.30 Std.

Schneeberghütte, 2355 m: von der Moarerbergalm über das Kaindljoch (T3), 2.30 Std.

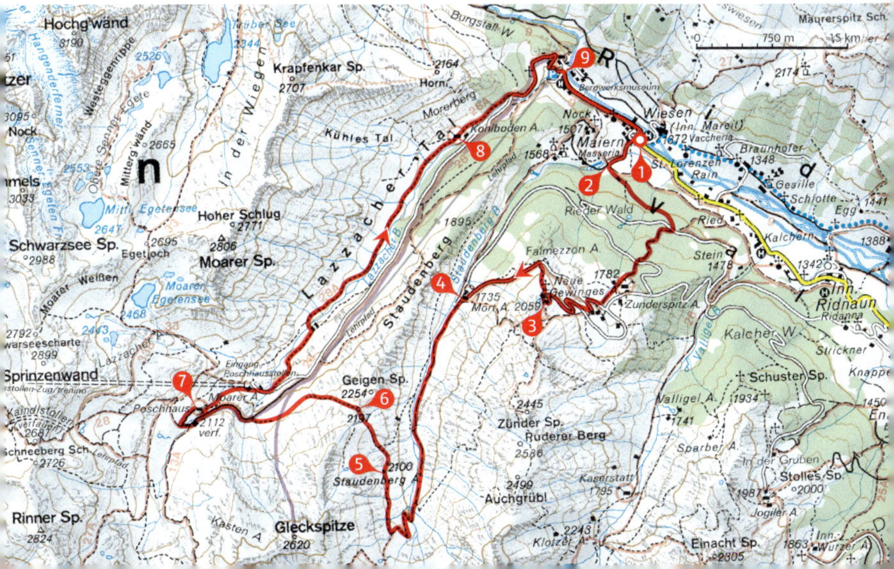

11 Teplitzer Hütte und Becherhaus, 3196 m

Aus dem Ridnauner Talschluss

TOP | 11.30 Std. | 23,2 km | ↗ 2050 m | ↘ 2050 m

Hüttenstafette zum Wolkenhaus am Stubaier Hauptkamm

Der Superlativ der höchsten Hütte Südtirols gehört dem Becherhaus! Eine Tour dorthin zählt zu den längsten Hüttenwegen in den gesamten Ostalpen und kommt einer hochalpinen Gipfelbesteigung gleich. Über den weiten Eiswogen des Übeltalferners sind wir den Niederungen weit entrückt. Schon 1894 wurde der außergewöhnliche Stützpunkt als »Kaiserin-Elisabeth-Haus« feierlich eröffnet – nach buchstäblich enormen Kraftanstrengungen, die man seitens der Alpenvereinssektion Hannover auf sich genommen hatte. Eine wechselvolle und wenig rühmliche Geschichte erscheint als Gemeinsamkeit mit vielen insbesondere in Hauptkammnähe gelegenen Berghütten Südtirols. Doch als sich in den 1970er-Jahren die politische Situation stabilisierte, wurde das Schutzhaus endlich wieder in den Dienst der Bergsteiger gestellt. Jeder tüchtige Geher sollte dem Becherhaus einmal einen Besuch abstatten – und natürlich oben übernachten. Die Stimmungen zu den Abend- und Morgenstunden sind intensiv und unbeschreiblich! Und wem das Rüstzeug für diesen strengen Aufstieg fehlt, der sollte nicht gleich weiterblättern: Mit Grohmannhütte und Teplitzer Hütte gibt es auch höhenmäßig abgestufte Ziele für Normalwanderer. Diese Schutzhäuser haben ihren Ursprung übrigens noch früher, denn bereits 1887 startete die Sektion Teplitz ihre Initiative zur Erschließung der inneren Ridnauner Bergwelt.

Die Teplitzer Hütte hoch über dem Ridnauntal.

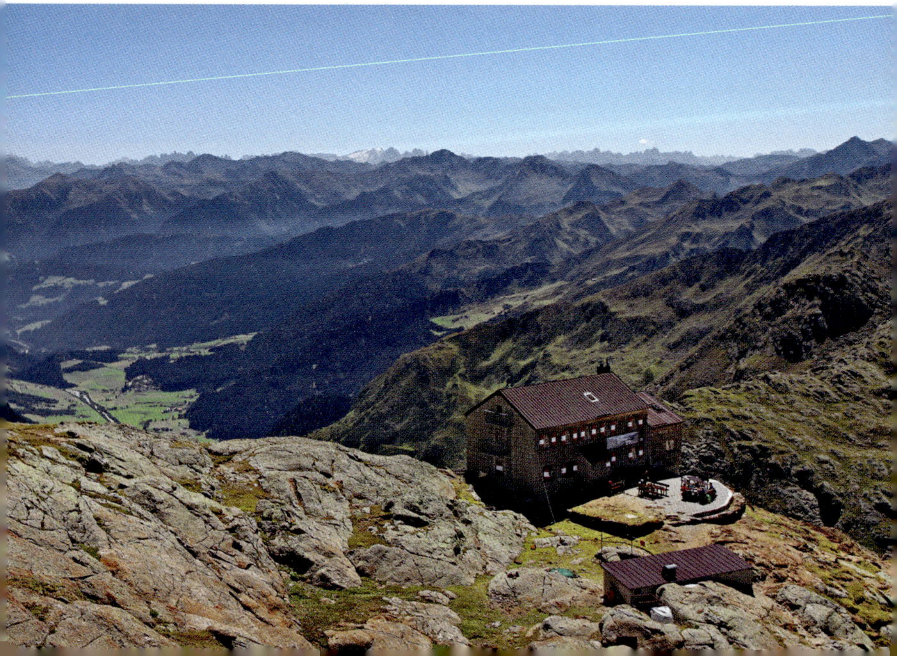

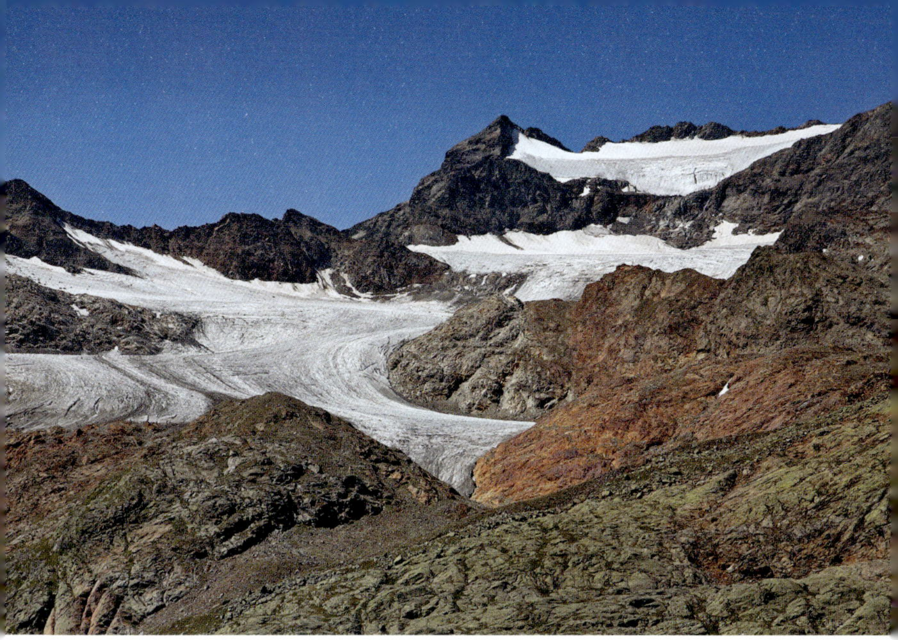

Noch setzt das Eis des Übeltalfeners starke hochalpine Akzente.

Ausgangspunkt: Parkplatz und Endhaltestelle des Linienbusses von Sterzing bei der »BergbauWelt«, ca. 1405 m, im inneren Ridnauntal (ehemalige Erzaufbereitung, heute Landesbergbaumuseum).

Anforderungen: T4, bis Teplitzer Hütte T3 (»rot«). Bis zum Becher sehr langer Hüttenweg, zunächst auf gewöhnlichen, gut ausgebauten Steigen. Auch hinter der Teplitzer Hütte teils aufwendig hergerichtet, aber sehr viel felsiger und steiniger, am steilen Gipfelaufbau wiederholt Sicherungen. Trittsicherheit und Schwindelfreiheit wichtig, in einem Zug aus dem Tal angesichts des Aufstiegspensums von rund 1900 Höhenmetern anstrengend. Man achte unbedingt auf eine stabile Wetterlage.

Varianten: 1. Vom Aglsboden mit Nr. 9A rechts hinauf zur einfach bewirtschafteten Aglsalm, 2004 m, und eventuell weiter zum traumhaften Pfurnsee, 2457 m. Von dort kann man entweder zur Grohmannhütte absteigen (Nr. 9B) oder den Übergang via Hoher Trog zur Teplitzer Hütte vollziehen.
2. Am Gipfelaufbau des Bechers zweigt die Verbindung zur Müllerhütte, 3145 m, ab. Dafür ist eine flache und relativ spaltenarme Gletschertraverse erforderlich (Anseilen dennoch empfohlen).

Karte: Tabacco 1:25.000, Blatt 038.

EINKEHR

Grohmannhütte, 2254 m: Auton. Prov. Südtirol, Mitte Juni bis Ende September, 8 Schlafplätze, Tel. +39 335 8047545, grohmannhuette.com.
Teplitzer Hütte, 2586 m: Auton. Prov. Südtirol, Ende Juni bis Mitte/Ende September, 80 Schlafplätze, Tel. +43 699 10321999, teplitzerhuette.com.
Becherhaus, 3196 m: Auton. Prov. Südtirol, Ende Juni bis Mitte September, 100 Schlafplätze, Tel. +39 329 2346943, becherhaus.it.
Müllerhütte, 3145 m: Auton. Prov. Südtirol, Mitte Juni bis Mitte September, 90 Schlafplätze, Tel. +43 699 18678965, muellerhuette.eu.
Aglsbodenalm, 1717 m: Mitte/Ende Mai bis Anfang November, Tel. +39 347 1104726.

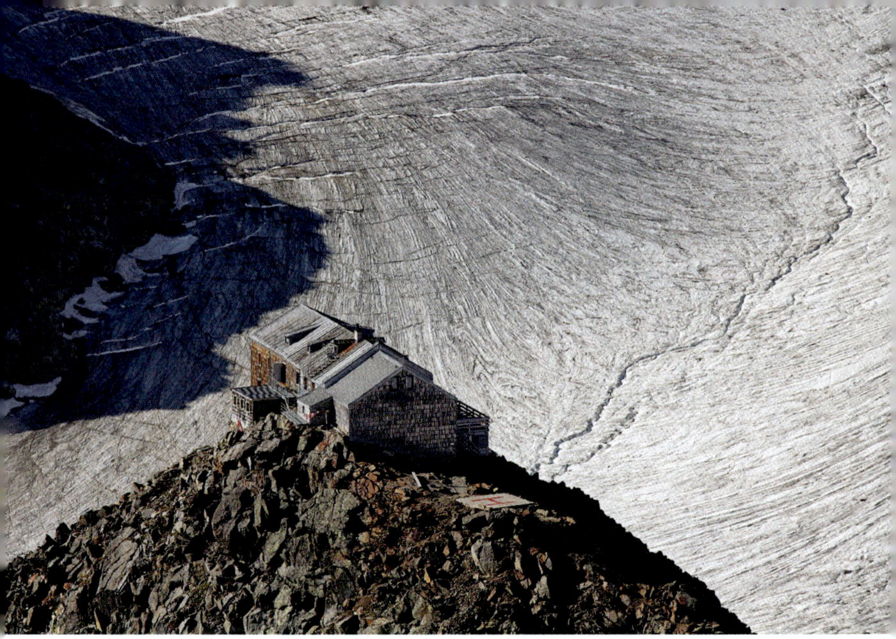

Das Becherhaus thront wie ein Adlerhorst über dem Übeltalferner.

Vom Parkplatz bei der **BergbauWelt** ❶ folgen wir dem Weg Nr. 9 durch den teilweise bewaldeten Einschnitt des Fernerbachs. Nach einer Weile wechseln wir auf die rechte Seite, um den Aufstieg durch die sehenswerte Burkhardklamm fortzusetzen. Nächste Station ist die Schwelle zum **Aglsboden** ❷, 1705 m. Nun ein Stück weit flach am rechten Rand der Schwemmebene entlang und allmählich über deren Niveau hinaus (die bewirtschaftete Aglsbodenalm bleibt unterhalb im Kessel liegen). Wir absolvieren einige Kehren, kreuzen einen Tobel und kommen über eine Art Band in den Einschnitt des Egatals. Dort begleitet man den rauschenden Bach auf der rechten Hangseite und steigt weiter zur **Grohmannhütte** ❸, 2254 m, an. Damit befinden wir uns oberhalb der weiten Sandböden. Nach einer Querung setzt ein ausgeprägter Serpentinenkurs am steilen, felsdurchsetzten Troghang ein. Aus einer Rinne nach links heraus und weiter bis zur nächsten Station, der **Teplitzer Hütte** ❹, 2586 m, die schon sehr aussichtsreich liegt. Halbzeit bis zum Becher!

Nach wie vor ist Bezeichnung Nr. 9 gültig. Wir überschreiten den starken Abfluss des Hangenden Ferners und gewinnen quer durch das Plattenge-

TOUREN

Aglsspitze, 3194 m: von der Teplitzer Hütte über den Hohen Trog und die Südwestflanke, zuletzt am Grat (T4), 2.00 Std.

Magdeburger Hütte, 2423 m: an der Aglsspitze vorbei (Magdeburger Scharte) auf den Feuersteinferner und nach der Gletschertraverse über die Stubenscharte (T4), ab Teplitzer Hütte 5.00 Std.

Wilder Freiger, 3418 m: vom Becherhaus über den stellenweise gesicherten Südgrat (im Fels I, eventuell Eis, T4–5), 1.00 Std.

Müllerhütte, 3145 m: etwa 1.00 Std. vom Becherhaus (Gletscherquerung).

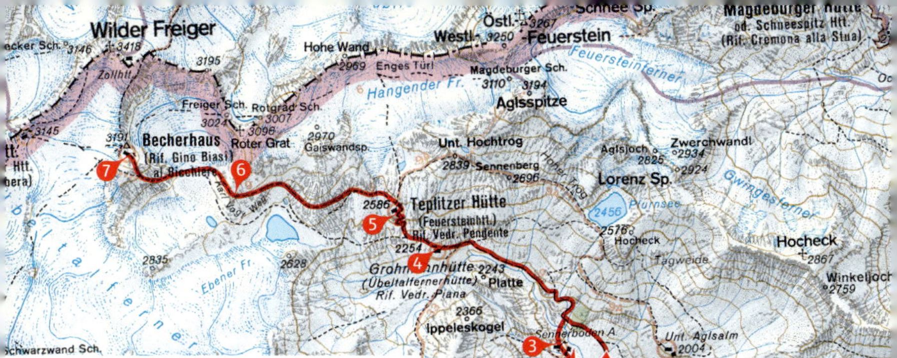

länder am Gamsberg nur allmählich an Höhe. Immer wieder gibt es kleine, teils gesicherte Steilstellen, aber auch einige kurze Zwischenabstiege. Unterhalb zieht der große Vogelhüttensee im Vorfeld des Übeltalferners die Blicke auf sich. Nachdem die ausgedehnte Hangbucht ausgegangen ist, gelangt man über P. 2831 ❺ in den Trog des Rotgratferners. Dort etwas abwärts, um das Eisfeld unterhalb zu traversieren, ehe auf der gegenüberliegenden Seite wieder unsolides Blockgelände auftritt. Wir bewegen uns nun am grimmig steilen Felsaufbau des Bechers. Ausgesetzte Diagonalbänder leiten in die Südseite, wo abermals Blockschuttpassagen anstehen. Auf ca. 3000 Metern weist ein Schild die Müllerhütte aus – sie ist quer durch das Hochbecken des Übeltalferners zu erreichen. Wir packen indes beherzt die folgenden gesicherten Steilaufschwünge an und treffen nach langwierigem Aufstieg schließlich beim **Becherhaus** ❻, 3196 m, ein.

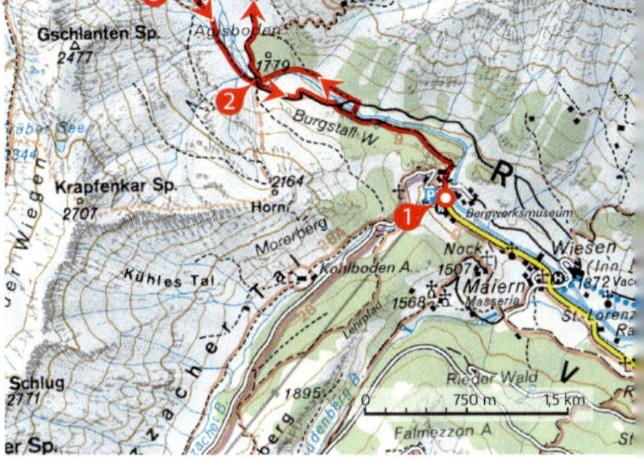

Der Abstieg erfolgt prinzipiell auf derselben Route. Abgesehen von den erwähnten Varianten kann im unteren Teil noch ein Schlenker über die bewirtschaftete **Aglsbodenalm** ❼, 1717 m, unternommen werden. Die Burkhardklamm lässt sich später im Abstiegssinn rechtsseitig umgehen.

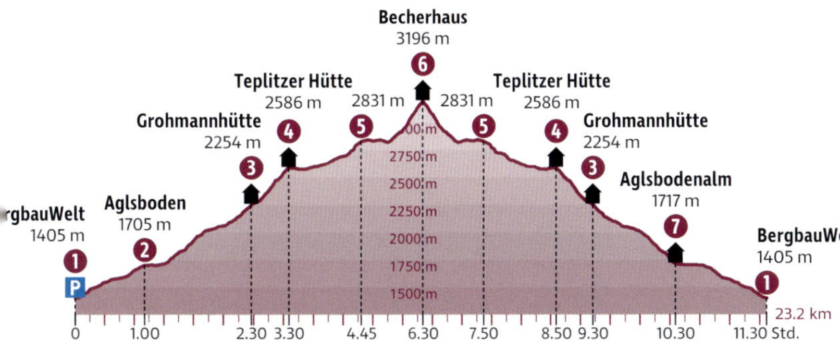

12 Kuhalm, Ochsenalm und Vallmingalm

Rund um den Rosskopf

3.00 Std. | 8,5 km | ↗500 m | ↘500 m

Genusstour im Sterzinger Seilbahngebiet

Die jüngst modernisierte Rosskopfbahn in Sterzing hievt uns in Minutenschnelle rund 900 Meter in die Höhe und eröffnet uns dort ein prima Wandergebiet mit vielfältigen Möglichkeiten. Für »Almbummler« wird die Umrundung des Rosskopfes von Interesse sein. Nachdem der turbulente Seilbahnbereich verlassen ist, finden wir am sonnseitigen Ridnauner Höhenweg mit Kuh- und Ochsenalm bald schon zwei Einkehrmöglichkeiten der urigen Art. Über die Ochsenscharte wechselt man in den nordostseitigen Kessel der Vallmingalm, wo gleich drei Kaser zur herzhaften Marende einladen. Wir haben also wieder einmal die Qual der Wahl …

Ausgangspunkt: Rosskopfbahn in Sterzing, damit hinauf zur Bergstation, 1862 m. Sommerbetrieb von Ende Mai bis Anfang November, 8.30 bis 17 Uhr. Sterzing liegt an der Brenner-Eisenbahnstrecke und ist regionales Zentrum des Busverkehrs im Wipptal.

Anforderungen: Maximal T2–3. Größtenteils leichte Bergwanderwege, steilere Passagen nur im Bereich der Ochsenscharte. Die Trasse ist hier etwas erdig und verlangt speziell bei Nässe elementare Trittsicherheit. Halbtagestour mit Seilbahnunterstützung.

Variante: Ab Vallmingalm auf dem um den Schleyerberg ziehenden Dolomieuweg Richtung Ladurner Seilbahn im Pflerschtal und mit dem Bus retour nach Sterzing.

Karte: Tabacco 1:25.000, Blatt 038.

Der Scheitelpunkt der Tour liegt an der Ochsenscharte …

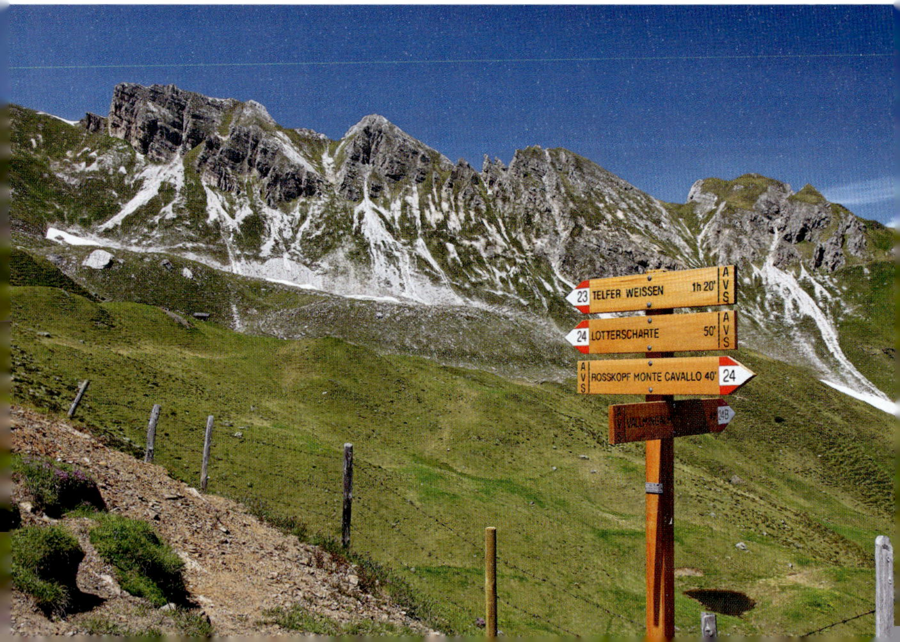

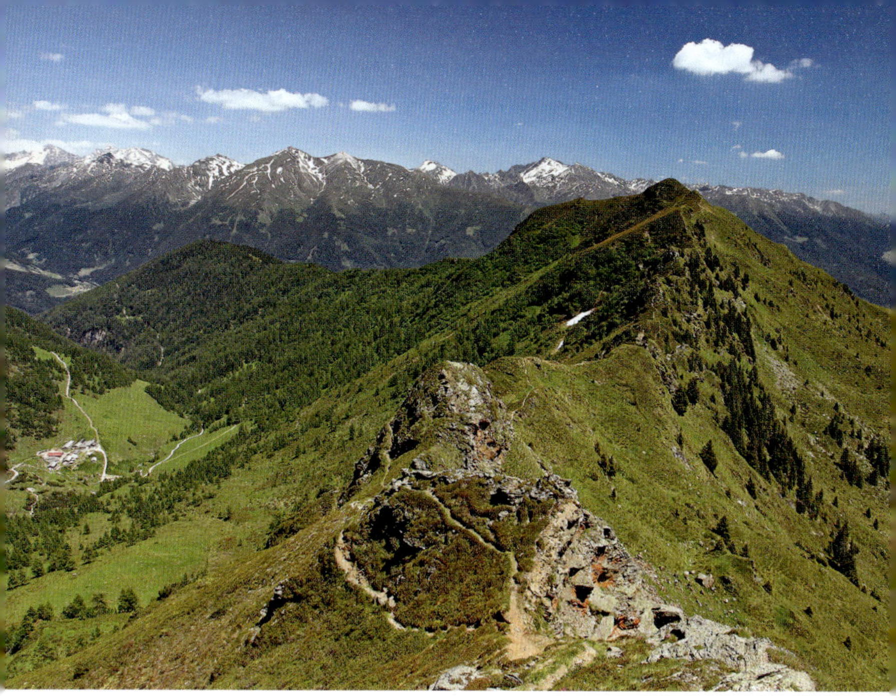

... hier zweigt auch eine Spur zum Roßkopf ab, während unten im Kessel die Vallmingalm liegt.

EINKEHR

Bergrestaurant Roßstodl, 1862 m: geöffnet während der Seilbahnbetriebszeiten, Tel. +39 333 8336636.
Kuhalm, 1897 m: Mitte Juni bis Ende Oktober immer Fr bis So, Tel. +39 333 1764289.
Ochsenalm, 1907 m: im Sommer einfach bewirtschaftet, Tel. +39 347 5541523.
Jörgnerkaser Vallming, 1814 m: Anfang Juni bis Mitte September, Tel. +39 333 4501211, vallmingalm.it.
Baronkaser Vallming, 1814 m: Mitte Juni bis Anfang September, Tel. +39 338 1021829.
Walterkaser Vallming, 1814 m: ebenfalls während der Almzeit einfach bewirtschaftet.
Sterzingerhaus, 1930 m: AVS, Ende Mai bis Ende Oktober sowie im Winter, 90 Schlafplätze, Tel. +39 335 299054, sterzingerhaus.com.
Berggasthaus Furl, 1860 m: Anfang Juni bis Mitte Oktober sowie im Winter, 25 Schlafplätze, Tel. +39 333 9363017, furlhuette.com.

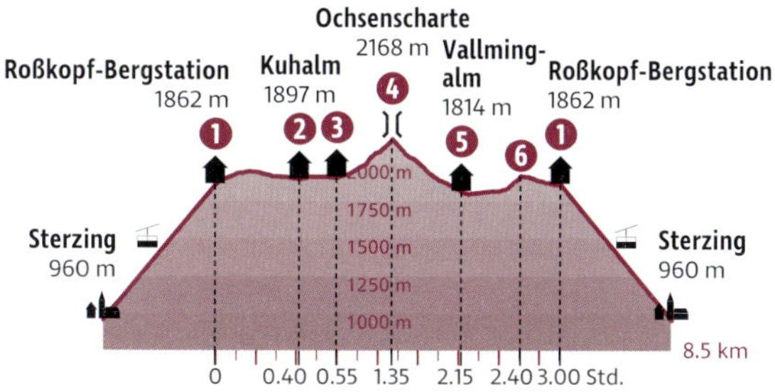

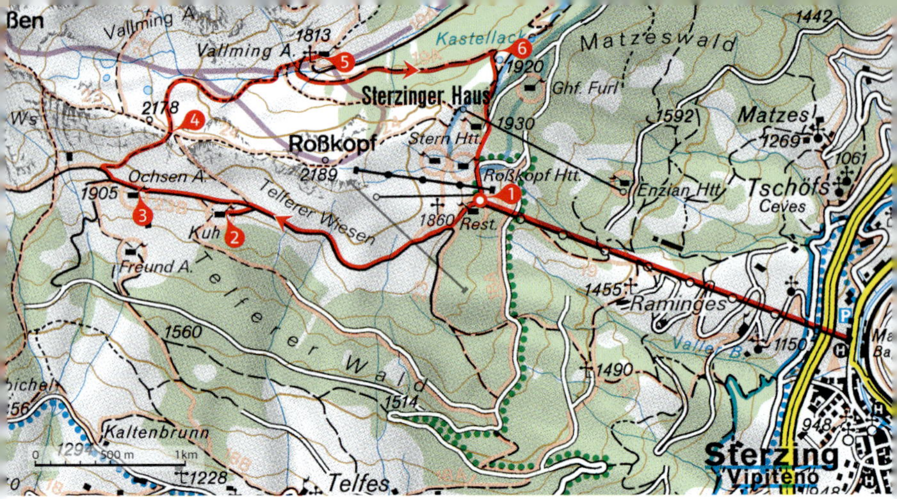

TOUREN

Roßkopf, 2189 m: von der Bergstation bzw. dem Sterzingerhaus über den Nordostrücken (T2), max. 1.00 Std., auch Überschreitung zur Ochsenscharte möglich.

Telfer Weißen, 2588 m: von der Bergstation über die Ochsenscharte, im Gipfelbereich leichte Kletterei (T4), 2.45 Std.

Ridnauner Höhenweg: herrliche Streckenwanderung entlang der Sonnseite des Ridnauntals (T3), bis Maiern ca. 5.30 Std. (im letzten Teil liegt noch die urige Prischeralm als Jausenstation).

Von der **Roßkopfbahn** ❶ begeben wir uns in die südlichen Hanglagen und kommen auf dem im ersten Teil komfortabel ausgebauten Höhenweg in Richtung **Kuhalm** ❷, 1897 m, voran. Wer diese und auch die Ochsenalm auslassen möchte, kann bereits kurz davor mit Nr. 23 rechts aufwärts ausscheren und diagonal durch die Grasflanken am Telfer Berg ansteigen. Ansonsten passieren wir zunächst die ebenfalls bewirtschaftete **Ochsenalm** ❸, 1907 m, und nehmen weiter westlich den Aufstieg zur **Ochsenscharte** ❹, 2168 m, in Angriff. Der jenseitige Abstieg auf erdigem Kehrenweg kann für Gelegenheitswanderer etwas unangenehm sein. Die Route läuft aber bald sanft auf Grasmatten aus und führt an einer Jagdhütte vorbei als Karrenweg zum Hütten-Ensemble der **Vallmingalm** ❺, 1814 m, wo sich mehrere Jausenstationen befinden. Noch kurz abwärts zur Bachbrücke, dann auf breiter Trasse schräg ansteigend durch den bewaldeten Nordhang des Rosskopfes. Nach zwei Kehren kommen wir am Sattel bei der **Kastelllacke** ❻, ca. 1920 m, heraus: nochmals ein netter Fleck zum Verweilen. Auf zwei möglichen Varianten – gegebenenfalls am Sterzingerhaus vorbei – lässt sich die Runde zurück zur **Roßkopfbahn** ❶ schließen.

Vallming ist ein richtiges Almdorf.

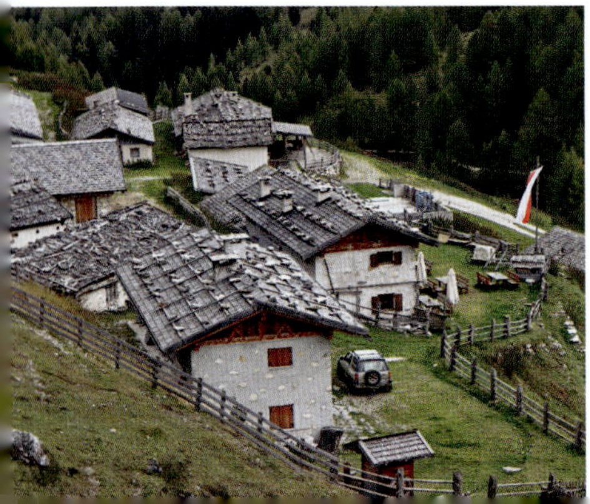

Magdeburger Hütte, 2423 m

Über die Furtalm (Ochsenhütte)

13

5.15 Std. | 10,6 km | ↗950 m | ↘950 m

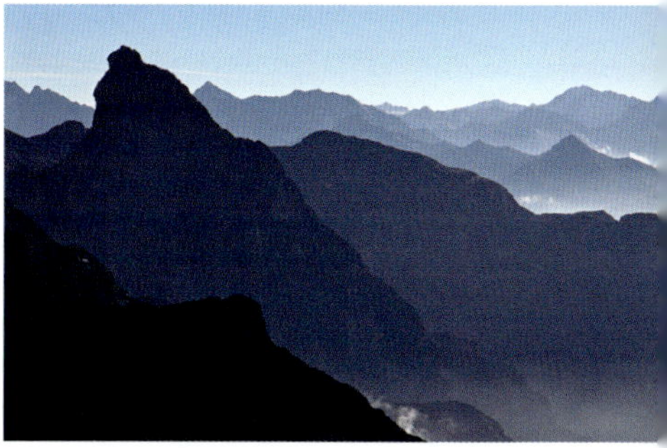

Ganz zuhinterst im Pflerschtal

Geprägt durch ein harmonisches Zusammenwirken von bergbäuerlicher Kulturlandschaft und wilden Gipfeln kommt Pflersch, das erste Seitental südlich des Brenners, ohne touristische Großprojekte aus. Dazu passt als bescheidene Infrastruktur auch die anno 1887 von der Magdeburger Alpenvereinssektion erbaute Hütte über dem Pflerscher Talschluss. Noch heute empfängt den Wanderer ein uriges Refugium, das Ambitionierte gern als Sprungbrett bzw. Etappenziel für höhere Gipfel oder Übergänge besuchen. Wie wär's zum Beispiel mit der Schneespitze? In der Nähe des Stubensees lässt sich freilich auch beschaulich in den Tag hineinträumen …

Ausgangspunkt: Parkplatz Hölle, ca. 1470 m, im inneren Pflerschtal. Zufahrt von St. Anton, von Anfang Juli bis Mitte September zwischen 10 und 16 Uhr gesperrt; ggf. auch unterhalb bei P5 parken oder bereits in St. Anton, wo auch der Bus von Sterzing ins Pflerschtal hält.
Anforderungen: T2+. Relativ steiniger, in vielen Windungen jedoch gut und meist nicht allzu steil angelegter Hüttenweg ohne Absturzgefahr. Hin und zurück tagfüllendes Pensum.
Karte: Tabacco 1:25.000, Blatt 038.

Nur einen Katzensprung von der Hütte entfernt liegt diese malerische Schwemmebene.

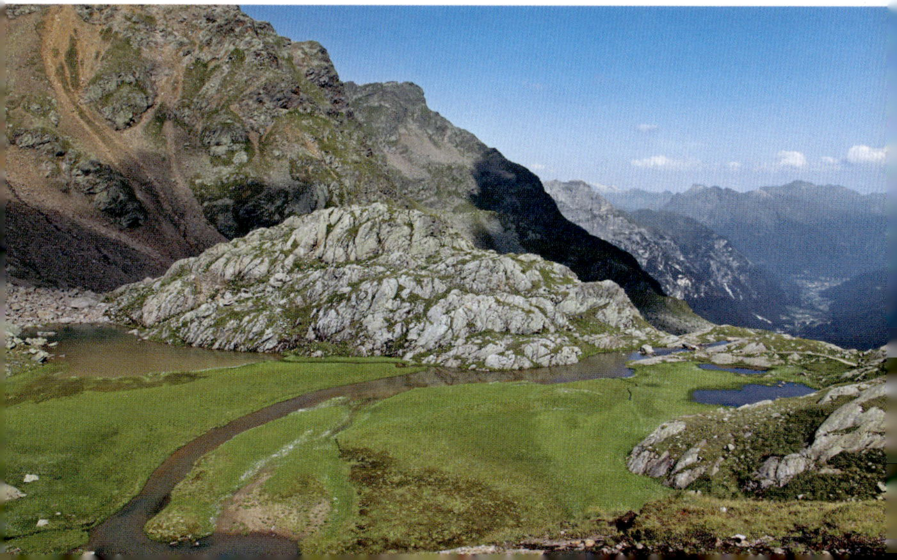

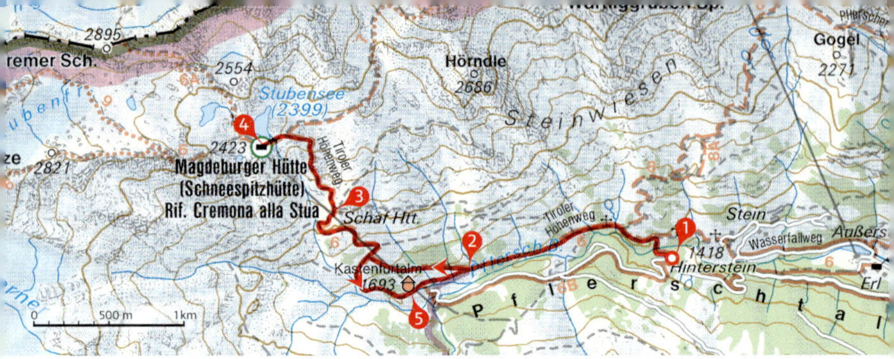

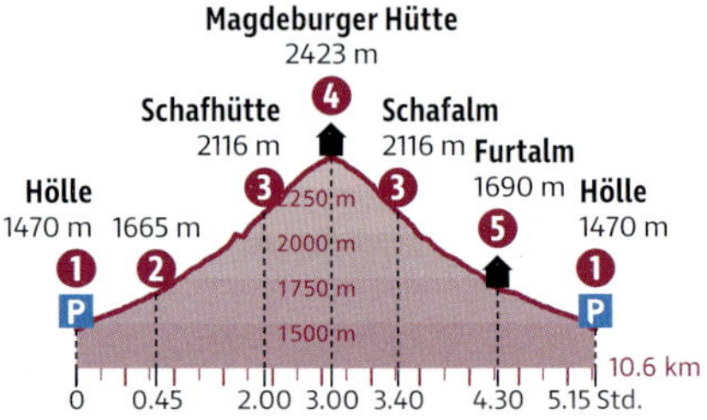

Vom **Parkplatz Hölle** ❶ über den Fernerbach und durch aufgelockerten Wald zur Verzweigung der beiden Innerpflerscher Hüttenwege. Wir wandern mit Nr. 6 links weiter flach taleinwärts und überschreiten zwei Seitengräben. Kurz vor der **Furtalm**, in manchen Karten auch als Ochsenhütte bezeichnet, zieht die Route am rechten Talhang weiter ❷. Es setzen zahlreiche Serpentinen ein, auf holpriger Trasse vorerst noch durch Waldareale, später freier im Mattengelände. Nach einer Traverse am Sockel steilerer Schrofenflanken nähern wir uns dem schluchtartigen Hochalmbach mit seinen stiebenden Wassern, bleiben aber rechts davon. Kurvenreich schraubt sich der Steig in die Höhe, passiert die karge **Schafhütte** ❸, 2116 m, und verbindet sich weiter oben mit Weg Nr. 7. Nachdem beharrlich Kehre für Kehre absolviert ist, geht es zum Schluss an der Schwelle des Stubensees vorbei zur **Magdeburger Hütte** ❹, 2423 m. Zurück auf der gleichen Route, wobei von oben kommend noch die **Furtalm** ❺, 1690 m, eingebunden werden kann.

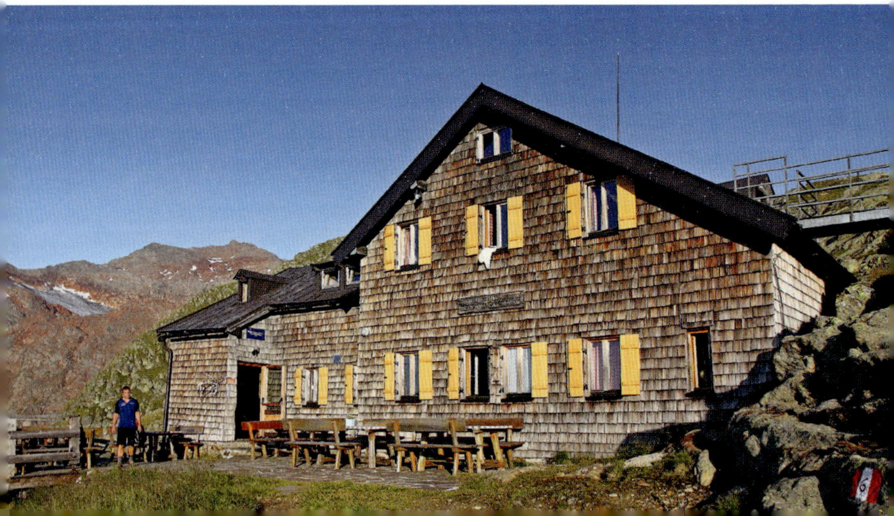

Die holzgeschindelte Magdeburger Hütte besteht seit 1887.

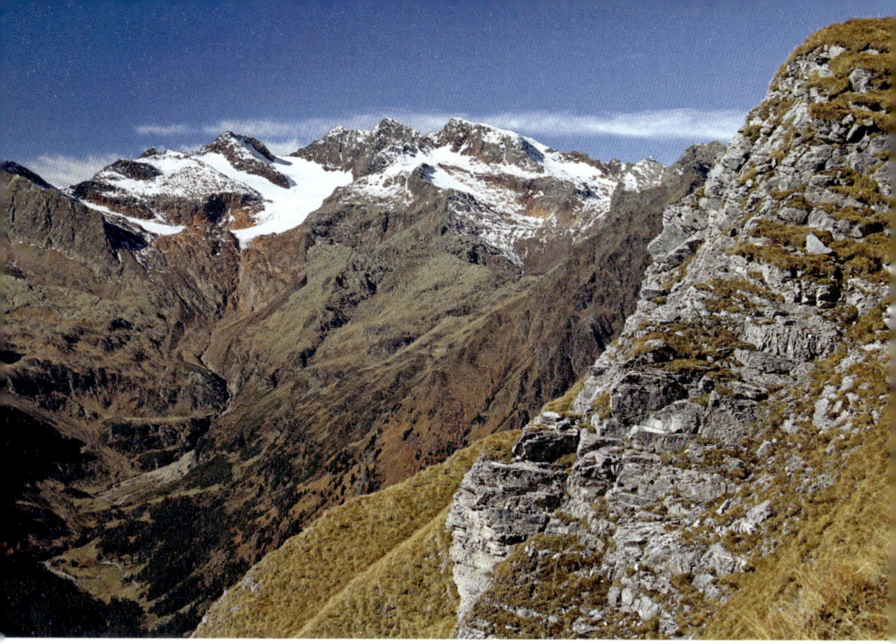

Der Pflerscher Talschluss mit der Gruppe um Schneespitze und Feuersteine.

EINKEHR

Magdeburger Hütte, 2423 m: CAI, Mitte Juni bis Ende September, 50 Schlafplätze, Tel. +39 0472 632472 oder +39 338 2428278, rifugiocremona.com.

Furtalm (Ochsenhütte), 1690 m: Anfang/Mitte Juni bis Mitte/Ende September, Tel. +39 333 2360200.

TOUREN

Schneespitze, 3166 m: hochalpine Gipfelroute (Nr. 9), am Südostgrat klettersteigartig ausgebaut (T4), 2.30 Std.

Weißwandspitze, 3016 m: Weg Nr. 7 Richtung Schafflecke, über einen Steilhang zum südseitigen Felsband und am Gipfelaufbau etwas Kletterei (T4), 2.15 Std.

Tribulaunhütte, 2368 m: Route Nr. 7 über das Band an der Weißwand und den Hohen Zahn (T4), 3.30 Std.

Bremer Hütte, 2413 m: hochalpiner Übergang via Bremer Scharte nach Nordtirol (T4) 3.30 Std.

Teplitzer Hütte, 2586 m: vergletscherter Übergang via Stubenscharte, Feuersteinferner und Magdeburger Scharte (T4), 5.15 Std.

Zentralalpin ursprüngliche Umgebung mit Lacken, Schlifffelsen und Blockkaren.

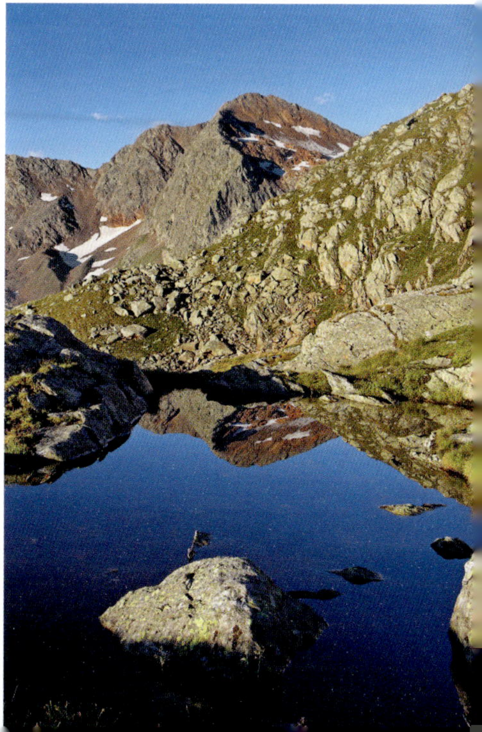

14 Tribulaunhütte, 2368 m

Normalanstieg aus dem Pflerscher Talschluss

TOP | 4.45 Std. | 11,1 km | ↗900 m | ↘900 m

Zur schmucken Hütte am Sandessee

Ein malerischer Bergsee, die kolossalen Wände des Pflerscher Tribulaun mit dem angegliederten spitzigen Goldkappl, dazu ein nach Süden offener Horizont – die Tribulaunhütte besitzt wirklich einen wunderschönen Standort. Angesichts der Felsszenerie fühlt man sich beinahe in die Dolomiten versetzt. Und tatsächlich soll das maßgebliche Gestein sogar im Bereich der Tribulaune entdeckt worden sein: Irgendwann gegen Ende des 18. Jahrhunderts kam ein Mann mit dem zungenbrecherischen Namen Déodat Guy Silvain Tancrède de Dolomieu in diese Gegend, klaubte ein paar Steine auf, untersuchte sie und kam zu dem Ergebnis, dass sich das Material von gewöhnlichem Kalk unterscheidet. Ihm zu Ehren taufte man es »Dolomit«, woraus später der Name der Dolomiten abgeleitet wurde. Geologisch ist die Tribulaungruppe also eng mit diesen verwandt, obwohl sie geografisch Teil des Zentralalpenkammes ist, an dem sonst kristalline Gesteine vorherrschen. Persönlich kam ich vor über 20 Jahren das erste Mal zur Tribulaunhütte über ihren längsten und großartigsten Zugang: den Pflerscher Höhenweg. Er zieht auf verwinkelter Linie durch die gesamten Südabhänge der Tribulaungruppe und geizt nicht mit prickelnden Elementen, die saugende Tiefe oft nur einen Fußbreit nebenan. Doch dies ist natürlich nur eine Option für alpine Dauerläufer. Wer sich solchen Ansprüchen nicht gewachsen fühlt, steigt wie im Falle der Madeburger Hütte einfach aus der »Hölle« genannten Talenge über den normalen Hüttenweg auf. Es wird sicher »himmlisch« …

Die kolossalen Tribulaunwände scheinen fast bedrohlich für die Hütte.

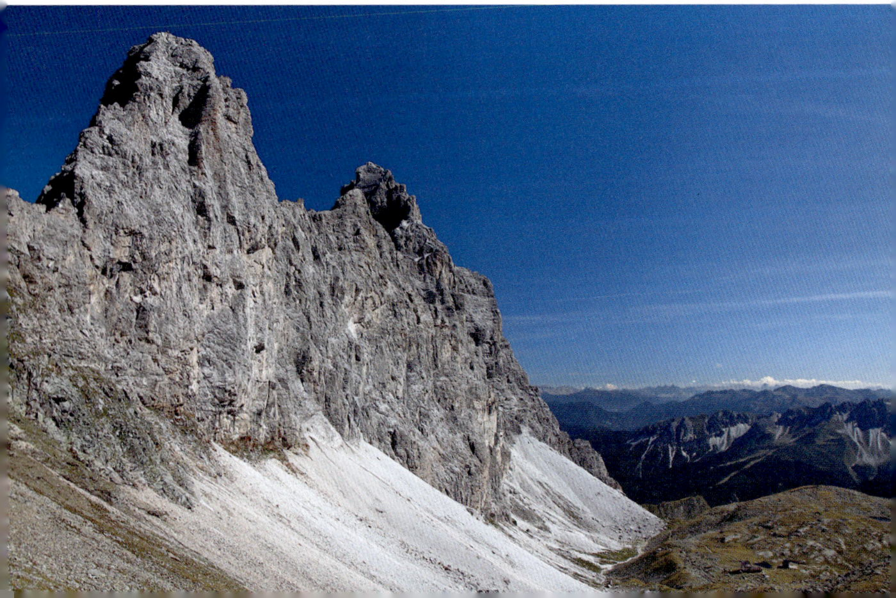

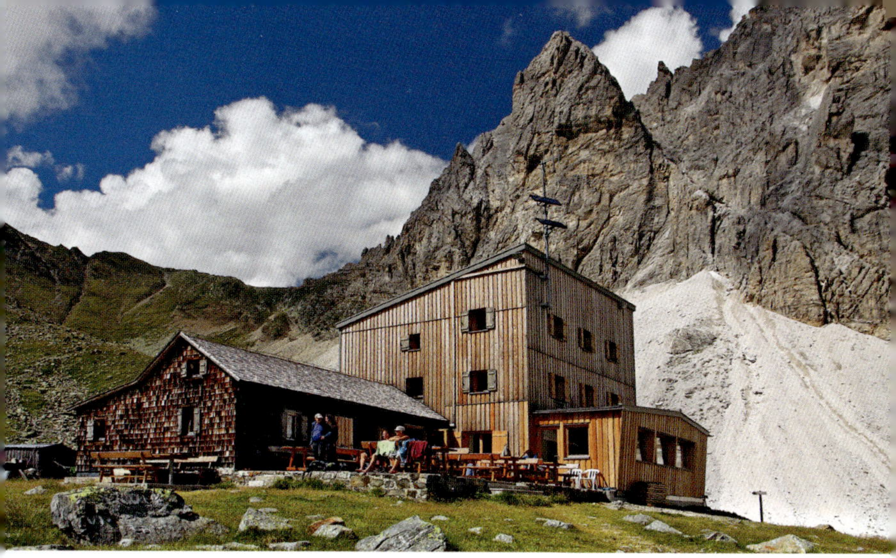

Die Tribuluanhütte in ihrer zweiteiligen Architektur.

Ausgangspunkt: Parkplatz Hölle, ca. 1470 m, im inneren Pflerschtal. Zufahrt von St. Anton, von Anfang Juli bis Mitte September zwischen 10 und 16 Uhr gesperrt; dann am besten unterhalb bei P5 parken oder bereits in St. Anton, wo auch der Bus von Sterzing ins Pflerschtal hält.

Anforderungen: T2. Ordentlicher Bergweg mit sehr vielen Kehren, damit effektiv nur mäßig steil. Mitunter etwas steinig, aber für halbwegs Berggewohnte problemlos. Moderates Tagespensum.

Variante: Als Alternative für den Rückweg bietet sich Weg Nr. 7 an, zunächst gleichlaufend mit dem Pflerscher Höhenweg, später über den sogenannten Mesnerberg abwärts nach St. Anton. Der Startpunkt liegt in diesem Fall dort, und die Tour wird tagfüllend.

Karte: Tabacco 1:25.000, Blatt 038.

EINKEHR

Tribulaunhütte, 2368 m: CAI, Anfang Juli bis Ende September, 37 Schlafplätze, Tel. +39 0472 632470, tribulaunhuette.com.

TOUREN

Hoher Zahn, 2924 m: auf der alpin angehauchten Route Nr. 7 (T3), 1.45 Std.

Magdeburger Hütte, 2423 m: Fortsetzung des Übergangs mit hoher Traverse der Weißwand (T4), 3.30 Std.

Gschnitzer Tribulaunhütte, 2064 m: über das Sandesjöchl (T2–3), 2.00 Std.

Pflerscher Höhenweg: streckenweise spektakuläre Route an der Südflanke der Tribulaungruppe (T4), bis zum Portjoch ca. 4.00 Std., Abstieg nach Außerpflersch weitere 2.00 Std.

Stiebender Wasserfall am Hüttenweg.

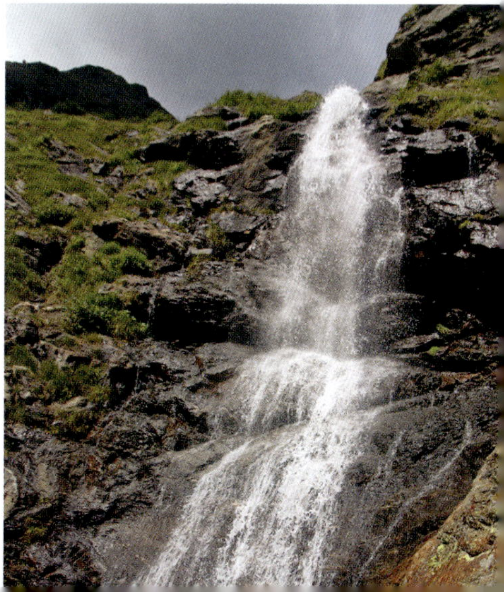

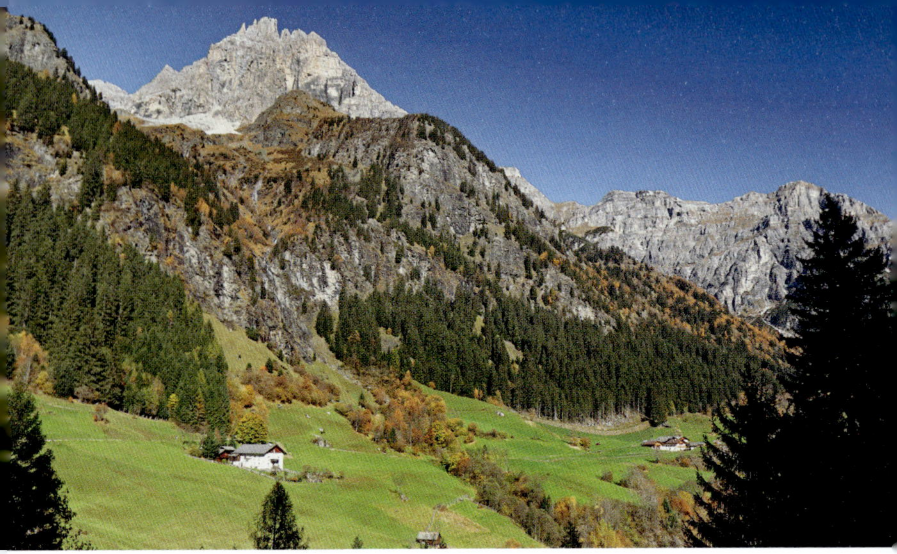

Schon aus der Talperspektive weiß die Pflerscher Bergwelt zu beeindrucken.

Gleich hinter dem **Parkplatz Hölle** ❶ wird der Fernerbach gekreuzt. Durch lichten Wald geht es bis zu jener Stelle, wo sich die Wege Nr. 6 und 8 gabeln. Mit Letzterem nach rechts und in Schleifen über eine Blöße höher. Man wandert nochmals durch ein Waldstück und reiht Serpentine an Serpentine in den freien Südhang hinein. Auf gut 1800 Metern wird ein **Wasserfall** ❷ gequert, ehe man durch Steinschlagverbauungen zu einem markanten Eck mit **Bildstock** ❸ ansteigt (schöner Rastplatz auf gut 2000 m). Die Route dreht in den großen Geländetrichter des Gansörbachs ein und verläuft an der linken Seite mit weiteren Kehren bis zur Einmündung in den Pflerscher Höhenweg (Nr. 32A bzw. Nr. 7). Nun in den Kessel unterhalb der Tribulaunwände und noch ein wenig ansteigend bis zur **Tribulaunhütte** ❹, 2368 m.

Für den Abstieg erscheint die beschriebene Route am praktikabelsten, andernfalls kommt auch die oben angedeutete Variante infrage. Noch wesentlich reizvoller und als ausgedehnte Runde ideal ist ein Übergang zur **Magdeburger Hütte**, 2423 m, von wo man direkt wieder zum Ausgangspunkt zurückkehrt (vgl. Tour 13).

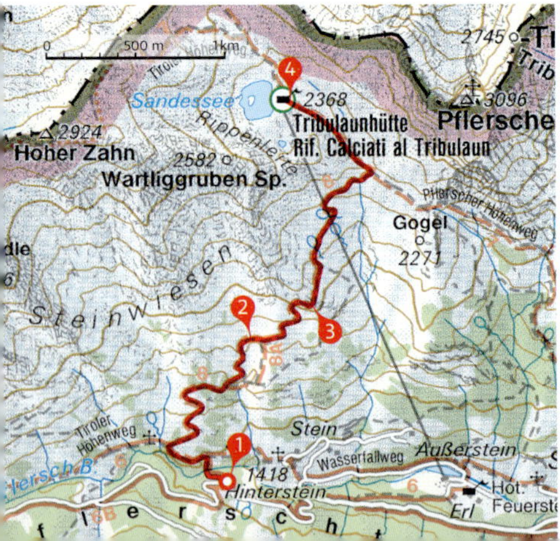

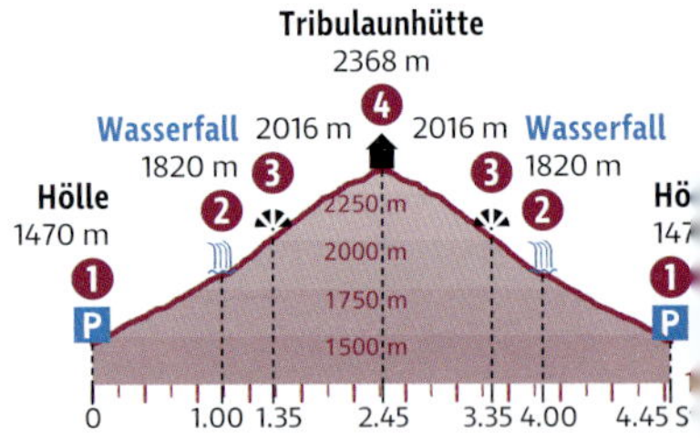

Hühnerspielhütte, Riedbergalm und Prantneralm
Rundtour von Gossensaß

15

5.00 Std. | 12,8 km | ↗900 m | ↘900 m

Auf den Almbalkon des oberen Wipptales

Es ist in erster Linie das Panorama der Südlichen Stubaier Alpen, das auf dieser Tour begeistert. Unsere drei Hüttenziele liegen im Bereich der Waldgrenze (oder knapp darunter auf Lichtungen) und lassen die Blicke über das Wipptal hinweg vor allem in die Pflerscher Bergwelt schweifen. Prantneralm und Riedbergalm wären im Prinzip von Sterzing über den Braunhof per Auto erreichbar, doch haben wir im Sinne der Natur natürlich mehr von der Sache, wenn wir zu Fuß vom Talort Gossensaß aufsteigen. Dann empfindet man die leckeren Südtiroler Spezialitäten auf dem Teller wohl auch als redlich verdient ...

Ausgangspunkt: Gossensaß, 1098 m, im Wipptal. Öffentlicher Parkplatz in der Tribulaunstraße, Bahnhof auf der Linie zwischen Sterzing und Brenner, Bushaltestelle an der Durchgangsstraße.
Anforderungen: T2+. Größtenteils Waldwege, die streckenweise recht steil verlaufen (besonders Nr. 6A im Abstieg). Bei Nässe eventuell unangenehme Abschnitte. Im oberen Teil allerdings problemlose Fahrwege. Elementare Trittsicherheit sowie Ausdauer für eine Tagestour vorteilhaft.
Karte: Tabacco 1:25.Z000, Blatt 038.

In **Gossensaß** ❶ beginnt der Weg Nr. 22 (Beschilderung »Hühnerspielhütte«) nahe der nördlichen Ortsausfahrt. Eng zwischen Häusern hindurch auf einen Wald- und Wiesenpfad, der die Brenner-Autobahn unterquert und zum Hof **Hochwieden** ❷, ca. 1260 m, ansteigt. Wir treffen auf eine Forststraße, nutzen hinter einer Doppelkehre aber die Abkürzungen des alten Steiges. Erst weiter oben begeht man die letzten Serpentinen des Wirtschaftsweges und kommt damit zur **Hühnerspiel-**

Auf der Hühnerspielhütte ist gut rasten.

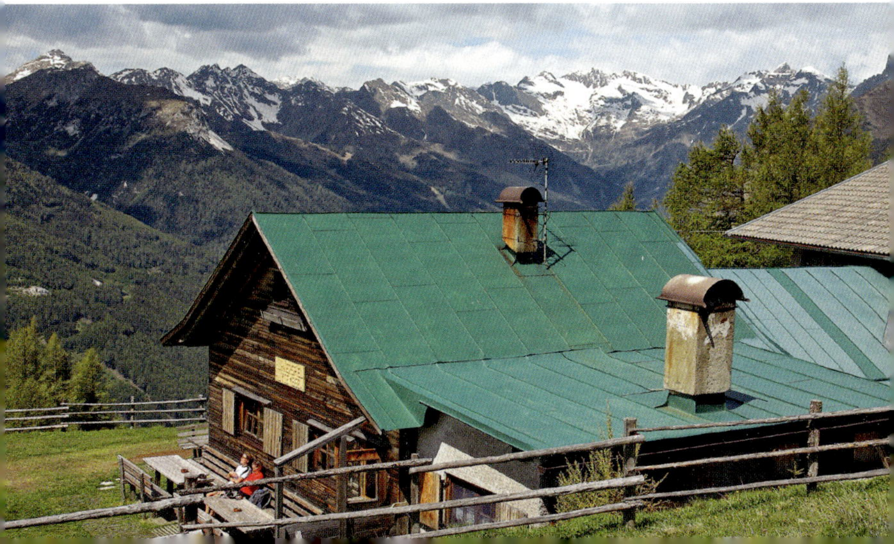

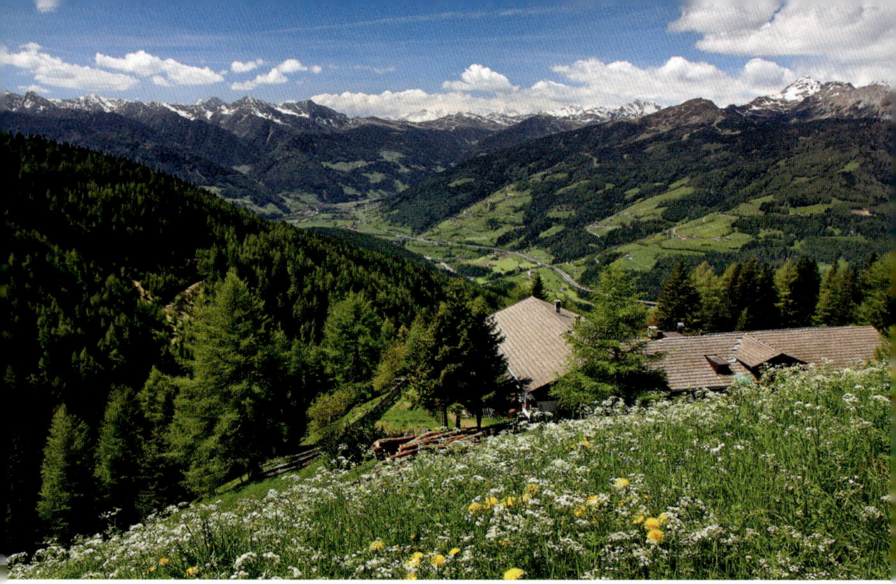

Die Prantneralm lockt mit einem Panorama der Sterzinger Gegend.

hütte ❸, 1868 m, auf der gleichnamigen Alm. Fast eben gehen wir den Einschnitt des Platzgrabens mit der Platzalm aus und erreichen bei der **Riedbergalm ❹**, 1930 m, den höchsten Punkt der Tour.

Danach senkt sich die Almstraße wieder ab und bringt uns Richtung **Prantneralm ❺**, ca. 1780 m. Man achtet auf Markierung 6A, gelangt mit wenigen Schritten abwärts zum Gasthaus und setzt den Abstieg auf steilem Waldsteig fort. Auf einer querenden Forststraße nach rechts (!), im Bogen durch den Kessel des Grabenbachs und weiter nach Fallrütt, wo die breite Trasse endet. Wir nehmen nach links einen Anschlusspfad auf, der eine mit wucherndem Gras bewachsene Blöße rechts absteigend traversiert (bei Nässe lästig). Anschließend ziemlich steil hinunter bis zum **Larchhof ❻**, ca. 1200 m. Die asphaltierte Zufahrt führt oberhalb

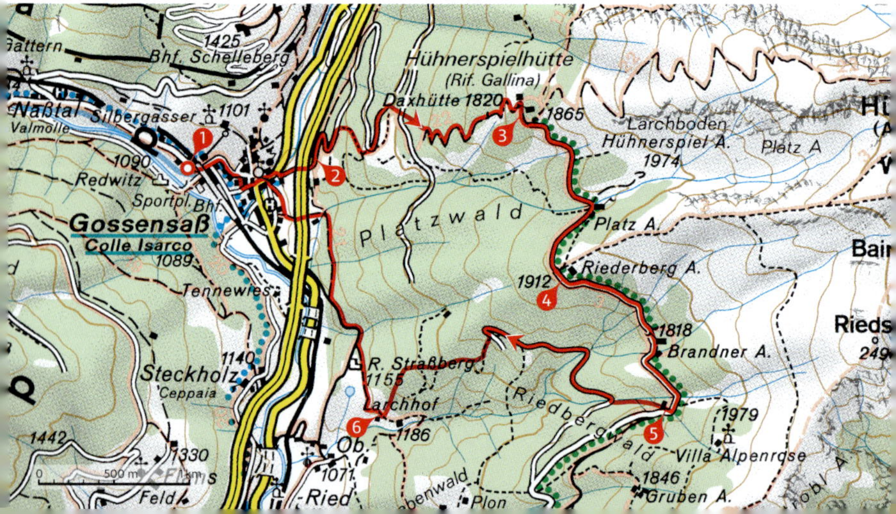

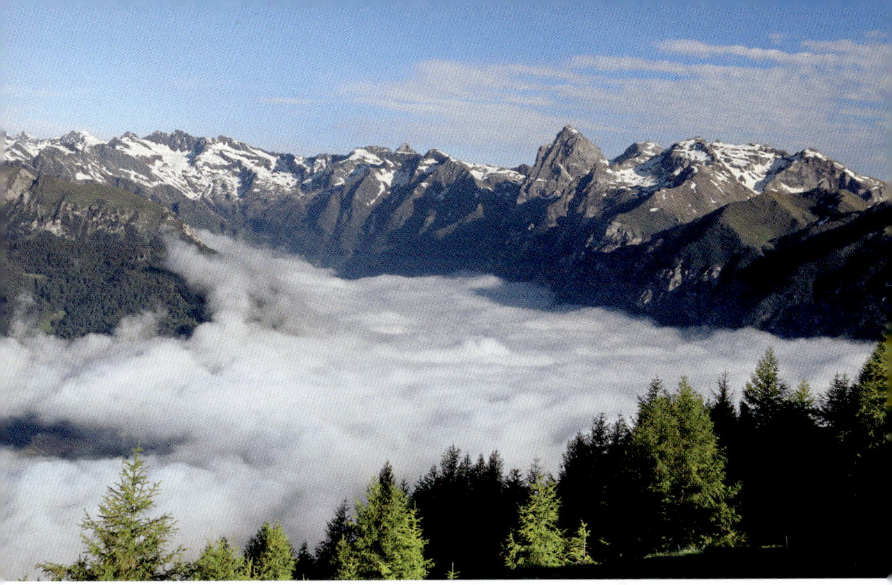

Eine Nebeldecke verhüllt das Pflerschtal, während die Gipfel im Sonnenlicht erstrahlen.

EINKEHR

Hühnerspielhütte, 1868 m: privat, Mitte Juni bis Ende September durchgängig, im Oktober von Fr bis So, Mitte Dezember bis Mitte März, Tel. +39 349 2252722.

Riedbergalm, 1930 m: im Sommer einfach bewirtschaftet, keine Kontaktdaten bekannt.

Prantneralm, ca. 1780 m: Anfang Mai bis Anfang November und Anfang Dezember bis Ende März (Di Ruhetag, außer im Juli/August), Tel. +39 333 4656009 oder +39 338 4959084, prantneralm.com.

TOUREN

Enzianhütte, 1894 m: von der Hühnerspielhütte auf dem Ziroger Höhenweg (Nr. 11) nordwärts (T3), 2.15 Std.

Amthorspitze, 2748 m: über die gleichförmige Westflanke (T2), 2.30 Std. ab Hühnerspielhütte.

Weißspitze, 2714 m: von der Riedbergalm über den Weströcken (T2–3), 2.20 Std., ideal mit der Amthorspitze zu verbinden (beim Gratübergang T3).

Saun, 2085 m: von der Prantneralm über Weg Nr. 6A auf die aussichtsreiche Bergschulter über dem Sterzinger Becken (T2), 1.00 Std.

der Ruine Straßberg vorbei. Man verlässt sie an bezeichneter Stelle nach rechts auf einen Waldweg. Bei der nächsten Gabelung wählen wir die obere Variante (Nr. 21), die schön am Hang entlangquert und uns via Platzhof am günstigsten nach **Gossensaß** ❶ zurückbringt.

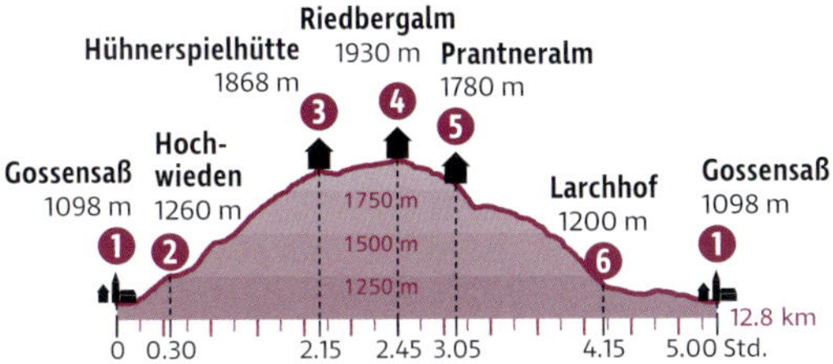

16 Landshuter Europahütte, 2693 m

Vom Weiler Platz im Pfitscher Tal

6.30 Std. | 14,6 km | ↗1280 m | ↘1280 m

Mitten in Tirol und doch auf der Grenze

Im Jahr 1899 baute die Alpenvereinssektion Landshut hoch oben auf der Schneide des Alpenhauptkamms ihre Landshuter Hütte. Mitten in Tirol. Wer hätte damals gedacht, dass zwei Jahrzehnte später eine Staatsgrenze exakt durch das Gebäude verlaufen, es in zwei Teile trennen würde – ein Kuriosum sondergleichen! Ob der politischen Turbulenzen um Südtirol, die noch bis in die 1970er-Jahre hinein bestanden, war eine optimale Führung natürlich schwierig. Der italienische Teil des Gebäudes war damals sogar enteignet und dem Verfall preisgegeben, der österreichische wurde so gut es ging bewirtschaftet. Heute wehen an der Friedrichshöhe vier Fahnen: die Tiroler, die Bayerische, die Italienische und die Europäische. Die Hütte selbst steht unter der gemeinschaftlichen Führung des DAV und CAI; aktuell befindet sich ein kompletter Neubau in Vorbereitung. Der europäische Einigungsgedanke erfährt hier oben auf fast 2700 Meter Höhe Symbolik und praktische Umsetzung. Schon aufgrund dieser Lage quasi in der Gipfeletage ist die Landshuter Europahütte ein erlesenes Ziel für sich. Die Aussicht reicht weit in nördliche wie südliche Tiroler Lande, stimmungsvolle Sonnenuntergänge inklusive.

Ausgangspunkt: Platz, ca. 1420 m, im Pfitscher Tal. Parkplatz und Haltepunkt der Buslinie von Sterzing beim Pfitscherhof.

Anforderungen: T3-. Bergwege unterschiedlicher Beschaffenheit, meist gut angelegt, auf der Abstiegsroute Nr. 3B phasenweise spärlicher ausgetreten.

Blockiger Gneis ist in den Zillertaler Alpen typisch – kantige, hohe Gipfel ebenso.

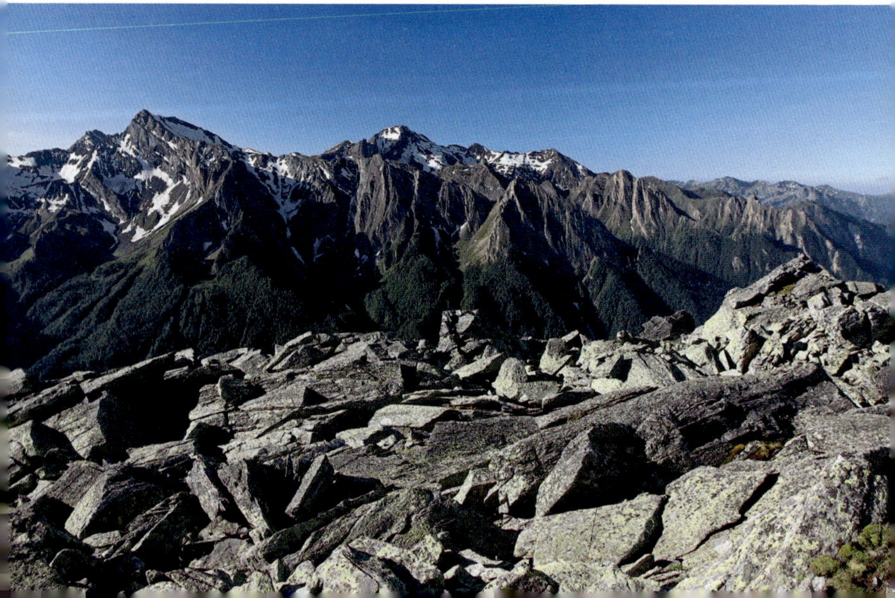

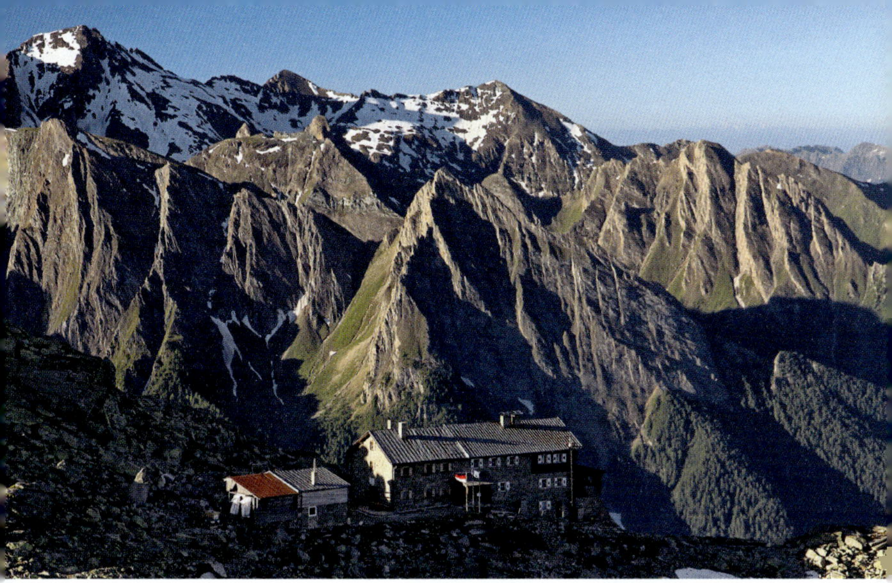

Die Landshuter Europahütte besitzt einen fürwahr exponierten Standort.

Wald im unteren Bereich, Mattengelände in der Mitte und nach oben hin steinige Verhältnisse, jedoch ohne allzu große Hindernisse. Aufgrund des Höhenunterschieds tagfüllendes Pensum für Ausdauernde.

Variante: Beliebt und weniger anstrengend ist der Landshuter Höhenweg vom Pfitscher Joch herüber. Dabei bedient man sich des Shuttle-Busses, der zwischen Anfang Juli und Mitte September verkehrt (Infos unter Tel. +39 0472 630121 oder 630210). Gehzeit ca. 3.00 Std., retour 2.30 Std.

Karte: Tabacco 1:25.000, Blatt 037.

EINKEHR

Landshuter Europahütte, 2693 m: DAV/CAI, Anfang/Mitte Juni bis Ende September, 65 Schlafplätze, Tel. +39 0472 646076 oder +39 338 2124738, europahuette.it.

TOUREN

Kraxentrager, 2999 m: Hausberg der Europahütte, Blockschuttsteig mit gesicherter Schlüsselstelle (T3), 1.00 Std.

Pfitscher-Joch-Haus, 2275 m: über den Landshuter Höhenweg (T2), 2.30 Std.

Wildseespitze, 2733 m, und Wolfendorn, 2776 m: alpinerer Abschnitt des Landshuter Höhenwegs in westlicher Richtung (T3), 0.45 bzw. 2.00 Std.

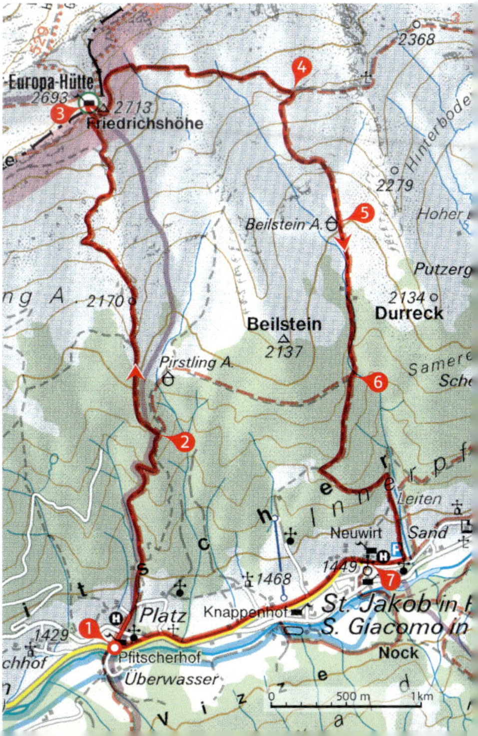

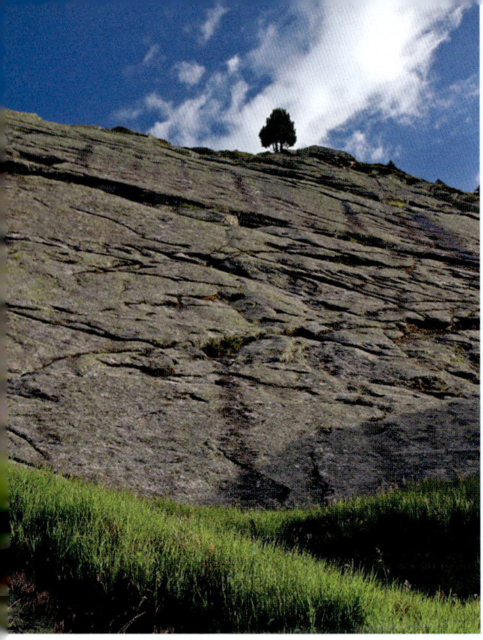

Die Abstiegsroute offenbart eine interessante Abwechslung zum Normalweg.

Beim Pfitscherhof in **Platz** ❶ starten wir zunächst auf einer Höfezufahrt. Man orientiert sich zum Rand der Wiese und kreuzt den begleitenden Bach nach rechts. Entlang der Nachbarwiese Richtung Wald und auf einem Forstweg weiter, bis Nr. 3A markant nach rechts abknickt. Der gut ausgebaute Weg schraubt sich in vielen Schleifen höher, passiert auf gut 1900 Metern ❷ den Abzweig zur Pirstlingalm (Bürstlingalm) und bewegt sich am lang gestreckten Südausläufer der Friedrichshöhe. Ab ca. 2000 Meter Höhe lichtet sich der Wald; bald stehen nur noch einzelne Bäume. In aufwendig verlegten Blockfeldern biegt unsere Trasse vorübergehend nach links aus, tangiert aber später wieder den Gratrücken und vollzieht zahlreiche Kehren bis zur Höhe des Hauptkamms. Hier an der Friedrichshöhe empfängt uns die stolze **Landshuter Europahütte** ❸, 2693 m.

Für den Rückweg schlagen wir zunächst den **Landshuter Höhenweg** (Nr. 3) ein. Damit eine ganze Weile leicht absteigend gen Osten, bis bei P. 2419 ❹ Weg Nr. 3B talwärts signalisiert wird. Eine erste steilere Hangstufe lässt sich in Kehren überwinden. Auf dem Wiesenabsatz nach links und über die nächste Geländestufe an der **Beilsteinalm** ❺, 2019 m, vorbei. Etwas tiefer kommen wir auf einen großen Boden mit mäandrierenden Bächen und tauchen in lichten Wald ein. Nachdem eine Verbindung zur Pirstlingalm abgezweigt ist ❻, wird der Weg allmählich wieder steiler. In der hohen Waldstufe holt er weit nach links aus und führt schließlich nach **St. Jakob** ❼, 1449 m, hinunter. Wir wandern auf der oberen Querstraße durch den Ort, stoßen später auf die Pfitscher Durchgangsstraße und haben dann noch gut 800 Meter Strecke bis **Platz** ❶ vor uns.

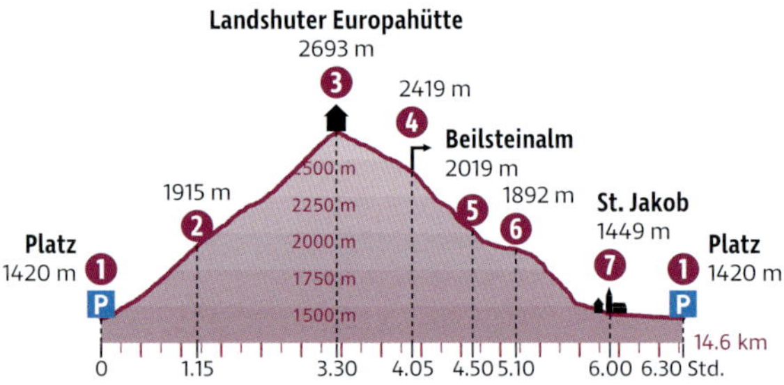

Hochfeilerhütte, 2710 m

Von der Pfitscher-Joch-Straße

17

6.00 Std. | 12,9 km | ↗ 1130 m | ↘ 1130 m

In den innersten Winkel der Pfitscher Bergwelt

Der höchste Gipfel der Zillertaler Alpen braucht natürlich seine eigene Hütte. Schon seit 1881 unterstützte der Österreichische Alpenklub den attraktiven südwestseitigen Normalanstieg auf den Hochfeiler mit der Wiener Hütte, die am sogenannten »Hintergras« zwischen den Moränenfeldern von Glider- und Weißkarferner, entstand. Dieses Basislager verfiel jedoch, sodass der Standort für einige Zeit vakant blieb, ehe der Alpenverein Südtirol 1986 schließlich etwas oberhalb ein neues Haus baute – nun auch geografisch angemessen Hochfeilerhütte getauft. Bei Schönwetter pilgern oft Scharen von Bergbegeisterten dorthin – der Hochfeiler ist populärer denn je, zumal heutzutage gern und nicht zu Unrecht als wandertauglicher Parade-Dreitausender apostrophiert. Doch auch wer es mit der Hüttenwanderung bewenden lässt, erlebt eine großartige, von Gletschern und mächtigen, kantigen Gipfeln geprägte Urlandschaft, wie sie die Zillertaler Alpen typischerweise auszeichnet.

Ausgangspunkt: Dritte Kehre der Pfitscher-Joch-Straße, 1718 m. Hier beschränkte Parkmöglichkeiten, etwas mehr gibt es ein Stück weit davor. Ein Shuttlebus verkehrt zwischen Anfang Juli und Mitte September um 8.45 Uhr ab Linienbus-Endhaltestelle »Angerhöfe« (Rückfahrt ab Kehre um 16.45 Uhr). Anmeldung und weitere Infos unter Tel. +39 0472 630121 oder 630210.

Anforderungen: T3. Meist ordentliche Bergwege, teils aber abschüssiges und im unteren Bereich auch stark mit Buschwerk bewachsenes Gelände, das eine gewisse Trittsicherheit verlangt. Für Geübte normales, für Gelegenheitswanderer bereits recht anstrengendes Tagespensum.

Karte: Tabacco 1:25.000, Blatt 037.

Die aus Naturstein errichtete Hochfeilerhütte.

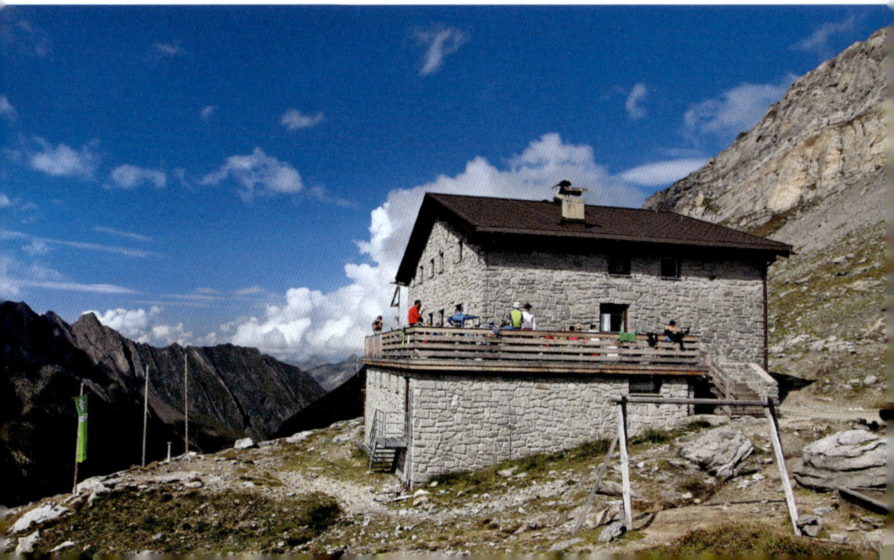

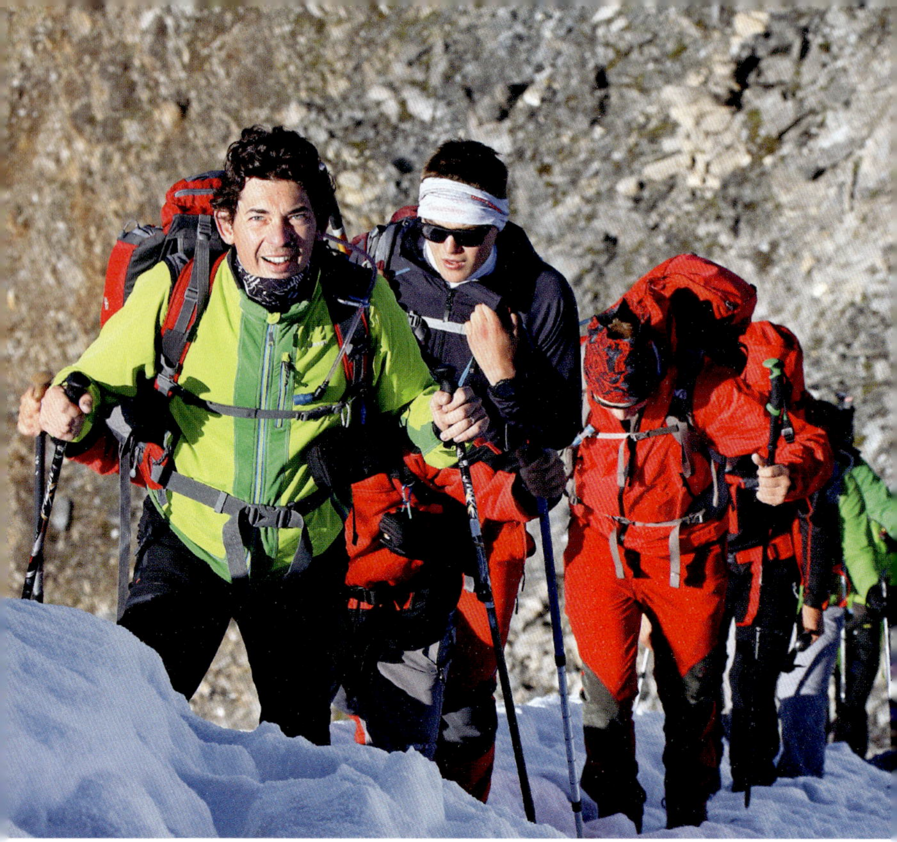

Zahlreich streben ambitionierte Berggeher zum Hochfeiler.

EINKEHR

Hochfeilerhütte, 2710 m: AVS, Mitte Juni bis Mitte/Ende September, 88 Schlafplätze, Tel. +39 0472 646071 oder +39 329 1318270, hochfeilerhuette.com.

TOUREN

Hochfeiler, 3509 m: höchster Gipfel der gesamten Zillertaler Alpen, im Laufe des Sommers mittlerweile meist eisfrei auf bezeichneter Route zu besteigen, sonst Steigeisen notwendig (T4), 2.30 Std.

Edelrauthütte, 2545 m: derzeit nur noch umständlich über die Gliderscharte möglich, da die vormals übliche Route über den Gletscher und die Untere Weißzintscharte aus Sicherheitsgründen gesperrt ist.

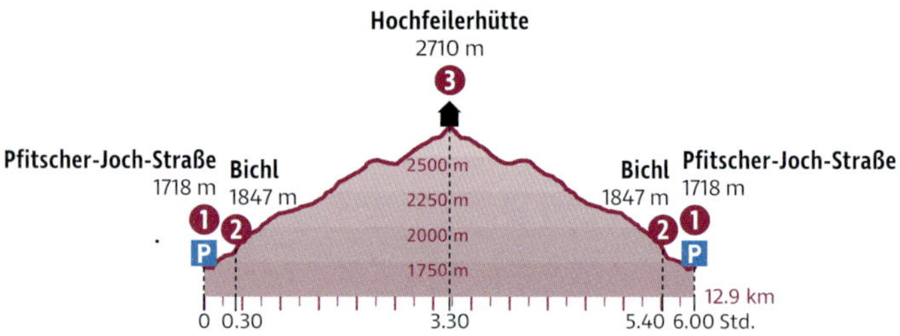

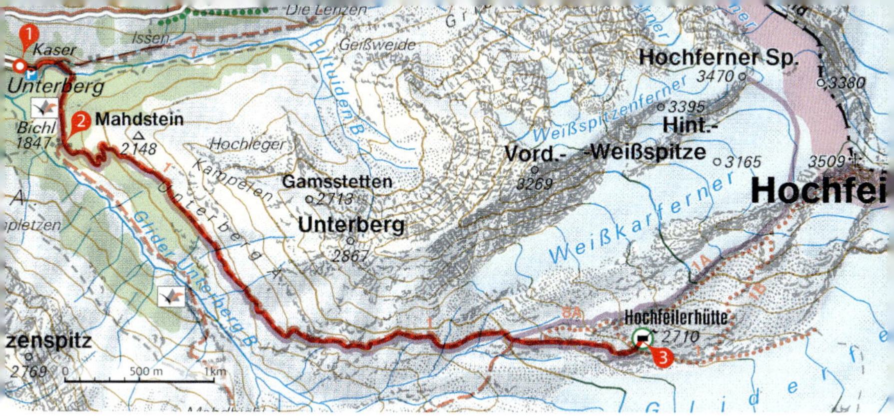

Von der dritten Kehre der **Pfitscher-Joch-Straße ❶** kurz abwärts zum Oberbergbach, der auf massiver Brücke überschritten wird. Auf einem Waldweg geht es aufwärts zu den verfallenen Stadeln von Wiener Neustatt, vor Ort **Bichl ❷**, 1847 m, genannt. Hier zweigt Weg Nr. 8 zur Gliderscharte ab. Unsere Route (Nr. 1) windet sich am üppig bewachsenen Hang in die Höhe und geht dann ein gutes Stück oberhalb der Talsohle in eine Traverse über. Einzelne kleine Felshindernisse gestalten die Sache etwas holprig. Nach und nach wird die Biegung des Glidertals mitvollzogen. Auf leicht ausgesetzten Bändern (mitunter Drahtseile) sowie in steilen Graspleisen gewinnt man wieder deutlicher an Höhe, kreuzt einige Bäche ins Hintergras (hier Direktzugang Richtung Hochfeiler möglich) und absolviert das letzte Stück etwas schuttreicher hinauf zur **Hochfeilerhütte ❸**, 2710 m. Der Abstieg ist identisch.

Dort steht man am höchsten Punkt der gesamten Zillertaler Alpen.

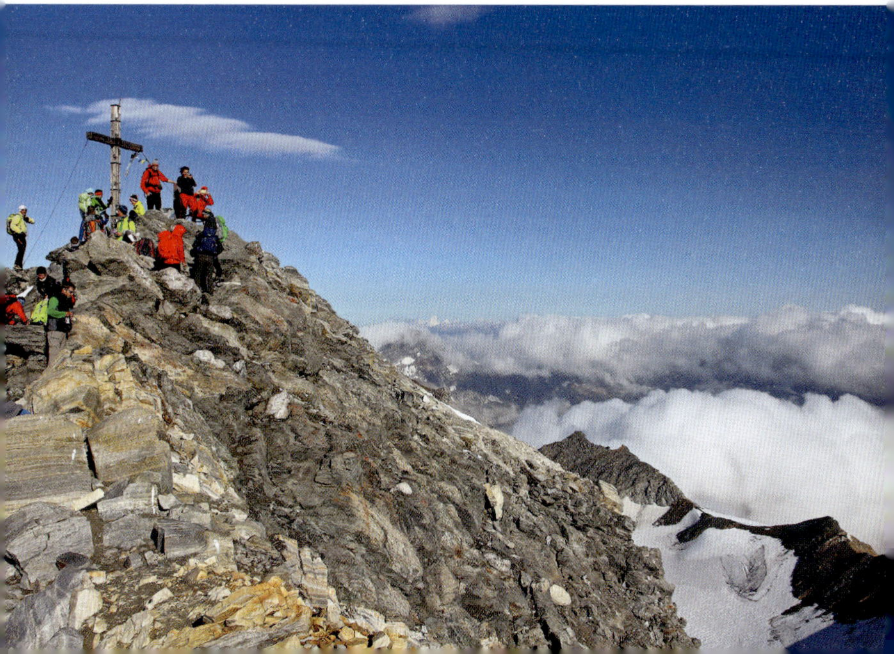

18 Simile Mahdalm, 2011 m

Durchs Sengestal

3.00 Std. | 8,2 km | ↗ 640 m | ↘ 640 m

Eine stille Seitenkammer des Eisacktals

Höllenkragen, Sengesspitze, Finsterstern – mit diesen Namen werden womöglich nur eingefleischte Südtirolkenner etwas anfangen können. Dabei befinden wir uns quasi nur einen Katzensprung von Europas meistbefahrener Nord-Süd-Achse entfernt. Doch ein knapp zweistündiger Fußmarsch hinauf zur Simile Mahdalm genügt, um der Alltagshektik vollkommen zu entfliehen. Auch dem Massentourismus, wie er mancherorts in Südtirol und anderswo in den Alpen beachtliche Wellen schlägt. Hier umgibt uns in der Tat die viel beschworene Bergesruh – und verspricht reichlich Balsam für die Seele. Die Simile Mahdalm erfüllt noch traditionelle Aufgaben, dient daneben aber auch als wertvoller Etappenstützpunkt auf dem Pfunderer Höhenweg, ist sie doch die einzige Unterkunft auf der Strecke zwischen Wiesen bei Sterzing und der Brixner Hütte. Durchs waldumstandene Sengestal kommen Tageswanderer herauf – freilich meist in überschaubarer Zahl und ohne größere alpinistische Ambitionen. Hier ist wirklich Genießen angesagt.

Die Simile Mahdalm fungiert als erster Etappenstützpunkt auf dem Pfunderer Höhenweg von Sterzing nach Bruneck.

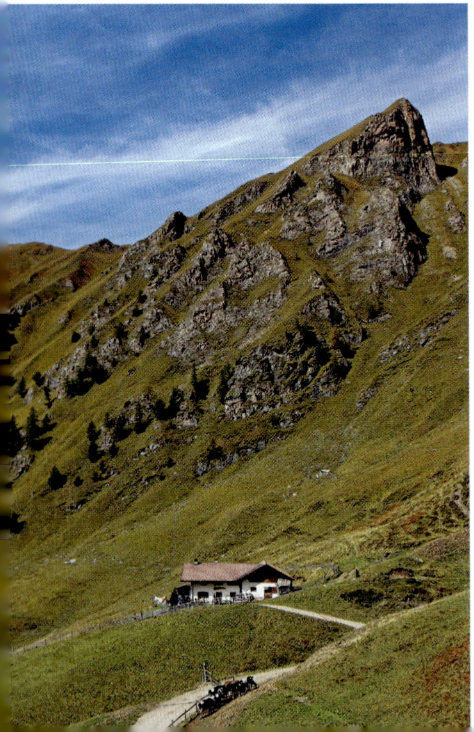

Ausgangspunkt: Parkplatz im Sengestal, ca. 1370 m, bei der ehemaligen Flaner Säge. Zufahrt über Valgenäun und Niederflans, dahinter auf einem Natursträßchen. Keine Busanbindung; dazu müsste man in Freienfeld (Abzweig Valgenäun) starten.
Anforderungen: T1. Völlig unproblematischer, kinderwagentauglicher Aufstieg auf einem Güterweg, auch nicht übermäßig lang.
Karte: Tabacco 1:25.000, Blatt 037.

Ab Fahrverbot im **Sengestal** ❶ folgen wir stets dem Fahrweg taleinwärts, in Kürze an einem neuen Kleinkraftwerk vorbei. Teils kräftig ansteigend passiert man **Obersen-**

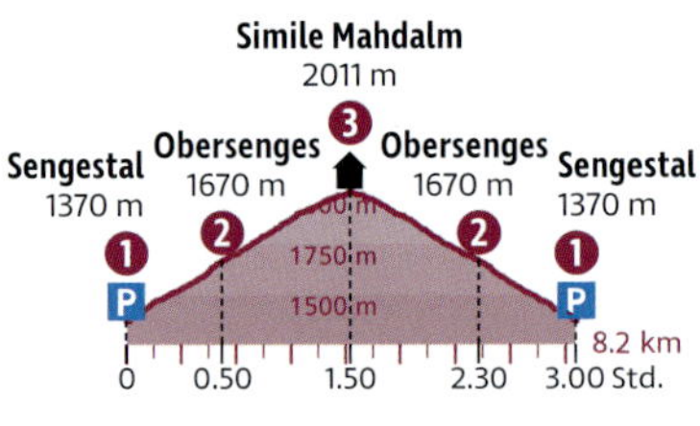

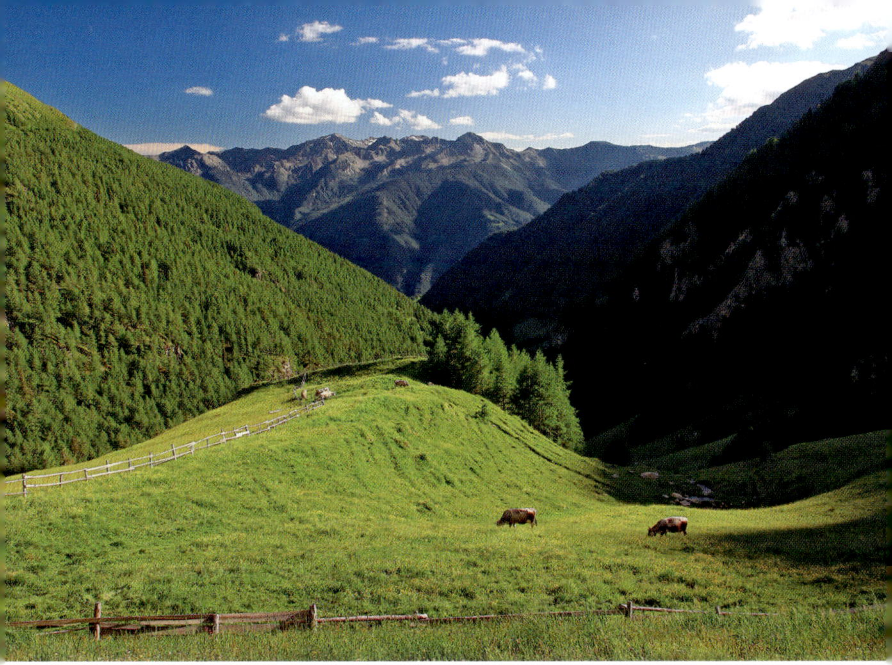

Rückblick ins Sengestal, durch das der Normalzugang erfolgt.

ges ❷, 1670 m, ignoriert im Talschluss den Abzweig von Weg Nr. 2 Richtung Wilder See und folgt den Schleifen des Wirtschaftsweges hinauf zur **Simile Mahdalm** ❸, 2011 m.

Der Rückweg verläuft gleich, es sei denn, man möchte noch ein kleines Stück auf dem Pfunderer Höhenweg zurücklegen und dann mit Nr. 2 in die Talsohle absteigen.

EINKEHR

Simile Mahdalm, 2011 m: Ende Juni bis Ende September, 12 Schlafplätze, Tel. +39 340 8868395 (zuletzt geschl.)

TOUREN

Sengesspitze, 2368 m, und Höllenkragen, 2387 m: über den Flankensteig zum Trenser Joch, das von beiden Gipfeln flankiert wird (T3), 1.00 bis 1.30 Std.

Wilder See, 2532 m: über den Pfunderer Höhenweg Richtung Sengesjöchl (T2–3), gut 2.00 Std.

Wilde Kreuzspitze, 3132 m: Fortsetzung des Aufstiegs vom Sengesjöchl übers Karjöchl gipfelwärts (T3), ab Hütte 3.45 Std.

Brixner Hütte, 2282 m: Pfunderer Höhenweg via Sengesjöchl und Rauhtaljoch (T3), 4.30 Std.

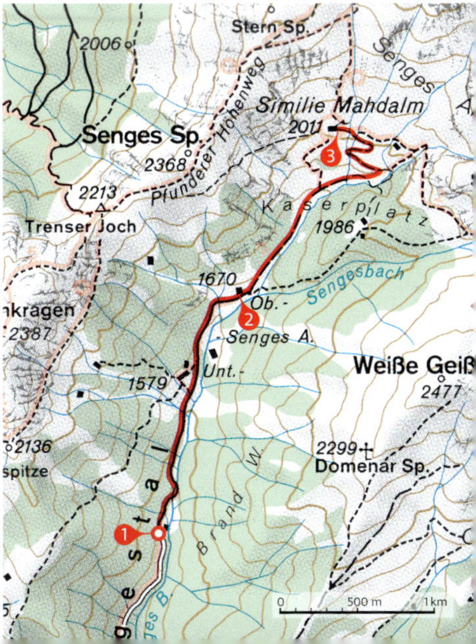

19 Almen im Skigebiet Jochtal

Knappensteig respektive Panoramarundweg

2.30 Std. | 8,3 km | ↗350 m | ↘350 m

Feine Seilbahnwanderung oberhalb von Vals

Die Jochtalbahn erschließt ein im Zwickel zwischen Valler Tal und Eisacktal gelegenes Ski- und Wandergebiet, das über steilen, waldreichen Flanken im Kern eher sanft gewölbt ist. Dort erhebt sich das Stoanamandl. Einmal rundherum ergibt sich eine feine, nicht sehr anstrengende Wanderung, die am Knappensteig sogar erstaunlich urwüchsig ausfällt. Unter den Einkehrstationen ist vor allem die Anratter Hütte einer besonderen Erwähnung wert. Sie wurde bereits zur schönsten Alm Südtirols gekürt; Kenner schätzen ihre Vielfalt an Knödelgerichten.

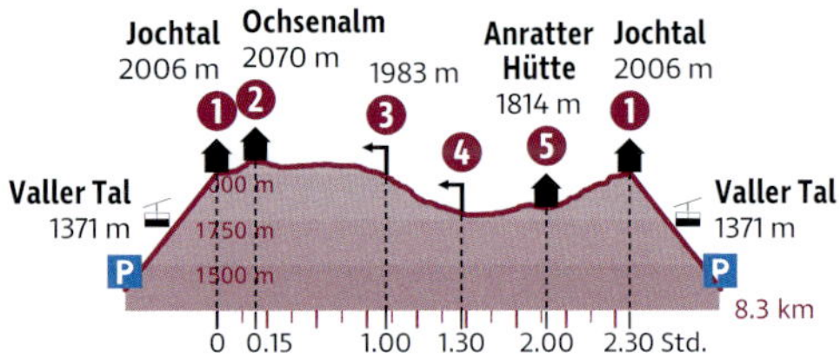

Ausgangspunkt: Talstation der Jochtalbahn, 1371 m, im Valler Tal, ca. 1 km hinter dem Ort Vals. Busverbindung von Mühlbach im Pustertal. Mit der Umlaufbahn zur Bergstation Jochtal, 2006 m. Sommerbetriebszeiten zwischen Mitte Mai und Anfang November, täglich von 8.30 bis 16.45 Uhr.
Anforderungen: T2–3 (kurz am Knappensteig), sonst oft nur T1. Überwiegend leichte, streckenweise auch befestigte Wege, am Knappensteig einmal Drahtseile an etwas ausgesetzten Stellen. Lockeres Halbtagesprogramm.
Variante: Über das Stoanamandl ist die Runde noch etwas kürzer und leichter.
Karte: Tabacco 1:25.000, Blatt 037.

Die Bergstation Jochtal gegen die Gipfel des Wurmaulkammes.

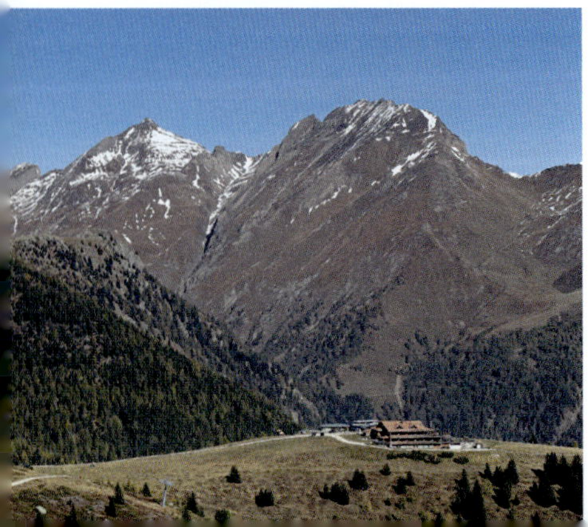

Zunächst bringt uns die Seilbahn mühelos zur Bergstation **Jochtal** ❶, 2006 m, hinauf. Wir orientieren uns westwärts und schlagen alsbald den oberen Weg ein, um an der am Gänsebichl gelegenen **Ochsenalm** ❷, 2070 m, vorbeizukommen. Hinter einem Speicherteich biegen wir links auf den **Knappensteig** ab. Dieser quert die west- und südseitigen Flanken auf sehr angenehmer Trasse oberhalb einiger Abbrüche. Abgesehen von einer kurzen gesicherten Passage ist die Begehung leicht. In

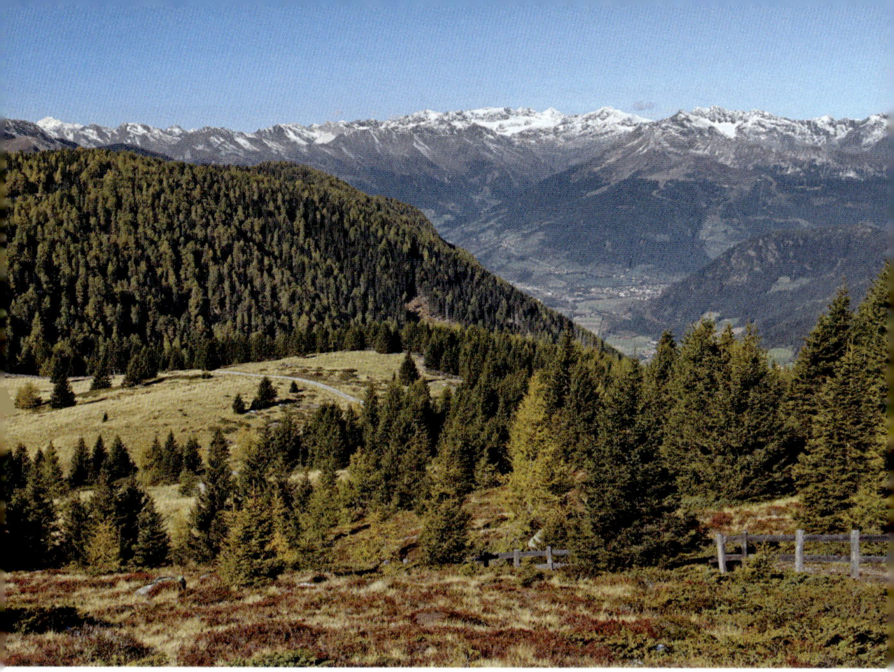

Westwärts öffnet sich das Panorama bis in die Stubaier Alpen.

der Einsattelung zwischen Stoanamandl und Altem Karl ❸ orientiert man sich nach links und verliert nun über Waldlichtungen merklich an Höhe, bis man auf eine größere Forststraße ❹ stößt. Diese schlägt einen Bogen auf die Ostseite des ausladenden Stoanamandl-Bergrückens und bringt uns damit zur **Anratter Hütte** ❺, 1814 m. Aus einem Geländeeinschnitt heraus wird zum Schluss noch eine halbstündige Gegensteigung zurück zur Bergstation **Jochtal** ❶ fällig.

EINKEHR

Bergrestaurant Jochtal, 2006 m: während der Seilbahnzeiten im Sommer und Winter, Tel. +39 0472 671345.
Ochsenalm, 2070 m: Juni bis Oktober und Weihnachten bis Ostern, Tel. +39 348 2530954, ochsenalm.com.
Anratter Hütte, 1814 m: Mitte Mai bis Anfang November, Tel. +39 335 453400.

TOUREN

Stoanamandl, 2118 m: Aussichtspunkt im Seilbahngebiet Jochtal, kann anstelle des Knappensteigs überschritten werden (T1), ab Bergstation 0.40 Std.
Altes Karl, 2031 m: stillerer Aussichtspunkt, Abstecher vom Wegpunkt 3.

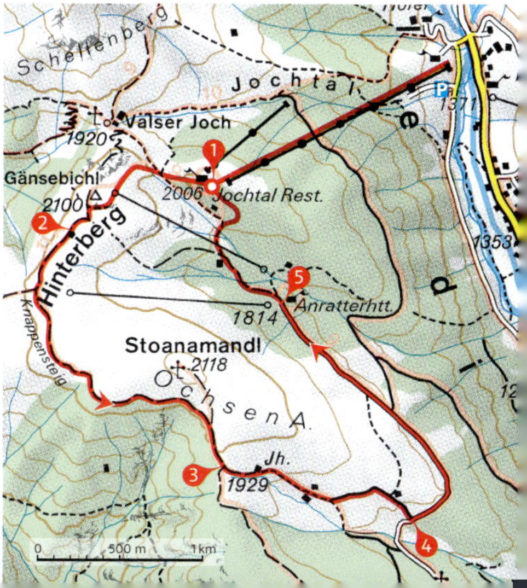

20 Brixner Hütte, 2282 m
Von der Fanealm in Vals

3.10 Std. | 8,8 km | ↗580 m | ↘580 m

Einer der schönsten Winkel der Pfunderer Berge

Nachdem eine Vorgängerhütte bereits lange das Zeitliche gesegnet hatte, eröffnete die Sektion Brixen des Alpenvereins Südtirol 1973 in den Pfunderer Bergen ihre Brixner Hütte, durch naturnahe Blockbauweise attraktiv gestaltet und vor allem harmonisch in das Landschaftsbild eingefügt. Sie hat ihren Platz in der »Pfanne«, die als weitläufiger Hochalmkessel den Ursprung des Valler Tals markiert. Eine herrliche Gegend! Die Matten legen ringsum einen samtenen Teppich aus, durchzogen von einigen Gräben und überragt von einem Kranz grün-grauer Berggestalten. Mit der Wilden Kreuzspitze befindet sich der Hauptgipfel der Pfunderer Berge in Reichweite, noch näher die ebenfalls über 3000 Meter hohe Wurmaulspitze. Am Beginn des Aufstiegs empfängt uns ein Almdorf wie aus dem Bilderbuch, dessen Ursprünge bis ins Mittelalter zurückreichen: Fane. Der Name soll ebenfalls mit der »Pfanne« in Zusammenhang stehen und im ladinischen Begriff Fanes (vgl. Tour 51) eine Entsprechung haben. Das heutzutage denkmalgeschützte Hüttenensemble lädt zum Verweilen ein, doch die lediglich 10 Minuten ab Parkplatz dürften dem Marschfreudigen bei Weitem zu wenig sein.

Ausgangspunkt: Parkplatz Fane, 1705 m, erreichbar aus dem Valler Tal über eine kurvige Bergstraße. Achtung: In der Hauptsaison von Juli bis September ist die Nutzung eines Shuttlebusses obligatorisch, der letzte Parkplatz befindet sich dann weiter unten vor der Kurzkofelhütte. Reservierung unter Tel. +39 349 4438613.

Anforderungen: T2. Anfangs breiter

Unterwegs im Kessel der Pfanne, oberhalb der Brixner Hütte.

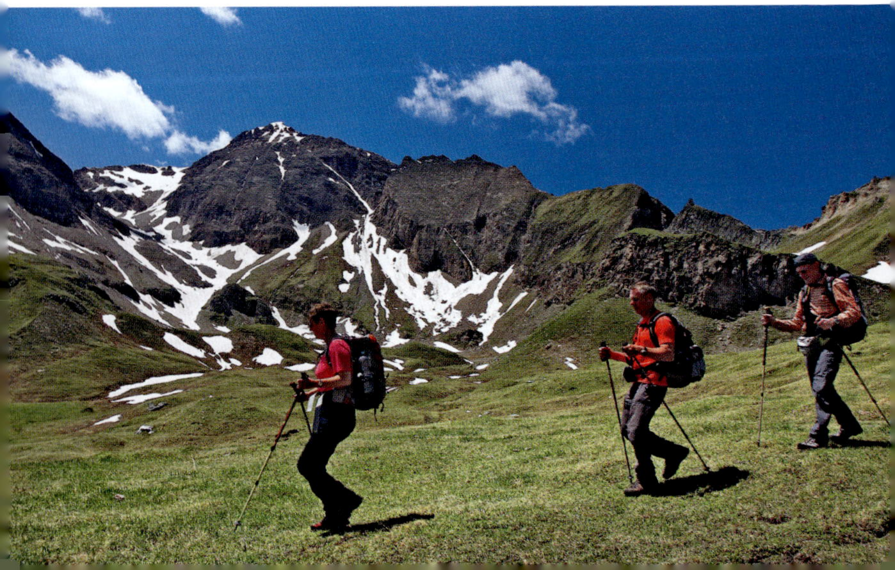

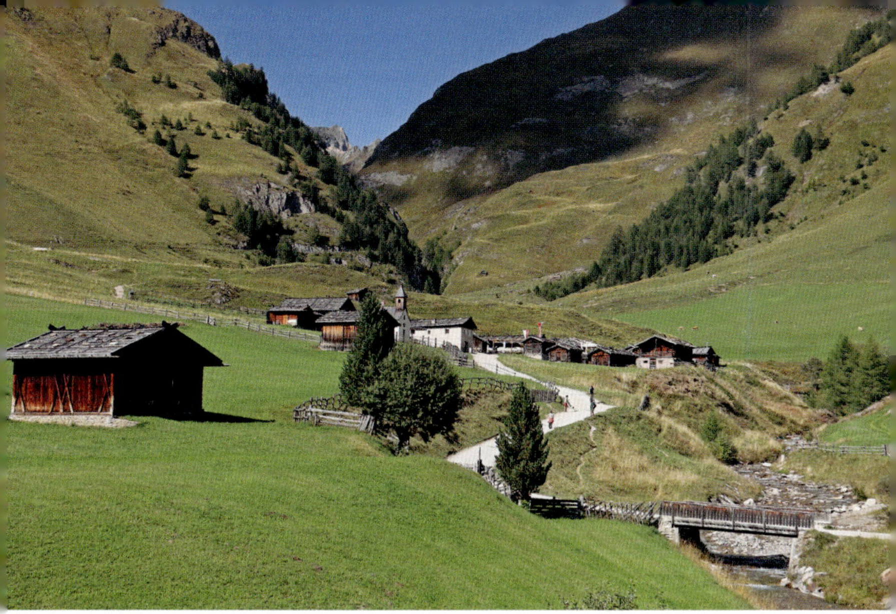

Ein Kleinod, das unter zunehmenden touristischen Druck geraten ist: die Fanealm.

Fahrweg, danach gewöhnlicher Bergweg ohne jegliche Schwierigkeiten oder Absturzgefahr und auch konditionell maßvoll.
Variante: Wesentlich ausschweifender wird die Tour, wenn man hinter der Schramme nach links zur Labesebenalm abzweigt, die Seeleite zum Wilden See überwindet und über das Rauhtaljoch die Brixner Hütte quasi von hinten ansteuert. Bewertung T3, Gesamtgehzeit ca. 7 Std.
Karte: Tabacco 1:25.000, Blatt 037.

Vom Parkplatz ❶ treffen wir um ein Eck herum sowie über eine Brücke rasch bei der **Fanealm ❷**, 1739 m, ein. Weiter taleinwärts nähern wir uns der »Schramme«, wo der tosende Valler Bach eine klammähnliche Felsenenge geschaffen hat. Dahinter öffnet sich ein milderer Talboden.

EINKEHR

Fanealm, 1739 m: Almdorf mit drei Jausenstationen: Gattererhütte (Tel. +39 472 547184), Zingerlehütte (Tel. +39 340 4094045), Knuttnhütte (Tel. +39 340 3011477).
Brixner Hütte, 2282 m: AVS, Mitte Juni bis Anfang Oktober, 35 Schlafplätze, Tel. +39 0472 677001 oder +39 327 5329944.

Durch die Schramme rauscht der Valler Bach talwärts.

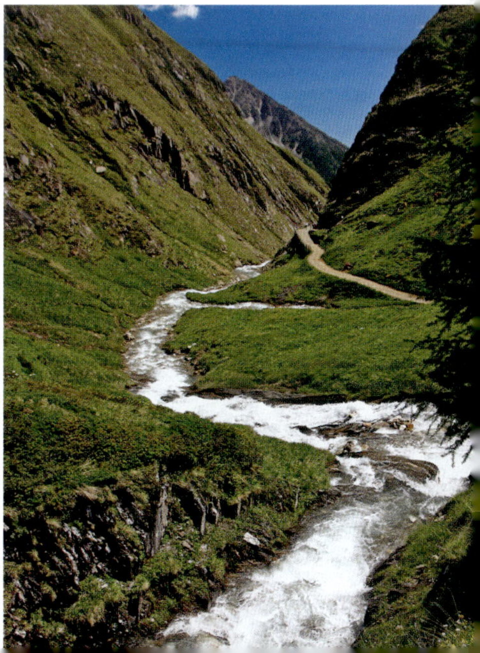

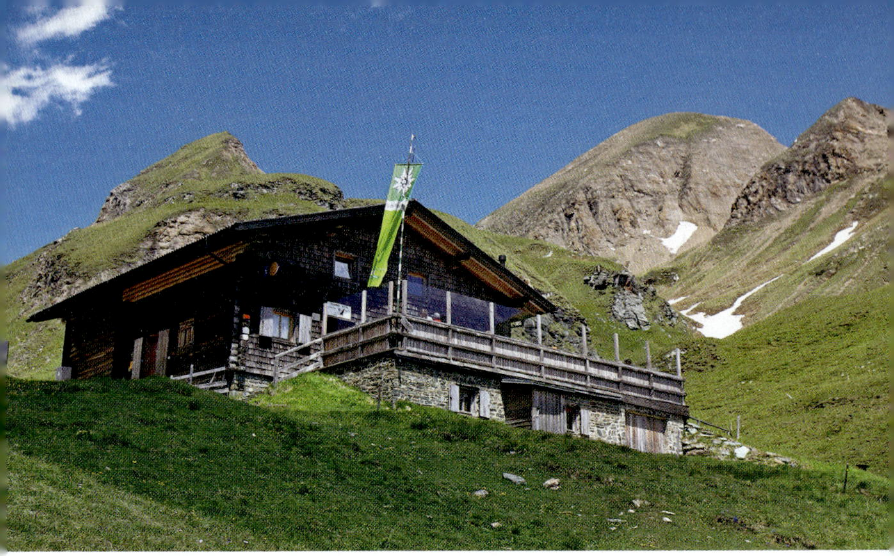

Seit 50 Jahren steht die Brixner Hütte im innersten Valler Tal.

TOUREN

Wurmaulspitze, 3022 m: über die Westflanke und oben am Südhang empor (T3), 2.00 Std.
Wilde Kreuzspitze, 3132 m: durch die Pfanne im Bogen zum Rauhtaljoch und schließlich rechts haltend gipfelwärts (T3), 2.45 Std.
Edelrauthütte, 2545 m: lange und anspruchsvolle Etappe des Pfunderer Höhenweges über Steinkar-, Keller-, Dannel- und Gaisscharte (T4), 8.30 Std.
Simile Mahdalm, 2011 m: auf dem Pfunderer Höhenweg in Gegenrichtung über Rauhtaljoch und Sengesjöchl (T3), 4.00 Std.

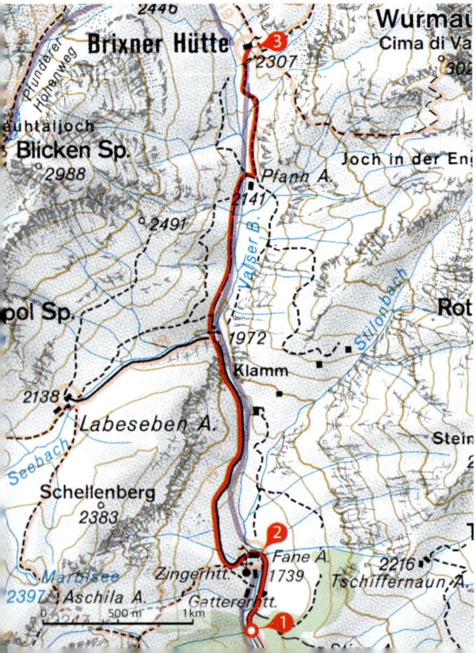

Während die breite Fahrtrasse links zur Labesebenalm abdreht, orientieren wir uns mit Nr. 17 weiter geradeaus und folgen jetzt einem guten Fußweg. Beidseits bilden steile Mattenhänge den Rahmen des Hochtals. Von hinten grüßt bereits die **Brixner Hütte ❸**, 2282 m, die uns auf einem Geländeabsatz am Rande der Pfanne schließlich empfängt. Zurück geht es auf derselben Route.

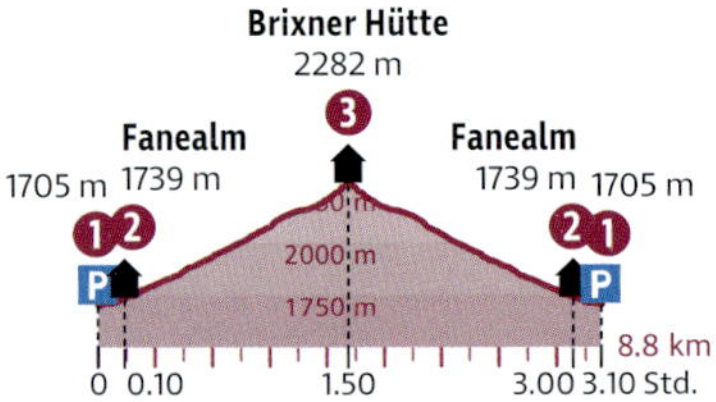

Pranter Stadlhütte und Wieserhütte, 1850 m

Von Meransen ins Altfasstal

21

2.45 Std. | 10,3 km | ↗ 280 m | ↘ 280 m

Entspannte Familienwanderung in einen schönen Almkessel

Das Altfasstal im Einzugsbereich des Sonnendorfes Meransen greift ebenfalls von Süden her in die Pfunderer Berge hinein. Zuhinterst wirkt es regelrecht kesselartig, überragt von Fallmetzer und Gaisjoch, während die Almböden allen Liebreiz ausstrahlen. Besonders charmant herausgeputzt hat sich auch die Pranter Stadlhütte, wo sich Kinder am Spielplatz und Streichelzoo amüsieren können und sonntags Grillspezialitäten aufgetischt werden. Gleich nebenan wartet die Wieserhütte mit einer eigenen Almkäserei auf; dort kann man sich sogar einquartieren, um die Umgebung noch ausgiebiger zu genießen oder gegebenenfalls in die Hochlagen der Pfunderer Berge aufzubrechen.

Ausgangspunkt: Parkplatz im Altfasstal, 1609 m, oberhalb von Meransen. Die Zufahrt zweigt im Ort scharf links ab; per Bus von Mühlbach muss man dort starten (gut 30 Min. bis auf Höhe des Parkplatzes).
Anforderungen: T1. Einfache Wanderung auf einem sanft ansteigenden Fahrweg, sogar kinderwagentauglich und auch konditionell sehr moderat.
Variante: Wer ein wenig ambitionierter unterwegs sein möchte, kann für Hin- oder Rückweg den Jägersteig am Hang entlang wählen.

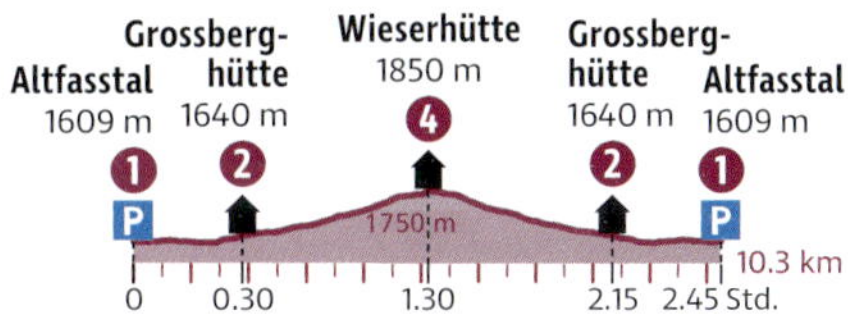

Karte: Tabacco 1:25.000, Blatt 037.

Ausgangspunkt ist der gebührenpflichtige Parkplatz **Altfasstal** ❶ oberhalb der Walderhöfe. Man begibt sich auf den für den öffentlichen Verkehr gesperrten Fahrweg taleinwärts, ignoriert rechts abzweigende Wege und wechselt beim Sägenkreuz auf die linke Seite des Bachs. Kurz nachdem sich der Wald lichtet und das Hochtal öffnet, erreichen wir zunächst die **Großberghütte** ❷, 1640 m. Weiter taleinwärts werden diverse Stadel passiert, im hinteren Bereich auch zweimal der Altfass-

Ein breiter Weg führt ins Altfasstal hinein.

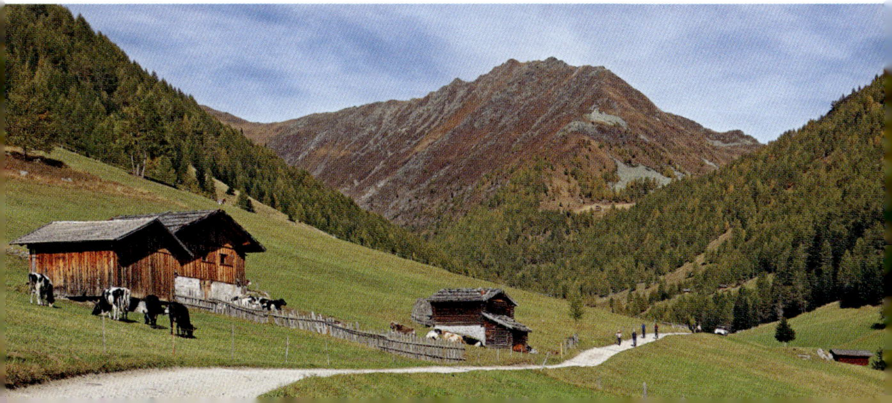

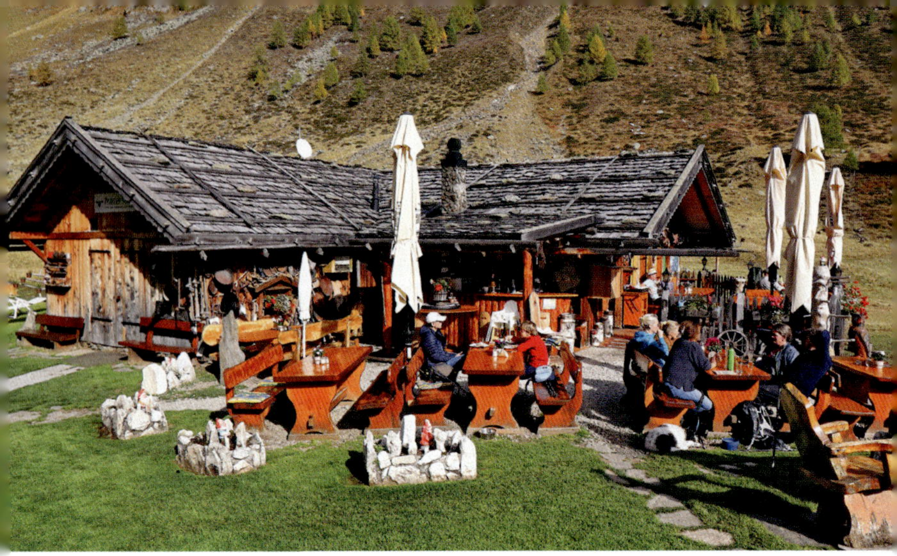

Die Pranter Stadlhütte begeistert Jung und Alt mit ihrem urigen Flair.

bach gekreuzt. Hinter einer kleinen Geländeschwelle tauchen im Bereich

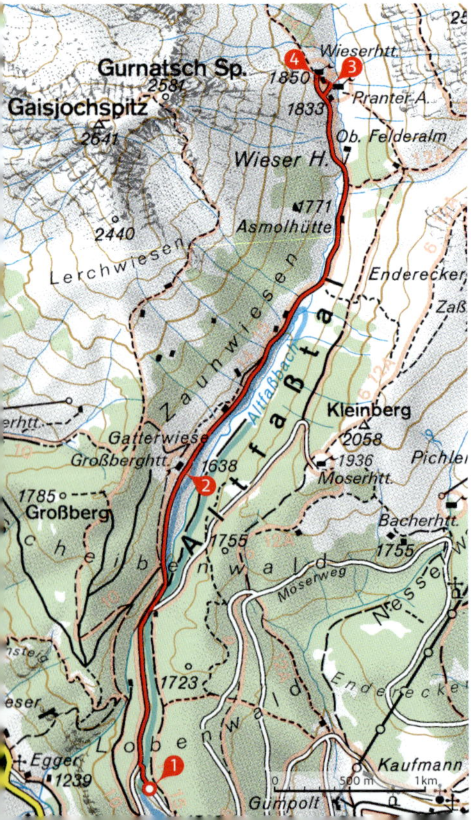

eines Almbodens schließlich unsere beiden Ziele auf, die **Pranter Stadlhütte ❸**, 1833 m, sowie die **Wieserhütte ❹**, 1850 m, nur einen Katzensprung entfernt. Der Rückweg wird normalerweise identisch absolviert.

EINKEHR

Großberghütte, 1640 m: fast ganzjährig geöffnet, Übernachtungsmöglichkeit (Apartments), Tel. +39 0472 520277, grossberghuette.com.

Pranter Stadlhütte, 1833 m: Mitte Mai bis Ende Oktober, Tel. +39 348 2123860 oder +39 0472 679087.

Wieserhütte, 1850 m: Mitte Mai bis Ende Oktober, 16 Schlafplätze, Tel. +39 0472 520350 oder +39 340 3756419.

TOUREN

Großer Seefeldsee, 2271 m: Steig Nr. 15 in den Talhintergrund bis auf einen Geländeabsatz (T2–3), ab Wieserhütte 1.10 Std.

Seefeldspitze, 2715 m: Fortsetzung über die Seefeldalm, den Mittleren und Kleinen See (Route Nr. 6, T2–3), 2.30 Std.

Gitsch, 2510 m: über das Falzarer Joch (T3), 2.00 Std., auch Übergang ins Pfunderer Tal möglich.

Bodenalm und Gampielalm, 2047 m

Der Pfunderer Almhütten-Rundweg

22

3.45 Std. | 9,7 km | ↗ 650 m | ↘ 650 m

Zwei schöne Anlaufpunkte in verschiedenen Stockwerken

Das Pfunderer Tal fächert sich zuhinterst in mehrere beeindruckende Kessel auf, die noch richtig urtümliches Flair verströmen. Gestandenen Berggehern eröffnet sich hier ein beachtliches Tummelfeld. Wer es bescheidener wünscht, aber auf tolle Ausblicke nicht verzichten möchte, sollte sich der als Almhütten-Rundweg propagierten Route widmen. Sie kombiniert die im Hochtal gelegene Bodenalm mit der Gampielalm, die ihren Platz auf einer weitläufigen Bergschulter schon oberhalb der 2000-Meter-Marke hat. Sie wird vom Jenneweinhof aus bewirtschaftet und offeriert selbstgemachten Joghurt und typische Südtiroler Kost. Eine Besonderheit sind jeden Sonntag die leckeren »Erdäpfelblattlan«.

Ausgangspunkt: Eggerseite, ca. 1440 m, im Pfunderer Tal. Zufahrt zunächst Richtung Talschluss, kurz vor der Talenge rechts abzweigend Richtung Hinteregger und unterhalb des Hofes im Bereich einer Rechtskehre nach Augenschein parken. Bus vom Bahnhof Vintl nur bis Pfunders (Haltestelle »Lärcher«).

Anforderungen: T2+. Oft breite Wirtschaftswege, zwischendurch auch mal Steige, oberhalb der Bodenalm sowie auf den Abkürzungen von der Gampielalm herunter (diese sind nicht Teil der offiziell ausgewiesenen Route!) durchaus relativ steil. Konditionell nicht übermäßig anstrengend.

Variante: Man kann auch beim eigens angelegten Parkplatz Dun, 1445 m, starten; die Gehzeit verlängert sich geringfügig.

Karte: Tabacco 1:25.000, Blatt 037.

Bergseitig prägen sonnenverwöhnte Mähwiesen das Bild.

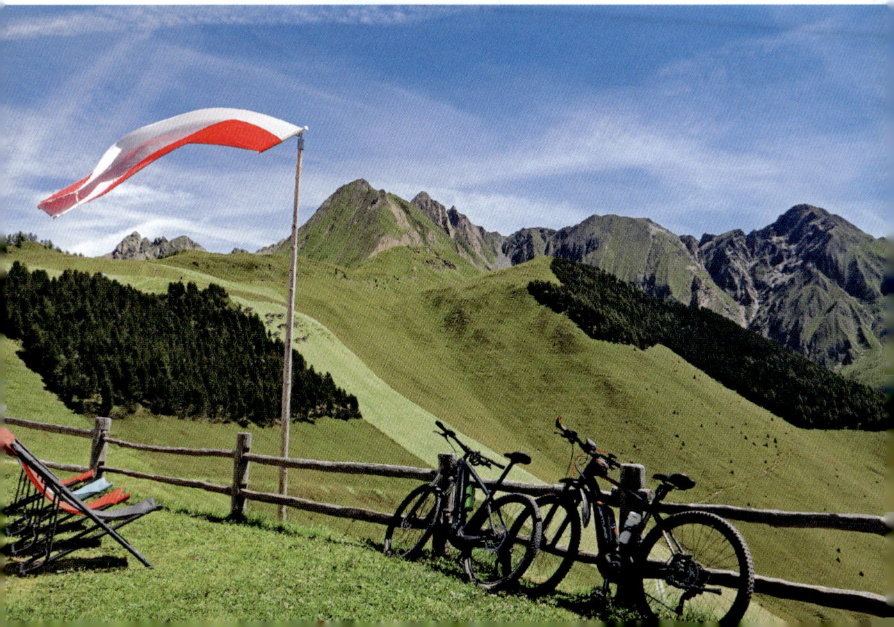

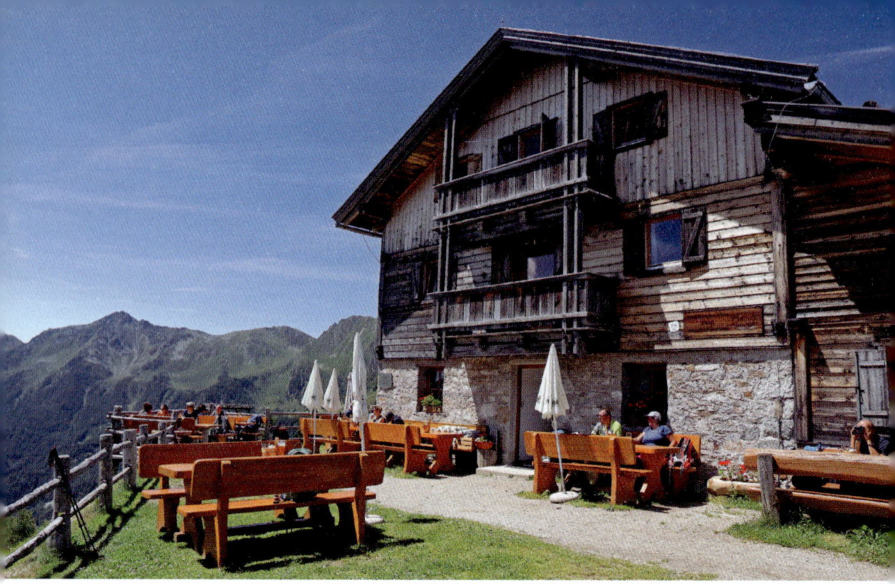

Die Gampielalm punktet auch mit exzellenter Aussicht.

Bei der Straßenkehre an der **Eggerseite** ❶ orientieren wir uns anhand Nr. 13 am Hang entlang nordwärts. Um ein Eck geht es an einem gemauerten Bildstock vorbei und zu einer Gabelung. Während der untere Weg zum Parkplatz Dun führt (meist als Grasweg), gewinnen wir rechts haltend etwas an Höhe und kommen zu den obersten Anwesen (Luzerhof) des Streuweilers **Dun** ❷, 1550 m. Wir setzen die Wanderung auf dem Güterweg taleinwärts fort, kreuzen einmal den Bach und gelangen mit einer Rechtskehre zur **Bodenalm** ❸, 1695 m, in manchen Karten auch als Eggerbödenalm eingetragen. Im weiteren Verlauf von Nr. 13 steht nun eine steilere Geländestufe bevor, die windungsreich bewältigt wird. Via Drosse schließen wir zum Eisbruggtal auf und kreuzen mit einem markanten Rechtsschwenk den **Eisbruggbach** ❹ mittels Brücke. Geradeaus ginge es weiter zur Edelrauthütte. Ein breiter Almwirtschaftsweg führt für uns in die entgegengesetzte Richtung, aussichtsreich um den Hang herum und in das Areal der **Gampielalm** ❺, 2047 m, inmitten ausgedehnter

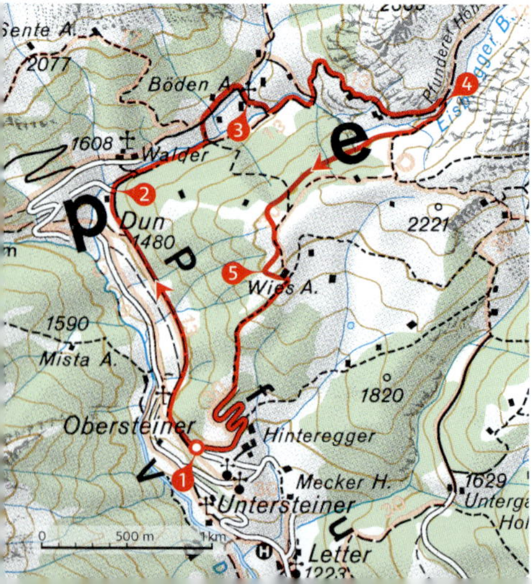

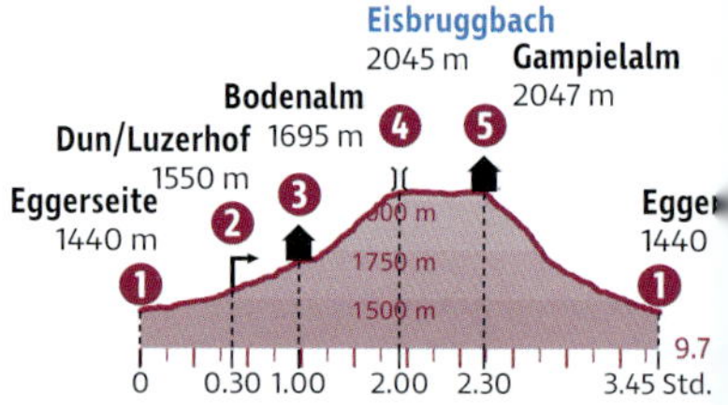

EINKEHR

Bodenalm, 1695 m: Pfingsten bis Mitte Juni an Wochenenden, bis Anfang Oktober durchgängig, Tel. +39 348 3382097, bodenalm.com.

Gampielalm, 2047 m: im Juni an Wochenenden geöffnet, Juli bis Mitte September täglich, bis Mitte Oktober sonntags, Tel. +39 338 4858383, gampielalm.com.

TOUREN

Edelrauthütte, 2545 m: im Bereich des Eisbruggbachs (Wegpunkt 4) wird der Pfunderer Höhenweg aufgenommen, von dort noch ca. 1.45 Std.

Tiefrastenhütte, 2312 m: über den Pfunderer Höhenweg, via Kuhscharte, Gruipaalm, Gampishütte, Passenjoch und Hochsäge (T3–4), ab Gampielalm ca. 4.30 Std.

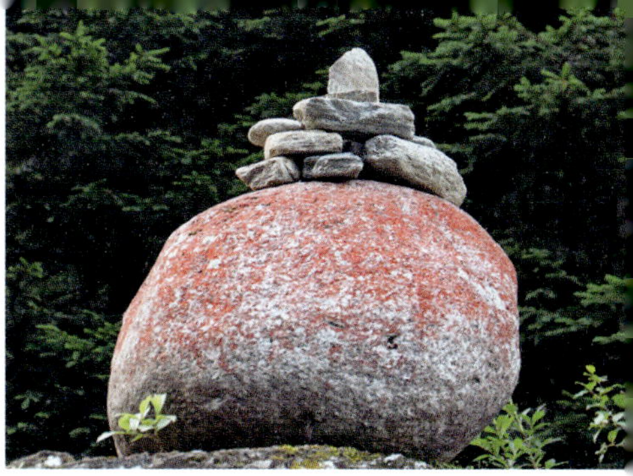

»Art Nature« am Weg.

Mähder. Für den Abstieg wird von offizieller Seite der breite Güterweg vorgeschlagen, der sich mit weit ausholenden Schleifen am Südhang talwärts schraubt. Wer ein bisschen Trittsicherheit mitbringt, kann auch dem abkürzenden Steig folgen (Bezeichnung Nr. 30 Richtung Pfunders), allerdings phasenweise ziemlich steil und nicht überall ganz übersichtlich. Zumindest der erste Teil, bevor man in den Wald eintaucht, kann aber empfohlen werden. Später geht der Forstweg in die Höfestraße beim Hinteregger über – toller Blick ins Pfunderer Tal. Mit ein paar Serpentinen schließt sich der Kreis zum Ausgangspunkt ❶.

Das Relief der Pfunderer Berge, hier mit dem Wurmaulkamm, wirkt durchaus profiliert und keineswegs besonders sanft.

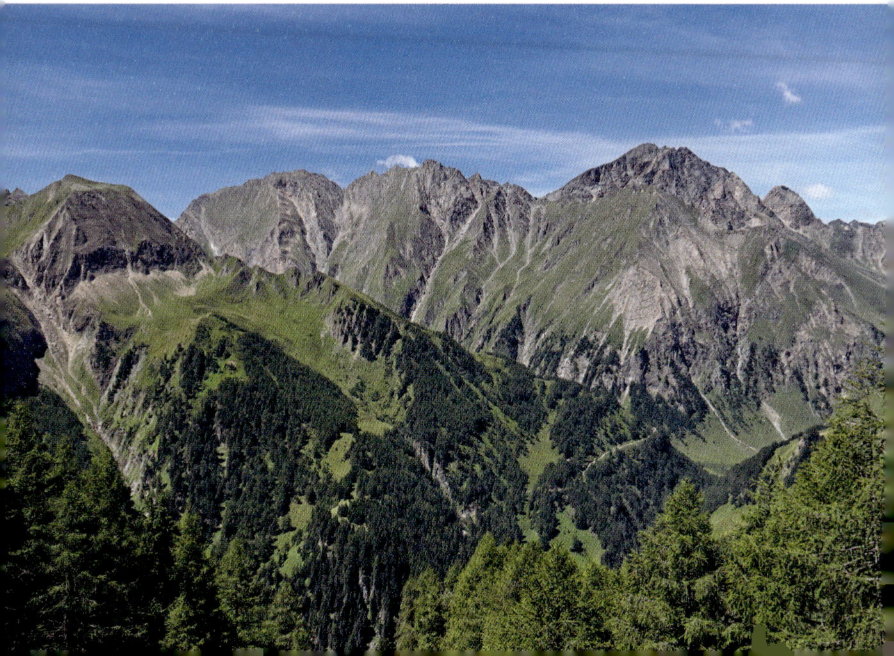

23 Edelrauthütte, 2545 m

Aus dem Pfunderer Tal mit Option über die Valsscharte

6.30 Std. | 17,3 km | ↗1180 m | ↘1180 m

Am Eisbruggjoch zwischen Lappach und Pfunders

Schon Anfang des 20. Jahrhunderts hatte die Wiener Gesellschaft »Edelraute« des Österreichischen Touristenklubs das Eisbruggjoch als vorteilhaften Hüttenstandort erkannt und das Vorhaben in die Tat umgesetzt. So gewann man einen hoch gelegenen Stützpunkt am Alpenhauptkamm, der beidseits aus den Talschlüssen von Lappach und Pfunders gut erreicht werden konnte. Enteignung und Verwahrlosung treten aber auch hier als traurige Kapitel Südtiroler Hüttengeschichte in Erscheinung. Erst seit 1972 war wieder dauerhaft ein ordnungsgemäßer Betrieb möglich. In jüngster Vergangenheit (2016) ist die urige alte Edelrauthütte – vom Zahn der Zeit marode geworden – durch einen Neubau ersetzt worden. Kontroversen über Architektur im hochalpinen Bereich blieben nicht aus, doch kann sich nun jeder Wanderer vom Ergebnis, den vielleicht noch etwas gewöhnungsbedürftigen äußeren Ansichten wie auch den innewohnenden Vorteilen, überzeugen. Wählen können wir zwischen dem kürzeren Ostzustieg vom Neves-Stausee und der Annäherung von der Westseite, die ich persönlich für interessanter halte. Dabei liegt als besonderes Kleinod der Eisbruggsee am Weg, und mit der Überschreitung der Valsscharte lässt sich sogar noch variieren. Für Begeher des mehrtägigen Pfunderer Höhenwegs oder einer Transversale entlang des Zillertaler Hauptkammes ist die Edelrauthütte ein unverzichtbarer Stützpunkt.

Ausgangspunkt: Parkplatz Dun, 1445 m, im hinteren Pfunderer Tal. Achtung: Ein Abstellen des Fahrzeugs entlang der Straße oberhalb ist nicht erlaubt. Busverbindung vom Bahnhof Vintl nur bis Pfunders, Haltestelle »Lärcher«.

Anforderungen: T2–3. Wechsel von Almwirtschaftswegen und Bergwegen, im Allgemeinen problemlos, nur im Schlussanstieg zur Valsscharte relativ steil und spärlich ausgetreten, am Eisbruggsee ein Blockfeld. Normalweg eher T2 und im Aufstieg 3.30 Std. Wichtigstes Kriterium ist eine gute Kondition.

Variante: Kürzer ist der Zugang vom

Blickfang unterhalb der Hütte ist der tiefblaue Eisbrugsee.

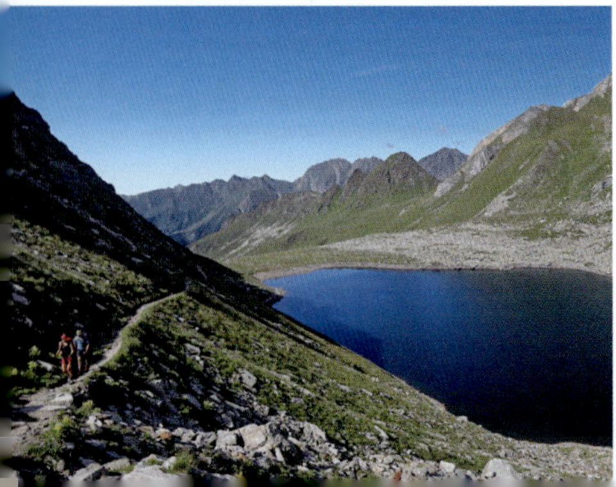

Der Kleine Magstein flankiert die eher selten begangene Valsscharte.

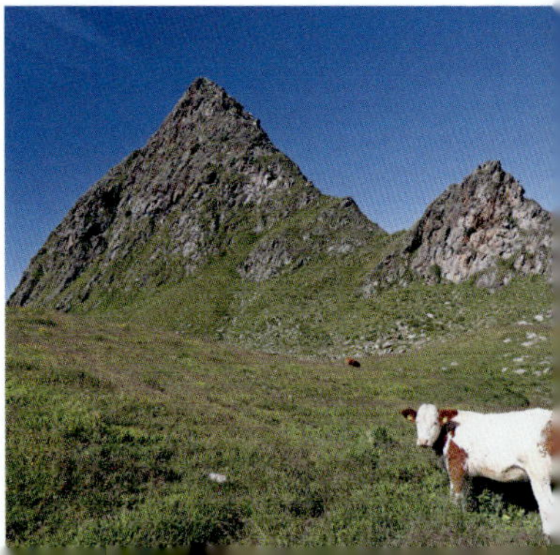

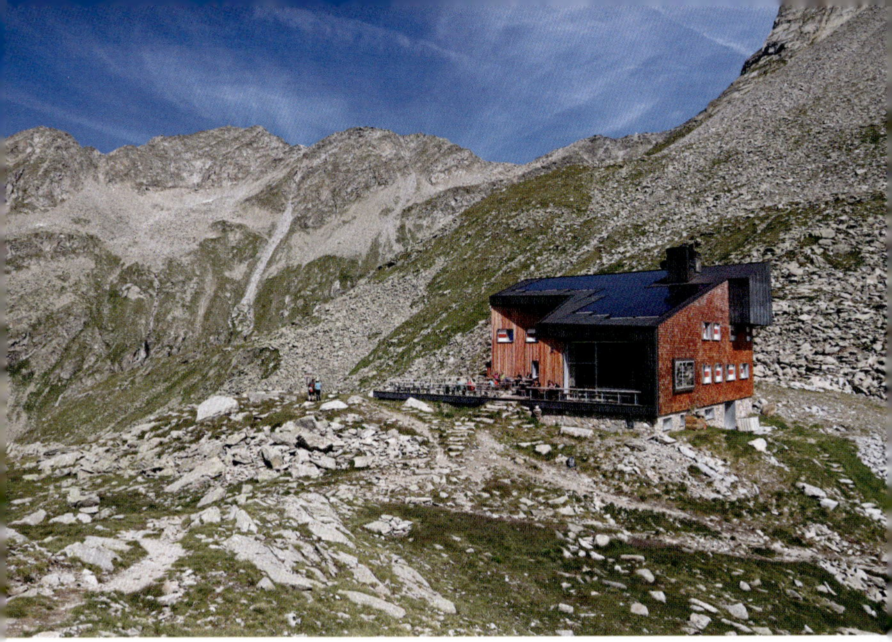

Seit ein paar Jahren in neuem Gewand: die Edelrauthütte.

Neves-Stausee, 1860 m, im Lappacher Talschluss (Zufahrt vgl. Tour 26). Über die Staumauer nimmt man Weg Nr. 26 auf und verlässt später das Ufersträßchen nach links, um durchs Pfeifholder Tal aufzusteigen. Bis zur Edelrauthütte 690 Höhenmeter, ca. 2.15 Std.

Karte: Tabacco 1:25.000, Blatt 037.

EINKEHR

Edelrauthütte, 2545 m: Auton. Prov. Südtirol, Mitte Juni bis Anfang/Mitte Oktober, 75 Schlafplätze, Tel. +39 0474 653230, edelrauthuette.it.

Bodenalm, 1695 m: Pfingsten bis Mitte Juni an Wochenenden, bis Anfang Oktober durchgängig, Tel. +39 348 3382097, bodenalm.com.

TOUREN

Napfspitze, 2888 m: Hausberg der Edelrauthütte, über die Nordseite (T3), 1.00 Std.

Hoher Weißzint, 3370 m: Hochtourenziel am Hauptkamm, trotz bezeichneter Route via Untere Weißzintscharte meist noch Firnpassagen (T4), 2.30 Std.

Chemnitzer Hütte, 2419 m: über den Neveser Höhenweg (T3), 3.30 Std.

Tiefrastenhütte, 2312 m: Etappe des Pfunderer Höhenwegs über Kuhscharte, Passenjoch und Hochsäge (T3), 6.30 Std.

Brixner Hütte, 2282 m: Pfunderer Höhenweg (»Königsetappe«) in Gegenrichtung (T4), 8.00 Std.

Vom Parkplatz **Dun** ❶ folgen wir der Bergstraße, die beim Fahrverbot (Luzerhof) in einen geschotterten Güterweg übergeht. Mit Nr. 13 neben dem Bach taleinwärts, zwischendurch über die Brücke und in der Rechtskehre vor der Bodenalm nach links in den Einschnitt des Weißsteinbachs ❷. Hier verläuft ein Karrenweg (Nr. 18). Man wandert in den Kessel hinein und wo dieser aufsteilt, am rechtsseitigen Hang in großen Schleifen aufwärts. Dies ist der Zugang zur **Valsalm** ❸, ca.

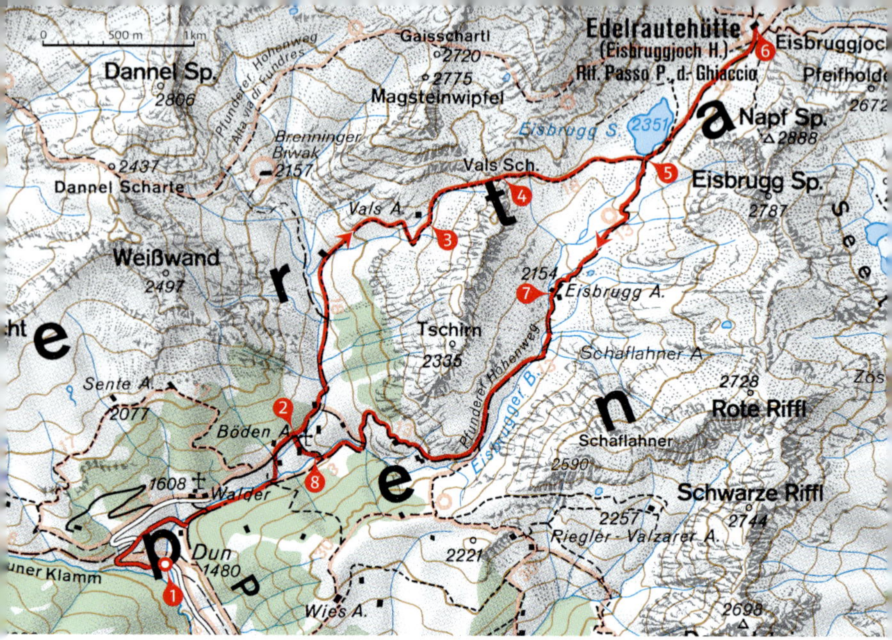

2175 m, die uns oberhalb einer Geländeschwelle empfängt. Es schließt sich ein kleiner Pfad im Grasgelände an. Allmählich steiler und mit etlichen Kehren schließen wir zur **Valsscharte** ❹, 2409 m, auf und blicken jenseits ins obere Eisbruggtal. Dorthin geht es zunächst über flache Weideböden, dann am Hang entlang und etwas abwärts zum **Eisbruggsee** ❺, 2351 m, vor dem noch ein kleines Blockfeld überschritten werden muss. Nun fädeln wir in die häufiger begangene Normalroute (Nr. 13) ein und erreichen nach einer guten halben Stunde mäßiger Steigung die **Edelrauthütte** ❻, 2545 m, am Eisbruggjoch.

Retour folgen wir komplett der Route Nr. 13, also zunächst wieder zum Eisbruggsee und anschließend über zwei nicht sehr ausgeprägte Geländestufen hinab zur **Eisbruggalm** ❼, 2154 m. Jetzt oder von etwas unterhalb nutzt man einen befestigten Güterweg, wandert über ein Flachstück bis zur Brücke, bleibt dort rechts und bewältigt via Drosse wieder auf einem Steig die steilere Geländepartie hinunter zur bewirtschafteten **Bodenalm** ❽, 1695 m. Das letzte Stück ist vom Aufstieg her bekannt.

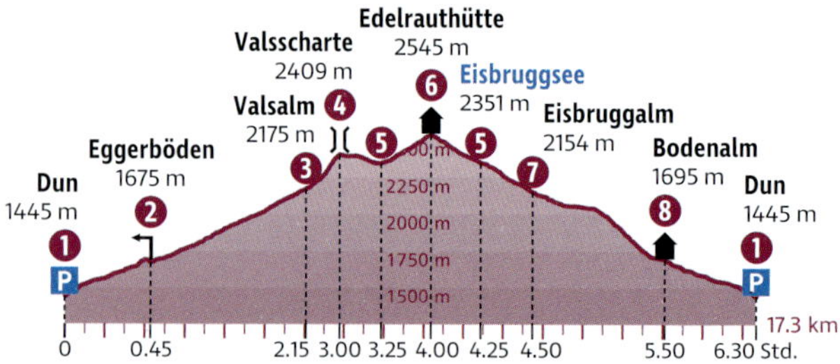

Astnerbergalm und Tiefrastenhütte, 2312 m

Durchs Winnebachtal bei Terenten

24

4.15 Std. | 10,9 km | ↗900 m | ↘900 m

TOP

Kleinod am Pfunderer Höhenweg

Die Pfunderer Berge werden mitunter als »Anhängsel« der Zillertaler Alpen ziemlich verniedlicht – hinsichtlich Ausdehnung und Landschaftscharakter beweisen sie durchaus eine gewisse Eigenständigkeit. Paradetour ist hier der fünftägige Pfunderer Höhenweg, ein spannungsreiches »Hüttentrekking« zwischen Sterzinger und Brunecker Becken, dessen Etappenstützpunkte in diesem Buch allesamt vorgestellt werden. Am weitesten im Südosten befindet sich die Tiefrastenhütte, deren Vorläufer von der Alpenvereinssektion Brixen als »Fritz-Walde-Hütte« schon 1912 eingeweiht wurde. Nach ihrer Zerstörung war der Standort lange verwaist. Doch die Karschwelle am pittoresken Bergsee, eingerahmt von Kempspitze, Graunock und Hochgrubbachspitze, ist geradezu prädestiniert dafür, den Bergfreunden eine Heimstatt zu geben. 1978 wurde dies mit der neuen Tiefrastenhütte endlich realisiert. Hier treffen sich Wanderer jeder Couleur: Hüttentrekker auf dem Pfunderer Höhenweg, ambitionierte Gipfelstürmer und solche, die einfach nur das zauberhafte Ambiente rund um den Tiefrastensee und natürlich die herzhafte Pustertaler Küche genießen wollen. Manche bleiben freilich auch schon viel weiter unten bei der Astnerbergalm hängen.

Ausgangspunkt: Parkplatz im Winnebachtal, ca. 1420 m. Zufahrt von der Pustertaler Sonnenstraße, 1,5 km östlich von Terenten. Nächstgelegene Bushaltestellen »Neuwirt« oder »Winnebach« (ca. 2 km bis zum Parkplatz).

Ein Platz zum Wohlfühlen: die Tiefrastenhütte mit ihrem See.

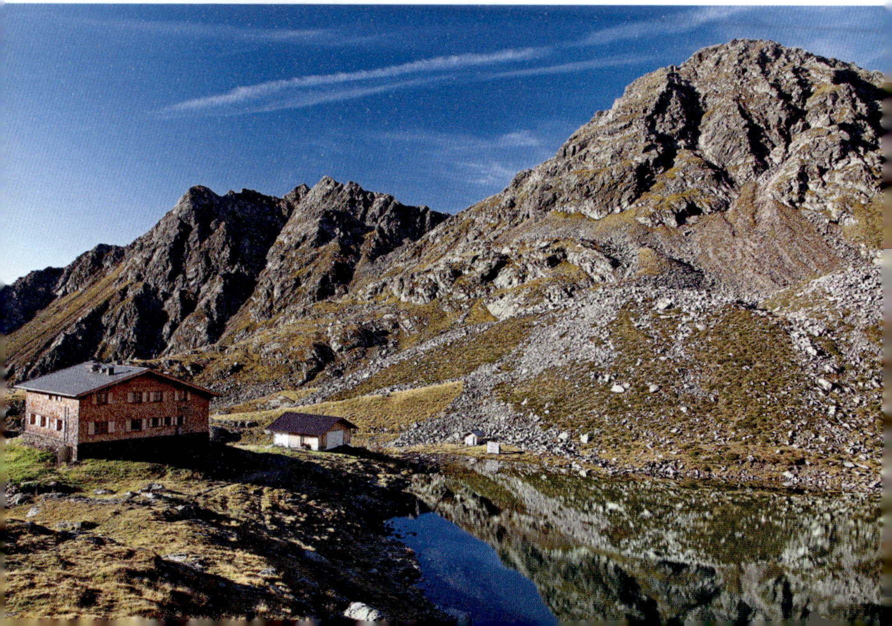

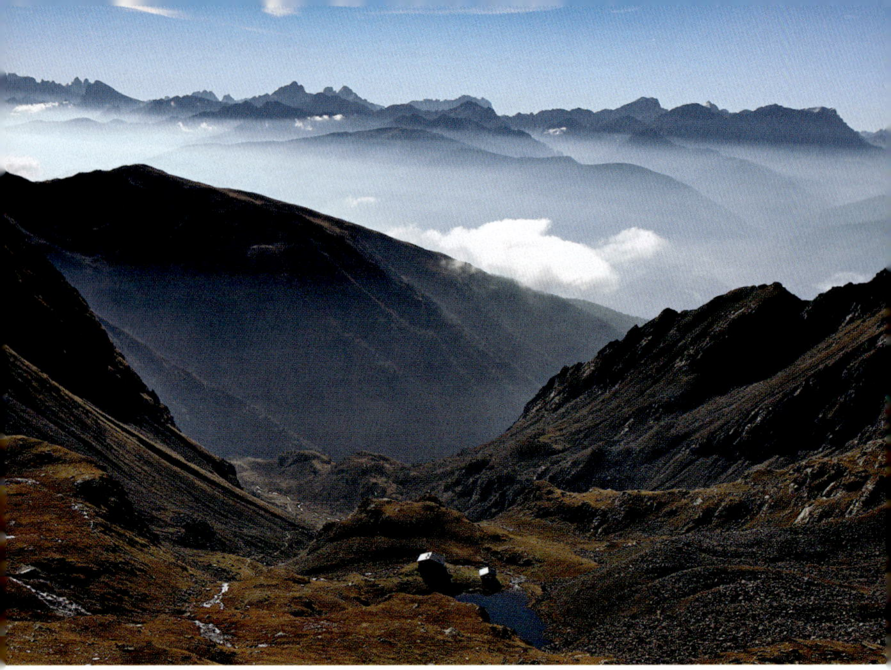

Für Gipfelstürmer weitet sich das Panorama Richtung Dolomiten.

Anforderungen: T2. Anfangs Wirtschaftsweg (bis Astnerbergalm kinderwagentauglich), danach ordentlich ausgebauter Bergweg ohne allzu steile Abschnitte; bei elementarer Trittsicherheit problemlos und auch konditionell noch einigermaßen moderat.
Karte: Tabacco 1:25.000, Blatt 033.

EINKEHR

Astnerbergalm, 1641 m: Anfang Mai bis Mitte Oktober, Di Ruhetag (außer im Juli/August), Tel. +39 349 3230747, astnerberg-alm.com.
Tiefrastenhütte, 2312 m: AVS, Mitte Mai bis Anfang November, 50 Schlafplätze, Tel. +39 334 9896370, tiefrastenhuette.com.

TOUREN

Kempspitze, 2704 m: markierter Steig Nr. 25 über die Westflanke (T3), 1.00 Std.
Hochgrubachspitze, 2809 m: Richtung Hochsägescharte und kurz davor links haltend gipfelwärts (T3), 1.30 Std.
Eidechsspitze, 2738 m: Route Nr. 24 über die Kompfoßscharte und von Osten auf den aussichtsreichen Gipfel über dem Pfunderer Tal (T3), 1.45 Std.
Edelrauthütte, 2545 m: über den Pfunderer Höhenweg via Hochsäge und Kuhscharte (T3), ca. 7.00 Std.

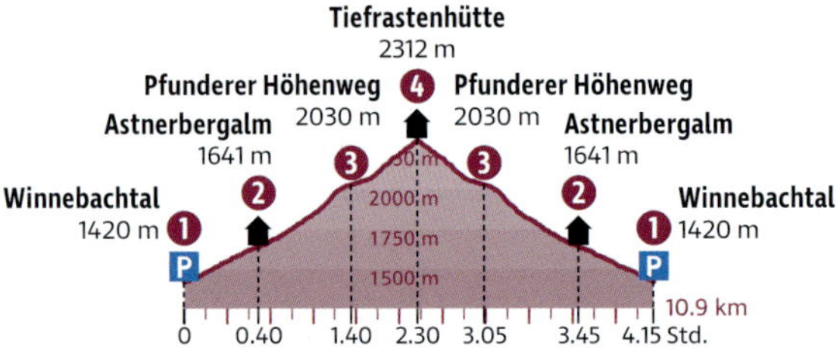

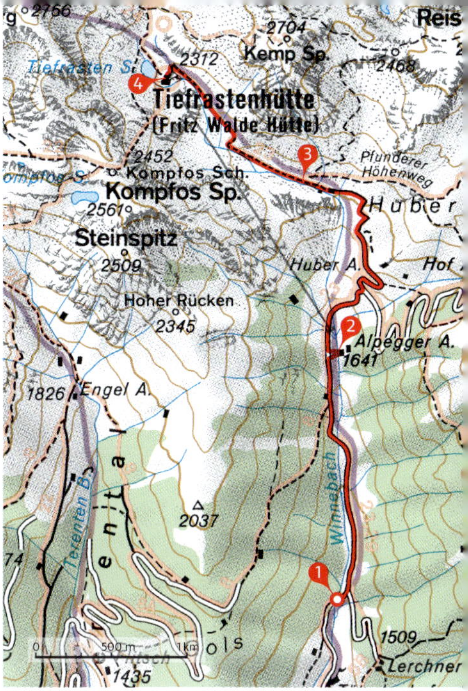

Vom Hüttenparkplatz ❶ folgen wir dem Güterweg ins **Winnebachtal** hinein – auf der linken Bachseite verläuft ein paralleler Pfad, der später von der breiten Trasse aufgenommen wird. Etwa 500 Meter weiter hinten liegt rechtsseitig die Jausenstation **Astnerbergalm** ❷, 1641 m. An der Materialseilbahn vorbei kommen wir ins Talinnere voran, wobei die mächtige Kempspitze bereits den Blickfang bildet. Nach ein paar Kehren übernimmt ein Steig die Führung (weiterhin Nr. 23), um über freundliches Alpenrosengelände – im Frühsommer ein Meer in Purpurrot – aufwärts zu streben. Im Angesicht eines kleinen Wasserfalls überschreiten wir die Schwelle zu einem Hochtalboden, wo ein Hirtenhüttl steht. Hier mündet von rechts auch der **Pfunderer Höhenweg** ❸, mit dem wir an den felsdurchsetzten Hängen zur Rechten, zuletzt links einschwenkend, die **Tiefrastenhütte** ❹, 2312 m, gewinnen. Der nahe See verleiht der Umgebung eine besondere Aura. Beim Rückweg folgt man derselben Route.

Schon der Hüttenweg gestaltet sich landschaftlich reizvoll.

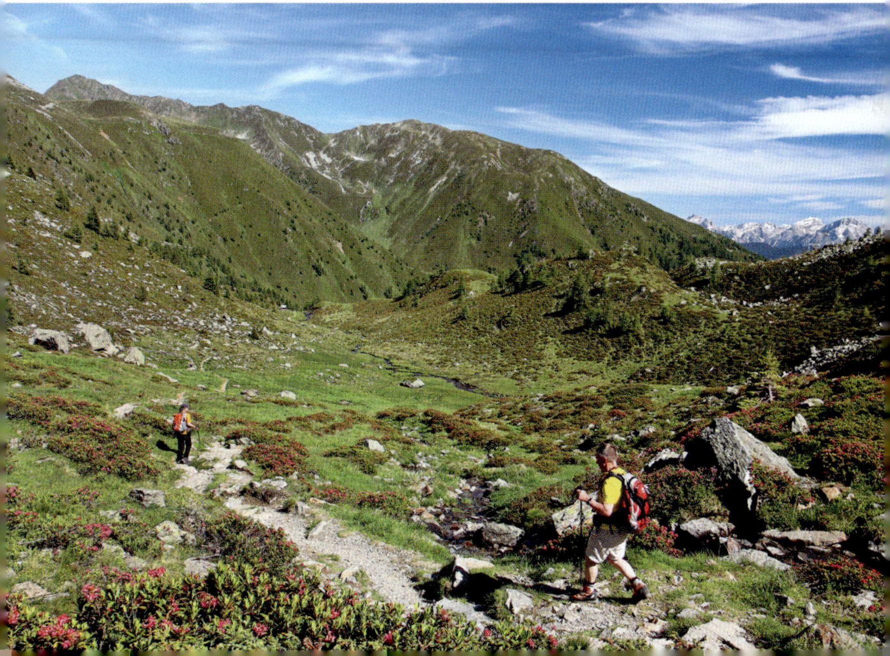

25 Plattner Alm, 1942 m

Kurzer Anstieg vom Weiler Platten

2.00 Std. | 6,1 km | ↗350 m | ↘350 m

Auf der ebenmäßigen Sonnenseite des Pustertals

Vom Grubbachkamm dachen die Zillertaler Alpen mit einer Folge von sanften Höhenrücken und dazwischen liegenden Taleinschnitten südwärts gegen das Pustertal ab – eine Szenerie, die in ihrer Ebenmäßigkeit ganz wesentlich das Landschaftsbild prägt. Hier finden wir auf halber Höhe auch die eine oder andere Almwirtschaft, etwa Pertinger Alm, Moarhofalm oder die Plattner Alm ganz im Osten, unterm Sambock. Sie wird noch gar nicht so lange als Jausenstation betrieben, entsprechend fehlt auf etwas älteren Karten ein Eintrag. Und auch das Gebäude selbst mutet relativ neu an, allerdings schön rustikal gestaltet, sodass es prima in die Landschaft passt. Über den gut einstündigen Aufstieg müssen kaum Worte verloren werden. Für tüchtige Bergwanderer interessant sind freilich die Möglichkeiten für ausgedehnte Überschreitungen. So könnte man von Platten aus beispielsweise eine Rundtour via Bärentaler Alm und Spitze konzipieren oder zunächst den Sambock überschreiten und durchs Plattner Almtal zurückkehren.

Ausgangspunkt: Platten, ca. 1600 m, Streuweiler an der Sonnseite des Pustertals. Zufahrt von Pfalzen bis zum Wanderparkplatz beim obersten Hof (ggf. auch Busverkehr).

Anforderungen: T1. Einfache und auch vergleichsweise kurze Wanderung auf breitem Güterweg, dementsprechend sogar kinderwagentauglich.

Karte: Tabacco 1:25.000, Blatt 033.

Bis zu den Plattner Seen muss man noch eine Stunde länger aufsteigen.

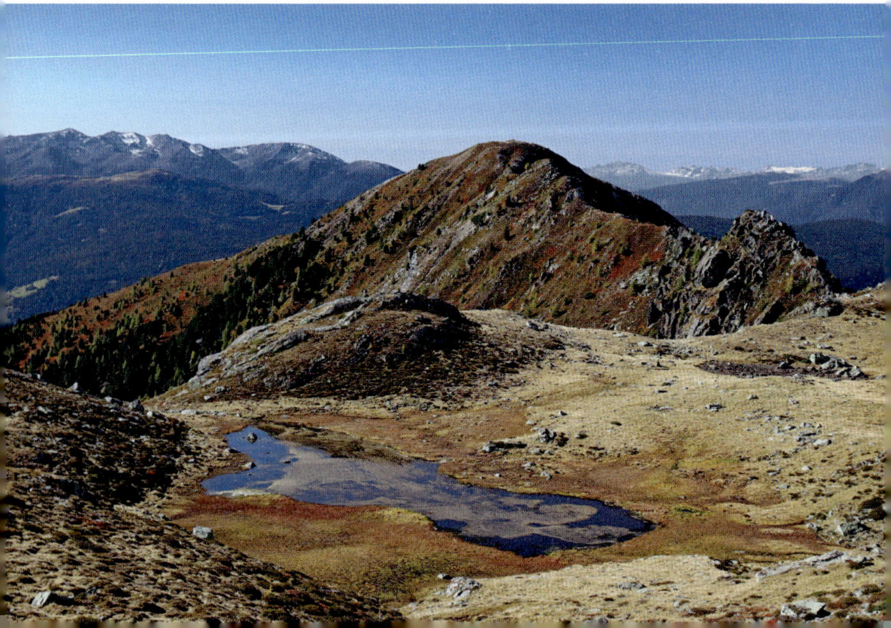

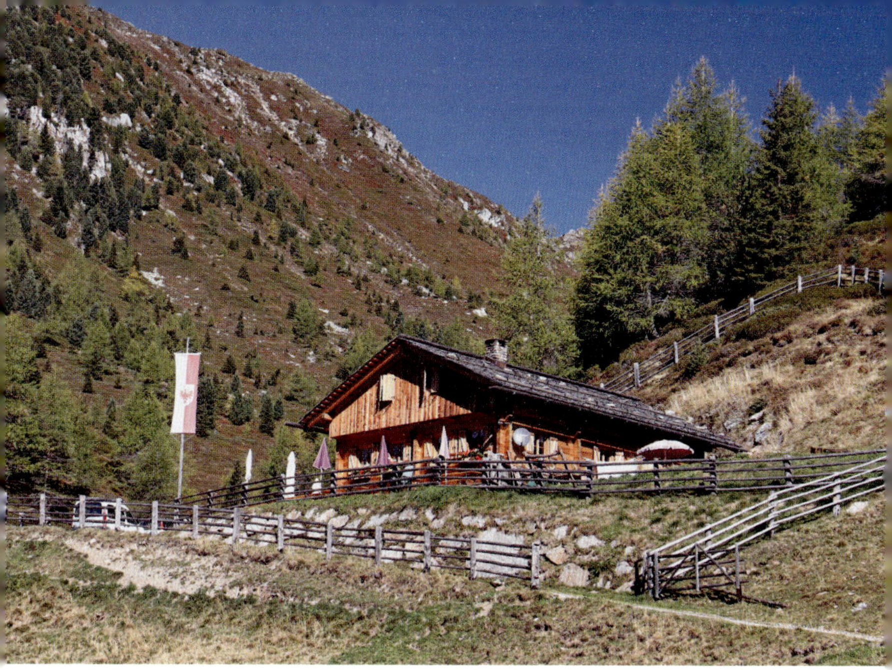

Seit einigen Jahren werden Wanderer auf der Plattner Alm verköstigt.

Im Höfeweiler **Platten** ❶ begeben wir uns auf die Forststraße Nr. 67, ziehen um den ersten Hang herum aufwärts, kreuzen einen Seitengraben und nähern uns dem Einschnitt des Plattner Bachs. Etwas höher auf der rechten Seite empfängt uns bereits die **Plattner Alm** ❷, 1942 m. Der Rückweg verläuft ebenfalls auf dem Almsträßchen.

EINKEHR

Plattner Alm, 1942 m: Anfang Juni bis Ende Oktober, Tel. +39 327 5833355.

TOUREN

Plattnerspitze, 2439 m, und Bruggerspitze, 2428 m: Fortsetzung der Wanderung auf einem Steig Richtung Plattner Seen und auf der Kammhöhe entweder nach links oder nach rechts zu den Gipfeln (T2-3), jeweils 1.30 Std. Man kann die Kammtouren auch weiter ausdehnen, etwa westwärts via Bärentaler Spitze oder südwärts über den Sambock.

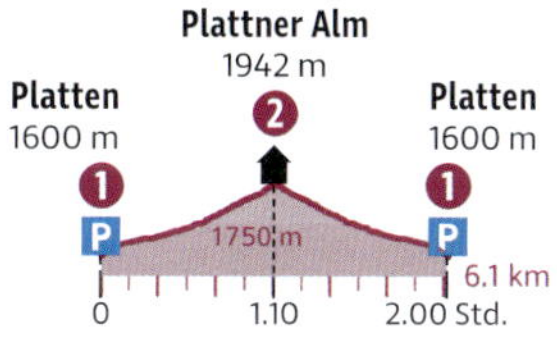

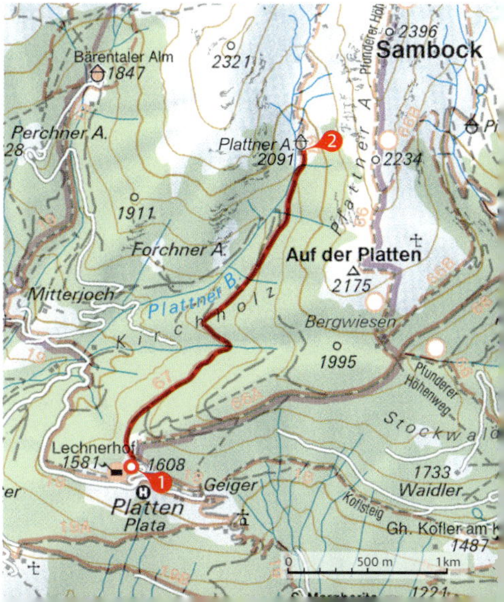

26 Chemnitzer Hütte, 2419 m

Vom Neves-Stausee

3.00 Std. | 7,5 km | ↗ 560 m | ↘ 560 m

Altehrwürdiger Stützpunkt auf der Scheitelhöhe des Nevesjochs

Wie das Eisbruggjoch auf der gegenüberliegenden Seite des Neves-Stausees ist auch das Nevesjoch – zwischen den Talschlüssen von Lappach und Weißenbach – ein wichtiger Hüttenstandort. Die Chronik berichtet von der ersten bescheidenen Unterkunft hier schon ab dem Jahr 1880, initiiert durch die Alpenvereinssektion Taufers. Schon bald trat die Sektion Chemnitz ihre Nachfolge an, die in der Lage war, den Erfordernissen der Zeit Rechnung zu tragen und einen größeren Bau zu errichten. Daher rührt auch die Bezeichnung »Chemnitzer Hütte«, wie sie heute wieder gebräuchlich ist. Sie liegt an tourenstrategisch außerordentlich günstiger Position, laufen hier doch der Neveser Höhenweg von der Edelrauthütte, der Kellerbauerweg vom Speikboden sowie der hochalpine Stabelerweg von der Schwarzensteinhütte zusammen. Und mit Möseler, Turnerkamp und Co. stehen einige der stattlichsten Zillertaler Urgesteinsriesen in Reichweite.

Ausgangspunkt: Neves-Stausee, letzter Parkplatz vor dem Fahrverbot am Ostufer, 1860 m. Gebührenpflichtige Zufahrt über eine schmale Bergstraße von Lappach (ohne Linienbusanbindung, aber Taxiverkehr möglich).
Anforderungen: T2. Etwas steiniger, aber prinzipiell noch leichter Bergweg, als Halbtagestour machbar.
Variante: Fast doppelt so lang ist der Zugang aus dem Weißenbachtal, das sich hinter den letzten Anwesen und der deutlichen Rechtsbiegung im Trattenbachtal fortsetzt. Via Tratteralm links haltend über eine Geländestufe zur bewirtschafteten Gögealm, 2027 m, und damit in ein sekundäres Hochtal, das zum Nevesjoch aufschließt. Aufstieg ab Parkplatz ca. 3.00 Std.
Karte: Tabacco 1:25.000, Blatt 036.

Attraktiver Startpunkt der Tour: der Neves-Stausee.

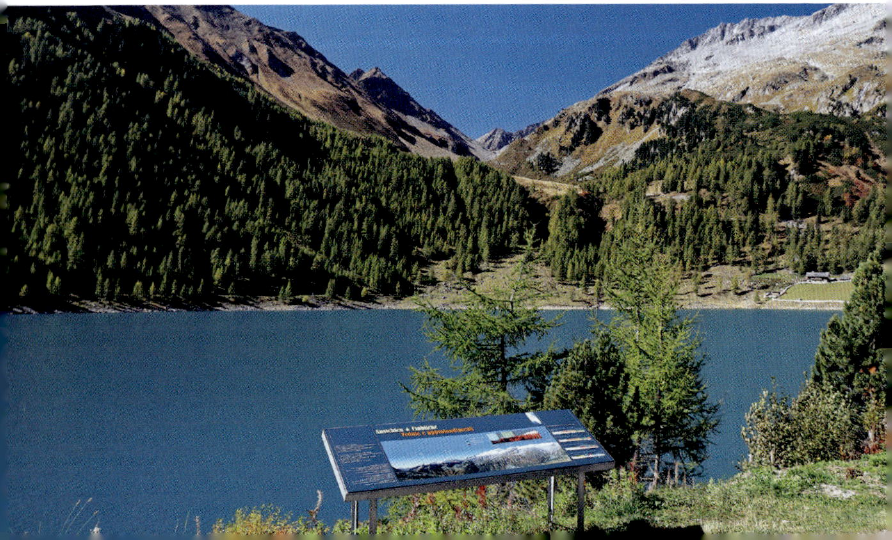

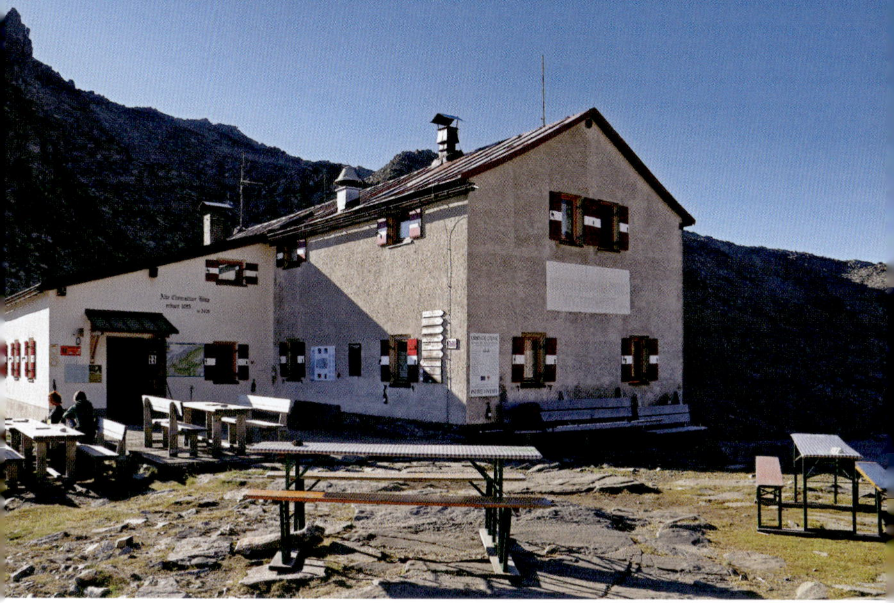

Am Nevesjoch empfängt uns die Chemnitzer Hütte.

Zu Beginn marschieren wir ein Stück weit am **Neves-Stausee** ❶ entlang und wenden uns hinter der Jausenstation **Untermaureralm** rechts aufwärts – entweder am direkten Weg (Nr. 24), der recht steinig ausfällt,

Die Felsriesen am Zillertaler Hauptkamm sind meist nur gestandenen Bergsteigern zugänglich.

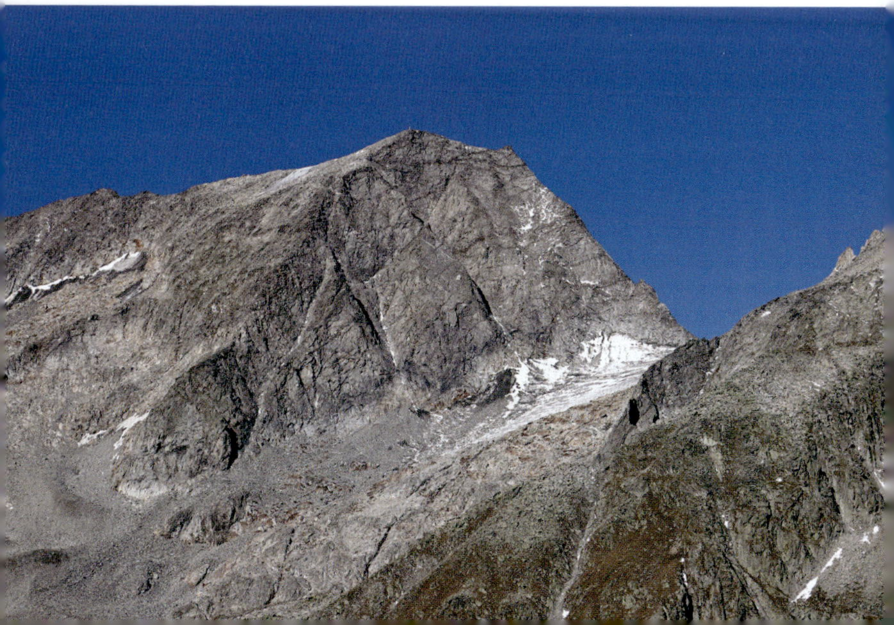

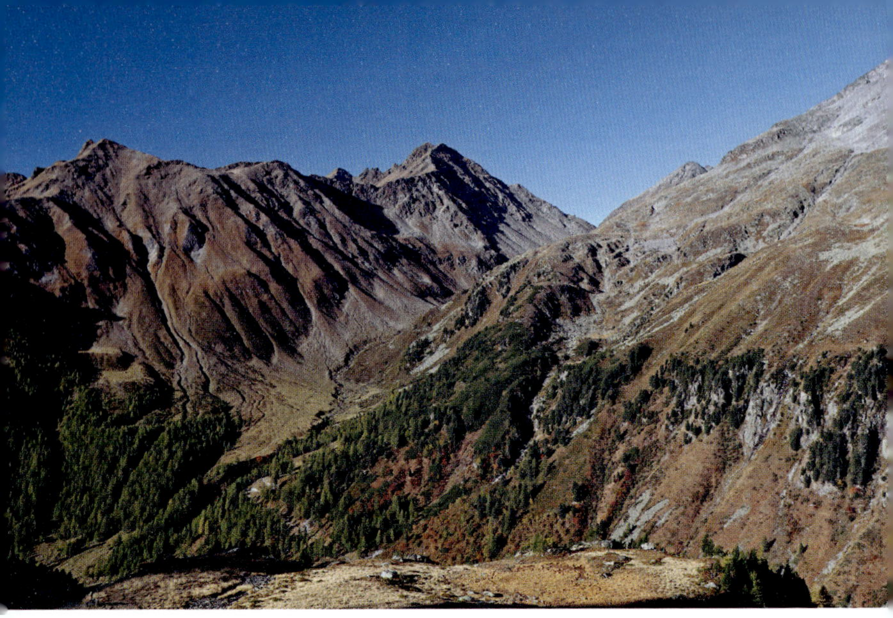

Blick hinüber ins Pfeifholder Tal, wo der Weg zur Edelrauthütte verläuft.

EINKEHR

Untermaureralm, 1860 m: Mitte Mai bis Ende Oktober, Tel. +39 349 6919981.

Chemnitzer Hütte (Nevesjochhütte), 2419 m: Auton. Prov. Südtirol, Mitte Juni bis Mitte Oktober, 60 Schlafplätze, Tel. +39 0474 653244 oder +39 335 6898111, chemnitzerhuette.com.

TOUREN

Schaflahnernock, 2703 m: über die teilweise blockreiche Nordflanke (T3), 1.00 Std.

Edelrauthütte, 2545 m: über den Neveser Höhenweg (T3), 3.30 Std.

Schwarzensteinhütte, 3026 m: über den sehr alpinen Stabelerweg (T4), 8.00 Std.

Speikboden: über den Kellerbauerweg (T3), bis zur Bergstation 5.30 Std.

Großer Möseler, 3479 m: zweithöchster Gipfel der Zillertaler Alpen, nach Abzweig vom Neveser Höhenweg über Block- und Schliffgelände, nach oben hin kombiniertes Hochtourengelände (T4–5), 4.00 Std.

oder mit den Kehren des Fahrweges. Man erreicht den Geländebalkon bei der **Oberen Nevesalm** ❷, 2165 m, und folgt von nun an dem bequemen Karrenweg über den Nevesboden in östlicher Richtung dem Nevesjoch entgegen. Wenige Schritte oberhalb befindet sich die **Chemnitzer Hütte** ❸, 2419 m. Der Rückweg ist identisch.

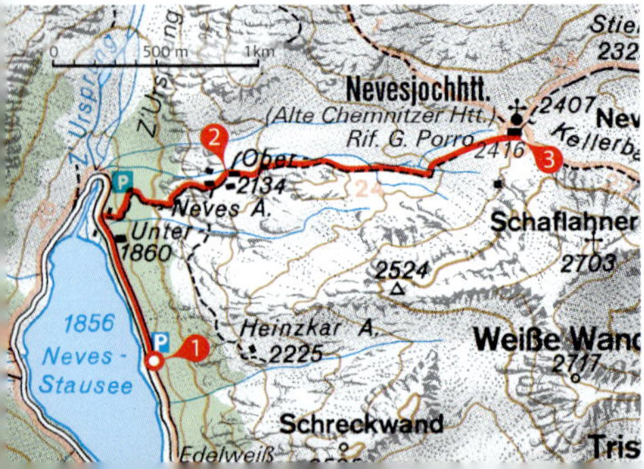

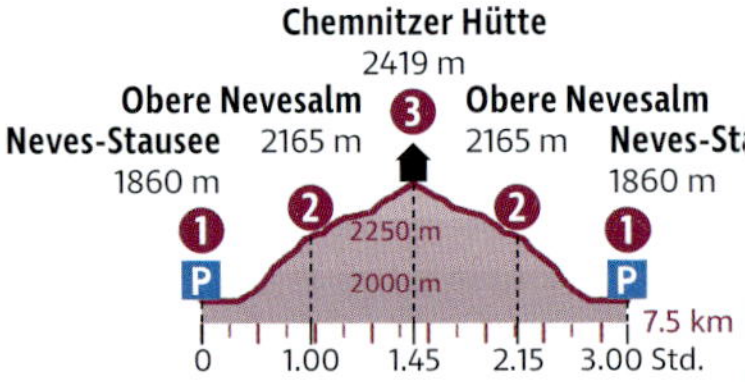

Weizgruber Alm, 2032 m

Der Mühlwalder Almweg

27

5.15 Std. | 16,2 km | ↗570 m | ↘1330 m

TOP

Aus dem Skigebiet am Speikboden in eine archetypische Bergbauernwelt

Auf der Nordseite des Speikbodens befindet sich eines von zwei Skigebieten des Tauferer Ahrntals und mithin ein Hotspot des härteren Tourismus. Doch welcher Kontrast, der sich während unserer Wanderung auf dem Mühlwalder Almweg einstellt! Die Route schwenkt auf die Sonnseite des Mühlwalder Tals ein und pendelt geraume Zeit um die 2000-Meter-Marke – animierende Naturpfade und herrliche Ausblicke inklusive. Dabei lernen wir eine ganze Reihe von urigen Almen kennen; verköstigt wird man allerdings nur auf der Weizgruber Alm, die winters übrigens mit einer Rodelbahn lockt. Wer möchte, kann natürlich auch wieder zur Seilbahn zurückwandern oder vorzeitig nach Mühlwald absteigen. Man würde dann aber den Großteil der urwüchsigen Traverse versäumen …

Ausgangspunkt: Talstation der Bergbahnen Speikboden bei Drittelsand im vorderen Ahrntal, ca. 2 km hinter Sand in Taufers. Haltestelle der Buslinie von Bruneck. Bergfahrt bis zur Michlreiser Alm, 1960 m; Seilbahn im Sommer zwischen Anfang Juni und Mitte Oktober täglich von 8.30 bis 16.45 Uhr in Betrieb.

Endpunkt: Bushaltestelle »Graben«, ca. 1200 m, im Mühlwalder Tal. Per Bus gelangt man über Sand in Taufers direkt zurück zur Talstation.

Anforderungen: T2–3. Wechsel zwischen kleineren Steigen und Karrenwegen entlang teils offener, teils bewaldeter Hänge. Am Schluss längerer

Im Speikboden-Gebiet starten wir vor der Kulisse des Zillertaler Hauptkamms.

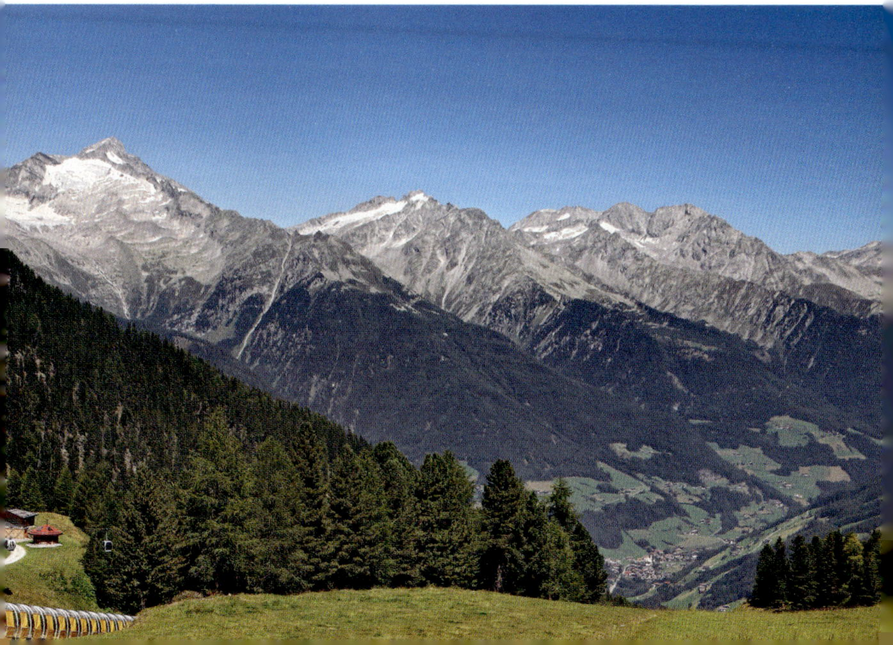

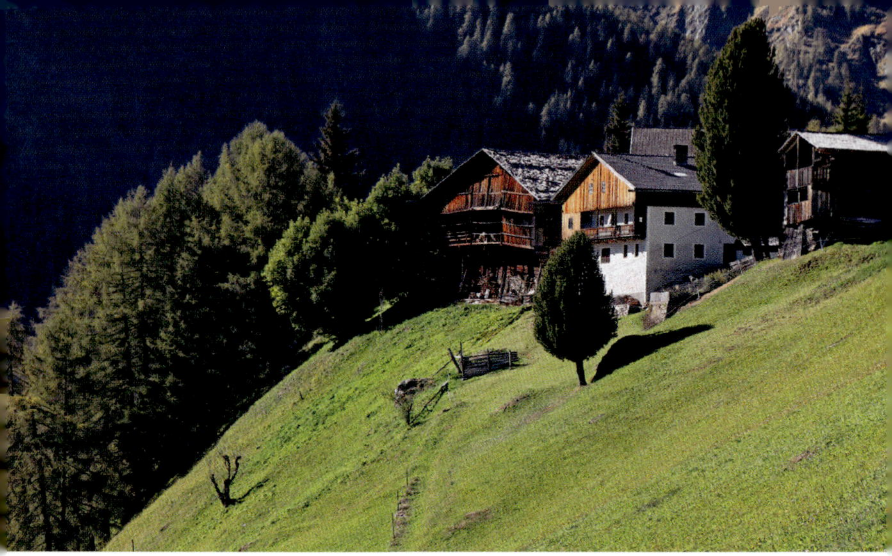

Beinahe archaisch kleben die Steinerhöfe über dem Mühlwalder Tal.

Abstieg; insgesamt tagfüllende Tour, die stellenweise ein wenig Trittsicherheit verlangt.
Variante: Vorzeitige Abstiegsmöglichkeiten von der Weizgruber Alm oder von der Brunnbergalm über einen Forstweg ins Mühlwalder Tal.
Karte: Tabacco 1:25.000, Blatt 036.

EINKEHR

Bergrestaurant Speikboden, 1960 m: Anfang Juni bis Mitte Oktober, Tel. +39 0474 678330.
Weizgruber Alm, 2032 m: Mitte/Ende Mai bis Ende Oktober und Weihnachten bis Anfang April, Tel. +39 340 8195565.

TOUREN

Speikboden, 2517 m: sowohl von der Weizgruber Alm über das Mühlwalder Jöchl als auch von der Michlreiser Alm in ca. 1.30 Std. erreichbar (mithilfe des Sonklarlifts wesentlich schneller).

Wir nutzen die Bergbahnen Speikboden bis zur Mittelstation auf der **Michlreiser Alm ❶**, 1960 m, und schlagen hier die Route Nr. 27B ein. Zunächst durchquert man den Pistenkessel Richtung Osten und überwindet den Riegel des Hühnerspiels. Dahinter bleibt die bewirtschaftete Trejeralm etwas unterhalb unseres Weges. Wir passieren den Traiersee, umkurven eine vorspringende Geländenase und kommen auf die Ostseite, wo Weg Nr. 27A kreuzt. Mit Nr. 25A verlieren wir allmählich wieder

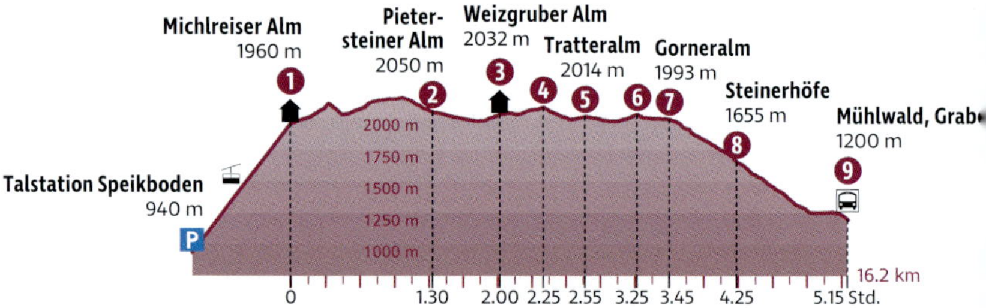

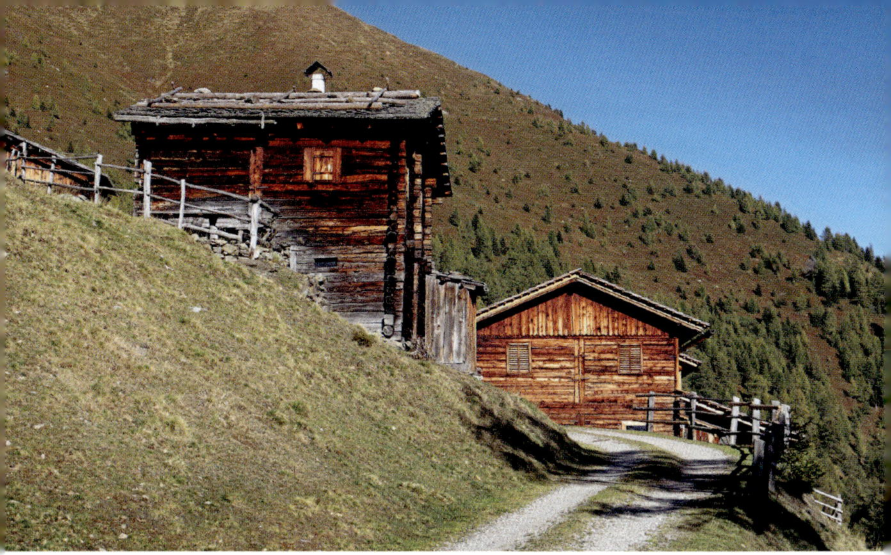

Wettergegerbtes Lärchenholz: die Gorneralm.

etwas an Höhe und wandern knapp oberhalb der **Pietersteiner Alm** ❷ entlang. Rund eine halbe Stunde ist es von dort noch bis zur **Weizgruber Alm** ❸, 2032 m.

Im weiteren Verlauf schneidet der **Mühlwalder Almweg** recht steile, von einigen Runsen durchzogene Hänge; die Route ist nun öfters schmal gepfadet und führt über Weiden oder durch lichte Waldbestände. In leichtem Auf und Ab werden nacheinander **Mösenlechenalm** ❹, 2087 m, **Tratteralm** ❺, 2014 m – davor ein etwas undeutliches Wegstück quer über eine Wiese –, Brunnbergalm und **Mairhofer Alm** ❻, 2030 m, berührt. Weiter westwärts gelangen wir zur **Gorneralm** ❼, 1993 m, und wenden uns hier mit Nr. 25 talwärts. Die Schleifen des Waldweges bringen uns hinab zu den archaisch anmutenden **Steinerhöfen** ❽, 1655 m, am Gornerberg. Unterhalb werden zwei Serpentinen der Zufahrt abgekürzt, ehe man links haltend über Lahner und Großgasteiger bis Obergasser absteigt und von dort rasch zur Talstraße bei der Haltestelle »**Graben**« ❾, 1200 m.

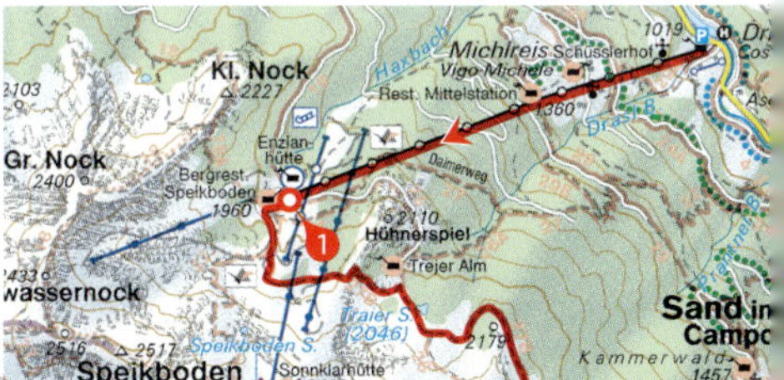
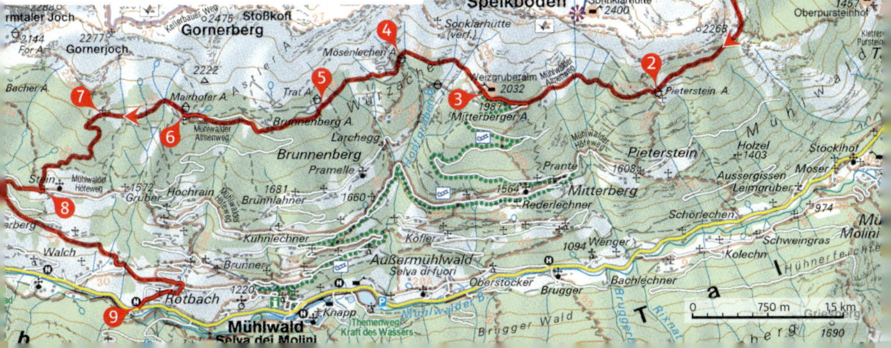

28 Schwarzensteinhütte und Kegelgasslalm

Zwischen Rotbachkar und Trippachkar

8.20 Std. | 15,3 km | ↗1650 m | ↘1650 m

Zum Wolkenhaus himmelhoch über dem Ahrntal

Über 120 Jahre hatte die alte, seinerzeit von der Sektion Leipzig errichtete Schwarzensteinhütte auf der Trippachschneide als Stützpunkt für Hochtouren auf Schwarzenstein, Löffler und Co. gedient. Aufgrund von Permafrostproblemen wurde sie vor ein paar Jahren vom angestammten Standort verlegt und etwas weiter oben in sehr modernem Stil neu aufgebaut. Damit thront sie nun auf über 3000 Meter Seehöhe und ist ihrem Hausberg sogar noch etwas näher gerückt! Man gewahrt sie schon beim Abmarsch vom Stallila aus, doch fast 1600 Höhenmeter sind bis ins obere Stockwerk am Zillertaler Hauptkamm zu bewältigen – keine Kleinigkeit. Dass es sich um eine der anstrengendsten Touren in diesem Band handelt, dürfte nicht überraschen, obschon sich die vor Ort ausgewiesenen 5.20 Stunden von gestandenen Bergwanderern sicher etwas unterbieten lassen. Wenn wir in dem von kantigen Felsgraten eingefassten Rotbachtal Kehre an Kehre reihen, verliert sich letztes Grün in der vor langer Zeit aufgeschütteten Stirnmoräne. Das Eis hat sich indes weit zurückgezogen, nur klägliche Reste kleben noch in den Kesselflanken. Nachdem unkalkulierbare Steinschlaggefahr die ehemalige »Kaminroute« zu prekär gemacht hat, bleibt heute nur noch der Anstieg über die Gletscherschliffe, ehe wir von der 3000-Meter-Marke weite Schau vor allem über Südtiroler Lande halten können. Wer die Tour – abgesehen von einer Besteigung des Schwarzensteins – übrigens noch aufpeppen möchte, absolviert retour den gar nicht mal so gro-

So urweltlich sieht es im Gipfelstockwerk der Zillertaler Alpen aus – erlebbar während einer Schwarzensteintour.

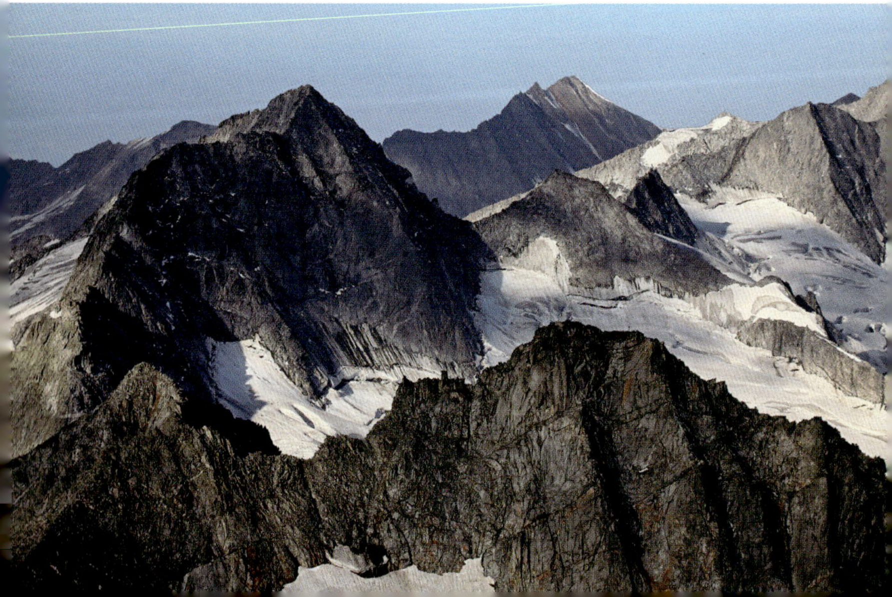

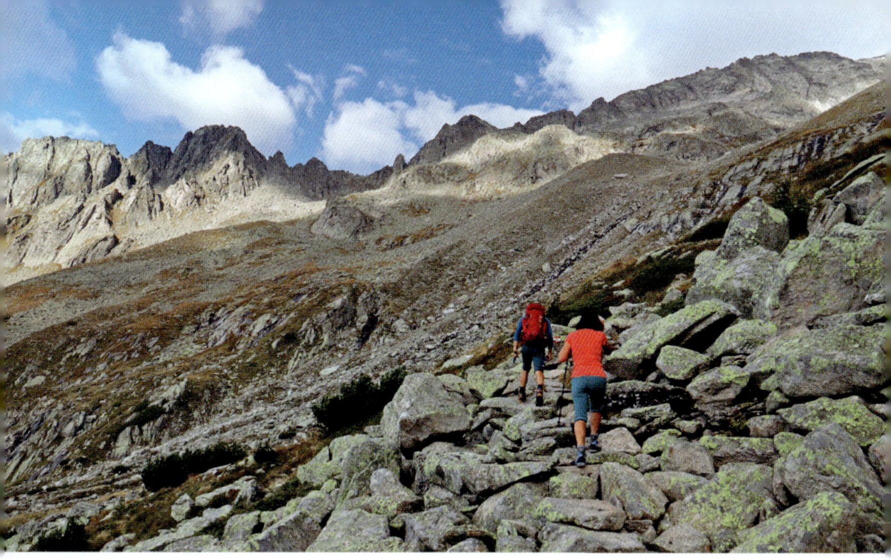

Auf weiten Strecken ist der Weg zwar steinig, aber doch gut trassiert.

ßen Umweg über die Kegelgassalm. Über dem Trippachkar stellt sich der Große Löffler zur Schau, die Einkehrmöglichkeiten hier sind fein und zudem ist dieser Winkel nicht ganz so stark frequentiert, sodass wir noch ein wenig die Seele baumeln lassen können.

Ausgangspunkt: Jausenstation Stallila, 1472 m, erreichbar von St. Johann im Ahrntal über eine schmale Höfestraße (keine Busanbindung).
Anforderungen: T4-. Bis Daimer Alm Fahrweg, anschließend längere Zeit normaler Bergweg, gebietstypisch recht steindurchsetzt, bis ins Rotbachkar aber hindernisarm. Im oberen Teil vorübergehend unwegsames, teils sehr grobes Blockwerk, steile Gletscherschliffe (Drahtseile und Trittbügel) und zuletzt ein ordentlicher Blockschuttsteig. Über das Große Tor zur Kegelgasslalm ebenfalls gut gepfadet, mitunter gar »gepflastert« (T3), am Putzweg trotz etwas holpriger Stellen unschwierig. Insgesamt Trittsicherheit und gute Kondition erforderlich, als Tagestour ein großes Pensum.
Variante: Wer sich auf die Kegelgasslalm beschränken möchte, kann vorteilhaft beim Parkplatz Rußbach starten (an der Straßengabelung rechts halten).
Karte: Tabacco 1:25.000, Blatt 036.

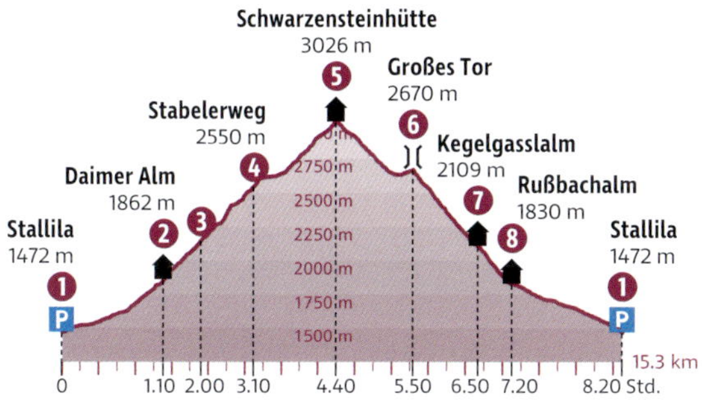

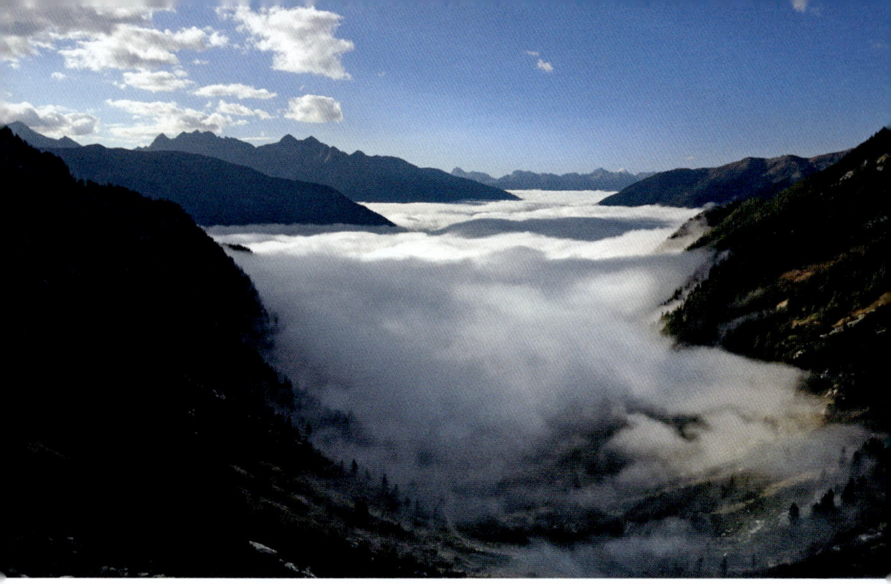

Über die Nebeldecke hinaus ins Licht …

EINKEHR

Daimer Alm, 1862 m: Mitte Juni bis Ende Oktober, Übernachtungsmöglichkeit, Tel. +39 348 7230207 oder 7248124.

Schwarzensteinhütte, 3026 m: Auton. Prov. Südtirol, Mitte/Ende Juni bis Mitte/Ende September sowie einige Wochen im März/April, 50 Schlafplätze, Tel. +39 0474 646584 oder +39 342 8038586, schwarzensteinhuette.com.

Kegelgasslalm, 2109 m: privat, Mitte Juni bis Mitte Oktober, Tel. +39 348 8730731, kegelgassl.eu.

Rußbachalm, 1830 m: Mitte Juni bis Mitte/Ende Oktober, Tel. +39 348 4701828, russbach.it.

Jausenstation Stallila, 1472 m: Anfang Mai bis Ende Oktober, Mo Ruhetag, Tel. +39 0474 670141 oder +39 348 5315710.

TOUREN

Schwarzenstein, 3369 m: Hochtourenziel mit ein wenig Gletscherberührung, sonst steigartig im Blockschuttgelände (T4), 1.30 Std.

Kreuzkofel, 2420 m: Grataufbau an der vorderen Trippachschneide, kann sowohl vom Schwarzensteinhüttenweg als auch von der Kegelgasslalm erreicht werden (T3), jeweils ca. 1.00 Std.

Chemnitzer Hütte, 2419 m: über den Stabelerweg (T4), 6.00 Std. vom Abzweig, 7.00 Std. von der Schwarzensteinhütte.

Vom Parkplatz bei der Jausenstation **Stallila** ❶ folgen wir dem Fahrweg (Nr. 23A) Richtung Ortneralm und mit einigen Schleifen (auch Abkürzung möglich) in die Nähe der Schöllbergalm. Etwas höher empfängt uns die **Daimer Alm** ❷, 1862 m, wo der Hartbelag gegen einen handelsüblichen Steig (jetzt Nr. 23) eingetauscht wird. Auf der Seite des Kreuzkofels absolvieren wir zahlreiche gut trassierte Serpentinen am steindurchsetzten Hang – zwischendurch zweigt eine markierte Spur zum Grat hin ab ❸, ca. 2150 m. Über die Ofenleite gewinnen wir eine Geländeschwelle, auf der linker Hand der hochalpine **Stabelerweg** ❹, ca. 2550 m, wegzieht bzw. einmündet. Etwa 10 Gehminuten oberhalb wird nach rechts der Übergang via Großes Tor ausgewiesen, während wir

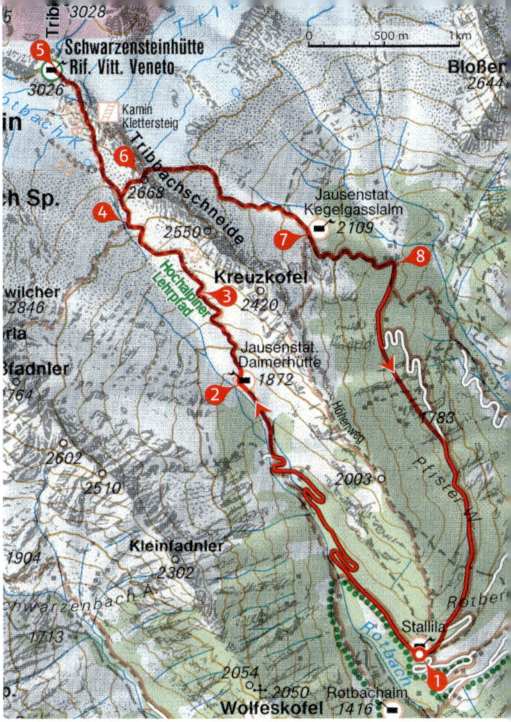

uns mit einer Traverse links ins steinige Rotbachkar orientieren. Im flachen Teil geht es dort noch problemlos vonstatten, doch gerät man bald in sperriges Blockwerk, wo sich die Trasse auflöst und lediglich die Markierung als Leitlinie dient. Womöglich braucht man schon mal die Hände zur Unterstützung, wenn es über eine Passage grober, eventuell gar mit Eis durchsetzter Blöcke nur mühsam vorangeht. Angenehmer wird es in den anschließenden Gletscherschliffen, auch wenn es hier einige Steilstellen mithilfe von Drahtseilen und Bügeln zu bewältigen gilt. Im Blockschuttgelände gelangen wir auf den Absatz, wo ehedem die alte Hütte stand, und schließlich noch rund 100 Meter höher zur neuen **Schwarzensteinhütte ❺**, 3026 m.

Der Abstieg ist zumindest bis unter das Große Tor identisch, dann zweigen wir auf Route Nr. 19 ab, überwinden einen Moränenrücken und gewinnen im Gegenanstieg die markante Kerbe des **Großen Tores ❻**, ca. 2670 m: Durchschlupf ins benachbarte Trippachkar. Dort kommt man nach steileren Blockschuttpassagen auf einen recht gutmütigen Moränenrücken, an dem Serpentinen angelegt sind. Auf teilweise sogar gepflasterter Trasse erreichen wir die **Kegelgasslalm ❼**, 2109 m. In die Latschenzone eintauchend empfängt uns eine halbe Gehstunde weiter unten mit der **Rußbachalm ❽**, 1830 m, eine weitere Einkehrmöglichkeit. Diese ist mit einem Fahrweg erschlossen, von dem wir allerdings alsbald nach rechts auf den **Putzweg** ausscheren, um eine gelegentlich absteigende Traverse an der Ostflanke des Kreuzkofel-Ausläufers zu vollziehen. Nach einem Zwischenstück auf einer Forststraße wird es gegen Ende ein wenig holpriger, durch den Bergwald am Rohrberg jedoch ohne nennenswerte Hindernisse zurück Richtung **Stallila ❶**.

Moderne Hüttenarchitektur sorgt immer wieder für Kontroversen.

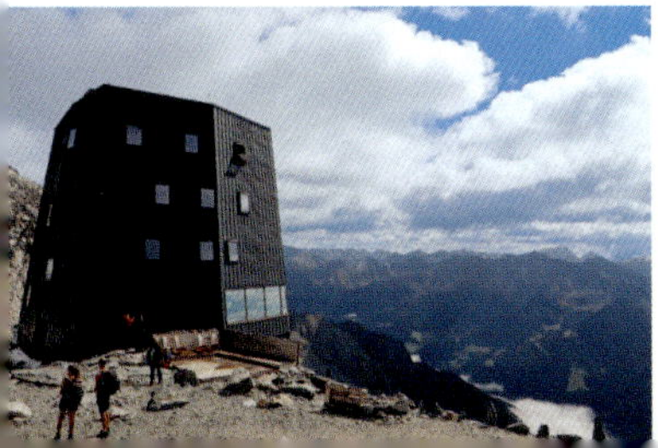

Ganz rustikal wirkt dagegen die Kegelgasslalm.

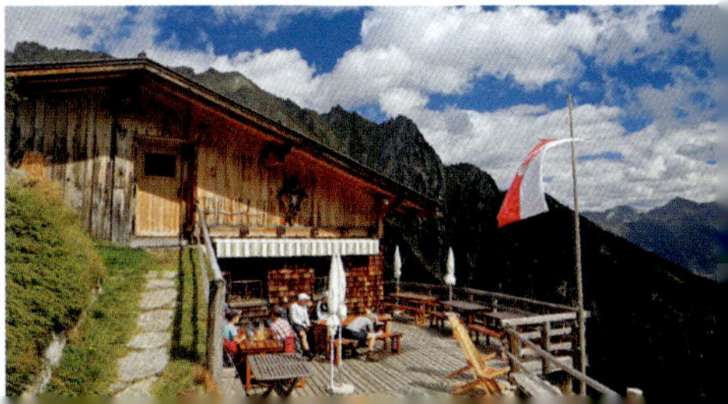

29 Ahrntaler Almenrunde

Über Hollenzalm, Wollbachalm und Holzerböden

8.45 Std. | 20,8 km | ↗1550 m | ↘1750 m

20-Kilometer-Marsch für ausdauernde Bergwanderer

Die »Almenrunde« im Ahrntal ist keineswegs eine gemütliche Bummelei, wie man vielleicht vermuten könnte, sondern eine ausgewachsene Bergwanderung, die streckenweise sogar Trittsicherheit verlangt und auf jeden Fall eine tadellose Kondition. Dabei lassen wir den östlichsten Abschnitt via Samhütten sogar aus, um uns nicht zu verausgaben und die Tour praktikabler zu halten. Der Höhenweg verbindet die sonnseitigen Almhorizonte zwischen St. Peter und Steinhaus und geht dabei mehrere markant eingeschnittene und von schroffen Gratkämmen flankierte Hochtalkessel aus, wie sie für die Zillertaler Alpen typisch sind. Auf Hollenz-, Wollbach- und Holzerbödenalm kann theoretisch dreimal eingekehrt werden, Letztgenannte liegt besonders reizvoll, obschon zuvor die rauesten Abschnitte zu absolvieren sind. Diese 20-Kilometer-Wanderung steckt jedenfalls voller Eindrücke!

Ausgangspunkt: Bushaltestelle »St. Peter« bei Gries, 1241 m, im Ahrntal. Parkmöglichkeit und Linienbus vom Bahnhof Bruneck über Sand in Taufers und Steinhaus.

Endpunkt: Steinhaus, 1045 m. Gegebenenfalls hier parken und vor der Tour mit dem Bus taleinwärts.

Anforderungen: T3, oft leichter. Im ersten Teil des Almenwegs streckenweise Fahrtrassen, sonst überwiegend Steige, oft im lichten Wald verlaufend, z.T. auch mit steileren oder abschüssigen Abschnitten. Bis Wollbachalm elementare Trittsicherheit vorteilhaft, danach zwingend notwendig. Im Ganzen konditionell fordernd, jedoch vorzeitige Abstiege möglich.

Die Feuchtenberghütte bietet keine Einkehr.

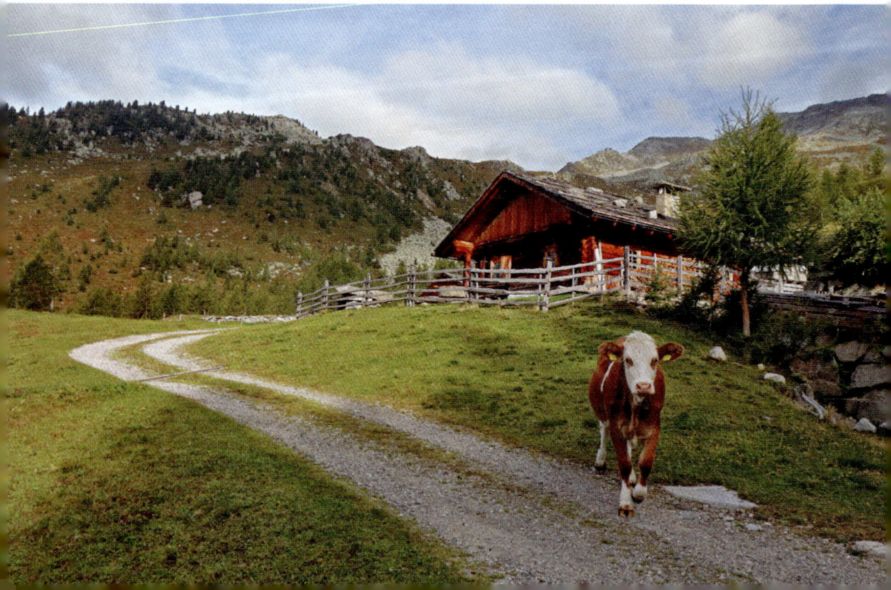

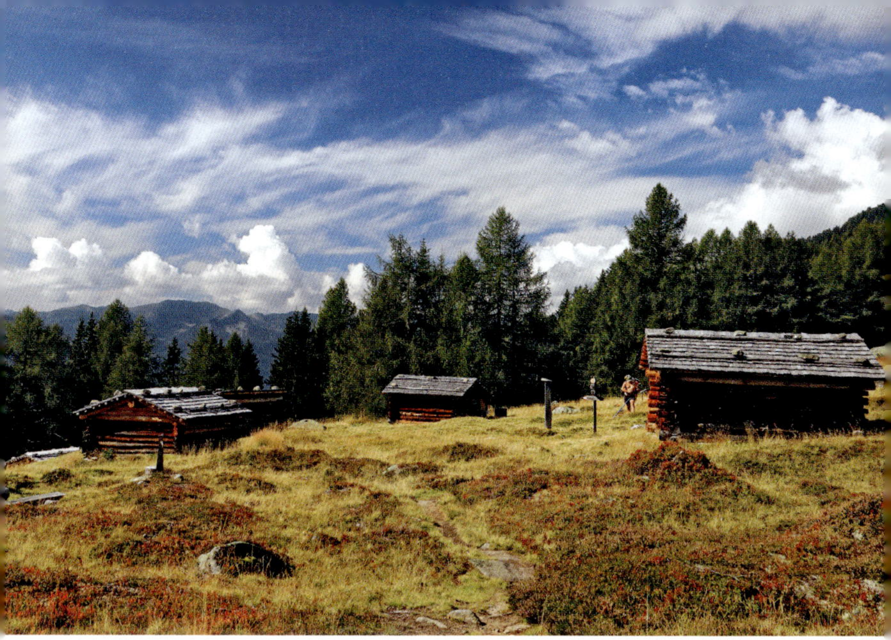

Malerisches Ambiente auf der Hühnerspielalm.

Varianten: 1. Anfangs mit dem originalen Almenweg von St. Peter über die Samhütte, damit werden 10 Std. voll!
2. Ausstiegsmöglichkeiten aus dem Hollenztal mit Nr. 17 nach St. Jakob, von der Wollbachalm mit Nr. 5 nach St. Jakob oder aus dem Keilbachtal mit Nr. 4 nach Steinhaus.
Karte: Tabacco 1:25.000, Blatt 035 oder 036.

EINKEHR

Hollenzalm, 1844 m: Ende Juni bis Mitte Oktober, Tel. +39 0474 657061 oder +39 347 5713156, unterberghof.net.
Wollbachalm, 1607 m: Mitte Mai bis Anfang Oktober, Tel. +39 347 5433739, niederkoflhof.com.
Holzerböden (Unterholzeralm), 1897 m: Ende Juni bis Mitte Oktober, Tel. +39 349 7130859.
Hofschank Waldlechen, ca. 1300 m: Anfang Mai bis Mitte Oktober, Tel. 39 0474 652256 oder +39 348 7636505, waldlechn.it.

TOUREN

Hörndljoch, 2553 m: Übergang auf die österreichische Nordseite, mit Nr. 17 von der Hollenzalm (T3), bis zur Scheitelhöhe 2.00 Std.
Kellerkopf, 2124 m: Abstecher zwischen Wollbach- und Keilbachtal, ca. 45 Min.

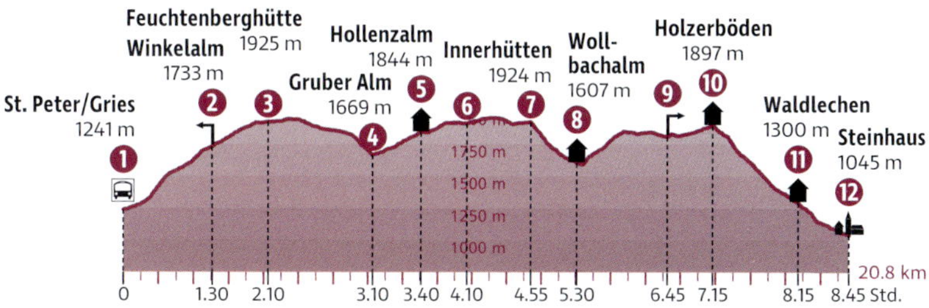

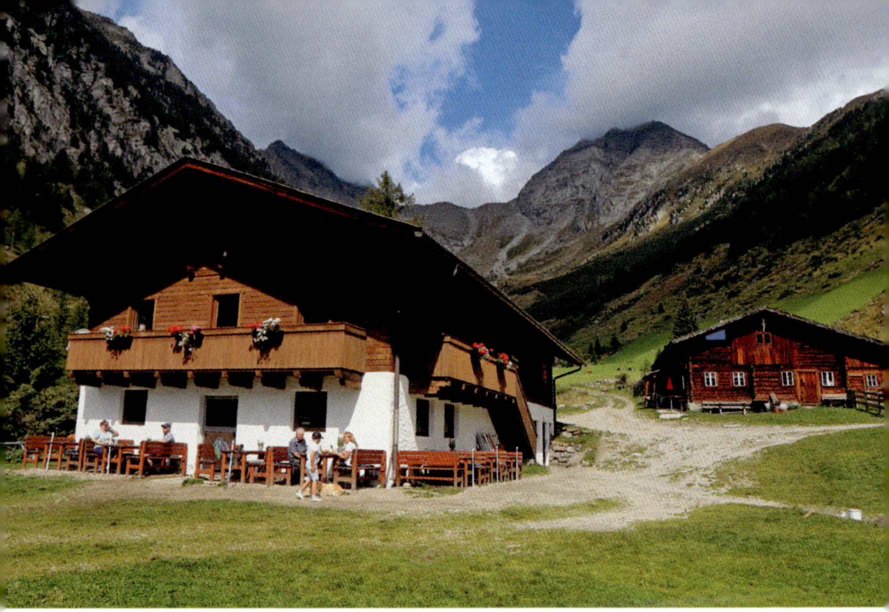

Auf der Wollbachalm werden wir gut versorgt.

Von der Haltestelle an der Talstraße bei **Gries** ❶ folgen wir ein kurzes Stück dem abzweigenden Sträßchen Richtung St. Peter und wenden uns nach gut 300 Metern mit Nr. 19 nach links, wo wir oberhalb der Höfe in recht steilen Wald eintauchen. Schräg rechts hinauf zu einer neuen Forststraße, oberhalb der Rechtskehre auf einem Steig weiter und auf der rechten Seite des Griesbachs – der ganz zuletzt überschritten wird – bis in die Nähe der **Winkelalm** ❷, 1733 m. Jetzt befinden wir uns auf der Almenrunde, die auch als solche ausgeschildert ist. Auf einem Fahrweg gewinnen wir vorerst noch gut 200 Höhenmeter und passieren dabei die **Feuchtenberghütte** ❸, 1925 m, sowie den Abzweig zum Mitterjoch. Richtung Steinbachtal, wo sich weitere Almhütten und Stadel befinden (Marcher Hütte), senkt sich die Route allmählich wieder. Im Anschluss befinden wir uns auf einem schmaleren Steig, der in einem Waldstück nach anfänglicher Traverse stark an Höhe verliert. Man kommt bei der **Gruber Alm** ❹, 1669 m, im Hollenztal heraus und folgt nun einem Fahrweg eine halbe Stunde lang aufwärts bis zur **Hollenzalm** ❺, 1844 m, der ersten Einkehrmöglichkeit.

Das herbe Wollbachtal.

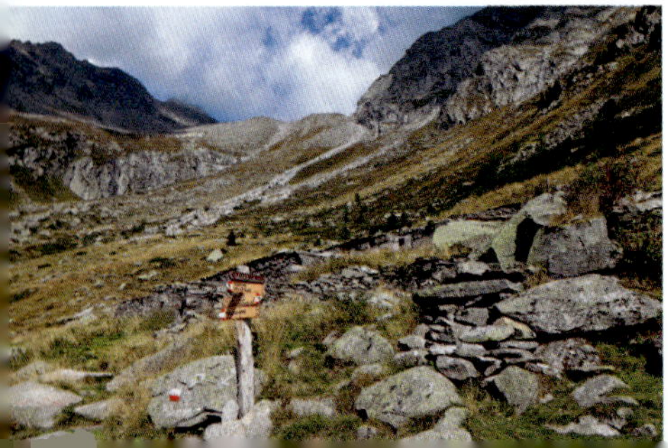

Die Fortsetzung leitet scharf links in die Wagnleseite. Nach einer ansteigenden Passage geht es um den Hang herum zur Lichtung der **Hühnerspielalm** ❻, 1910 m, und noch etwas höher zu einem Geländerücken. Anschließend queren wir etwas holprig in das Wollbachtal hinein. Bei den verfallenen **Innerhütten** ❼, 1924 m, dreht der Almenweg mit einem scharfen Knick talwärts ab und steuert die weiter unten bereits sichtbare **Wollbachalm** ❽, 1607 m, an: eine feine Jausenstation. Auf der anderen Seite des Bachgrabens erfolgen ein kräftiger Anstieg in lichtem, etwas verwachsenem Gelände sowie eine abschüssige Waldhangtraverse. Via »In den Sümpfen« etwas entspannter zum Abzweig der Kellerkopf-Route. Auf der Seite des Keilbachtals fallen die Traversen nun noch etwas abenteuerlicher aus – oft kleinräumig im Auf und Ab, um an Hindernissen oder Rinnen vorbeizukommen. Es dauert eine Weile, bis man den Bogen bis zum Abzweig eines Talabstiegs ausgegangen hat ❾ und ein paar Schritte weiter die Brücke im **Keilbachtal** überschreiten kann.

Wer hier die Ausstiegsmöglichkeit nicht wahrnehmen möchte, passiert drüben das rustikale Gölser Albl und setzt nach einer Querung zum letzten Gegenanstieg an. Dabei erwartet uns auch eine Drahtseilpassage, ehe wir schließlich gemäßigter Richtung **Holzerböden** ❿, 1897 m, voranschreiten. Das Bergab nach Steinhaus ist prinzipiell auf verschiedenen Linien möglich. Relativ direkt erfolgt

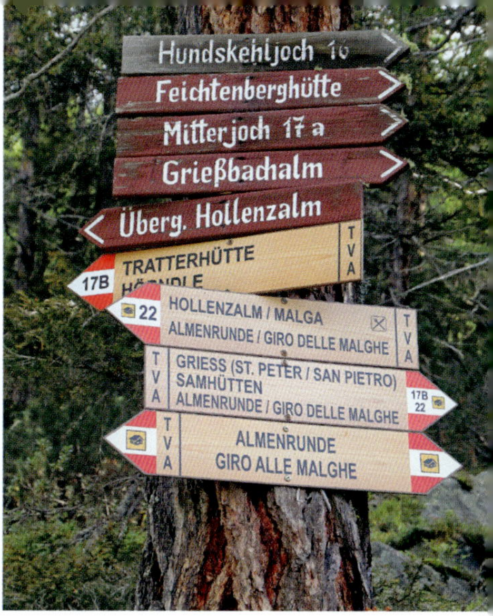

Gut ausgeschildert ...

dies auf dem Jägersteig, der sich bei einer Gabelung im oberen Teil von Route Nr. 6 trennt und links haltend im Zickzack bis zu einer Höfestraße absteigt. Auf der anderen Seite des Keilbachs kommen wir noch an dem Hofschank **Waldlechen** ⓫), ca. 1300 m, vorbei und folgen schlussendlich der Nr. 4 bis in die Ortschaft **Steinhaus** ⓬.

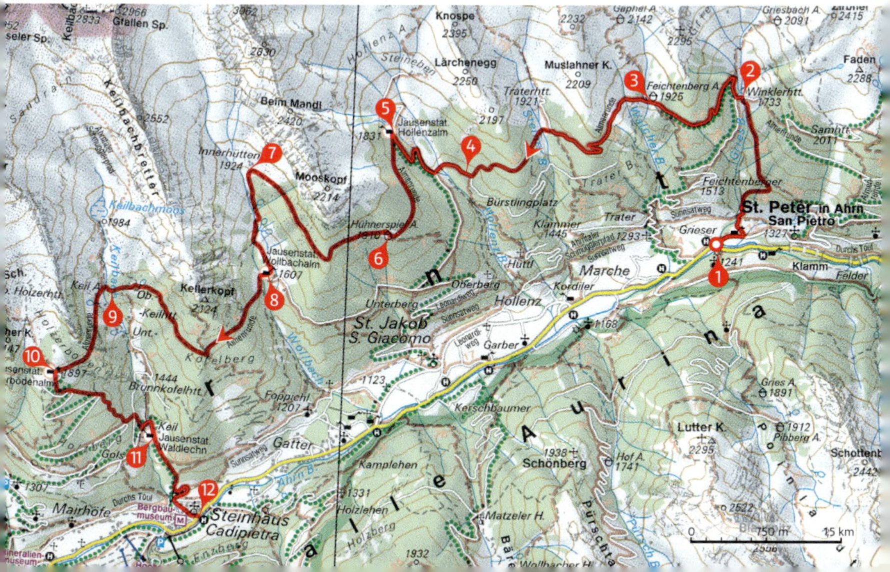

30 Fuchsalm und Waldneralm, 2068 m
Rundtour von Kasern

3.30 Std. | 10,1 km | ↗560 m | ↘560 m

Almbalkon über dem inneren Ahrntal

Auch diese überschaubare Tour führt uns auf die Sonnseite des Ahrntales, und zwar oberhalb der hinteren Ortschaften Prettau und Kasern. Hier können wir eine Weile die Hangterrasse im Bereich der Waldgrenze abschreiten und immer wieder die Blicke schweifen lassen. Auf der Fuchsalm und der Waldneralm wird man bodenständig verköstigt. Und wer noch etwas Energie übrig hat, sollte dem oberhalb gelegenen, erstaunlich großen Waldner See einen Besuch abstatten.

Ausgangspunkt: Kasern, ca. 1600 m, großer Parkplatz und Haltestelle der Buslinie von Bruneck am Ende der öffentlichen Straße ins Ahrntal.
Anforderungen: T2. Zu- und Abstieg verlaufen über mittelsteile Bergwege, die Almverbindung weithin nahezu horizontal. Durchschnittliches Halbtagespensum.
Karte: Tabacco 1:25.000, Blatt 035.

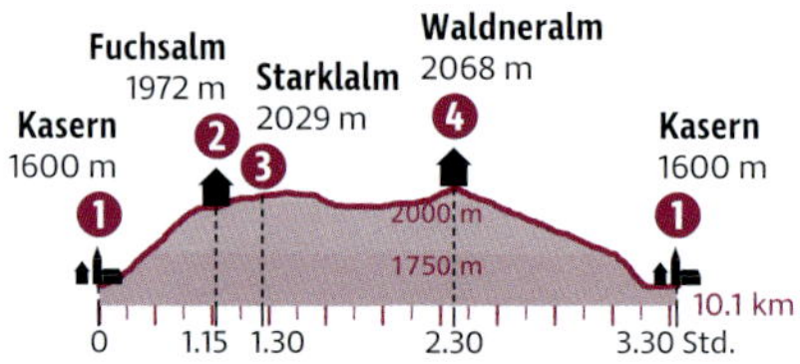

EINKEHR
Fuchsalm, 1972 m: Juli bis Mitte Oktober, Tel. +39 349 3625241 oder +39 0474 654219.
Waldneralm, 2068 m: Ende Juni bis Ende September, Tel. +39 347 0360330 oder +39 347 1562829.

Vom Parkplatz in **Kasern ❶** wenige Schritte zurück zum Beginn des Weges Nr. 15 beim Hotel. Im Bergwald sind die Kehren gut gefügt und nicht zu anstrengend. Nahe der Waldgrenze zweigen wir mit Nr. 15B rechts zur **Fuchsalm ❷**, 1972 m, ab – wer diese auslassen möchte, kann auch geradeaus weitergehen und kommt dann ohne den Bogen rasch zur unbewirtschafteten **Starklalm ❸**, 2029 m. Inzwischen haben wir den bequemen Balkonweg in südwestlicher Richtung unter den Sohlen,

Der Waldner See ist locker noch in einer Tagestour unterzubringen.

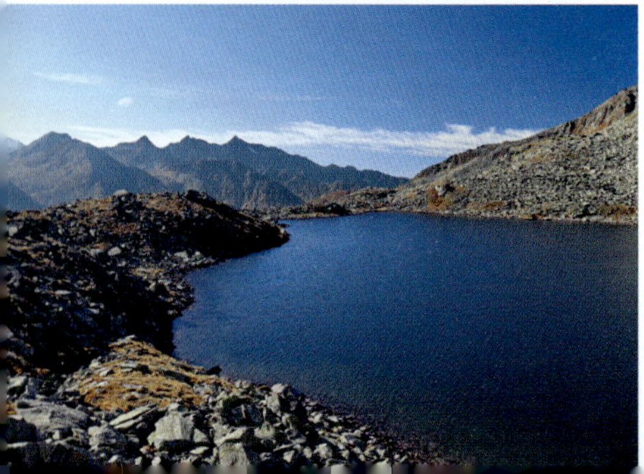

Die Waldneralm mit dem pyramidenförmigen Rauchkofel.

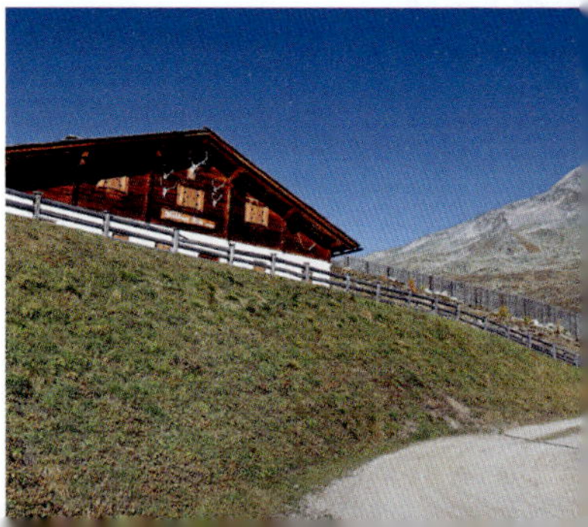

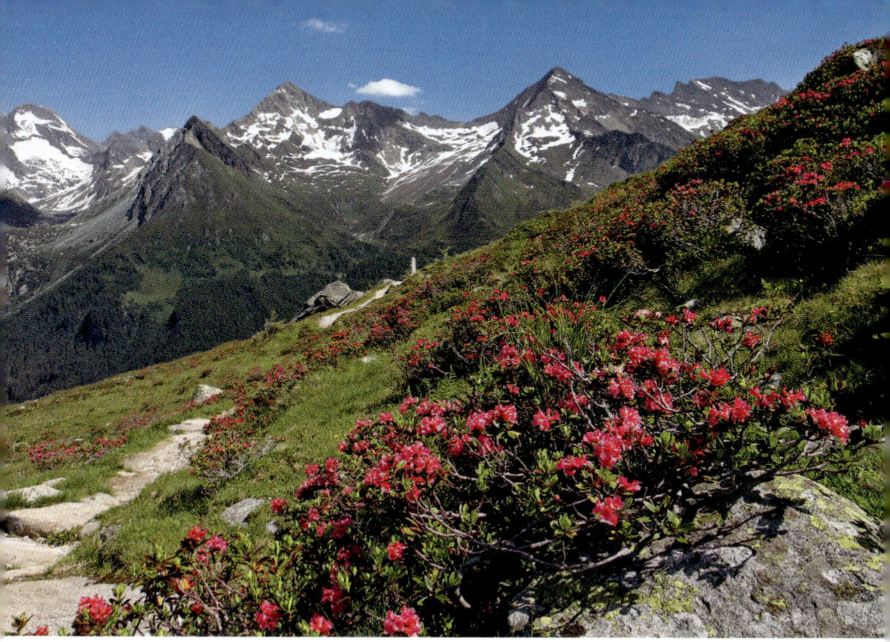

Im frühen Sommer blühen die Alpenrosen über dem Ahrntal.

zunächst noch als breiten Fahrweg, später in Manier eines Steiges. Bei der kleinen Moaralm stoßen wir erneut auf einen Güterweg, der uns zur **Waldneralm ❹**, 2068 m, bringt. Retour gilt es, die Nr. 17 Richtung Kasern zu beachten. Damit eine Weile schräg bergab, über eine markante Kehre und schließlich links haltend auf den Steig, der direkt nach **Kasern ❶** abzweigt. Knapp unterhalb des Parkplatzes kommt man heraus.

TOUREN

Waldner See, 2338 m: von der Waldneralm (T2), 50 Min.

Hundskehljoch, 2559 m: möglicher Übergang via Nr. 16B in den Nordtiroler Zillergrund (T3), 1.20 Std.

Rauchkofel, 3251 m: stattlicher Gipfel am Alpenhauptkamm, Fortsetzung des Aufstiegs zum Waldner See Richtung Sauwipfel und über den Südgrat, im oberen Bereich teils ausweichend (T4), 3.30 Std. ab Waldneralm.

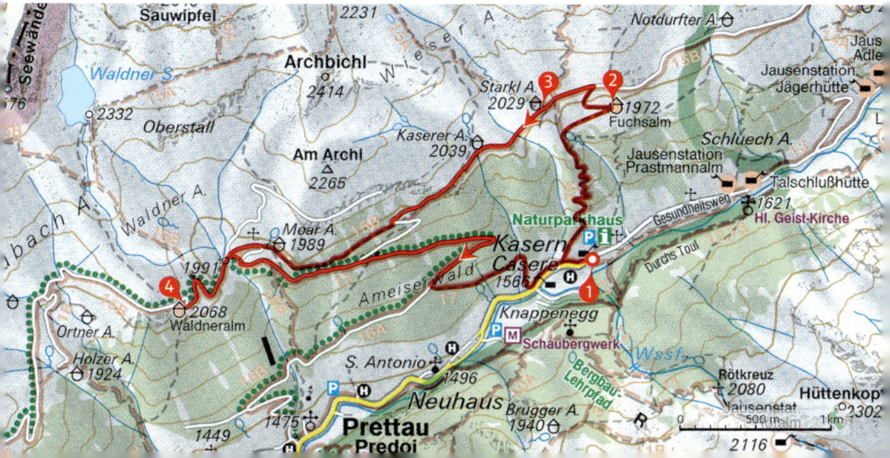

31 Birnlückenhütte, 2441 m

Von Kasern in den Talschluss

TOP | 5.20 Std. | 15,5 km | ↗ 850 m | ↘ 850 m

Alle naselang eine Einkehr

Das Ahrntal zieht sich als zentralalpines Bilderbuchtal bis in den äußersten nordöstlichen Winkel Südtirols, wo an der Birnlücke die Zillertaler Alpen auf die Venedigergruppe stoßen. Nicht weit unterhalb steht die Birnlückenhütte im Angesicht der Dreiherrnspitze, die in ihrer topografischen Schlüsselposition einst als Grenzmarke zwischen den Hoheitsgebieten der Fürstbischöfe von Salzburg sowie der Grafen von Tirol und derer von Görz fungierte. Um 1900 wurde die Birnlückenhütte von einem Gastwirt aus Kasern in Privatregie errichtet und erlitt im Laufe des 20. Jahrhunderts ein ähnliches Schicksal wie die meisten grenznahen Schutzhütten. Erst nach der Übernahme durch den CAI Bruneck 1975 ging es wieder aufwärts, entstand aus einer Ruine ein vollwertiger alpiner Stützpunkt. Abgesehen von unserem Hauptziel haben wir während der Wanderung ein halbes Dutzend Mal Gelegenheit zur Einkehr. Der Ahrner Talschluss besitzt eine außergewöhnliche Dichte an Jausenstationen! So kann jeder den Ausflug ganz individuell auf seine Bedürfnisse abstimmen …

Ausgangspunkt: Kasern, ca. 1600 m, großer Parkplatz und Haltestelle der Buslinie von Bruneck am Ende der öffentlichen Straße ins Ahrntal.
Anforderungen: T2–3. Bis zur Kehreralm breiter Fahrweg (kinderwagentauglich), anschließend teilweise steilerer Bergweg, aber ohne besondere Hindernisse. Hin und zurück normales Tagespensum.
Karte: Tabacco 1:25.000, Blatt 035.

Die Birnlückenhütte liegt gleichsam am Ursprung des Ahrntals.

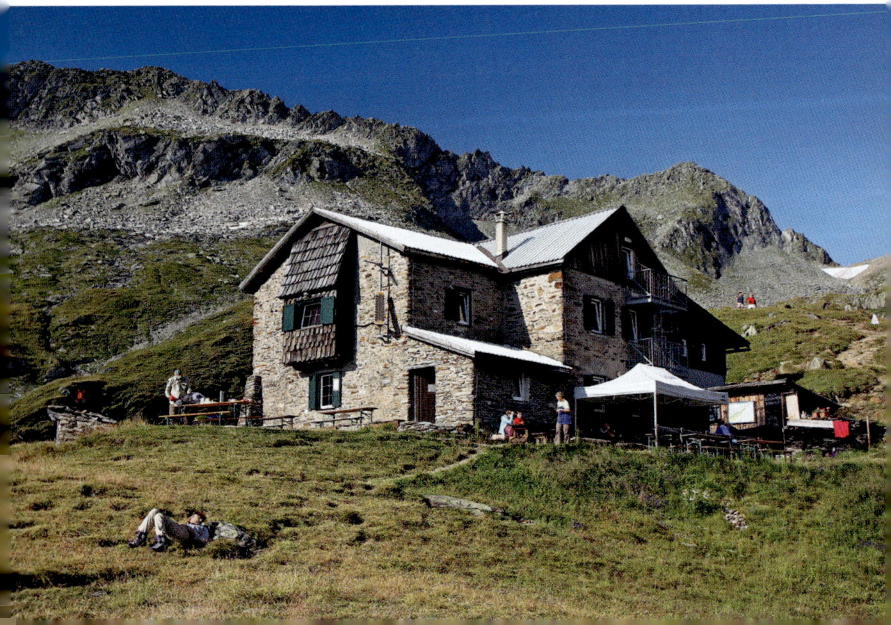

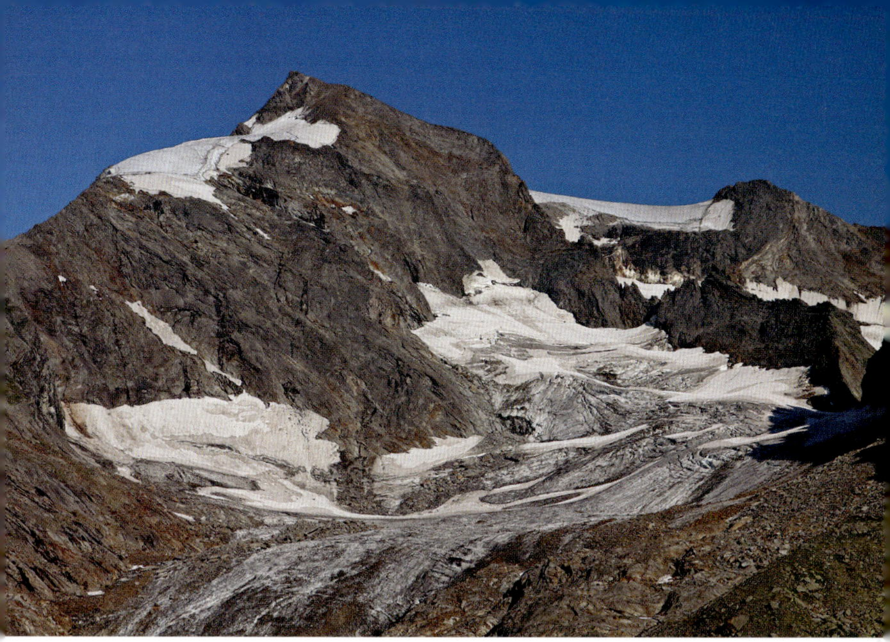

Höchster Gipfel der Ahrntaler Bergwelt: die Dreiherrnspitze mit dem Prettaukees.

EINKEHR

Prastmannalm, 1623 m: Mitte Mai bis Ende Oktober sowie im Winter, Mo Ruhetag, Tel. +39 335 7837368.
Talschlusshütte, 1623 m: fast ganzjährig geöffnet, Tel. +39 340 5720340, talschlusshuette.it.
Jägerhütte, 1685 m: Anfang Juni bis Ende September und in der Wintersaison, Tel. +39 348 3651402.
Adleralm, 1700 m: fast ganzjährig geöffnet, Tel. +39 335 242613, adleralm.com.
Kehreralm, 1842 m: Mitte Juni bis Anfang Oktober, Tel. +39 333 8160121.
Lahneralm, 1986 m: im Juli und August geöffnet, Tel. +39 0474 654234 oder +39 339 1611980.
Birnlückenhütte, 2441 m: Auton. Prov. Südtirol, Mitte Juni bis Anfang/Mitte Oktober, 46 Schlafplätze, Tel. +39 0474 654140, pension-knappenhof.com.

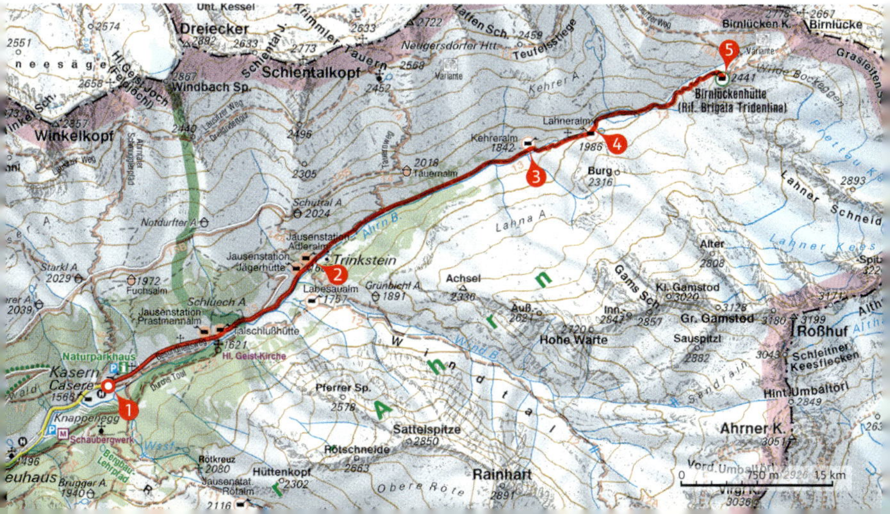

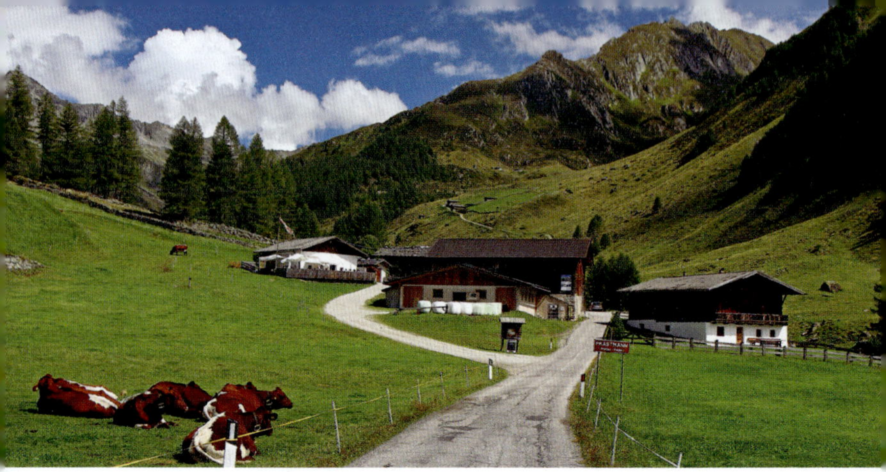

Nach 20 Minuten kommen wir zum Weiler Prastmann.

Vom Großparkplatz in **Kasern** ❶ geht es lockeren Schrittes taleinwärts. Nach kaum 20 Minuten passieren wir mit **Prastmannalm** und **Talschlusshütte**, 1623 m, die ersten beiden Einkehrmöglichkeiten. Auf der anderen Bachseite befindet sich die pittoreske, im 15. Jahrhundert geweihte Knappenkirche Heilig Geist. Nächste Station ist linksseitig das »Almdorf« **Trinkstein** ❷, 1685 m, wo wir die **Jägerhütte** und die **Adleralm** als Jausenstationen finden. Wir fädeln dahinter sofort wieder in den Hauptweg (Nr. 13) ein und kommen Richtung Talschluss voran. Am Ende der sanften, kinderwagentauglichen Strecke empfängt uns die **Kehreralm** ❸, 1842 m. Nun setzt ein Fußweg ein, mit dem es endlich kräftiger bergauf geht. Nach der ersten Talstufe öffnet sich bei der **Lahneralm** ❹, 1986 m, nochmals ein kleiner Boden, das Lahner Moos. Vorbei an den Sumpfwiesen packen wir im Zickzack die verbleibenden 400 Höhenmeter bis zum Geländeabsatz des Bockegg an. Dort hat die **Birnlückenhütte** ❺, 2441 m, ihren Platz. Der Rückweg ist identisch.

TOUREN

Lausitzer Weg: großartiger alpiner Höhenweg (Nr. 13), der bis zum Hundskehljoch verfolgt werden kann (T3), vorzeitige Abstiegsmöglichkeiten nach Kasern über die Tauernalm (Nr. 14) oder über Weg Nr. 15.
Klockerkarkopf, 2912 m: nach dem ersten Teil des Lausitzer Weges über die Südflanke gipfelwärts (T3), 2.00 Std.
Dreiherrnspitze, 3498 m: Hochtour mit Gletscherausrüstung, ca. 4.00 Std.
Krimmler Tauernhaus, 1622 m: über die Birnlücke ins österreichische Krimmler Achental (T3), 4.00 Std. (weiter oben steht auch die Warnsdorfer Hütte, 2324 m).

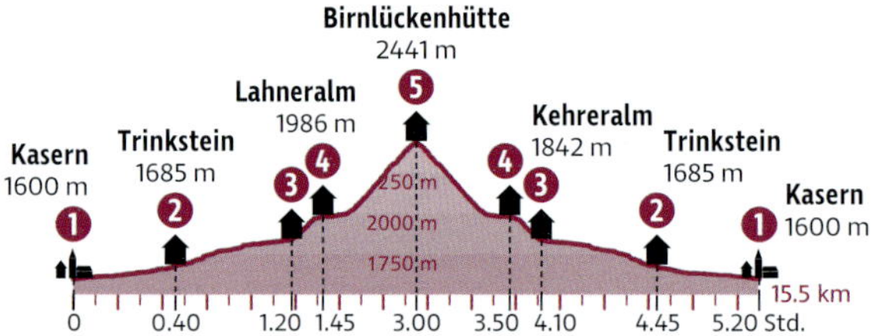

Lenkjöchlhütte, 2590 m

Überschreitung via Röttal und Windtal

32

5.45 Std. | 14,9 km | ↗ 1050 m | ↘ 1050 m

Zum Alpinstützpunkt im Angesicht der Rötspitze

Die Lenkjöchlhütte, je nach Karte mit der Höhe 2590 oder 2603 Meter angegeben, hat ihren Platz weit drinnen im Hochgebirge, wo ambitionierte Bergsteiger zu Parade-Dreitausendern wie Rötspitze und Dreiherrnspitze aufbrechen. Doch auch der reine Wanderer ist eingeladen, auf der abwechslungsreichen Rundtour via Röttal und Windtal das versteckte Schutzhaus zu besuchen. Einst drückte der Bergbau dieser Gegend seinen Stempel auf, und vor allem beim Aufstieg ins Röttal sind dessen Zeugnisse noch gegenwärtig. Das Kupfer aus dem Ahrntal galt als besonders hochwertig. Heute ist das alles Geschichte, aber drunten in Prettau kann man ja das Landesbergbaumuseum besuchen, vielleicht ein guter Tipp zur Abrundung, wer sich für die montane Vergangenheit interessiert. Die Hüttenchronik weist indessen das Jahr 1887 aus, als am Lenkjöchl die erste bescheidene Unterkunft gebaut wurde. Modernisierungen haben 1905 und dann erst wieder in jüngerer Zeit stattgefunden, und noch heute darf die Lenkjöchlhütte zu den urigen Vertretern gezählt werden. Immerhin muss man ganz schön weit laufen, um sie zu erreichen.

Ausgangspunkt: Kasern, ca. 1600 m, großer Parkplatz und Haltestelle der Buslinie von Bruneck am Ende der öffentlichen Straße ins Ahrntal.

Anforderungen: Maximal T2+. Überwiegend gute Bergwege, auf beiden Routen keine besonderen geländebedingten Schwierigkeiten und daher wandertechnisch eher noch »blau«. Als Tagestour jedoch recht anstrengend, deshalb hier mittelschwer eingestuft.

Variante: Man kann aus dem Windtal Richtung Trinkstein absteigen und von dort talauswärts wandern (etwas länger, vgl. Tour 31).

Karte: Tabacco 1:25.000, Blatt 035.

Wer nicht so weit wandern mag, findet am Beginn des Hochtals die Rötalm.

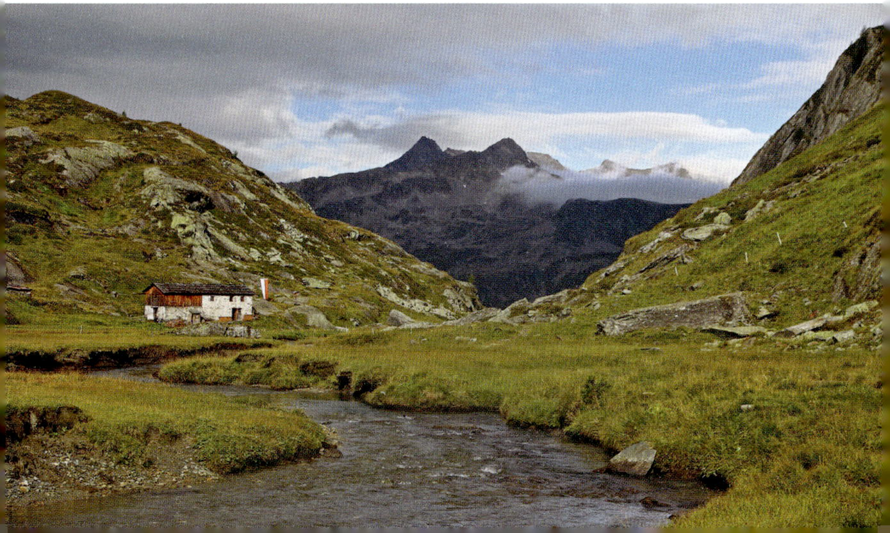

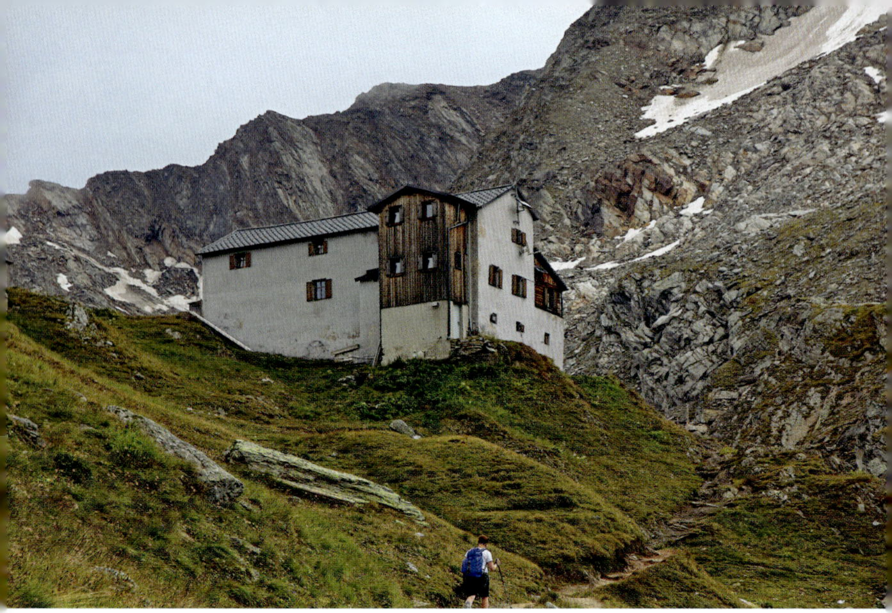

Am Lenkjöchl sind Röttal und Windtal miteinander verbunden.

Von **Kasern** ❶ kurz abwärts zur jungen Ahr. Wenige Schritte weiter auch über die Rötbrücke und dann auf breitem Waldweg (Nr. 11) kehrenreich bergauf. Streckenweise verläuft ein Bergwerks-Lehrpfad parallel bzw.

EINKEHR

Rötalm, 2116 m: Ende Juni bis Mitte/Ende September, Tel. +39 0474 654226 oder +39 334 8188515.

Lenkjöchlhütte, 2590 m: Auton. Prov. Südtirol, Anfang Juli bis Ende September, 43 Schlafplätze, Tel. +39 0474 838144 oder +39 348 3151719, lenkl.com.

Labesaualm, 1757 m: Juli bis September, Tel. +39 349 3625241 oder +39 0474 654219.

Talschlusshütte, 1623 m: fast ganzjährig geöffnet, Tel. +39 340 5720340, talschlusshuette.it.

Prastmannalm, 1623 m: Mitte Mai bis Ende Oktober sowie im Winter, Mo Ruhetag, Tel. +39 335 7837368.

TOUREN

Rötspitze, 3495 m: kombinierte Hochtour über den Nordostgrat, 3.00 Std.

Dreiherrnspitze, 3498 m: Hochtour über Hinteres Umbaltörl, Althauskees und die Südwestflanke, 4.00 Std. (gletscherfrei bis zum Ahrner Kopf, 3056 m, möglich).

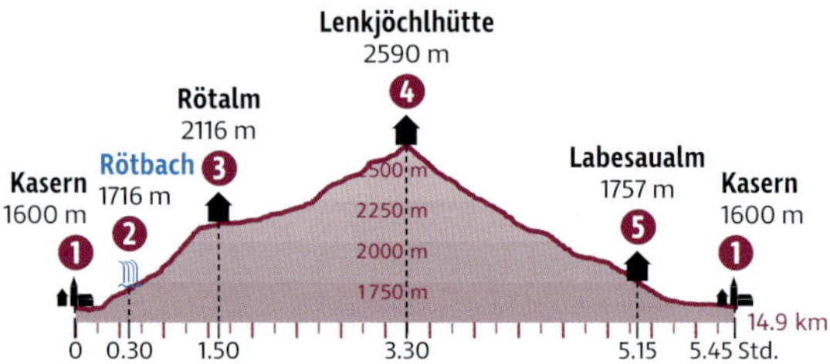

kreuzt. Man sollte sich indes die kleine Schleife über den **Rötbach-Wasserfall** ❷, gönnen. Zwischen Bergbaurelikten, die bis etwa 2000 Meter reichen, geht es weiter aufwärts und damit zum Rötkreuz, wo der steilste Abschnitt der Tour bereits geschafft ist. Hier öffnet sich das Röttal mit einem erstaunlich weiten Boden. Hinter der **Rötalm** ❸, 2116 m, wechseln wir auf die linke Bachseite und wandern mit Blick auf die imposante Rötspitze zuhinterst flach taleinwärts. Später steigt die Route wieder merklich an, allerdings nie sonderlich steil. Mit einem Bogen um die Hänge der Rainhartspitze herum steuern wir auf gut hergerichtetem Weg schließlich die **Lenkjöchlhütte** ❹, 2590 m, an.

Auf der anderen Seite des Jochs wird der Rückweg eingeleitet. Man befindet sich sogleich auf Route Nr. 12, die sich anfangs noch etwas holprig ins **Windtal** hinunterschraubt. Flache Böden wechseln mit mäßig steilen Gefällstrecken. Auf dem unteren Absatz bei P. 1891 bleiben wir links und drehen allmählich zur **Labesaualm** ❺, 1757 m, ab. Der Karrenweg führt

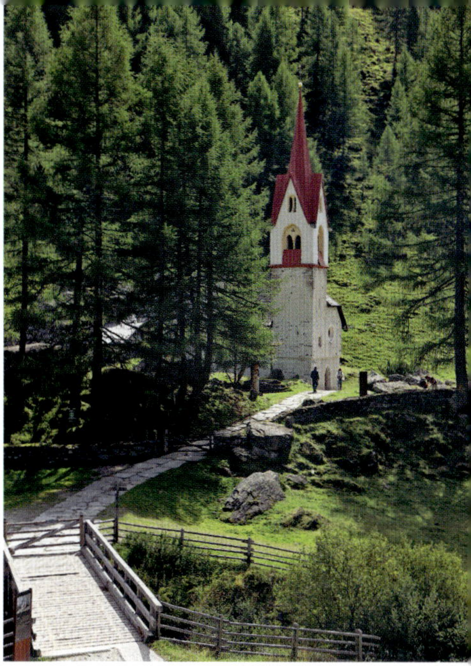

Die Knappenkirche Heilig Geist geht auf das 15. Jahrhundert zurück.

weiter zum sehenswerten Heilig-Geist-Kirchlein, 1621 m, in der Talsohle. Wir überschreiten die Ahr hinüber zur Prastmannalm bzw. Talschlusshütte und wandern das letzte Stück gemächlich hinaus nach **Kasern** ❶.

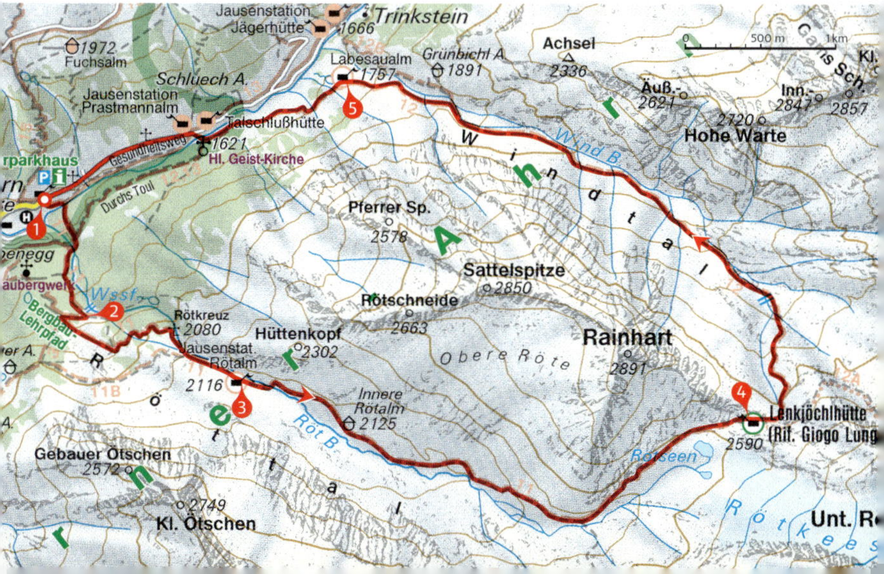

33 Stegeralm, 1957 m, und Alprechtalm, 2006 m
Rundtour von Prettau

3.40 Std. | 11,3 km | ↗ 670 m | ↘ 670 m

Eine eher stille Facette des Ahrntals

Almhorizonte gibt es auch auf der Ahrntaler Schattseite, die alpingeografisch zur Durreckgruppe – einem Anhängsel der Venedigergruppe – gehört. Hier können wir von Prettau aus die Stegeralm und die etwas weiter hinten gelegene Alprech(t)alm anlaufen (die Schreibweise liest man uneinheitlich mit und ohne »t«). Diese Ziele präsentieren sich noch sehr rustikal und offerieren einfache landestypische Spezialitäten. Auch einen hausgemachten Schnaps wird man bekommen. Als tolle Kulisse spannt sich gegenüber der Zillertaler Hauptkamm auf.

Ausgangspunkt: Prettau, 1459 m, im inneren Ahrntal. Parkmöglichkeiten beim Sportplatz oder unterhalb der Kirche; Buslinie vom Bahnhof Bruneck.
Anforderungen: T2+ im Aufstieg, sonst T1. Bergauf teils relativ steile Waldwege, nach einer Traverse im Almgelände später auf der Normalroute nur noch Fahrwege.
Karte: Tabacco 1:25.000, Blatt 035.

EINKEHR

Stegeralm, 1957 m: Ende Mai bis Mitte/Ende Oktober sowie in der Wintersaison, Mo Ruhetag, Tel. +39 347 0738454 oder +39 0474 654208.
Alprechtalm, 2006 m: Anfang Juni bis Ende Oktober, Tel. +39 349 2551812 oder +39 0474 654107, alprechtalm.com.

TOUREN

Übergang nach Rein in Taufers: von der Alprechtalm ins obere Hasental und über die Bretterscharte zur Durra Alm, bis in den Talort ca. 4.00 Std.

Ausgangspunkt für diese Tour ist Prettau im Ahrntal.

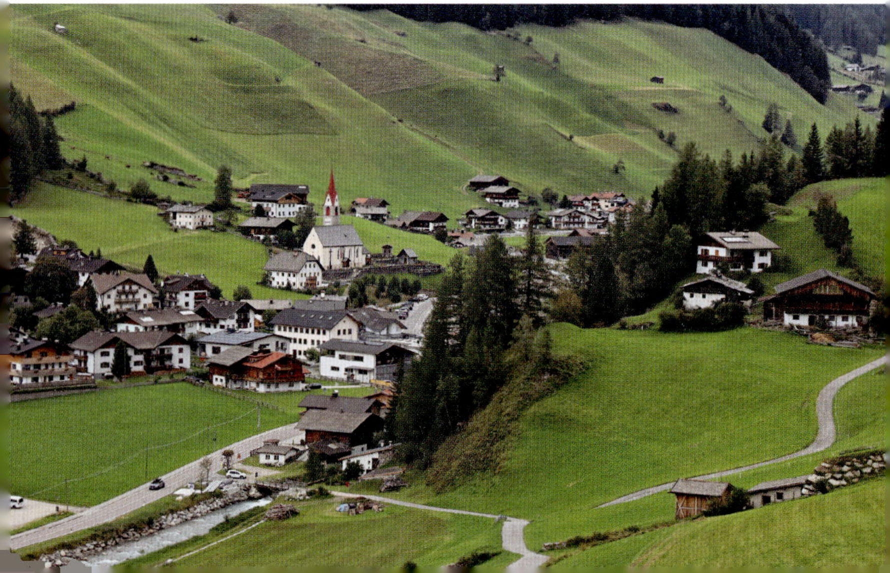

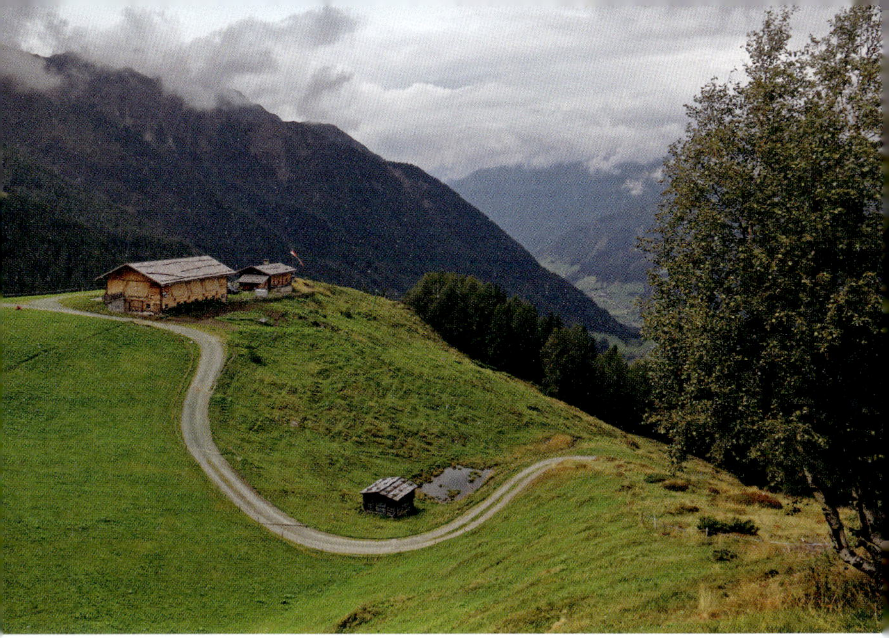

Die Stegeralm (auch Steger Hütte) liegt auf einem aussichtsreichen Absatz.

In **Prettau** ❶ zweigen wir am Rande des Rindertals auf eine Bergstraße ab, die in Schleifen zu einem Einzelhof am Hang führt. Es schließt sich ein kleiner Waldsteig (Nr. 10B) an, der phasenweise recht kräftig anzieht. Bei P. 1795 ❷ mit einer Rechtskehre auf Nr. 10A, an einer mit Kette entschärften Stelle vorbei und allmählich nicht mehr so steil, teils sogar querend ins offene Gelände der **Innerbichler Alm** ❸, 1944 m. Hinüber zur Stegeralm sind zwei Möglichkeiten ausgewiesen – wir wählen die obere (Nr. 3), die als Fußweg quer durchs Wiesengelände zieht und sich nach etwas Höhengewinn später zur **Stegeralm** ❹, 1957 m, absenkt. Wer noch zur **Alprechtalm** ❺, 2006 m, möchte, folgt einfach dem verbindenden Güterweg, welcher den markanten Graben des Alprechttals kreuzen muss. Ansonsten leiten die Schleifen der Forststraße (Nr. 10) von der Stegeralm durch den bewaldeten Nordhang talwärts nach **Prettau** ❶. Abkürzende Steilpfade können hier nicht empfohlen werden.

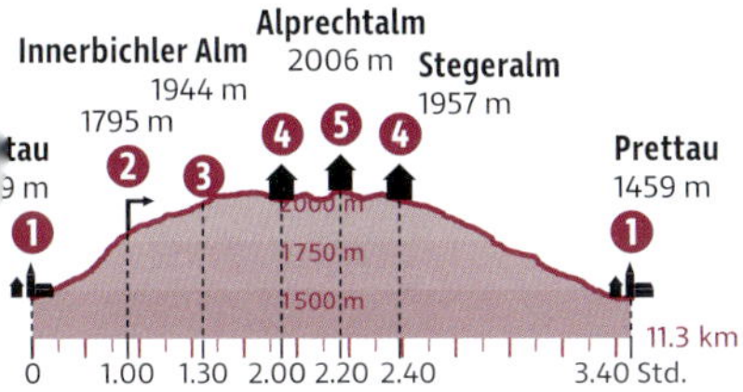

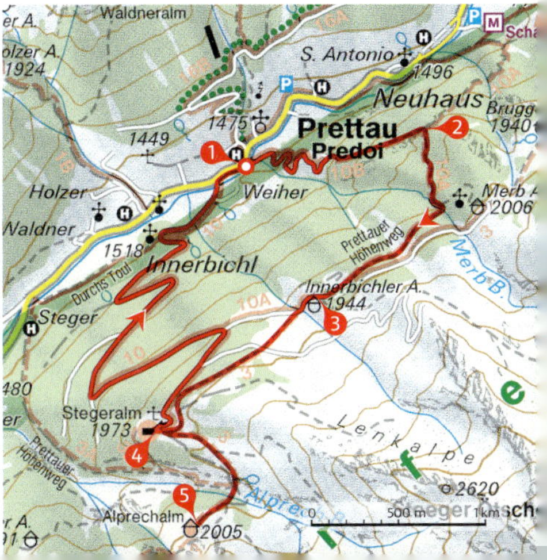

34 Unterrieser Alm, Durra Alm und Knuttenalm

Der Reiner Höhenweg

5.00 Std. | 15,3 km | ↗ 760 m | ↘ 760 m

Herrliche Panoramaroute vor der Rieserfernergruppe

Das Reintal im Tauferer Gebiet ist ein besonders reizvoller Gebirgswinkel, eingefasst von den Gipfeln der Durreck- und Rieserfernergruppe. Blickfang Nummer eins ist dort der aus widerstandsfähigem Tonalit geformte Hochgall, eine wahre Majestät von Berg. Am Reiner Höhenweg, dem wir oberhalb der Waldgrenze quer durch die Sonnenhänge folgen, liegen Hochgall und Trabanten wie auf dem Präsentierteller, sozusagen in Idealdistanz, um fast die gesamte Rieserfernergruppe zu überblicken. Am schönsten wird das Licht gegen Nachmittag. Und drei Jausenstationen sorgen unterwegs auch für herzhaften kulinarischen Genuss.

Ausgangspunkt: Rein in Taufers, Parkplatz im Talgrund, 1542 m. Buslinie von Sand in Taufers.

Anforderungen: T2+. Teils breite Karrenwege, teils normale oder manchmal sogar eher schmale Bergpfade quer durch die Hänge. Wandertechnisch mit elementarer Trittsicherheit noch relativ leicht, angesichts der Länge aber insgesamt sinnvoller »rot« eingestuft.

Variante: Von der Durra Alm mit Nr. 1 direkt zum Parkplatz Knutten hinab (gut 30 Min. Ersparnis).

Karte: Tabacco 1:25.000, Blatt 035.

EINKEHR

Unterrieser Alm, 1990 m: Anfang Juni bis Mitte Oktober, Tel. +39 348 6372121.

Durra Alm, 2096 m: Mitte Mai bis Anfang November, Tel. +39 348 2848188.

Knuttenalm, 1911 m: Mitte/Ende Mai bis Ende Oktober und in der Wintersaison, Tel. +39 335 6508309, knuttenalm.it.

TOUREN

Jägerhausalm, 2009 m: über das Klammljoch zum altehrwürdigen Almdorf in Osttirol (T1), 2.15 Std.

Die Lobiser Schupfen am Beginn des Reiner Höhenwegs.

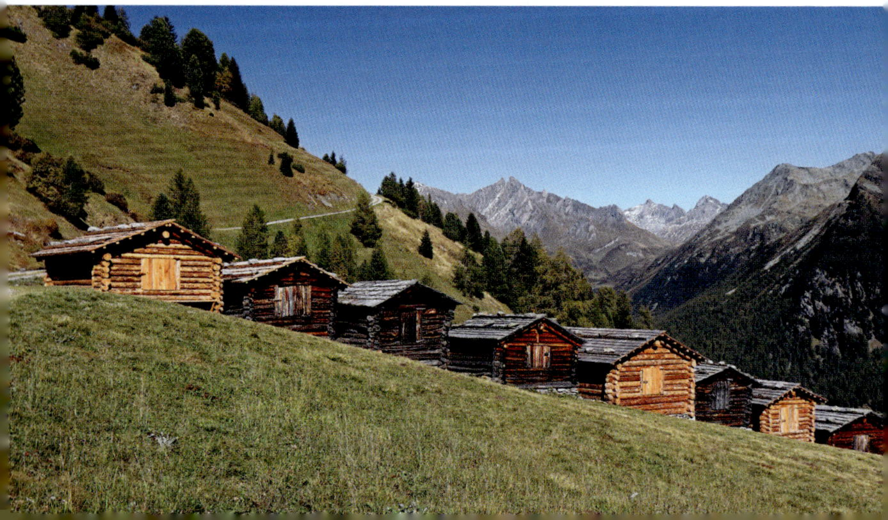

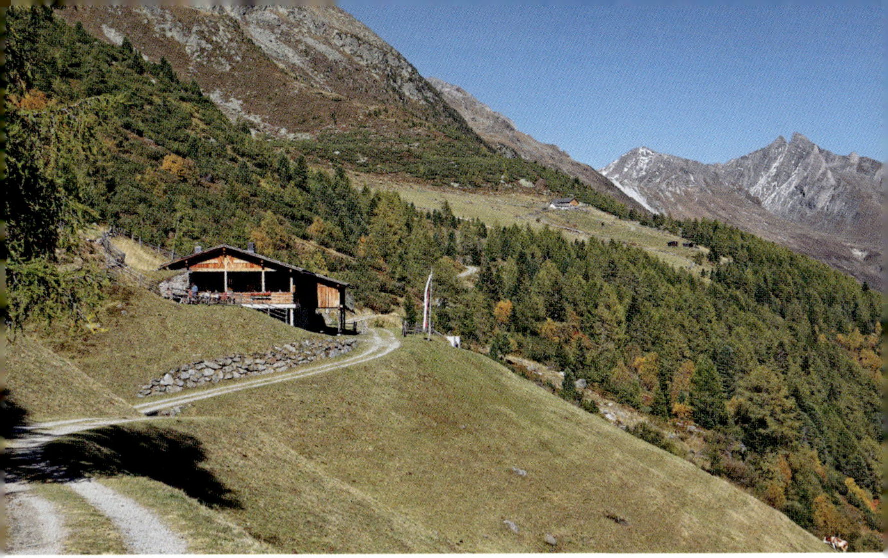

Wir nähern uns der Unterrieser Alm.

In **Rein ❶** begeben wir uns vom Parkplatz zuerst zur Kirche hinauf und folgen dann der Bezeichnung Nr. 10 auf Waldweiden. Die Route geht in einen breiteren Karrenweg über, der via Gasteiger Alm schräg hinaufzieht zu den sehenswerten **Lobiser Schupfen ❷**, 1959 m, einem eigenwillig angeordneten Hüttenensemble am Wiesenhang. Hier nun scharf rechts auf den **Reiner Höhenweg** (Nr. 1A). Quer durch die Flanke kommen wir rasch zur **Unterrieser Alm ❸**, 1990 m, danach allmählich steigend an der Moosmaier Alm vorbei zur **Hirberalm ❹**, 2096 m, wo die breite Trasse von einem kleineren Steig abgelöst wird. An der

Die Durra Alm mit Blick zum Knuttennock.

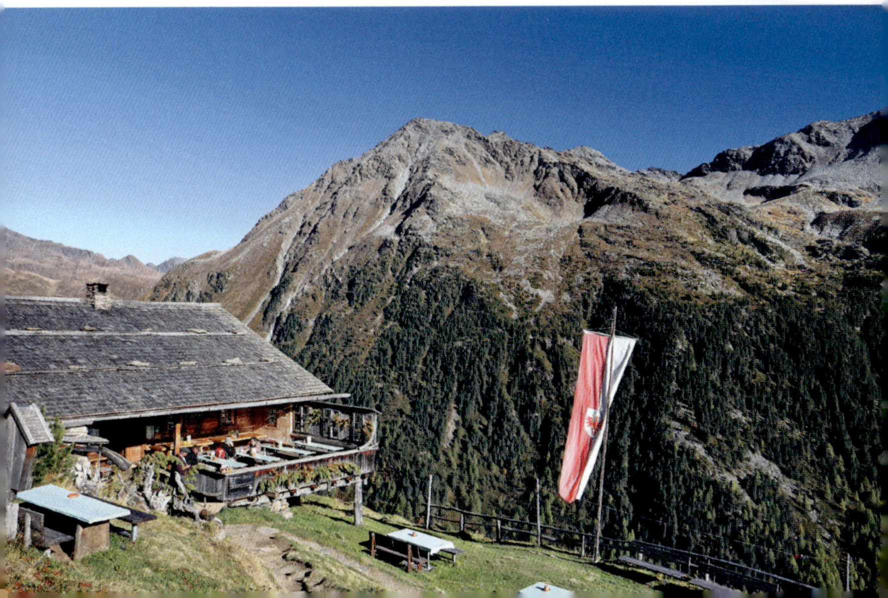

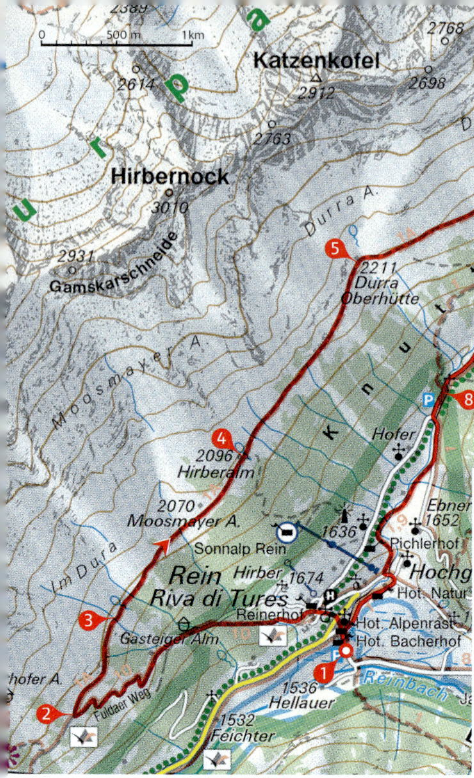

großartigen Bergkulisse kann man sich kaum sattsehen! Bis zur **Durra Oberhütte** ❺, 2211 m, werden nach und nach noch ein paar Höhenmeter gewonnen, ehe sich unser Höhenweg sukzessive wieder absenkt und die bewirtschaftete **Durra Alm** ❻, 2096 m, ansteuert. Wer mag, kann die Wanderung anschließend noch weiter taleinwärts fortsetzen. Der Weg schneidet nach wie vor mittelsteile Flanken und zieht dabei nun schräg hinunter in die Sohle des Knuttentals. Bis zur Jausenstation auf der **Knuttenalm** ❼, 1911 m, muss dann nochmals etwas angestiegen werden. Retour wandern wir einfach auf dem Sandsträßchen talauswärts – zwischendurch über einen langen Boden – bis zum **Parkplatz Knutten** ❽, ca. 1700 m. Hier mit Nr. 8A nach links, auf dem Steig im Bachgrund hinab nach **Rein** und durch die Siedlung zum Parkplatz ❶.

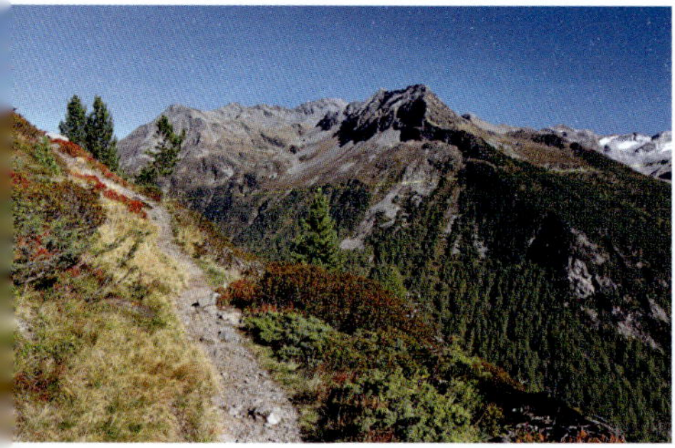

So stellt man sich einen typischen Flankenweg vor.

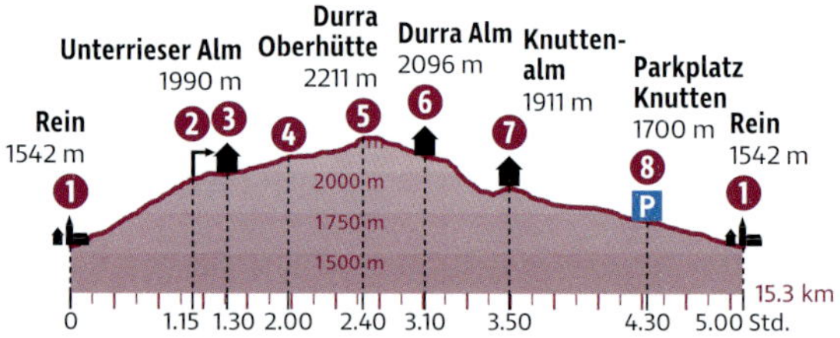

Kasseler Hütte, 2276 m

Von Rein in Taufers an den Fuß des Tristennöckls

3.45 Std. | 9,4 km | ↗740 m | ↘740 m

Im Herzen der Rieserfernergruppe

Verheißungsvoll nimmt sich der Blick von Rein in Taufers aus, wenn man über dem Bachertal den Hochgall als mächtigen Souverän der Rieserfernergruppe zu Gesicht bekommt: ein Bild von einem Berg! Wer genau hinschaut, erkennt auf einer vom Tristennöckl vorspringenden Geländerippe den kleinen Würfel der Kasseler Hütte, die auch unter dem Namen »Hochgallhütte« firmiert. Sie ist sicher eines der beliebtesten Wanderziele der Region, inmitten einer faszinierenden Berglandschaft gelegen und dabei auf einer Taldistanz, wie es vielen Wanderfreunden gerade recht ist. Die Chronik erzählt von einer ersten spartanischen Unterkunft an dieser Stelle, errichtet schon 1878 durch die Sektion Taufers, die bald darauf auch am Nevesjoch und am Lenkjöchl tätig wurde. Offenbar hatte man sich dabei aber etwas übernommen. So sprangen finanzkräftigere Sektionen in die Bresche und sorgten für die erforderlichen Aus- oder Neubauten, in diesem Fall die Sektion Kassel. Die italienische Nachfolge trat nach der Enteignung schließlich die Sektion Rom an, während die Kasseler ihre neue Bergheimat in den Nordtiroler Zillertaler Alpen fanden. Heutzutage befindet sich das Haus wie so oft im Besitz der Autonomen Provinz Südtirol.

Ausgangspunkt: Rein in Taufers, Parkplatz im Talgrund, 1542 m. Buslinie von Sand in Taufers.
Anforderungen: T2. Gut ausgebauter Wanderweg, mit grundlegender Bergtauglichkeit und Kondition einfach zu begehen.
Variante: Beim Rückweg mit Nr. 8 ins Bachertal hinab und auf dem Sträßchen an der Jausenstation Angerer vorbei hinaus zum Parkplatz.
Karte: Tabacco 1:25.000, Blatt 035.

Die Kasseler Hütte mit Blick auf Rein in Taufers und zur Durrekgruppe.

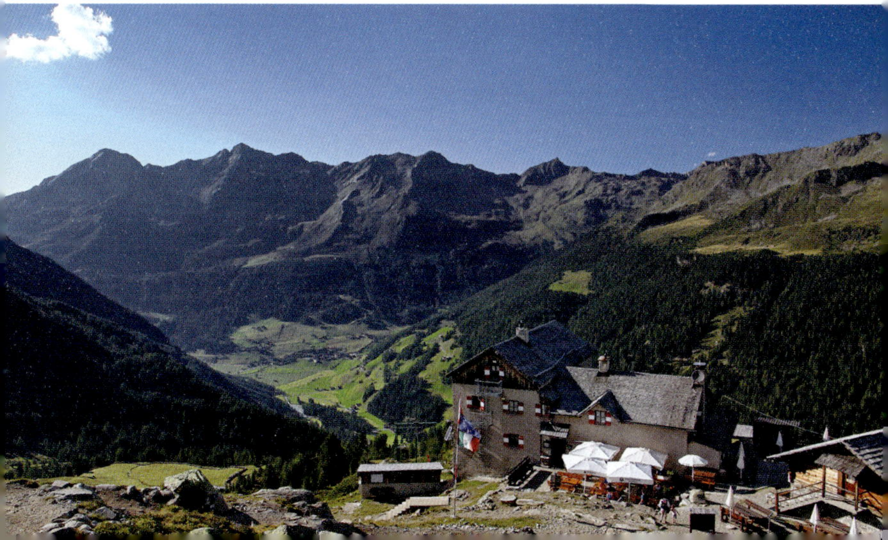

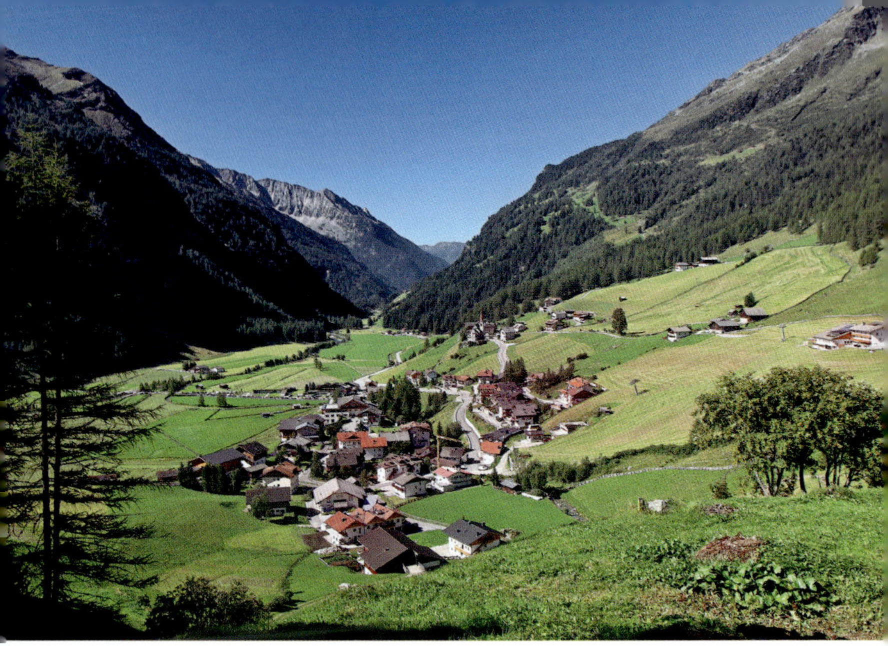

Rein in Taufers zählt zu den schönstgelegenen Bergdörfern Südtirols.

In der Talsenke von **Rein in Taufers** ❶ beginnt unser Weg Nr. 1 jenseits des Reinbachs anzusteigen. Er durchschneidet den dichten Waldgürtel schräg hinauf zur Lichtung der verfallenen **Unteren Terner Alm** ❷, 1874 m, und läuft weiter über die Waldgrenze hinaus bis ins Gelände der **Eppacher Alm**. Herrlich die Rückblicke auf den Kammzug der Durreckgruppe sowie hinüber auf die nördliche Umrahmung des Bachertals! Wir überschreiten eine zweigeteilte Bachrunse und absolvieren die letzten Windungen hinauf zur **Kasseler Hütte** ❸, 2276 m, wo die Aussicht noch packender ist. Wer jetzt zusätzlich einige Minuten bis zum kleinen Tristensee ansteigt, hat den Hochgall sogar gleich in doppelter Ausführung im Visier – in natura sowie als malerisches Spiegelbild. Der Rückweg verläuft am besten auf der gleichen Route, es sei denn, jemand möchte den großartigen Arthur-Hartdegen-Weg begehen.

Wenige Schritte oberhalb der Kasseler Hütte liegt der Tristensee.

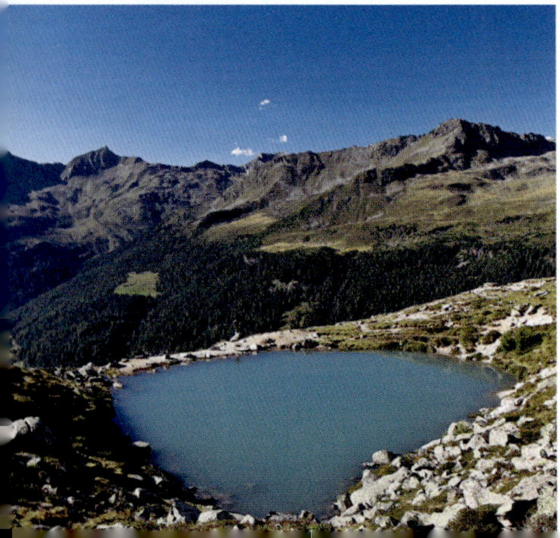

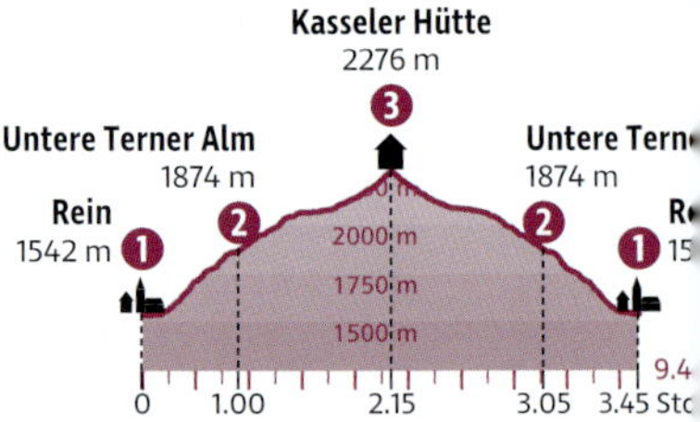

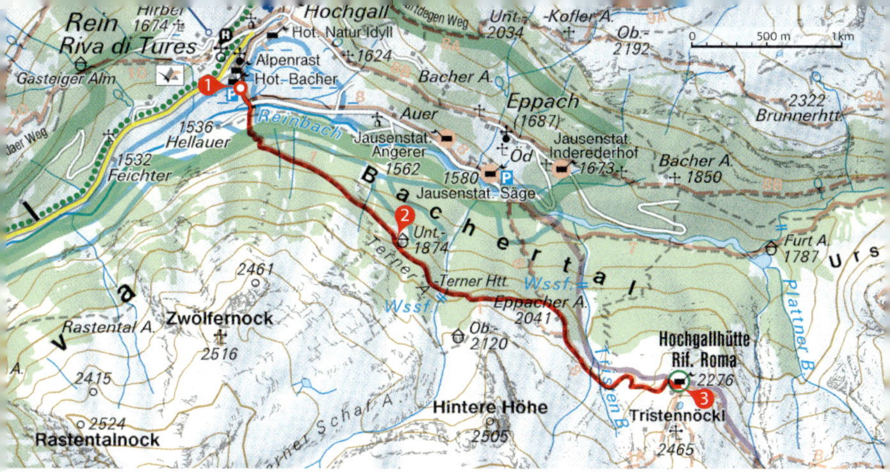

EINKEHR

Kasseler Hütte (Hochgallhütte), 2276 m: Auton. Prov. Südtirol, Anfang Juni bis Mitte Oktober sowie im März/April, 70 Schlafplätze, Tel. +39 0474 672550 oder +39 333 7238426, kasseler-huette.com.

TOUREN

Arthur-Hartdegen-Weg: Umrundung des gesamten Bachertals auf Route Nr. 8 und 8B (T2–3), insgesamt ca. 7.30 Std. ab Rein.

Tristennöckl, 2465 m: Felsgupf in unmittelbarer Hüttennähe (T3), 30 Min.

Schneebiger Nock, 3358 m: Hochtourenziel mit bezeichneter Route über die Nordseite (Stellen I, evtl. Eis, T4–5), 3.30 Std.; Überschreitung zum Magerstein möglich (T5).

Magerstein, 3273 m: über Weg Nr. 4 zum Westlichen Rieserferner, vergletschert zum Gipfel (T4), 4.00 Std.; Übergang zur Rieserfernerhütte, 2791 m, möglich.

Hochgall, 3438 m: Paradegipfel der Rieserfernergruppe, anspruchsvolle Normalroute über das Graue Nöckl und den Nordwestgrat mit Kletterei bis zum III. Grad, 4.00 Std.

Der Hochgall ist ein wahrer Prachtberg; unterhalb erkennt man neben dem Tristennöckl klein die Kasseler Hütte.

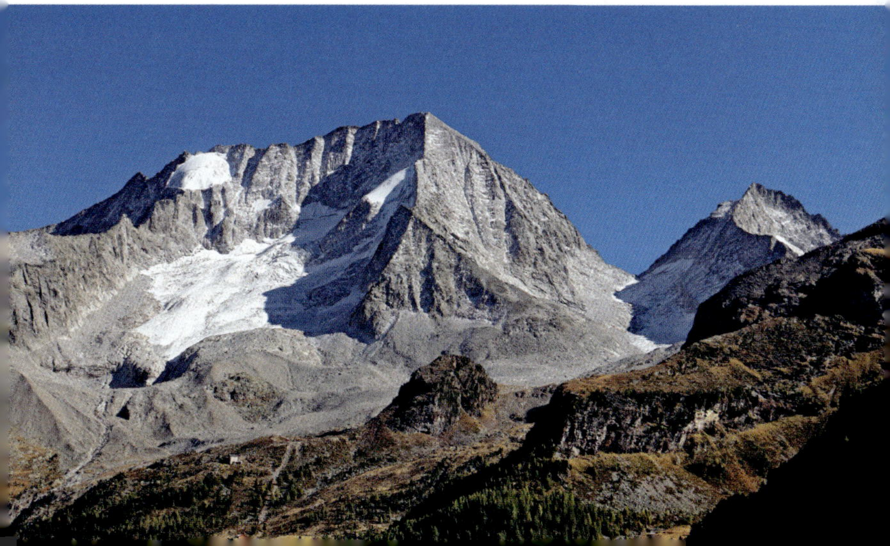

36 Huberalm und Oberwanger Alm, 2027 m

Ins Mühlbachtal

2.30 Std. | 7,6 km | ↗430 m | ↘430 m

Ein abseitiger Winkel der Rieserfernergruppe

Das kleine Mühlbachtal schließt von Südwesten her zur Hauptkette der Rieserfernergruppe auf. Es gehört zu den wenig bekannten Gegenden, bergbäuerlich geprägt, obschon nicht ohne touristische Erschließung. Denn schon im 19. Jahrhundert wurde die Heilkraft der mineralhaltigen und schwach radioaktiven Badlquelle erkannt und an dieser Stelle ein zunächst sehr einfacher Kurbetrieb aufgenommen. In dieser Tradition sieht sich das heutige Gasthaus. Etwas weiter hinten wird die urige Huberalm als Jausenstation geführt. Bei der Oberwanger Alm gibt es eine solche zwar nicht – da die Tour aber eh nicht sehr lang ist, lohnt es sich durchaus, bis hierher vorzudringen und sich von den umrahmenden Dreitausendern über dem Talschluss gefangen nehmen zu lassen.

Ausgangspunkt: Wanderparkplatz im Mühlbacher Tal, ca. 1600 m, von der Hauptstraße bei Mühlbach abzweigend etwa 1,5 km taleinwärts. Im Dorf hält der Bus von Uttenheim, von dort in 30 Min. bis zum Parkplatz.

Anforderungen: T1. Völlig problemlose Wanderung, überwiegend auf einem breiten Wirtschaftsweg. Bis Huberalm hin und zurück nur 1.40 Std.

Karte: Tabacco 1:25.000, Blatt 032 oder 033.

Vom Parkplatz ❶ folgen wir dem nicht öffentlichen Fahrweg weiter taleinwärts. Vor dem **Mühlbacher Badl** ❷, 1694 m, wird eine Schleife geradeaus abgeschnitten – dabei ist ein Abstecher zum Gasthaus binnen

Unterwegs finden wir die Darstellung historischer Berufe.

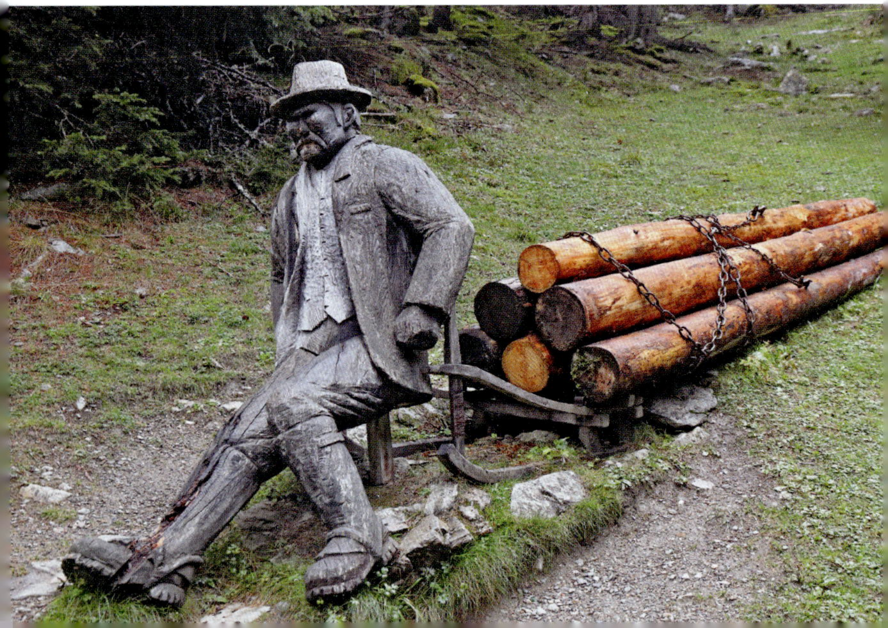

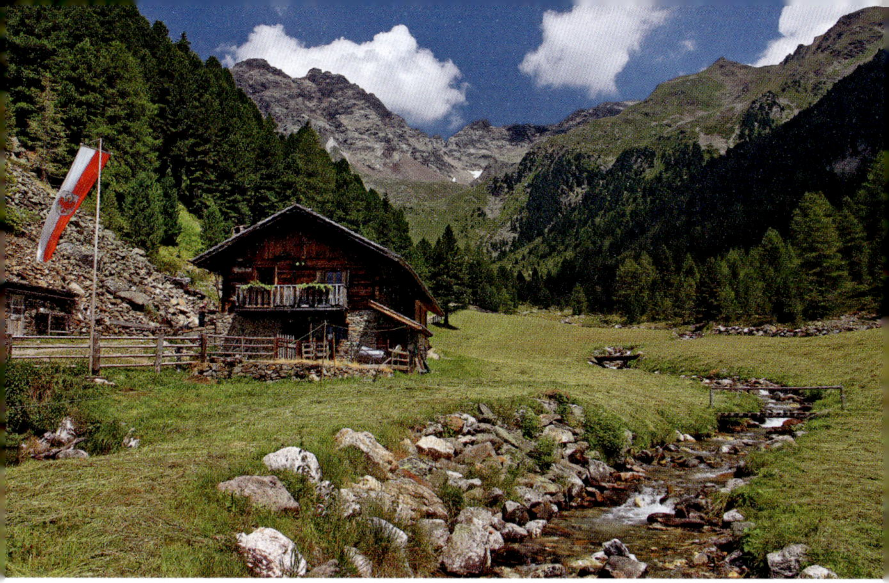

Die Huberalm, erklärtes Wanderziel im Mühlbachtal.

EINKEHR

Mühlbacher Badl, 1694 m: fast ganzjährig geöffnet, Übernachtungsmöglichkeit, Tel. +39 0474 505100, badl.it.
Huberalm, 1854 m: im Sommer bewirtschaftet, Tel. +39 0474 504120, gasthof-huber.com.

TOUREN

Große Windschar, 3041 m: Route Nr. 5 Richtung Grubscharte und zuletzt über die Gipfelflanke oder über den Südgrat (T4), 3.00 Std. von der Oberwanger Alm.
Schwarze Wand, 3105 m: mit Nr. 2 zum Mühlbacher Jöchl, zuletzt über den Westgrat (T3–4), 3.00 Std.
Rieserfernerhütte, 2791 m: über Mühlwalder Jöchl und die Reste des Gelttalferners (T3–4), 4.00 Std.

einer Minute möglich. Man fädelt wieder in den breiten Güterweg ein, passiert die Oberbacher Alm und gelangt auf der anderen Bachseite zur **Huberalm** ❸, 1854 m. Wer möchte, kann in lockerer Art und Weise noch Richtung Unter- und **Oberwanger Alm** ❹, 2027 m, weiterwandern, wo nach zwei Kehren (Abkürzungsmöglichkeit) der Fahrweg endet. Zurück geht es auf demselben Weg.

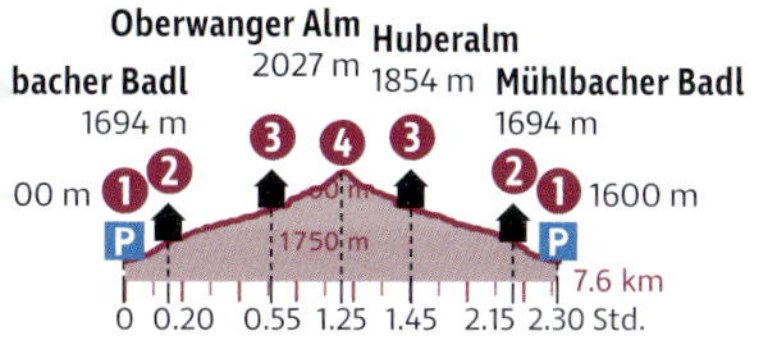

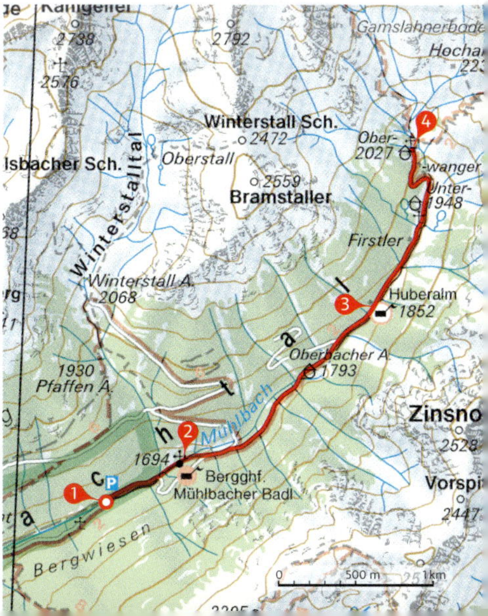

37 Gönner Alm, 1975 m

Über die Erdpyramiden im Wielental

2.45 Std. | 6,9 km | ↗580 m | ↘580 m

Geologische und kulinarische Spezialitäten

Die Gönner Alm hat ihren Platz an der Waldgrenze oberhalb des Bergdorfes Oberwielenbach, wo der Kammausläufer des Rammelsteins aus der Rieserfernergruppe sanft ausstreicht. Sie ist beim Wandervolk sehr beliebt, fördert ihre Speisekarte doch nicht nur traditionelle Südtiroler Hausmannskost zutage, sondern immer wieder auch echte Spezialitäten, die man nicht überall bekommt, sei es Grillgemüse, Apfelküchlein oder ein raffiniertes Barschfilet auf Kräuterrisotto. Die Angebotspalette wird auch jahreszeitgemäß angepasst, nicht fehlen darf der hauseigene Bergkäse. Lohnend gestaltet sich ein fortgesetzter Aufstieg bis auf den Rammelstein, nur zieht es sich ein wenig dorthin. Eine besondere Landschaftsattraktion versteckt sich zudem weiter unten im Bergwald: die Erdpyramiden im Lahngraben. Beeindruckend, welch skurrile Gebilde die Erosion im Laufe der Zeit hervorzaubert!

Ausgangspunkt: Parkplatz Wielental (P1) oder Parkplatz Erdpyramiden (P2), ca. 1430 m, oberhalb von Oberwielenbach. Es besteht auch Busanbindung (Linie von Bruneck über Percha).
Anforderungen: T2+. Bequemer Wanderweg zu den Erdpyramiden, die Waldsteige zur Gönner Alm sind hingegen recht steil, obschon ordentlich angelegt. Etwas Trittsicherheit schadet nicht, Absturzgefahr droht keine. Durchschnittliche Halbtagestour.
Karte: Tabacco 1:25.000, Blatt 032 oder 033.

Vom zweiten Parkplatz ❶ aus wandern wir am gepflegten Erdpyramidenweg anfangs ein Stück aufwärts, dann eher querend zu den Höllerhöfen. Die zuvor abzweigende Route Nr. 16A wird derweil ignoriert, um

Wandergruppe beim Abstieg vom Rammelstein zur Gönner Alm.

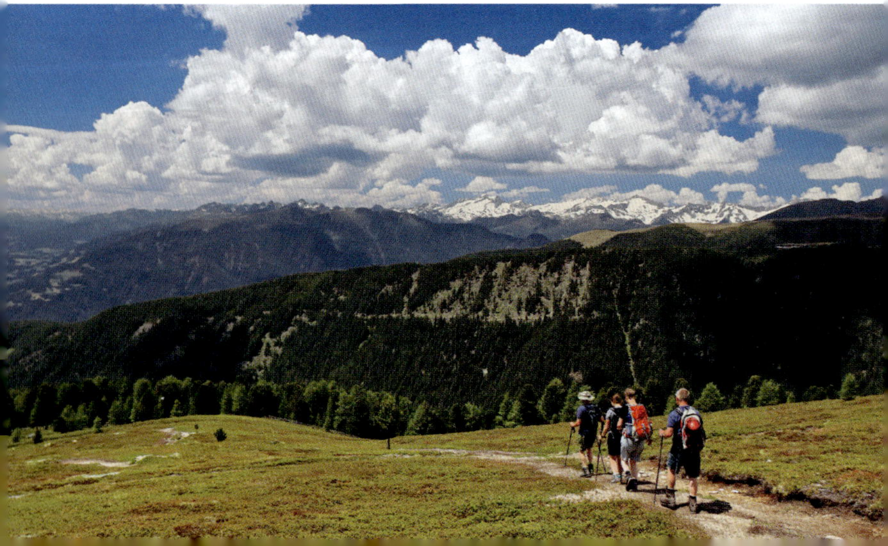

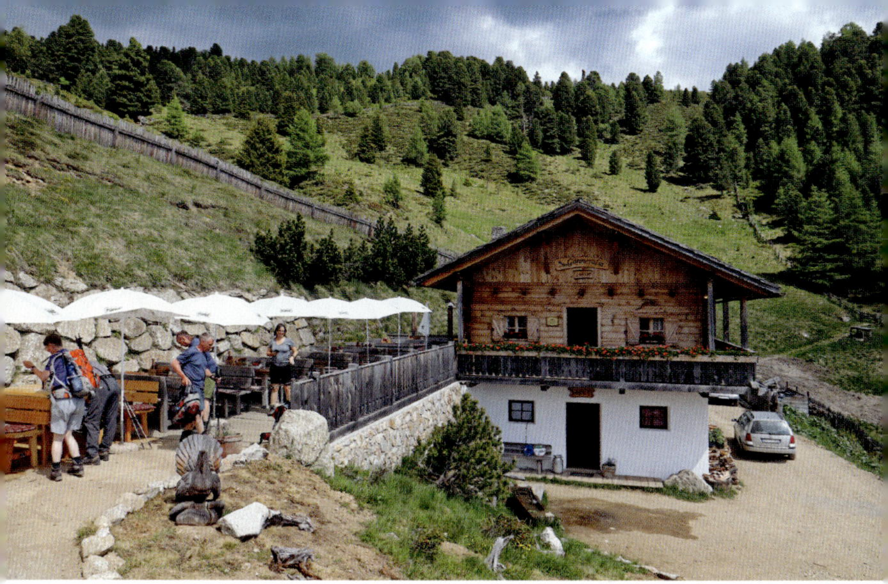

Eine der zahlreichen attraktiven Pusterer Almtouren führt zur Gönner Alm.

zunächst das Naturdenkmal der **Erdpyramiden** ❷ zu besuchen. Von der oberen Kanzel lohnt es sich der veränderten Perspektive wegen, zusätzlich einige Minuten abzusteigen. Nach der Erkundung gehen wir zurück zum Sträßchen, schlagen Nr. 16B ein und gewinnen Anschluss zur erwähnten Nr. 16A. Der kräftig ansteigende Waldsteig ist der Forststraße vorzuziehen. Auf rund 1840 Metern trifft man wieder auf diese und kurz danach auf die Markierung Nr. 6, die als Waldsteig weiter zur **Gönner Alm** ❸, 1975 m, hinaufleitet. Den Abstieg absolvieren wir komplett über den Weg Nr. 6. In einem steilen Geländeeinschnitt sind die Kehren geschickt angelegt, bevor man rechts haltend auf einen breiten Forstweg kommt und diesem dann zum Parkplatz P1 hinunter folgt. Zum Parkplatz P2 ❶ sind es von dort noch rund 600 Meter entlang der Straße.

EINKEHR

Gönner Alm, 1975 m: Mitte/Ende Mai bis Ende Oktober (Do Ruhetag), Tel. +39 347 9876876, goenneralm.com.

TOUREN

Rammelstein, 2483 m: über den Grentesteig am breiten Südrücken entlang (T2), 1.30 Std.

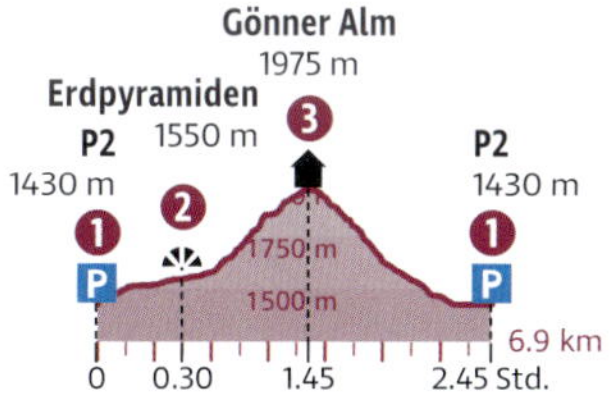

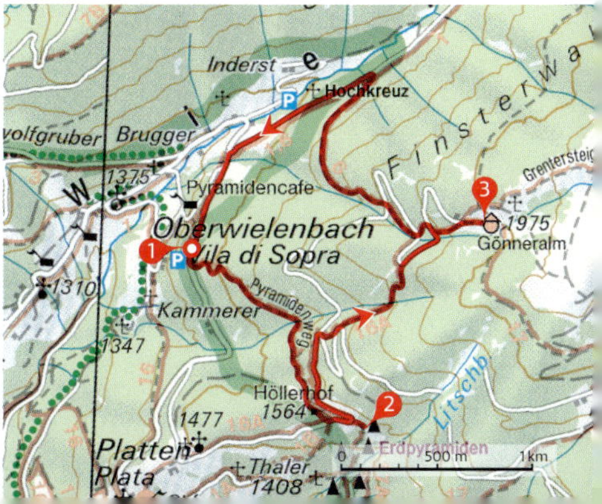

38 Grentealm, 2002 m
Am Antholzer Talhang

3.00 Std. | 5,0 km | ↗550 m | ↘550 m

Herrlich gelegenes Almziel mit Genussambiente
Aus dem Antholzer Tal sieht man sie schon oben am Wiesenhang kleben, entsprechend beeindruckend ist auch der umgekehrte Blick von der Grentealm in die Talachse, die linksseitig von der mächtigen, schroffen Rieserfernergruppe flankiert wird. Die Wege dorthin sind vergleichsweise steil und das Publikum nicht zu zahlreich. Es handelt sich eher noch um einen ursprünglichen Rückzugsort, für Wanderer, die Stille und Einfachheit schätzen.

Ausgangspunkt: Parkplatz vor dem Fahrverbot am Grente-Forstweg, ca. 1450 m. Zufahrt von Antholz-Mittertal; bei Anreise mit Bus (Linie vom Bahnhof Olang) fallen 200 Höhenmeter zusätzlich aus dem Tal an.

Anforderungen: T2–3. Recht steile Waldwege, wobei Nr. 6A (Aufstieg) ein bisschen mehr fordert als Nr. 6. Für halbwegs geübte Bergwanderer aber nicht problematisch; notfalls ist auch ein leichter Güterweg vorhanden.

Variante: Auch ohne besondere weitergehende Tour lohnt sich zumindest ein halbstündiger Aufstieg bis zu einem Rast- und Aussichtspunkt oberhalb der Waldgrenze, ca. 2175 m.

Karte: Tabacco 1:25.000, Blatt 032.

EINKEHR

Grentealm, 2002 m: Anfang Mai bis Mitte Oktober, Mi Ruhetag, Tel. +39 348 9055342.

TOUREN

Rammelstein, 2483 m: über den Grentesteig zum Salzleck und weiter über die felsige Nordseite (T3), 1.30 Std.

Den Aufstieg nehmen wir über die Pichlwiesen.

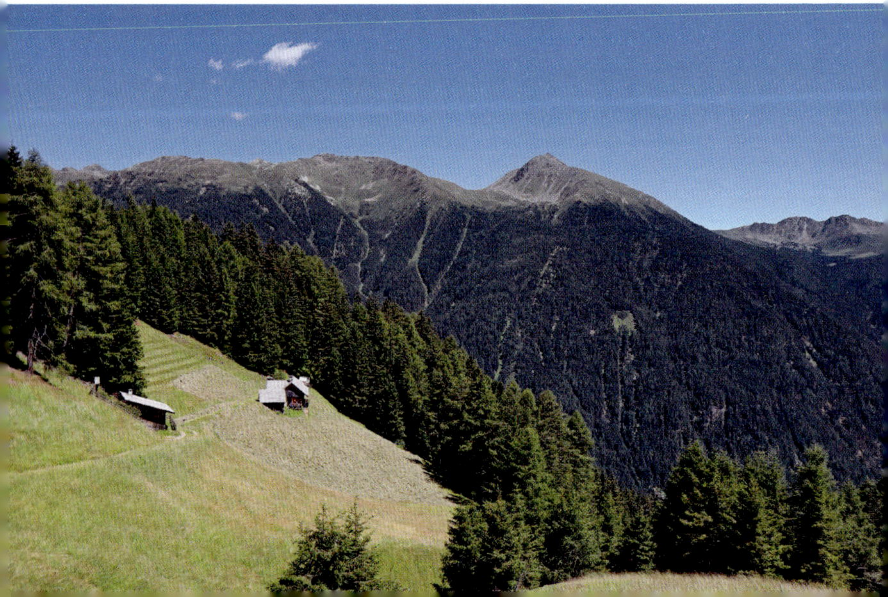

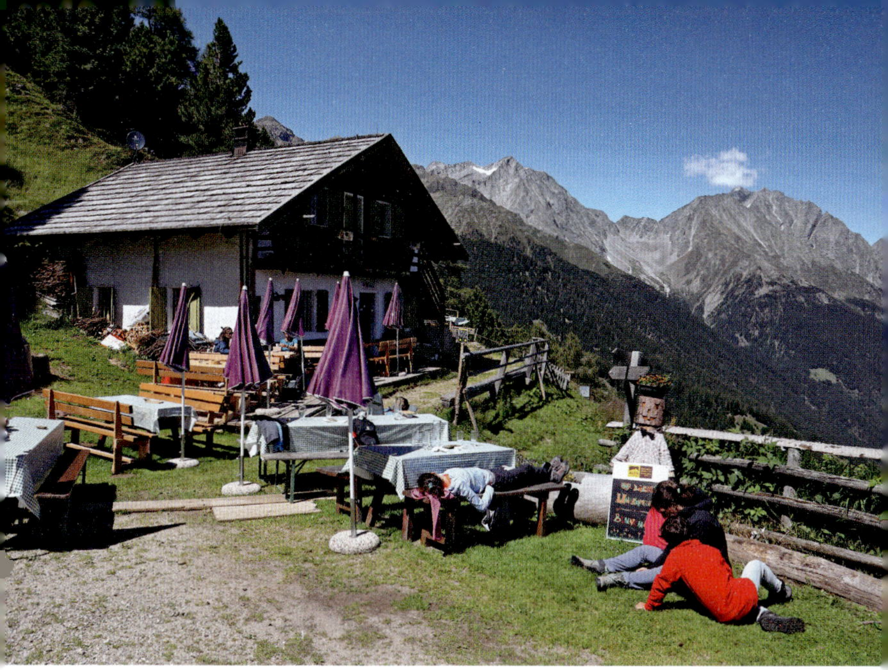

Siesta auf der Grentealm.

Bei der Forststraßengabelung nahe dem Waldparkplatz ❶ halten wir uns rechts und nehmen alsbald den Steig Nr. 6A auf. Kräftig ansteigend windet sich dieser in die Höhe und gibt ab und zu auch mal einen Blick auf die Rieserferner-Gipfel frei. Wir nähern uns den **Pichlwiesen** ❷, gelangen in der Nähe einer Hütte auf einen Karrenweg und folgen nach einem Linksbogen durch den hier offenen Hang wieder dem bezeichneten Steig. Erst im letzten Stück hinauf zur **Grentealm** ❸, 2002 m, öffnet sich die Szenerie vollends.

Beim Abstieg trennt sich der Steig Nr. 6 in Kürze vom Erschließungssträßchen. Auch hier werden zahlreiche Kehren und Windungen absolviert. Wo immer die Forststraße berührt wird, achten wir auf die Fortsetzung des Steiges – bis auf eine Höhe von knapp 1600 Metern ❹. An diesem Punkt geht es nicht mehr Richtung Antholz-Niedertal, sondern nach Hinweis »Antholz-Mittertal« auf der Forststraße um den Hang herum zurück zum Parkplatz ❶.

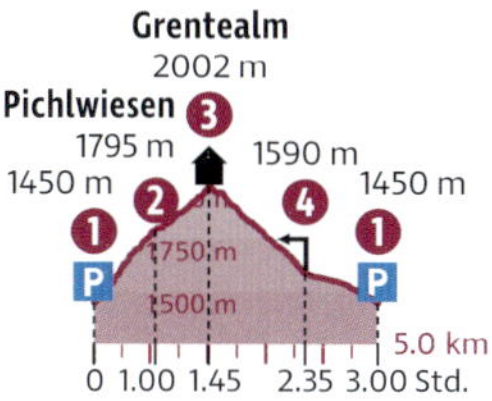

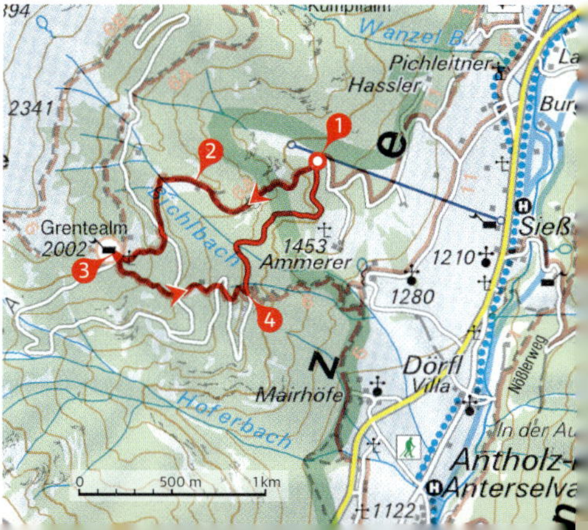

39 Rieserfernerhütte, 2791 m

Von Antholz über die Bergeralm

6.45 Std. | 12,6 km | ↗1450 m | ↘1450 m

Am Gemsbichljoch zwischen Antholz und Taufers

Die Rieserfernerhütte gehört zu den »Top-Ten-Hütten«, also den zehn höchsten Schutzhäusern Südtirols. Sie wurde 1980 vom Südtiroler Alpenverein als Ersatz für die ehemalige Fürther Hütte am Gemsbichljoch erstellt. In ihrer Natursteinarchitektur fügt sie sich so unauffällig in die Landschaft ein, dass sie glatt übersehen werden könnte. Ein hochalpiner Rahmen, dominiert von der Schwarzen Wand mit dem Geltalferner sowie der Bastion um Magerstein und Schneebigem Nock, sorgt für eine packende Kulisse. Die Rieserfernerhütte hat ihren Platz unmittelbar am Hauptkamm der wilden Gebirgsgruppe und bildet ein wichtiges Bindeglied zwischen den Talschaften von Antholz und Taufers. Die hier näher beschriebene Antholzer Route überwindet auf kürzerer Distanz einen größeren Höhenunterschied, ist also steiler und ziemlich kehrenreich, dazu auch sehr sonnenexponiert. Dagegen hat man aus dem Reintal eine längere Strecke zurückzulegen, allerdings weniger mühselig, was sich am Ende wohl aufwiegt. Wer geschickt plant, könnte beide Zugänge unter Nutzung öffentlicher Verkehrsmittel sogar an einem Tag als Überschreitung ausgestalten.

Ausgangspunkt: Parkplatz bei den Egger Höfen, 1348 m, oberhalb von Antholz-Mittertal. Der Bus vom Bahnhof Olang hält im Dorf, von dort 20 Min. Aufstieg zusätzlich bis zum Parkplatz.

Anforderungen: T3. Mit zahlreichen Kehren perfekt ausgebauter Bergweg, auch im hochalpinen Bereich bei guten Verhältnissen sicher begehbar; im Frühsommer allerdings gegebenenfalls

Die Schwarze Wand prägt eine strenge, hochalpine Hüttenumgebung.

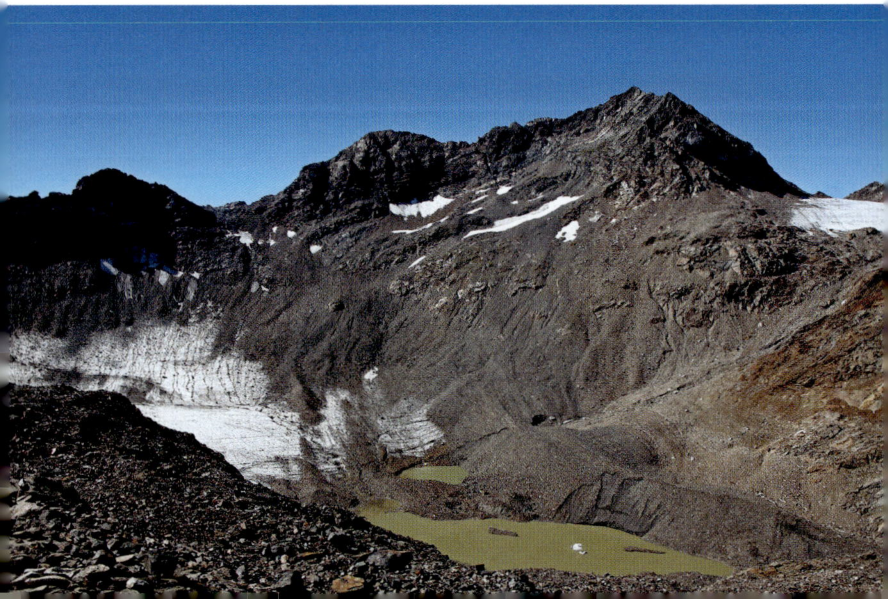

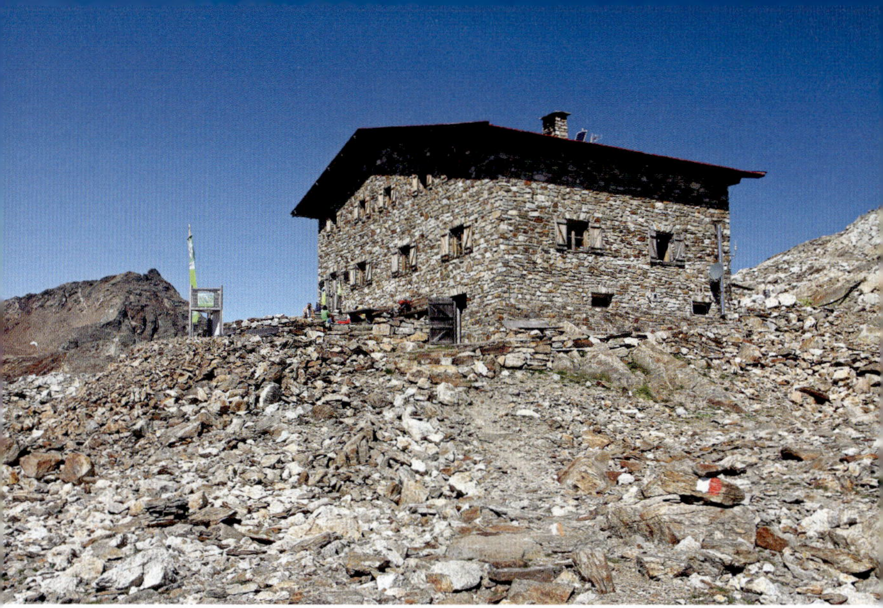

Der Naturstein der Rieserfernerhütte verschmilzt fast mit dem Gelände.

durch Schneefelder erschwert. Etwas Trittsicherheit angezeigt, vereinzelt Sicherungen. Die Hauptanforderung ist konditioneller Natur; hin und zurück tagfüllend über einen beachtlichen Höhenunterschied.

Variante: Knapp drei Kilometer vor Rein in Taufers beginnt der alternative Aufstieg durchs Geltal (ebenfalls mit Nr. 3 bezeichnet). Wir überwinden die bewaldete Trogstufe hinauf ins eigentliche Hochtal, passieren Äußere und Innere Geltalalm und kommen auf dem Erlanger Weg allmählich in steinigeres Gelände voran, wobei die Trasse selbst häufig aus aufwendig verlegten Platten besteht. Über eine letzte Verebnung erreicht man schließlich nach gut 4 Std. ab Parkplatz die Rieserfernerhütte (Bewertung T3).

Karte: Tabacco 1:25.000, Blatt 032 oder 035.

Von den **Egger Höfen** ❶, anfahrbar über Antholz-Mittertal, beginnen wir auf einer Forststraße. Nahe der ersten Kehre ergibt sich ein spannender Wasserfallblick, bald darauf lädt die bewirtschaftete **Bergeralm** ❷, 1623 m, zu einem kleinen Seitensprung ein – sinnvoller eventuell auch erst beim Rückweg. In Kürze bleibt zudem die Prennalm zurück

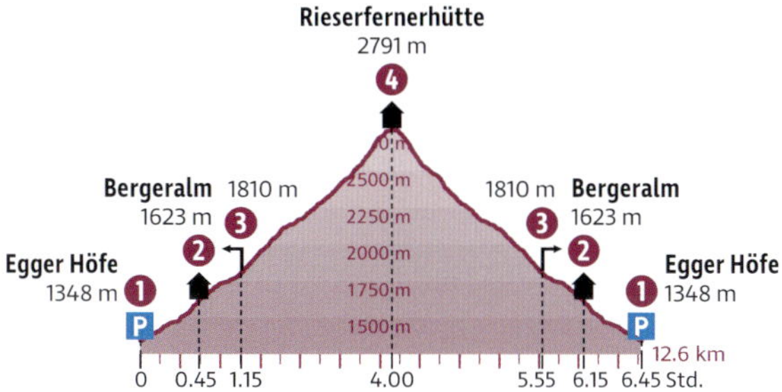

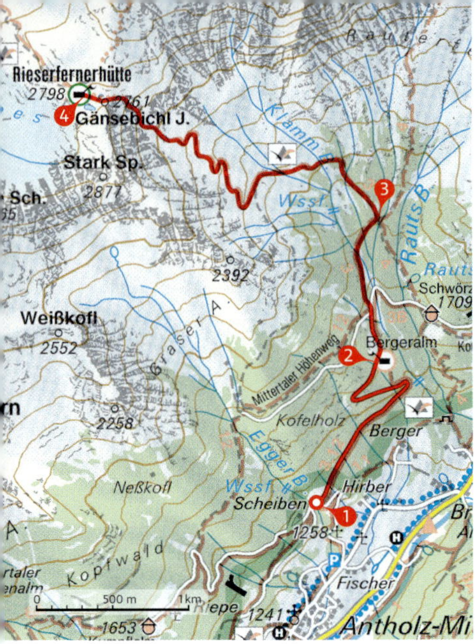

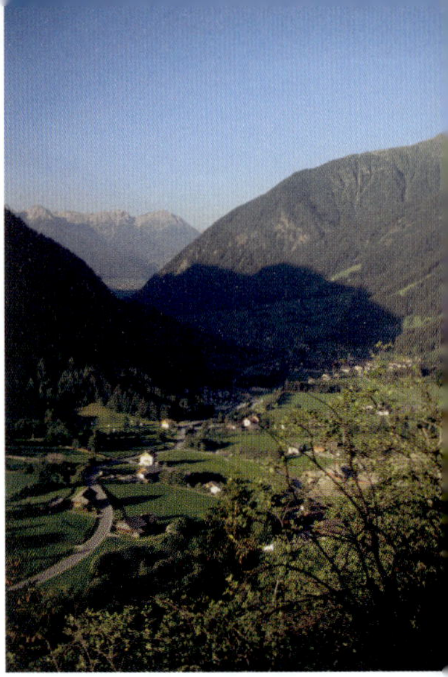

Näher vorgestellt wird die Route aus dem Antholzer Tal.

und wir folgen der Nr. 3 bis zur Kreuzung mit Nr. 4 im Bereich des Klammbachs ❸. Jetzt beginnt die eigentliche Bergstrecke, überragt von den 1000 Meter hohen Südabstürzen des Magersteins. Wir wenden uns der linker Hand öffnenden Hangmulde des Ampfergartens zu. Nach einer markanten Querung über einen tief eingerissenen Graben hinweg setzt ein beinahe »endloser« Zickzackkurs ein. Diese Kehren mindern freilich effektiv die Steilheit des Geländes. Zwischendurch kommt man auf gut 2400 Metern an einem Unterstand vorbei und muss weiter oben an einem felsigen Sporn auch Trittsicherheit unter Beweis stellen. Die Steiganlage ist hier mit vielen Holzstiegen sowie stellenweise Drahtseillauf versehen. Schließlich nähern wir uns durch eine Art Hochmulde dem Einschnitt des Gemsbichljochs und damit der **Rieserfernerhütte** ❹, 2791 m.

Soll nicht der Übergang auf dem Erlanger Weg hinab ins Reintal ausgeführt werden (siehe Variante), kehrt man auf derselben Route zurück nach Antholz.

EINKEHR

Bergeralm, 1623 m: im Sommer bewirtschaftet, Tel. +39 345 5949542 oder Tel. +39 0474 492467, bergerhof.it.

Rieserfernerhütte, 2791 m: AVS, Ende Juni bis Ende September, 60 Schlafplätze, Tel. +39 0474 492125 oder +39 348 7055051.

TOUREN

Magerstein, 3273 m bzw. Schneebiger Nock, 3358 m: über die Südwestseite hinauf zum Fernerköpfl und entweder nach rechts traversierend zum Magerstein (T4) oder links haltend über eine steile, gesicherte Felsstufe (T5) auf den Schneebigen Nock, 2.00 bis 2.30 Std.

Kasseler Hütte, 2276 m: über den Magerstein und am Westlichen Rieserferner bergab (T4), 5.00 Std.

Schwarze Wand, 3105 m: über den Geltalferner ins Mühlbacher Jöchl und dann westseitig zum Gipfel (T4), 1.30 Std.

Aschtalm und Oberbergalm, 1975 m

Am westseitigen Gsieser Almweg 2000

7.15 Std. | 20,4 km | ↗1200 m | ↘1200 m

Im Auf und Ab durch die mehrere kleine Bergkessel

Die Gsieser Bergwelt setzt sich vorwiegend aus »Durchschnittsgipfeln« im mittleren Zweitausender-Niveau zusammen. Echte Berghütten gibt es hier keine, aber eine lebendige Almwirtschaft, die das bergbäuerliche Ambiente entscheidend mitprägt. Im inneren Bereich sind auf beiden Seiten Routen mit dem Namen »Almweg 2000« bedacht worden. Es handelt sich um nicht selten richtig urwüchsig verlaufende Hangtraversen, wobei sich gelegentlich auch die Chance ergibt, bodenständigen kulinarischen Genüssen auf die Spur zu kommen. Bei dieser schon ziemlich langen Wanderung sind wir auf der Gsieser Westseite unterwegs, verbinden die Aschtalm mit der Oberbergalm und können gegen Ende noch weitere Hütten besuchen, die sich auch für einen separaten Almspaziergang aus dem Talschluss anbieten. Die komplette Tour eignet sich freilich nur für Ausdauernde!

Ausgangspunkt: Parkplatz Rotmoos, ca. 1485 m, im inneren Gsieser Tal, noch hinter dem großen Parkplatz bei der Talschlusshütte. Die Buslinie von Welsberg endet dort.

Anforderungen: Maximal T3, meist leichter. Bis zur Pfannalm ausschließlich Fahrwege, am eigentlichen Almweg dann unterschiedliche Beschaffenheit, streckenweise nur schmal gepfadet, dazu auch einiges Auf und Ab und nicht überall optimal bezeichnet. Trittsicherheit und elementares Orientierungsvermögen angezeigt, erhöhte Vorsicht bei Nässe. Tagfüllendes Programm für Ausdauernde.

Vom Parkplatz **Rotmoos** ❶ folgen wir zuerst dem Talblickweg südwärts zum Weiler Huben, dann rechts ausscherend zum höher gelegenen Ampfertal. Das Bergsträßchen wäre noch weiter öffentlich befahrbar bis zu einer Parkmöglichkeit ❷, die vorteilhaft zu nutzen ist, falls man nur die Aschtalm besuchen möchte. Wir bleiben nun auf der bergwärts führenden Forststraße (Nr. 10) und kommen allmählich ins Gebiet der Stammer Alm voran, das sich unter dem Karbacher Berg öffnet. Am Hang zur Rechten empfängt die **Aschtalm** ❸, ca. 1920 m, ihre Gäste.

Wir überschreiten den Pfinnbach, vollziehen einige Serpentinen, nehmen den vom Hörneggele kommenden **Almweg 2000** auf und treten aus letzten Waldbeständen ins Gebiet der **Pfinnalm** ein. Noch knapp unterhalb des eigentlichen Almgebäudes beachten wir den rechts abzweigenden schmaleren Pfad ❹, ca. 2100 m. Aus dem Kessel herausquerend geht es zunächst in die Ostflanke und anschließend in

Die Einkehr auf der Oberbergalm wird von vielen sehnlich erwartet.

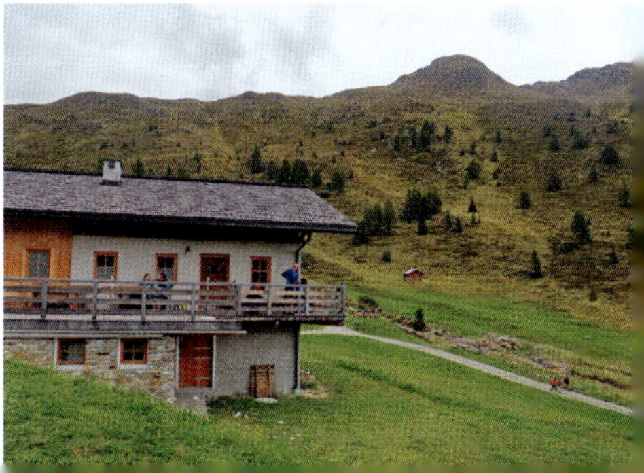

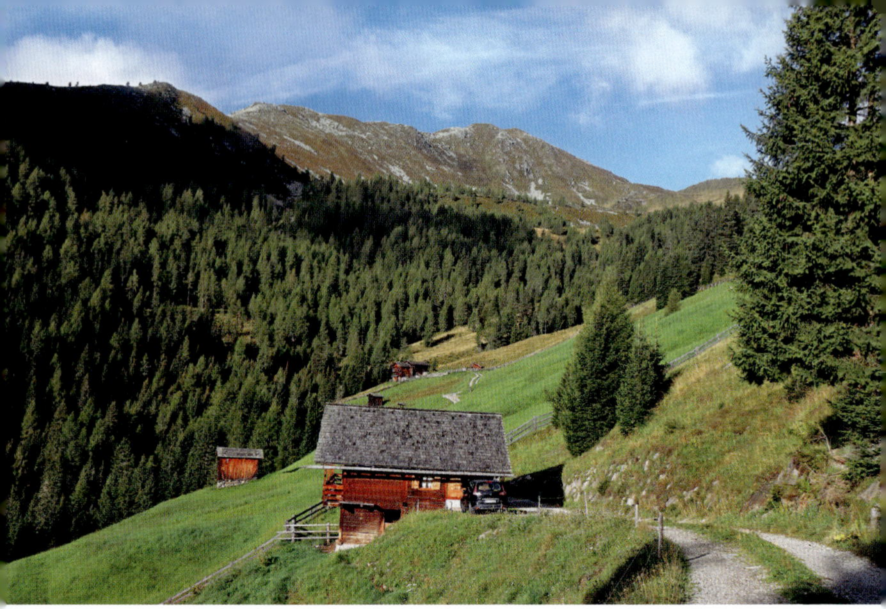

Auf Höhe der Stammer Alm haben wir den Almhorizont erreicht.

Varianten: 1. Die Route Nr. 10A zum Durra-Wetterkreuz und der Güterweg zur Weißbachalm eröffnen Möglichkeiten zur Teilung der Tour in eine südliche und nördliche Schleife, welche dann jeweils kürzer ausfallen.
2. Wer die Messnerhütte besuchen möchte, bleibt talauswärts am Fahrweg auf der rechten Seite.
Karte: Tabacco 1:25.000, Blatt 032.

EINKEHR

Aschtalm, ca. 1920 m: Mitte Juni bis Ende Oktober und Ende Dezember bis Mitte März, Do Ruhetag, Tel. +39 348 7282727, aschtalm.com.
Oberbergalm, 1975 m: Anfang Juni bis Mitte Oktober, Di Ruhetag, Tel. +39 0474 948034 oder +39 347 2608678.
Kradorfer Alm, 1713 m: Anfang Juni bis Mitte Oktober sowie in der Wintersaison, Mo Ruhetag, Tel. +39 0474 948043, kradorferhof.it.
Messnerhütte, 1659 m: Ende Mai bis Ende Oktober, Do Ruhetag, Tel. +39 0474 978441 oder +39 340 4963098, messnerhuette.com.
Moosalm, 1477 m: im Sommer und Winter geöffnet, Tel. +39 0474 948735, moosalm.it.

TOUREN

Karbacher Berg (Fellhorn), 2518 m: von der Aschtalm über die Pfinnalm (T2), 1.45 Std.
Hinterbergkofel, 2726 m: von der Weißbachalm (T3), 1.30 Std.

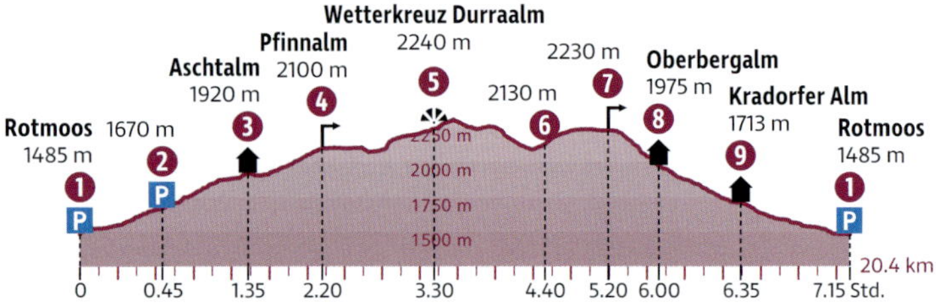

die anspruchsvolleren Hänge über dem Kasertal, wo unsere Route im relativ stark bewachsenen Terrain einen etwas verschlungenen Verlauf annimmt. Man verliert zwischenzeitlich einige Höhenmeter, muss dann aber wieder deutlich ansteigen, um auf die gegenüberliegende Seite der Bachrunse zu gelangen. Hier nach rechts hinaus und an den Hängen der **Durraalm** zu einem aussichtsreichen **Wetterkreuz** ❺, ca. 2240 m.
Die Fortsetzung des Almwegs führt hier schräg aufwärts zu einer Geländerippe, über die wir mit etwas Zwischenabstieg ins Verbon wechseln. Dort gehen wir – manchmal etwas undeutlich bezeichnet – abermals einen Bogen aus und passieren bei P. 2309 die nächste Rippe. Merklicher Höhenverlust bringt uns in den Weißbachkessel, wo die nächste Gegensteigung ansetzt: zunächst bis kurz vor die **Weißbachalm** ❻, ca. 2130 m, weiter oben jedoch vom Weg zur Hallscharte abzweigend auf eine Hangtraverse, die Richtung Gsieser Törl führt. Noch deutlich davor klinken wir uns aus dem Almweg aus ❼, um uns nach kurzer Querung ins Oberbergtal hinab zu wenden. Im Zickzack nähern wir uns jetzt der bewirtschafteten **Oberbergalm** ❽, 1975 m.
Von dort folgt man den Schleifen des Güterwegs talauswärts. Später lädt links vom Pidigbach die **Kradorfer Alm** ❾, 1713 m, zur Einkehr, die nahe **Messnerhütte**, 1659 m, hingegen auf der rechten Seite, wo auch das Sträßchen verläuft. Weiter talauswärts wandert es sich natürlich schöner auf den Fußwegen – spätestens die dritte Möglichkeit nutzt man, um wieder zu wechseln und zurück zum Parkplatz **Rotmoos** ❶ zu gelangen.

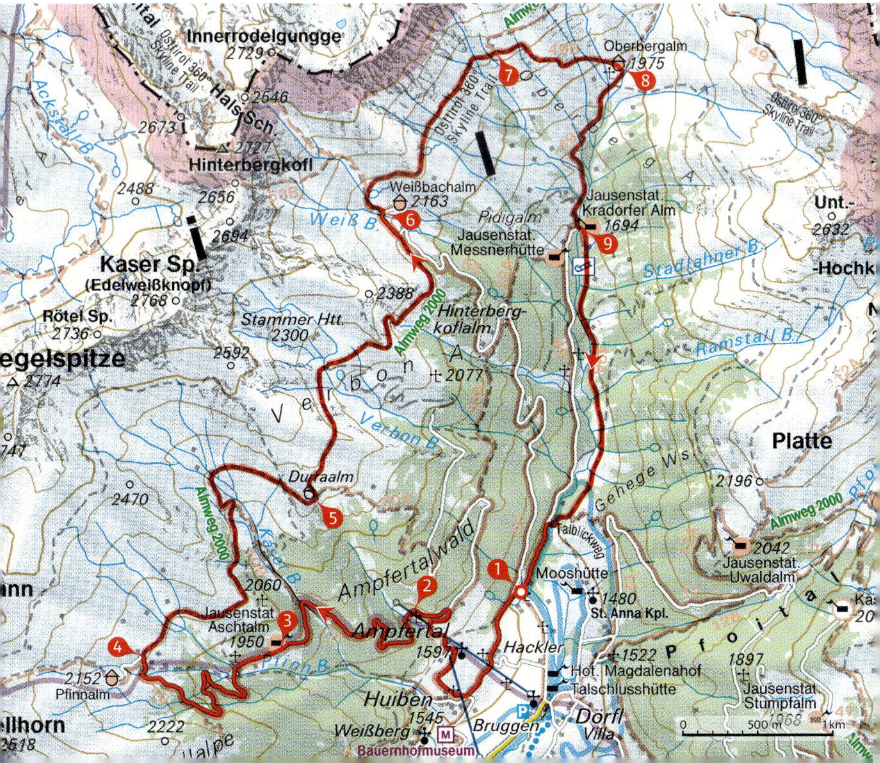

41 Stumpfalm, Kaseralm und Uwaldalm

Am ostseitigen Gsieser Almweg 2000

3.30 Std. | 11,8 km | ↗720 m | ↘720 m

Drei Jausenstationen auf engem Raum

Verbindungen von Alm zu Alm gibt es auch auf der Gsieser Ostseite. Da Stumpf-, Kaser- und Uwaldalm als Jausenstationen betrieben werden, wollen wir diese drei zu einer relativ kompakten Wanderung zusammenfassen. Der Almhorizont liegt ungefähr auf einer Seehöhe von 2000 Metern, was dem seit 1985 propagierten »Weg 2000« zu seinem Namen verholfen hat. Besonders schön ist es hier im Frühsommer zur ergiebigsten Blütezeit oder im Herbst, wenn die knorrigen Lärchen mit ihrer goldgelben Farbenpracht die Landschaft regelrecht erstrahlen lassen.

Ausgangspunkt: Parkplatz bei der Talschlusshütte, 1465 m, hinter St. Magdalena im Gsieser Tal, auch per Bus von Welsberg erreichbar.
Anforderungen: T1–2. Meistens breite Almgüterwege, aufgrund des Höhenunterschieds aber nicht ganz mühelos. Ausdauer für eine gute Halbtagestour nötig.
Variante: Wer eine längere Tour unternehmen möchte, steigt vorab zur Tscharniedalm, 1976 m, auf und wandert auf dem Almweg 2000 via Kasermähderalm und Kipfleralm zur Stumpfalm. Insgesamt knapp 5.00 Std.
Karte: Tabacco 1:25.000, Blatt 032.

EINKEHR

Stumpfalm, 2003 m: Anfang Juni bis Ende Oktober und zeitweise im Winter, Mo Ruhetag, Tel. +39 0474 948099 oder +39 348 6953597, gattererhof.eu.
Kaseralm, 2076 m: Ende Mai bis Mitte Oktober, Tel. +39 0474 948074 oder +39 340 2422321, selbenbacher.com
Uwaldalm, 2043 m: Juni bis September und zeitweise im Winter, Mi Ruhetag, Tel. +39 0474 948051 oder +39 348 8952719.

TOUREN

Riepenspitze, 2774 m: von der Stumpfalm durch das Kar »Altkaser«, zuletzt aufsteilend zum Nordwestgrat (T3–4), 2.00 Std.

Bei der **Talschlusshütte** ❶ nehmen wir Route Nr. 48 auf, die als Fahrweg in den Einschnitt des Köflerbachs hineinzieht und später von Nr. 47 abgelöst wird. Zuhinterst bei der Köfleralm wird ein markanter Linksbogen absolviert, bevor es an den Waldflanken schräg bergauf geht. Nach einigen Schleifen erreichen wir die **Stumpfalm** ❷, 2003 m (deren oft angegebene Höhe von 1968 m etwas zu gering sein dürfte).

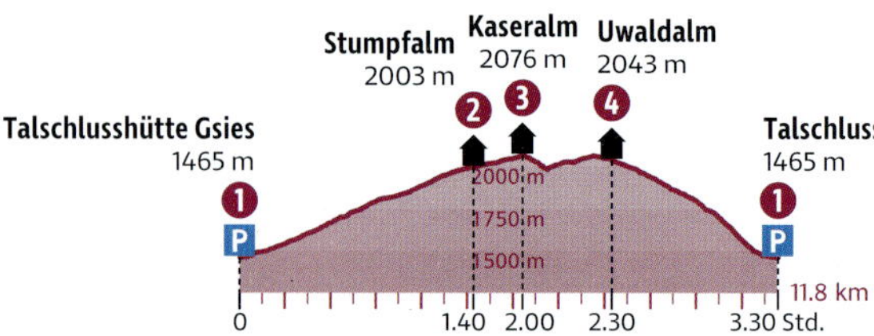

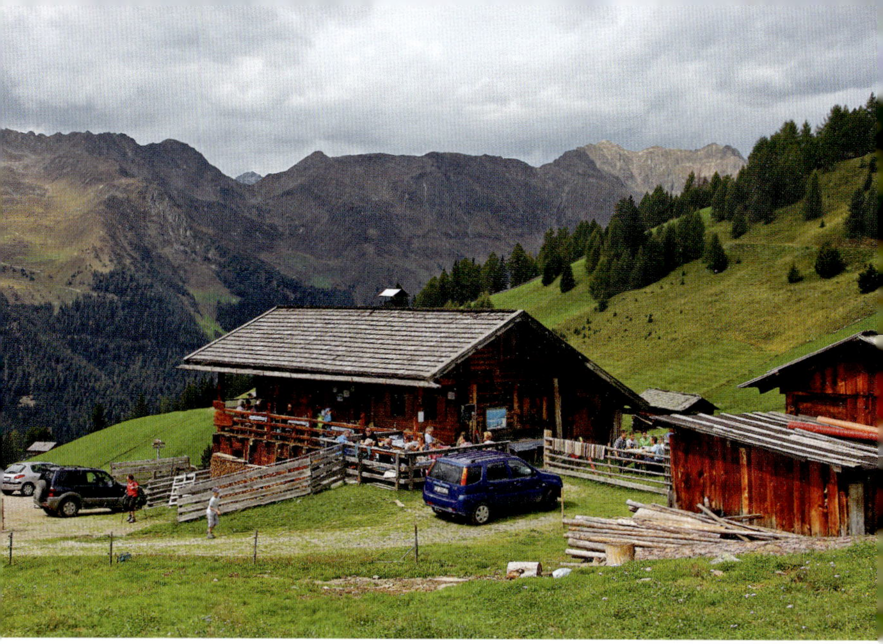

Erste Einkehrmöglichkeit besteht auf der Stumpfalm.

Bis zur **Kaseralm ❸**, 2076 m, nutzt man weiterhin einen breiten Güterweg und ist damit am höchsten Punkt der Tour angelangt. Dahinter schwenken wir allmählich ins ausgeprägte Pfoital ein und müssen ein wenig Höhe herschenken. Erneut auf einem Güterweg bis knapp unter die Pfoialm und auf einem Wanderpfad schließlich hinüber zur **Uwaldalm ❹**, 2043 m. Über eine Forststraße bzw. den teilweise abkürzenden Weg Nr. 12 im Abstieg ergibt sich letztlich der Rundkurs zurück zur **Talschlusshütte ❶**.

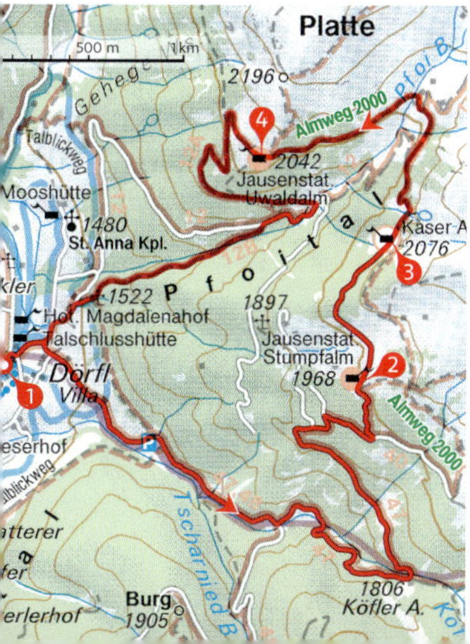

Auch bei der Kaseralm machen wir Station.

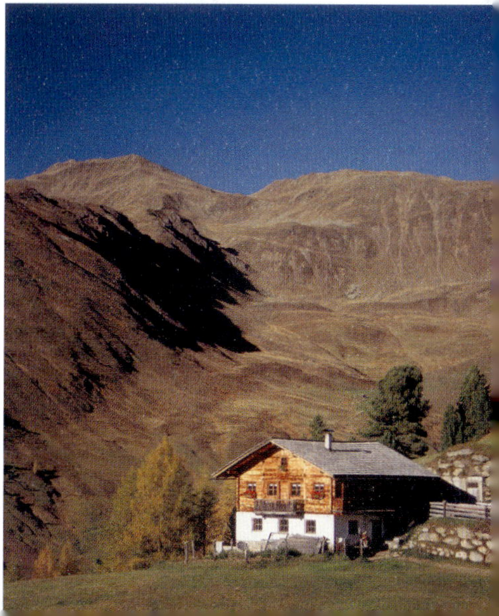

42 Bonner Hütte, 2340 m

Von Kandellen an den Hang des Toblacher Pfannhorns

TOP | 3.45 Std. | 10,1 km | ↗ 810 m | ↘ 810 m

Ein vorbildlich reaktiviertes Bergnest

Ich kann mich noch an eine Zeit erinnern, da präsentierte sich die Bonner Hütte als unappetitliche Ruine, in der nur mehr die Schafe ein- und ausgingen. Die Alpenvereinssektion Bonn hatte den Stützpunkt Ende des 19. Jahrhunderts in aussichtsreicher Lage unter dem Gipfel des Toblacher Pfannhorns errichtet und bis zum Ersten Weltkrieg mit mäßigem Erfolg bewirtschaftet. Danach folgte die übliche Enteignung, worauf das Haus bis 1971 noch der italienischen Zollwache diente, ehe es dem Verfall preisgegeben war. Es ist der Initiative von Hüttenwirt Alfred Stoll zu verdanken, dass hier inzwischen wieder ein richtig gemütliches Bergnest bereitsteht. Unermüdlich schuftete der Tischlermeister mit seinen Helfern über mehrere Jahre und konnte zu Sommerbeginn 2007 schließlich ein überaus achtbares Resultat vorzeigen. Man sollte sich einmal dort einquartieren, abends noch lange das Panorama der Sextener und Prager Dolomiten über dem Hochpustertal in sich aufsaugen und den Sonnenaufgang am anderen Morgen idealerweise schon auf dem Gipfel des Toblacher Pfannhorns erwarten. Die Stimmungen sind bei Wetterglück unvergesslich!

Ausgangspunkt: Kandellen, ca. 1580 m, Streuweiler nordöstlich von Toblach. Parkmöglichkeit vor dem Silvesterkirchlein; Bus nur bis Wahlen.
Anforderungen: T2. Leichte Bergwanderung meist über Fahr- und Karrenwege streckenweise mittelsteil, zwischen Hütte und Bergalm ein Steig durch Wiesengelände. Auch konditionell noch moderat.
Karte: Tabacco 1:25.000, Blatt 010 oder 032.

In der Ferne wabern Wolkenballen um die Drei Zinnen.

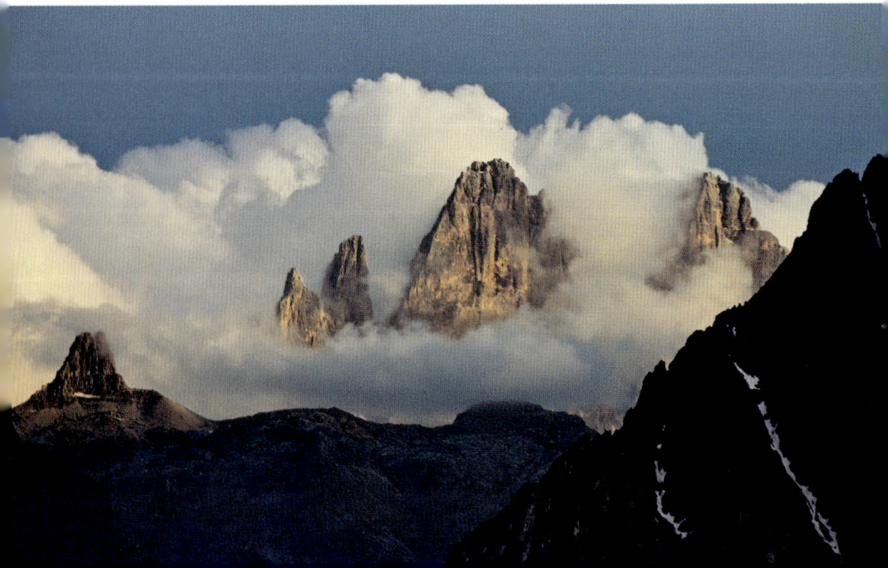

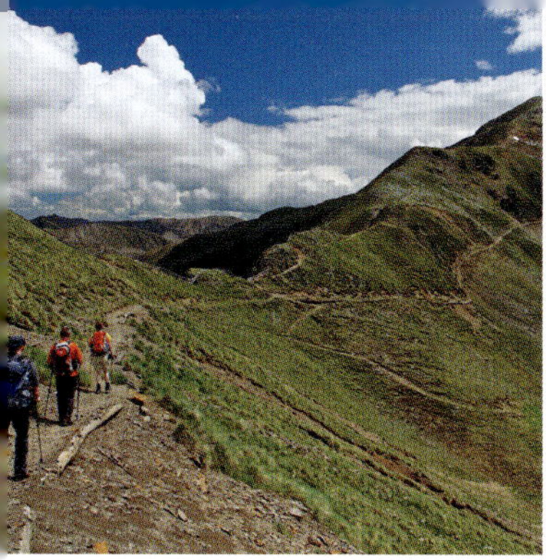

Am Toblacher Höhenweg unterhalb des Pfannhorns.

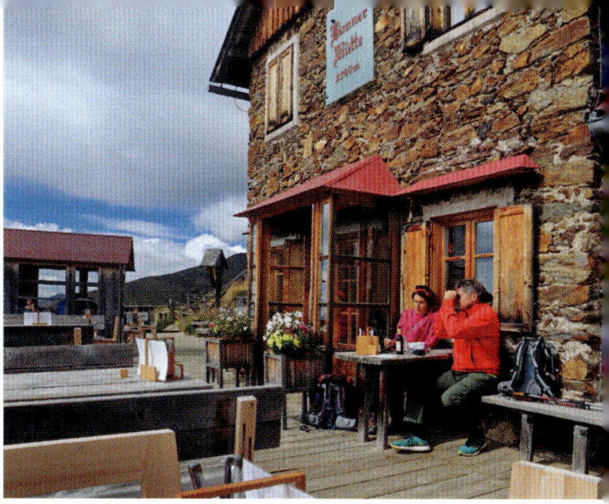

Die Bonner Hütte – ein Hort der Gemütlichkeit.

Beim Parkplatz in **Kandellen ❶** nehmen wir Route Nr. 25 auf und folgen dem Sträßchen am Gasthof Bergrast vorbei leicht ansteigend bis zum **Golfenbach ❷**. Unmittelbar hinter der Brücke trennt sich Nr. 25A, über welche wir später zurückkommen wollen. Wir halten uns also rechts und achten nach drei Kehren auf den Abzweig eines Karrenweges, der sich nun am weit ausladenden Südwestrücken des Toblacher Pfannhorns emporschraubt. Bald bleibt der Wald unter uns; die Dolomitenschau wird immer besser. Nach insgesamt zwei Stunden ist die **Bonner Hütte ❸**, 2340 m, erreicht.

Eine Hangtraverse (Nr. 25B) bringt uns nordwärts Richtung Seelandboden, wo wir mit Nr. 25A talwärts abdrehen und zur **Bergalm ❹**, 2085 m, gelangen. Auf der orografisch linken Seite des Golfenbachs weiter abwärts bis zur bekannten Brücke ❷ und dann wie gehabt zurück nach **Kandellen ❶**.

EINKEHR

Bonner Hütte, 2340m: Gemeinde Toblach, Mitte Mai bis Anfang/Mitte Oktober, 25 Schlafplätze, Tel. +39 340 9428264, bonnerhuette.it.

TOUREN

Toblacher Pfannhorn, 2663 m: über den Südwestrücken (T2), 1.00 Std.
Hochhorn, 2623 m: unter dem Pfannhorn entlang ins Pfanntörl und weiter über den Toblacher Höhenweg (T2), 1.30 Std.
Marchhütte, 2530 m: Toblacher Höhenweg in Ostrichtung (T2), 2.30 Std.

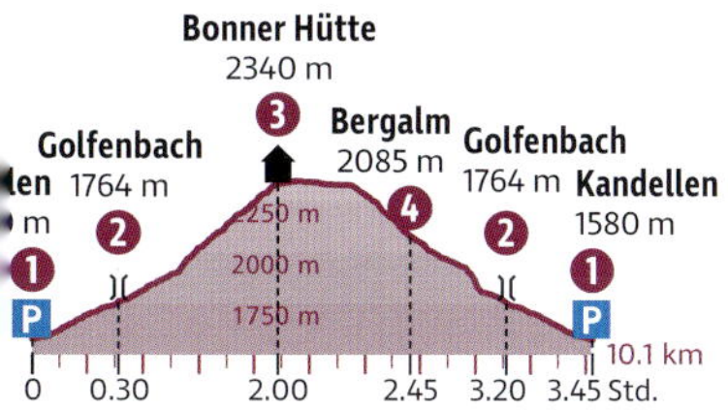

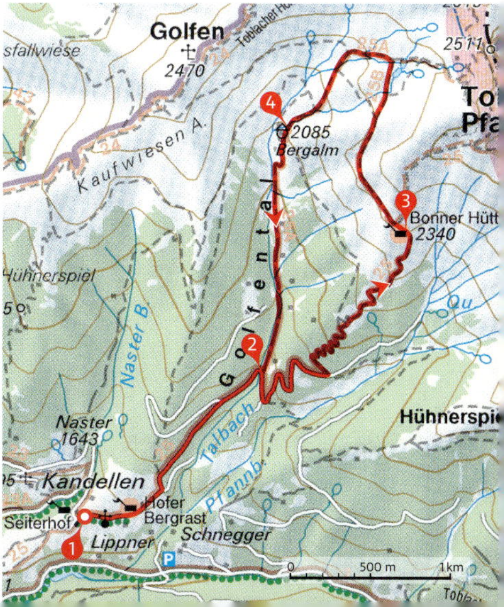

43 Marchhütte, 2530 m

Aus dem Silvestertal zum Marchkinkele

4.15 Std. | 10,8 km | ↗750 m | ↘750 m

Neue Bergunterkunft am Grenzkamm zu Osttirol

Als Schmuckstück kann man sie äußerlich sicher nicht bezeichnen, sieht man der Marchhütte den barackenartigen Charakter aus der Zeit von Mussolinis »Alpenwall« doch deutlich an. Drinnen hat sich in puncto Gemütlichkeit aber einiges getan, seitdem der Entschluss gefasst wurde, diese alten Behausungen künftig für touristische Zwecke auszubauen. Die kammnahe Lage am Marchkinkele ist verheißungsvoll und wird sicher vermehrt Wanderer und Mountainbiker an diesen Fleck führen. Über den Toblacher Höhenweg bietet sich auch eine Kombinationsmöglichkeit mit der Bonner Hütte an.

Ausgangspunkt: Bodeneck, 1807 m, im hinteren Silvestertal. Die Zufahrt führt nicht durchs Tal, sondern von Toblach Richtung Lachwiesenhütte und weiter über eine Forststraße am Hang. Keine Busanbindung.
Anforderungen: T2. Im Aufstieg längere Zeit Steig wechselnder Beschaffenheit, später ehemalige Militärstraße. Die Abstiegs- und Normalroute ist gut ausgebaut, weiter unten wieder in Fahrbahnbreite. Konditionell gemäßigte Tagestour.
Variante: Im Aufstieg kann man mit Nr. 14A weiter östlich über den Gampenkofel ausholen.
Karte: Tabacco 1:25.000, Blatt 010 oder 032.

Vom Parkplatz **Bodeneck** ❶ zunächst auf einem befestigten Kehrenweg zur **Silvesterkapelle** ❷ hinauf. Hier wandelt sich die Route Nr. 14 in einen Steig, der eine Weile durch etwas unaufgeräumten Wald laviert. Am Silvestereck gelangt man in freies Gelände und gewinnt stets geradeaus am Bergrücken weiter an Höhe. Linker Hand windet sich eine ehemalige Militärstraße aufwärts – aufgrund der Schleifen ist deren Begehung aber umständlicher. Auf rund 2430 Metern im Bereich des **Strickberges** ❸ wird dann nach rechts in diese eingefädelt. Im Bogen geht es um den Bergrücken herum und zuletzt durch eine schwache Senke hinüber zur **Marchhütte** ❹, 2530 m. Die wenigen zusätzlichen Meter zum Kreuz am **Marchkinkele**, 2545 m, sind hier wohl Ehrensache.

Süd- und Osttirol teilen sich das Marchkinkele.

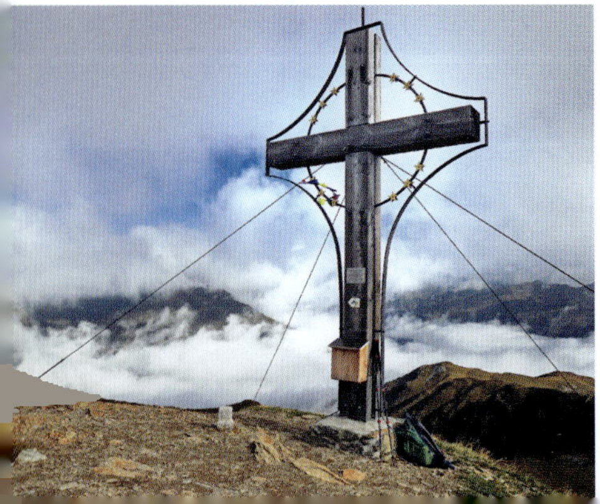

Für den Abstieg wählen wir die Nr. 1, und zwar westseitig hinunter in eine weitläufige Hangmulde. Der Weg bleibt auch in etwas steileren Geländepartien gut trassiert. Man kommt ins Blankental, welches einen Linksbogen beschreibt und uns an der neuen **Steinbergalm** ❺, 1940 m, vorbeiführt. Weiter unten gabelt sich der Wirtschaftsweg; wir halten

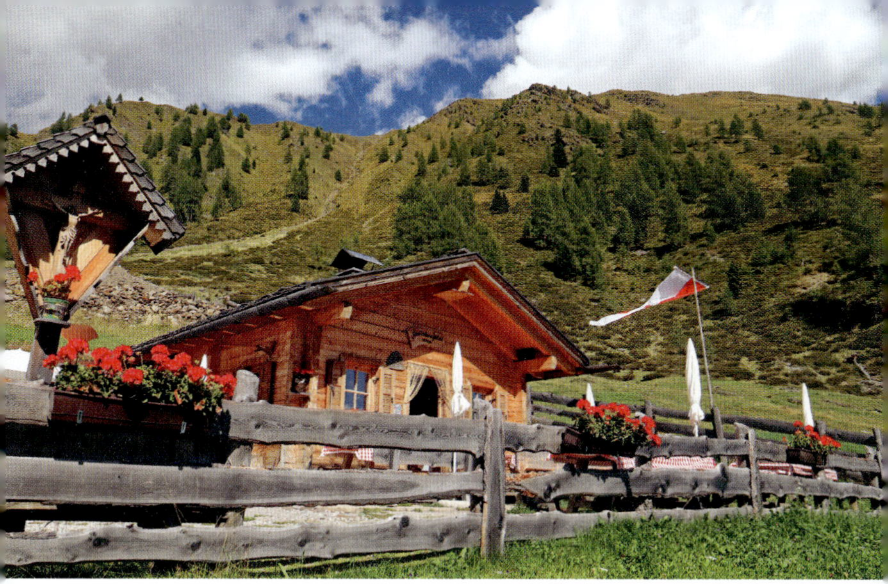

Die Steinbergalm im Blankental.

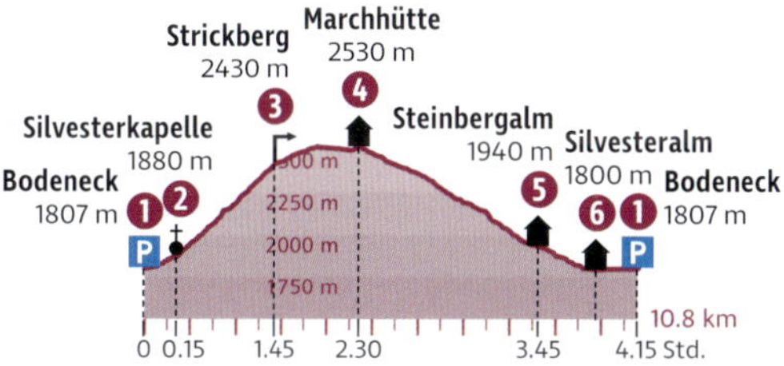

uns links und könnten auch in der **Silvesteralm** ❻, 1800 m, nochmals einkehren, bevor die Runde Richtung **Bodeneck** ❶ geschlossen wird.

EINKEHR

Marchhütte, 2530 m: privat, Mitte Juni bis Mitte Oktober, 40 Schlafplätze, Tel. +39 320 3207993, marchhuette.it.
Steinbergalm, 1940 m: im Sommer bewirtschaftet, Tel. +39 347 2333937.
Silvesteralm, 1800 m: im Sommer bewirtschaftet, Tel. +39 348 7166737.

TOUREN

Toblacher Pfannhorn, 2663 m: über den Toblacher Höhenweg (T2), 1.50 Std., bis Bonner Hütte 2.30 Std.

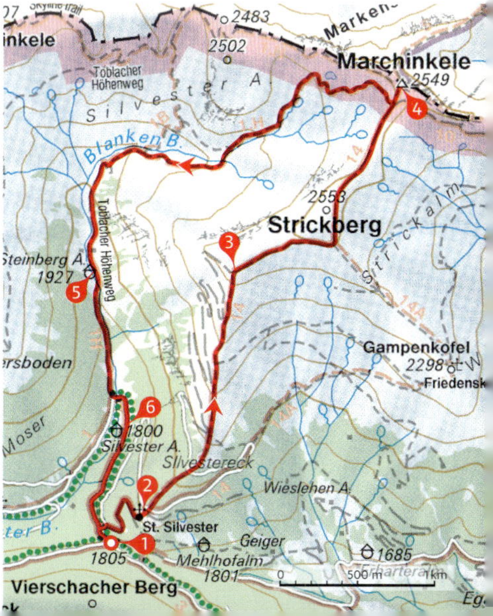

44 Alpe-Nemes-Hütte und Klammbachalm, 1944 m

Vom Kreuzbergpass nach Moos

4.00 Std. | 13,5 km | ↗ 500 m | ↘ 800 m

Vor der stolzen Kulisse der Sextener Dolomiten

An der Südabdachung des Karnischen Hauptkamms umgibt uns eine eher sanfte, weitläufig geschwungene Topografie mit einem Almhorizont, wo wir auf der Alpe-Nemes-Hütte und der Klammbachhütte bei einer deftigen Marende die Blicke südwärts über das Felsenreich der Sextener Dolomiten schweifen lassen können. Es handelt sich um eine Genusswanderung in des Wortes bester Bedeutung!

Ausgangspunkt: Kreuzbergpass, 1636 m, an der Straßenverbindung von Sexten ins Comelico. Buslinie vom Bahnhof Innichen über Sexten.
Endpunkt: Moos, 1336 m, Ortsteil von Sexten, Bushaltestelle bei der Kirche.
Anforderungen: T2. Leichte Hangwanderung über breite Erschließungswege und problemlose Almsteige. Konditionell moderates Tagespensum.
Varianten: Zwischen Alpe Nemes und Klammbachalm kann auch ein tiefer verlaufender Weg eingeschlagen werden. Zum Ende hin eventuell nach Sexten absteigen.
Karte: Tabacco 1:25.000, Blatt 010.

EINKEHR

Alpe-Nemes-Hütte, 1877 m: fast ganzjährig bewirtschaftet, Tel. +39 347 0119360, alpe-nemes.com.
Klammbachalm, 1944 m: Ende Mai bis Mitte/Ende Oktober und Weihnachten bis Ostern, Tel. +39 340 8608341.
Helmhanghütte, 1610 m: Ende Mai bis Mitte Oktober, Anfang Dezember bis Ostern, Di Ruhetag, Tel. +39 0474 710097 oder +39 328 6933876, helmhang-huette.com.

Wie aus dem Bilderbuch: die Klammbachalm.

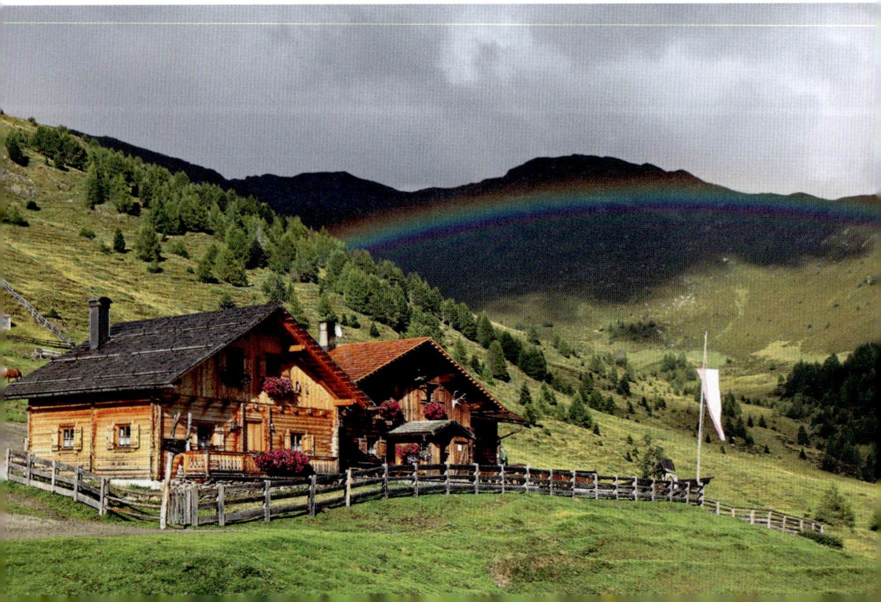

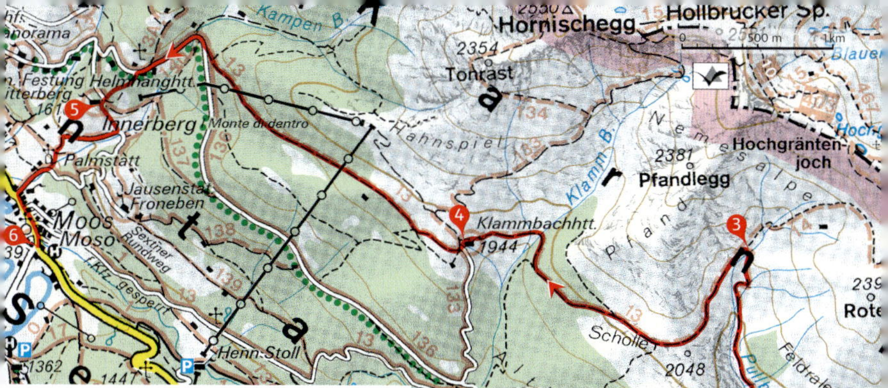

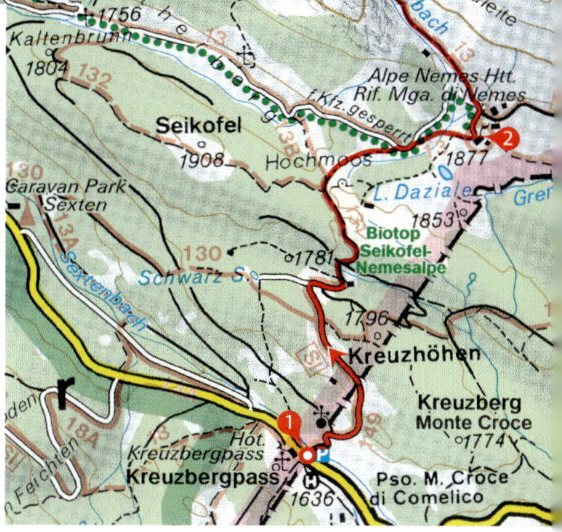

TOUREN

Demut, 2592 m: aus der Unteren Pulle (Wegpunkt 3) mit Nr. 14 zum Hochgräntenjoch und rechts auf den ersten Kammgipfel (T2–3), 1.30 Std.
Hornischegg, 2550 m bzw. Sillianer Hütte, 2447 m: von der Klammbachalm über Obermahdsattel (T3), 2.00 bis 2.30 Std.

Vom **Kreuzbergpass** ❶ geht es durch aufgelockert bewaldetes Gelände aufwärts. Der vorerst breite Weg (Nr. 131) vollzieht einige Windungen und führt an Feuchtgebieten vorbei, ehe er in Nr. 13 einmündet. Damit nach Osten und über eine Abkürzung zur **Alpe-Nemes-Hütte** ❷, 1877 m, in schöner Balkonlage. Am Hang dahinter finden wir die Fortsetzung in den Einschnitt des Pullbachs. Dieser wird bei P. 2023 in der **Unteren Pulle** ❸ gekreuzt. Danach um den Hangrücken auf die Bichl von »Schalle« und allmählich wieder in ein Waldstück, das zum Klammbach durchquert wird. Kurz darauf treffen wir bei der urigen **Klammbachalm** ❹, 1944 m, ein. Um die große Einfriedung geht es links herum und bald auf einen breiten Forstweg, der eine neuere Pistenschneise kreuzt. Nun längere Zeit schräg abwärts, am Abzweig zum Hornischegg vorbei und zu den Heuschobern des »Negerdörfls«. Kurz darauf verlassen wir die Nr. 13 und steigen zum Berggasthof **Helmhanghütte** ❺, 1610 m, ab. Auf der anderen Seite einer Skipiste setzt sich Route Nr. 3A schließlich talwärts nach **Moos** ❻ fort.

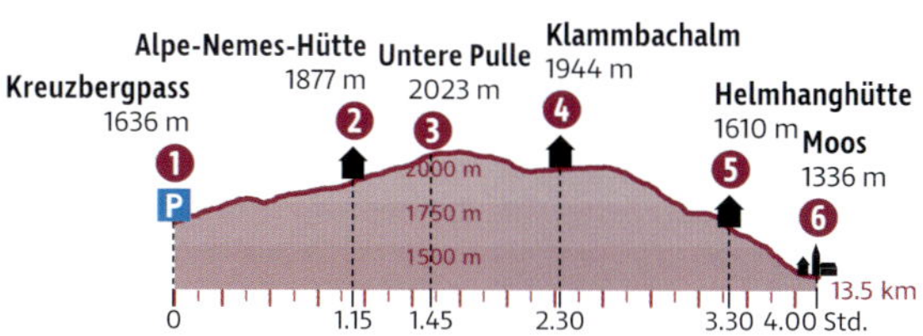

45 Zsigmondyhütte und Drei-Zinnen-Hütte

Sextener Hüttenrunde übers Büllelejoch

TOP | 6.45 Std. | 18,1 km | ↗1200 m | ↘1200 m

Im Bannkreis der Sextener Schaustücke

Es sind Traumkulissen schlechthin, die sich dem Wanderer im Herzen der Sextener Dolomiten offenbaren, in Jahrmillionen geschichtete und später markant herausgewitterte Felsmonumente, die uns stets aufs Neue in Verzückung versetzen. Elfer, Zwölfer und Einser – Stundenzeiger der Sextener Sonnenuhr –, der Paternkofel und nicht zuletzt die weltberühmten Drei Zinnen ziehen Bergfreunde jeder Couleur in ihren Bann. Kein Wunder, dass sich hier auch einige Schutzhäuser etabliert haben, die zu den meistfrequentierten überhaupt zählen. Drei-Zinnen-Hütte und Zsigmondyhütte wurden bereits in den 1880er-Jahren, der ersten klassischen Erschließungsepoche, errichtet und blicken auf eine entsprechend lange alpinistische Tradition zurück. Gemeinsam mit der kleinen Hütte am Büllelejoch und dem komfortablen Gastbetrieb drunten im Fischleintal steht für passionierte Hüttenwanderer reichlich »Futter« bereit. Am besten schlägt man den großen Bogen und saugt alles in Muße nacheinander auf.

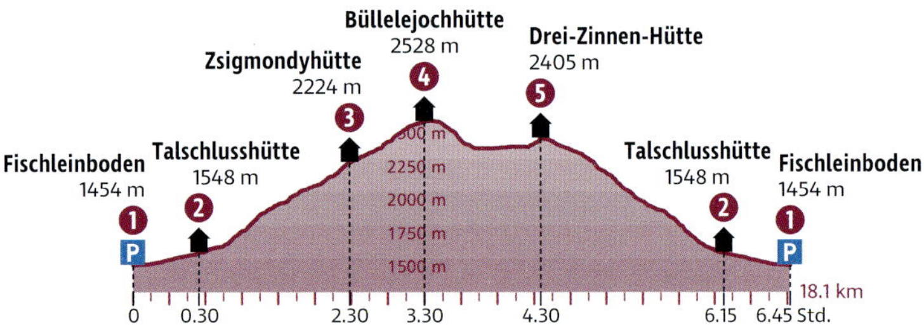

Ausgangspunkt: Fischleinboden, 1454 m, Parkplatz und Haltestelle der Buslinie von Toblach, Innichen bzw. Sexten.

Anforderungen: Maximal T2–3. Gut ausgebaute Bergwege mit steinigen Abschnitten; etwas Trittsicherheit angenehm. Als Tagestour ziemlich fordernd, allerdings problemlos auf zwei Etappen entzerrbar (als Familientour auf jeden Fall mit Übernachtung).

Der formschöne Paternkofel im Abendlicht.

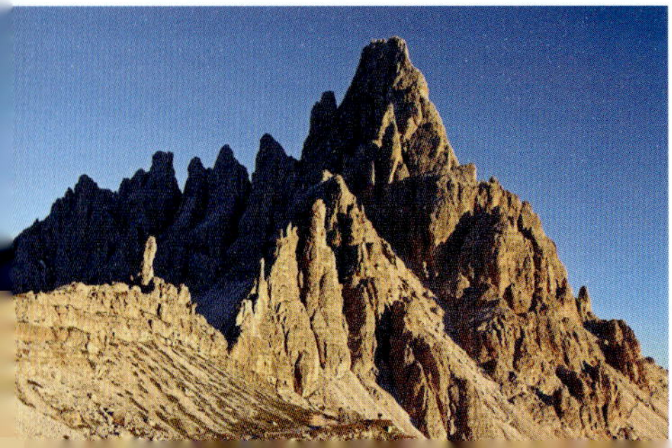

Varianten: Die Drei-Zinnen-Hütte lässt sich am schnellsten vom Rifugio Auronzo (teure Mautstraße!) über den Paternsattel erreichen, ca. 1.30 Std. Interessante längere Zugänge kommen auch aus dem Innerfeldtal (Parkplatz unterhalb der Dreischusterhütte) und von Landro im Höhlensteintal durchs Rienztal.

Karte: Tabacco 1:25.000, Blatt 010 oder 017.

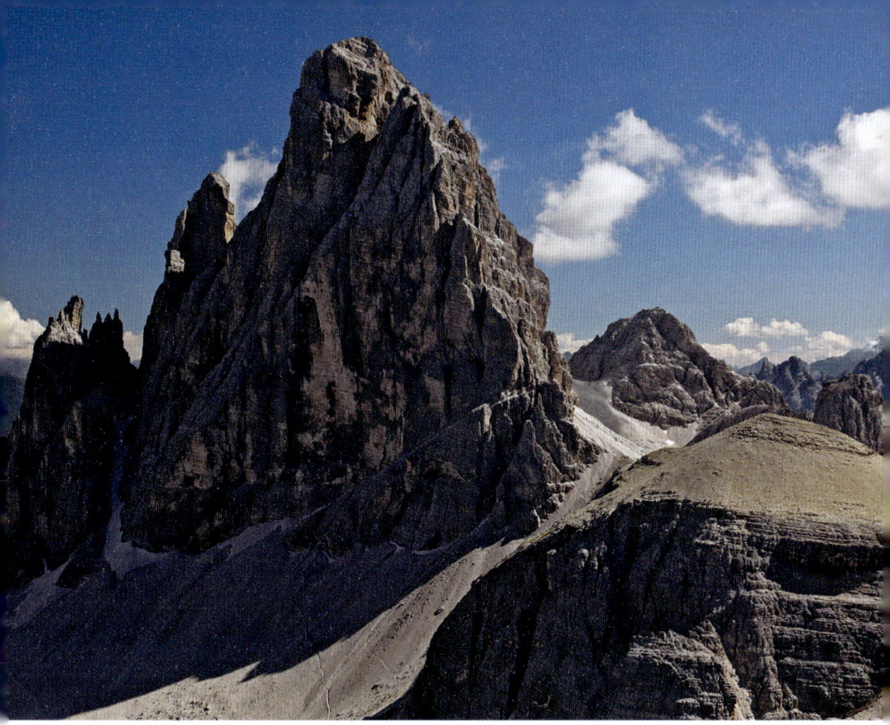

Im Angesicht des Zwölfers ist die Dolomitenszenerie perfekt.

EINKEHR

Talschlusshütte, 1548 m: privat, Mitte Mai bis Mitte Oktober sowie Weihnachten bis Ostern, Übernachtungsmöglichkeit, Tel. +39 0474 710606, talschlusshuette.com.

Zsigmondyhütte (Rifugio Comici), 2224 m: Auton. Prov. Südtirol, Mitte Juni bis Ende September, 75 Schlafplätze, Tel. +39 0474 710358 (Reservierung bitte online), zsigmondyhuette.com.

Büllelejochhütte, 2528 m: privat, Mitte Juni bis Anfang Oktober, 15 Schlafplätze, Tel. +39 337 451517, rifugiopiandicengia.it.

Drei-Zinnen-Hütte, 2405 m: CAI, Ende Juni bis Ende September, 140 Schlafplätze, Tel. +39 389 9076228 (nur Whatsapp für dringliche Angelegenheiten, Buchungen ausschließlich online), dreizinnenhuette.com.

TOUREN

Alpinisteig: klettersteigartig ausgebaute Route quer durch die West- und Nordflanke des Elfermassivs (Grad B, T5), von der Zsigmondyhütte bis zur Sentinellascharte ca. 3.30 Std., Abstieg zur Talschlusshütte oder Übergang zum Rifugio Berti möglich.

Rifugio Carducci, 2297 m: von der Zsigmondyhütte über die Forcella Giralba (T2), gut 1.00 Std.

Oberbachernspitze, 2677 m: von der Büllelejochhütte auf den Ostgipfel (T3), 0.30 Std.

Paternkofel, 2744 m: von der Büllelejochhütte über den Schartensteig oder von der Drei-Zinnen-Hütte über den De Luca-Innerkofler-Steig (mäßig schwierige Klettersteige, T5), ca. 1.30 Std.

Rund um die Drei Zinnen: über Paternsattel, Rifugio Auronzo und Forcella Col di Mezzo (T2), 3.30 Std.

Schusterplatte, 2957 m: stilleres Gipfelziel, steigartig mit leichten Kraxelstellen (T4), 2.30 Std. von der Drei-Zinnen-Hütte.

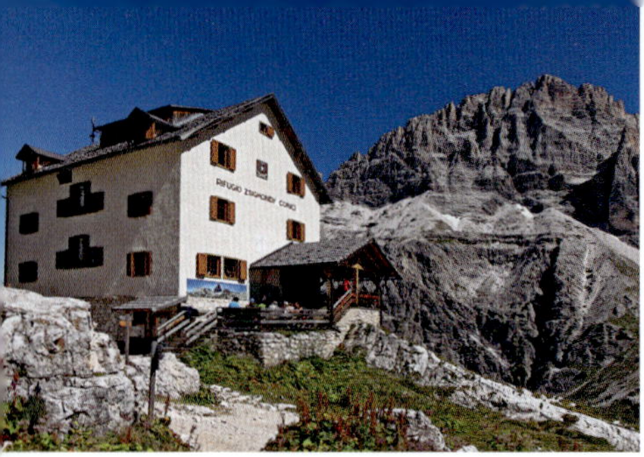

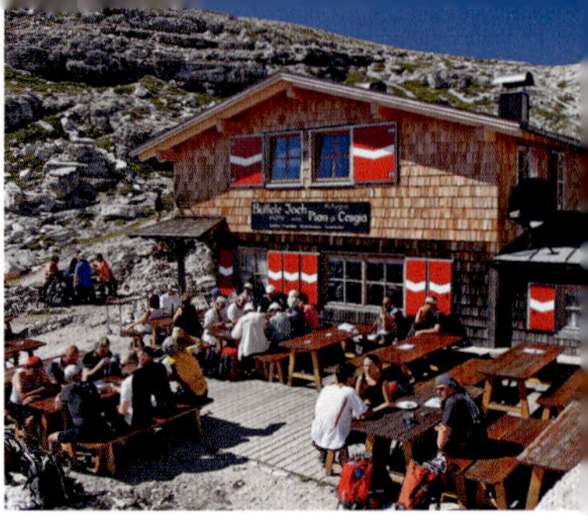

Sextener Hütten-Tetralogie: Zsigmondyhütte und Büllelejochhütte …

Vom großen Umschlagplatz am **Fischleinboden** ❶ geht es anfangs auf breitem Weg kaum merklich ansteigend taleinwärts. Einige Gehminuten hinter der **Talschlusshütte** ❷, 1548 m, verzweigen sich die Routen zur Drei-Zinnen-Hütte (Nr. 102 rechts) und zur Zsigmondy-Comici-Hütte (Nr. 103 links). Die ehemalige Wegführung in den Geröllfluren am Fuße des Einsers wurde beim kapitalen Felssturz 2007 verschüttet und musste ein gutes Stück verlegt werden. Über eine Reihe von Serpentinen nähern wir uns der Felswand und queren auf der Ostseite hoch über dem Einschnitt des Bacherntals schräg aufwärts. Die Trasse wird holpriger, bleibt aber gut ausgebaut, schaltet einige Kehren dazwischen und steuert schließlich im Angesicht des mächtigen Zwölfers und der vorspringenden Hochleist die Hangterrasse mit der **Zsigmondyhütte** ❸, 2224 m, an.

Nun führt Nr. 101 durch das schütter begrünte, wellig ansteigende Gelände in Grundrichtung West weiter. Dabei weicht man allen Riegeln geschickt aus und gelangt mit einigen Schleifen mäßig steil ins **Oberbachernjoch**, 2519 m, wo uns

Beim Abstieg ins Altensteintal.

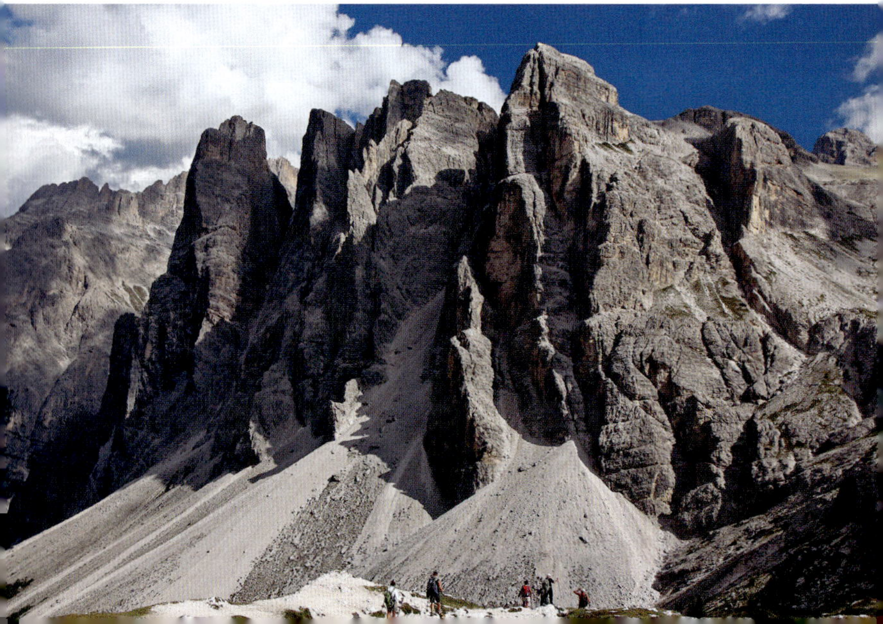

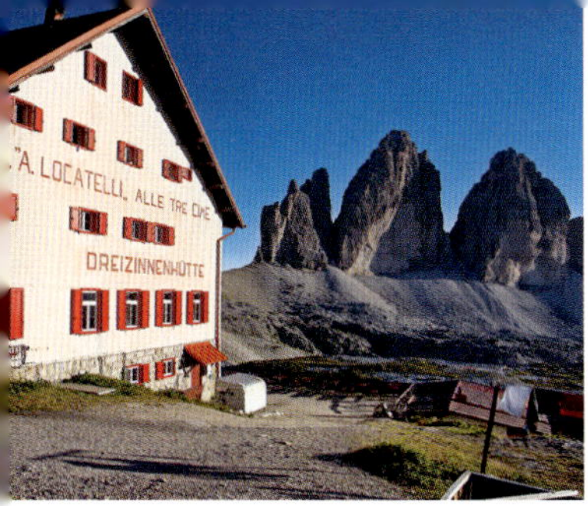

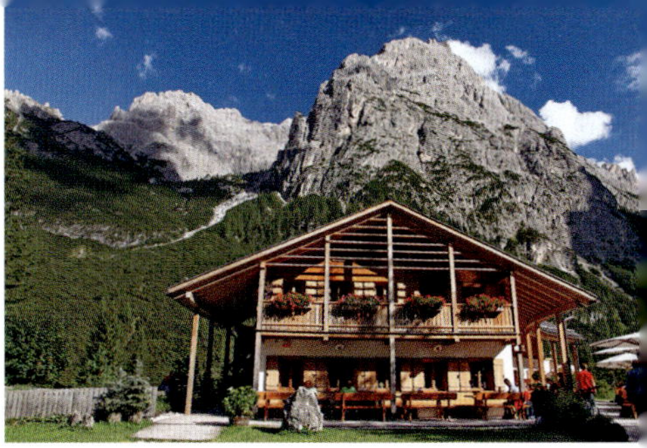

... und Drei-Zinnen-Hütte und Talschlusshütte.

nur noch eine fünfminütige Passage über eine Art Band von der kleinen **Büllelejochhütte ❹**, 2528 m, trennt. Auch das eigentliche Büllelejoch ist auf einer kammnahen Traverse rasch erreicht. Wir drehen dort mit Nr. 101 ins nordseitige Kar ab und verlieren rund 200 Höhenmeter, um an einem Felssporn vorbeizukommen. Eine gutmütige Spur durchquert anschließend die Schutthalden oberhalb der Bödenalpe sowie die Blocklandschaft am Fuße des Paternkofels und steigt bis zur **Drei-Zinnen-Hütte ❺**, 2405 m, am Toblinger Riedl wieder etwas an.

Um den Kreis zu schließen, wenden wir uns mit Weg Nr. 102 auf die sanfte Terrasse der Bödenseen (die rechts bleiben) und wandern unter den Abstürzen des Innichriedlknotens allmählich deutlicher bergab. An einer Geländeschwelle links eindrehen und später über zwei Gräben hinweg in die Latschenzone des Altensteintals. Hier stets auf der linken Seite des Baches noch weit, aber nur mäßig steil abwärts. Am flachen Auslauf kommt man wieder zur **Talschlusshütte ❷** und bummelt die finalen zwei Kilometer hinaus zum **Fischleinboden ❶**.

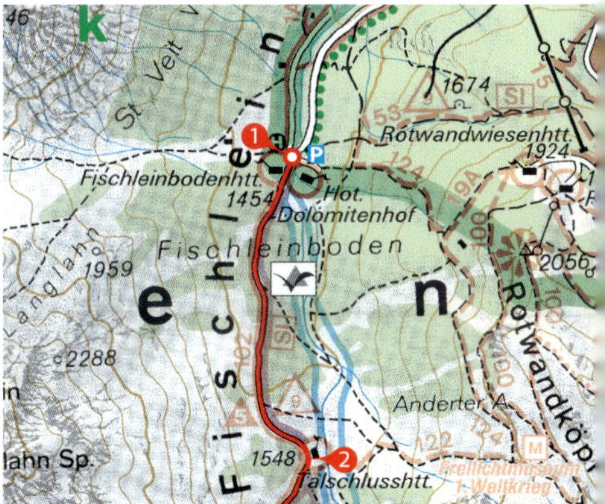
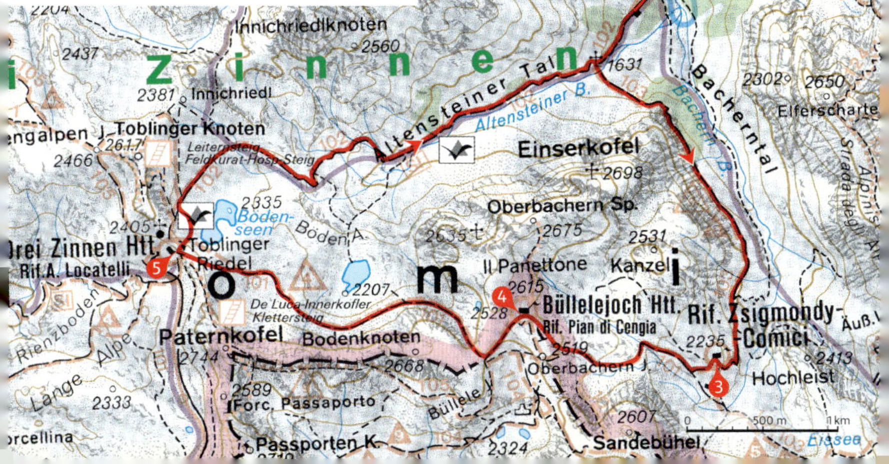

46 Stollaalm und Rossalm, 2159 m

Auf dem Höhenweg über die Gaiselleite

5.30 Std. | 15,4 km | ↗ 930 m | ↘ 930 m

Ein Gang in die Ursprünglichkeit des Naturparks
Dieser Höhenweg – aufgespannt zwischen Stollaalm und Rossalm sowie als Rundtour vom Brückele aus realisierbar, ist Teil der Verbindungsroute zwischen Plätzwiese und Seekofelhütte. Er führt überwiegend durch recht einsame Bereiche der Pragser Dolomiten, Ruhezonen des Naturparks Fanes – Sennes – Prags. Abgelegene Hochmulden und sandig-schrofige Hangquerungen prägen den Verlauf. Die Landschaft vermittelt urwüchsigen Charme, setzt aber mit dem gewaltigen Bergstock der Hohen Gaisl auch hochalpin-dramatische Akzente. Die beiden rustikalen Blockhütten passen ins Ambiente.

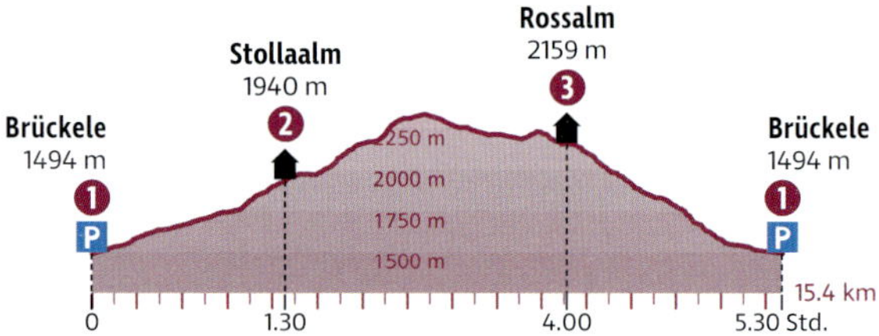

Ausgangspunkt: Parkplatz beim Hotel Brückele, 1494 m, im Altpragser Tal (vor der Mautstelle Richtung Plätzwiese). Busverbindung vom Bahnhof Niederdorf, bei »Säge« umsteigen.
Anforderungen: T3, meist T2. Am Höhenweg zumindest eine Passage, die Trittsicherheit erfordert, sonst eher leicht, gänzlich harmlos auf den Zugängen zu den beiden Almhütten. Durchschnittliches Tagesprogramm.
Variante: Mit dem Shuttle-Bus hinauf zur Plätzwiese und von dort in höchstens einer halben Stunde hinüber zur Stollaalm.
Karte: Tabacco 1:25.000, Blatt 031.

Spannender Höhenweg über die Gaiselleite.

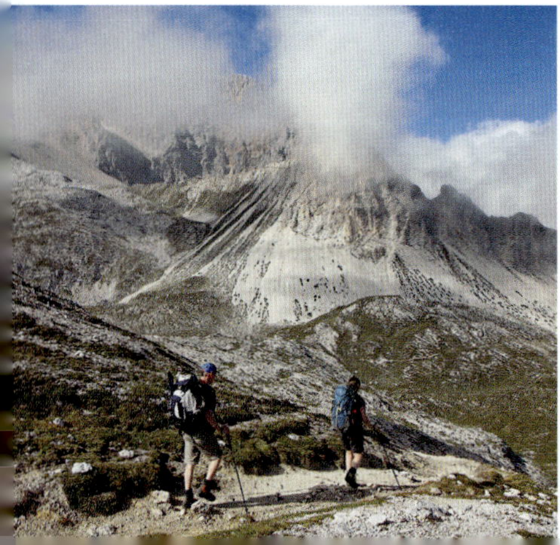

EINKEHR
Stollaalm, 1940 m: Mitte Juni bis Ende September, Tel. +39 338 9992438, malgastollaalm.it.
Rossalm, 2159 m: Mitte Juni bis Ende Oktober sowie im Februar/März, Tel. +39 340 6864917, rossalm.bz.

TOUREN
Großer Jaufen, 2480 m: von der Rossalm (T3), 1.00 Std.
Seekofelhütte, 2327 m: um den Kühglattenpingl herum Richtung Ofen (T2), 1.30 Std.

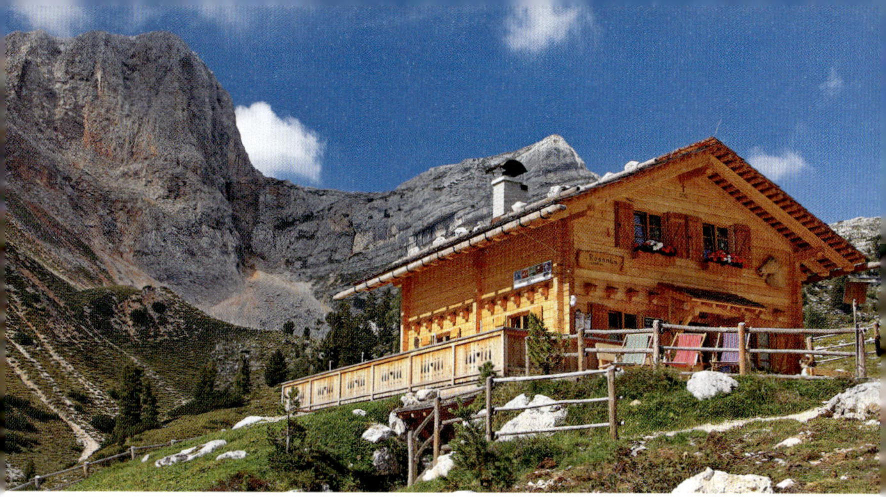

Hauptziel ist die Rossalm unterhalb der Roten Wand.

Vom **Brückele ❶** begeben wir uns mit Nr. 18 taleinwärts, kreuzen anfangs nochmals die Bergstraße und bleiben dann am Forstweg Richtung Stollaplatz. Im weiteren Verlauf lassen sich einige Schleifen abkürzen, ehe man zur **Stollaalm ❷**, 1940 m, gelangt. Unmittelbar oberhalb fädeln wir in den Weg Nr. 3 von der Plätzwiese Richtung Gaiselleite ein. Über den Gumpalboden bleibt die Waldgrenze allmählich unter uns. Wir kommen durch eine seichte Rinne bis zum Absatz unter dem nordöstlich der Hohen Gaisl eingelagerten Gletscherkar voran und umkurven danach mit einem ausgeprägten Bogen die vorspringende Nordschulter der Schlechtgaisl. Hier überblickt man schon die Querung zum nächsten, vom Gaisele nordwärts ausstreichenden Gratausläufer, der bei P. 2257 überschritten wird. An diesem Eck beginnt eine mit Ketten entschärfte Bändertraverse oberhalb abschüssiger Bröselflanken. Sie ist das anspruchsvollste Stück, läuft aber bald wieder in harmloses Gelände aus. Leicht absteigend stoßen wir auf die Zufahrt zur **Rossalm ❸**, 2159 m, und erreichen mit einem kurzen Abstecher die nahe Jausenstation. Danach geht es auf dem geschotterten Fahrweg via Kaserle talwärts – zuletzt an der Mündung des Kaserbachtals vorbei flach auslaufend zum **Brückele ❶**.

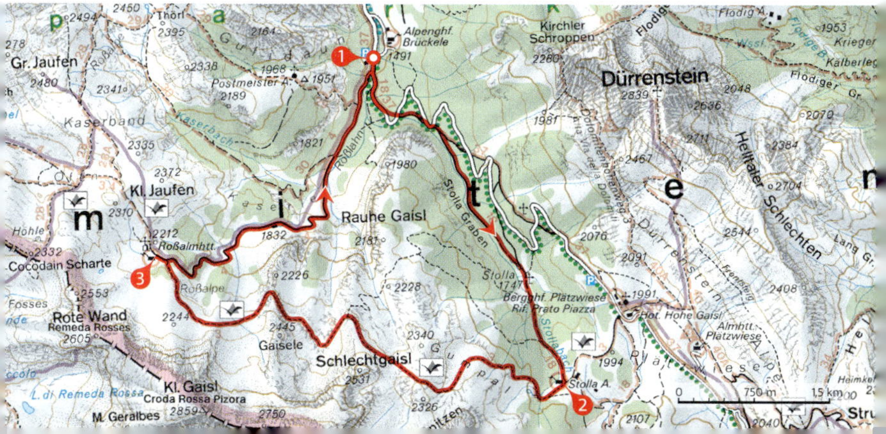

47 Seekofelhütte, 2327 m

Vom Pragser Wildsee via Nabiges Loch und Ofen

6.00 Std. | 13,0 km | ↗1050 m | ↘1050 m

An der Schwelle zum Sennesplateau

Streng genommen dürfte die Seekofelhütte in unserer Sammlung der Südtiroler Schutzhäuser gar nicht vertreten sein, liegt sie doch auf Boden der Provinz Belluno, wenn auch nur ganz knapp. So pingelig wollen wir jedoch nicht sein, insbesondere angesichts der Tatsache, dass sich an schönen Tagen zahlreiche Wanderer vom sagenumrankten Pragser Wildsee aus aufmachen, die Seekofelhütte zu besuchen und womöglich ihren Hausberg zu besteigen. Nicht selten sind darunter auch einige mit dem Fernziel Belluno, das sie binnen knapp zwei Wochen zu erreichen suchen. Unsere Hütte fungiert nämlich als erster Etappenstützpunkt auf dem großen Dolomiten-Höhenweg Nummer 1.

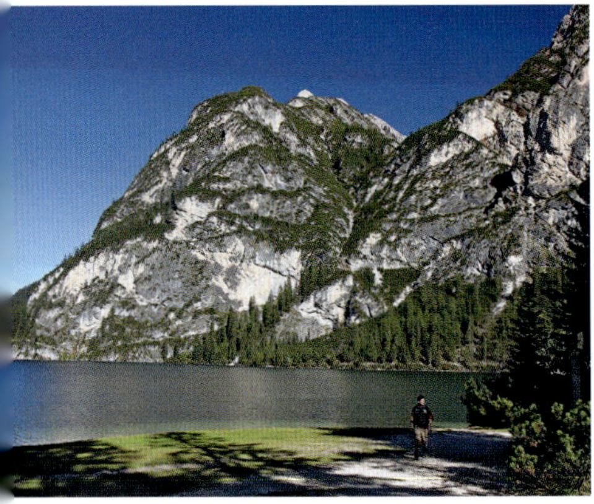

Sagenumwobener Pragser Wildsee.

Ausgangspunkt: Pragser Wildsee, 1494 m. Achtung: Die gebührenpflichtigen Parkplätze sind in der Hauptsaison zwischen Anfang Juli und Mitte September tagsüber nur nach einer Online-Reservierung nutzbar! Man nimmt besser den regelmäßig verkehrenden Shuttle-Bus.
Anforderungen: T2–3. Längerer Aufstieg auf ordentlichem, zeitweise recht steinigem Bergweg mit ein paar steileren Passagen. Elementare Trittsicherheit und solide Kondition nötig.
Variante: Etwas schneller ist die Seekofelhütte von Pederü über die Senneshütte zu erreichen (vgl. Tour 50).
Karte: Tabacco 1:25.000, Blatt 031.

Vom Grandhotel am **Pragser Wildsee** ❶ auf einer der beiden Uferpromenaden bis zum hinteren, südlichen Seewinkel ❷, wo der eigentliche Aufstieg beginnt. Man wendet sich mit Nr. 1 den mäßig steilen, bewachsenen Schutthalden zu und gelangt am besten links ausholend mit ein

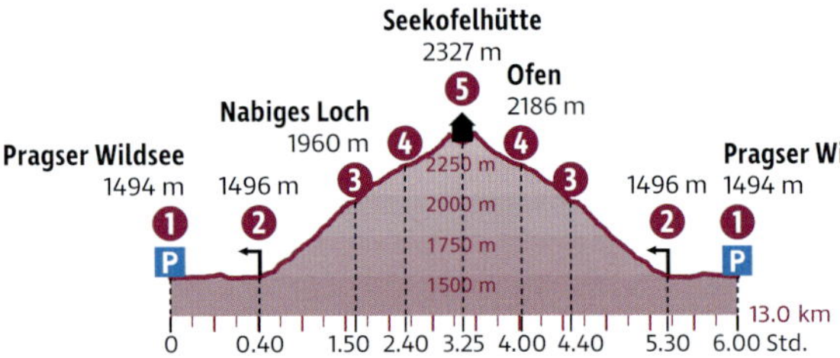

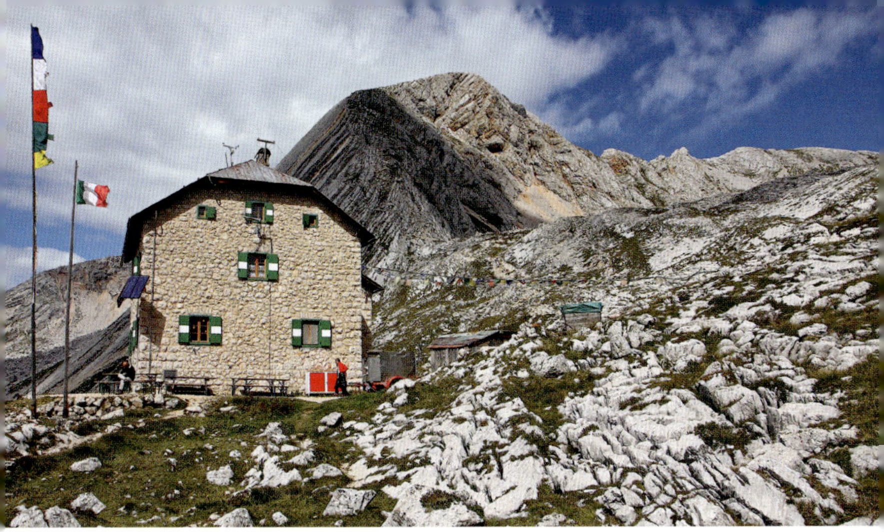

Die Seekofelhütte liegt in unmittelbarer Reichweite ihres Hausbergs.

paar Serpentinen bis unter die Felsenenge des **Nabigen Lochs ❸**; ansonsten leiten auch Steigspuren geradeaus. Jetzt nicht direkt durch die Hochmulde weiter Richtung Rossalm, sondern rechts haltend gegen die Wände der Ofenmauer empor. Wir passieren den Gratausläufer an seinem Sockel, überwinden ein kurzes felsiges Stück (Kette) und schwenken bei P. 2186 scharf rechts in den **Ofen ❹** ein. Durch das Kar hinauf zur Ofenscharte (Forcella Sora Forno), 2388 m, am Ansatzpunkt des Gipfelrückens, und drüben rasch hinab zur **Seekofelhütte ❺**, 2327 m. Der Rückweg verläuft bis zum Seeufer ❷ gleich, anschließend kann man auch die Seeumrundung vollenden.

EINKEHR

Seekofelhütte, 2327 m: CAI, Mitte Juni bis Anfang Otober, 42 Schlafplätze, Tel. +39 349 2890550 oder +39 335 1431251, rifugiobiella.it.

TOUREN

Seekofel, 2810 m: über den stellenweise gesicherten Gipfelsteig, der an der Scharte ansetzt (T3), ab Hütte 1.30 Std.

Kleine Gaisl, 2859 m: zum Fossesriedl und auf teilweise wegloser Route über die Nordwestabdachung (T4), 2.30 Std.

Senneshütte, 2135 m: über das Sennesplateau (T1–2), knapp 1.00 Std.

Plätzwiese, 1993 m: über Rossalm und den Gaisselleite-Höhenweg (vgl. Tour 46), ca. 4.00 Std.

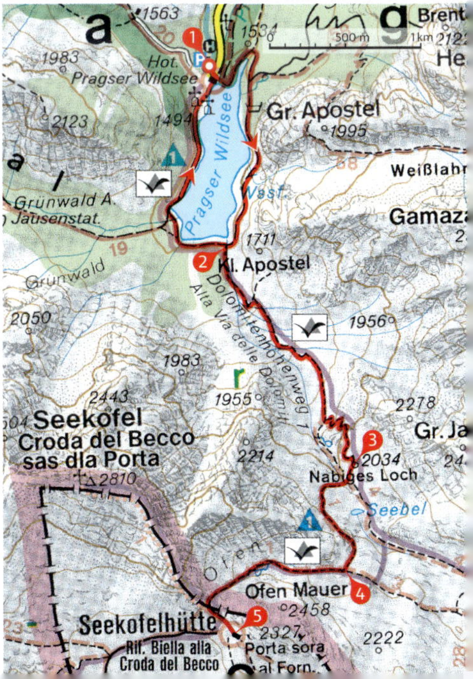

48 Grünwaldalm und Fojedöra-Alm, 2114 m

Vom Pragser Wildsee ins Grünwaldtal

TOP | 4.30 Std. | 14,3 km | ↗ 650 m | ↘ 650 m

Vom Trubel in die Stille der Hochalm

Wer am Pragser Wildsee mehr unternehmen möchte als nur den klassischen Seerundweg, dem Touristenansturm ohnehin etwas entfliehen, aber nicht ganz so streng aufsteigen wie im Fall der Seekofelhütte, der sollte sich ins westwärts abzweigende Grünwaldtal begeben. Dort liegen im vorderen Bereich die gleichnamige Alm, deutlich weiter oben das Ensemble der Hochalmhütten mit der Jausenstation Fojedöra. Ein friedvolles Fleckchen inmitten einer herrlichen Umgebung und vor allem abseits des Trubels! Und nicht mehr fern lockt auch der idyllische Hochalmsee.

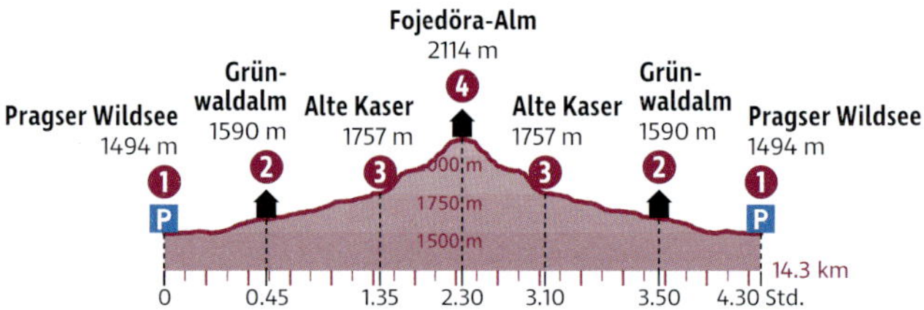

Ausgangspunkt: Pragser Wildsee, 1494 m. Achtung: Die gebührenpflichtigen Parkplätze sind in der Hauptsaison zwischen Anfang Juli und Mitte September tagsüber nur nach Online-Reservierung nutzbar! Man nimmt besser den regelmäßig verkehrenden Shuttle-Bus.

Anforderungen: T2. Die meiste Zeit komfortabler Weg, streckenweise Fahrbahnbreite (bis Grünwaldalm kinderwagentauglich), im letzten Abschnitt etwas urwüchsiger. Für die Distanz etwas Grundausdauer nötig.
Karte: Tabacco 1:25.000, Blatt 031.

Beim Grandhotel am **Pragser Wildsee ❶** wenden wir uns nach rechts auf den Weg am Westufer, das eine Weile begleitet wird, ehe rechts abzweigend mit Nr. 19 die Steigung hinauf ins Grünwaldtal bevorsteht. Von der **Grünwaldalm ❷**, 1590 m, geht es auf dem Fahrweg oder dem parallelen Steig schnurstracks einwärts in den Hintergrund des urwüchsigen

Gern wird auch noch der Hochalmsee am Übergang ins Enneberg besucht.

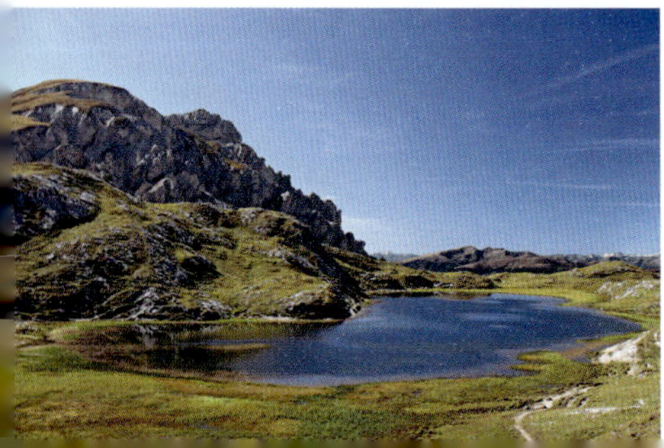

Die Seitenbachspitze kann ihre dolomitische Herkunft nicht verleugnen.

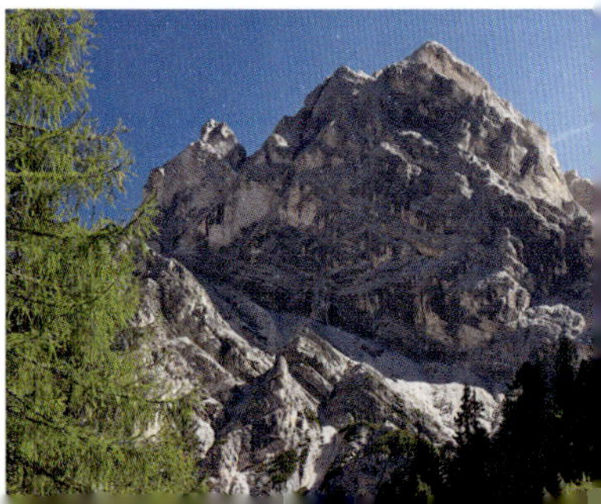

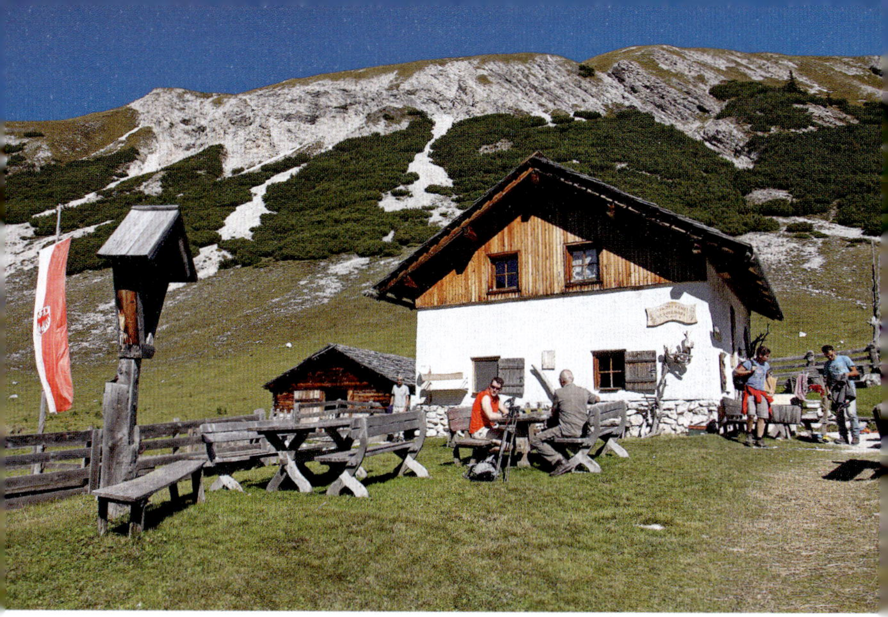

Auf der Fojedöra-Alm herrscht friedvolle Heiterkeit.

EINKEHR

Grünwaldalm, 1590 m: Ende Mai bis Ende Oktober, Tel. +39 340 7106895.

Fojedöra-Alm (Hochalmhütten), 2114 m: Mitte Juni bis Anfang Oktober, Tel. +39 340 8713719.

TOUREN

Hochalmsee, 2252 m: vom Kreuzjoch (möglicher Übergang nach St. Vigil in Enneberg) nach rechts abzweigend oder vorher auf dem parallelen Steig Nr. 6, ab Fojedöra 0.40 Std., bis auf die Dreifingerspitze 1.20 Std.

Maurerkopf, 2567 m, und Flatschkofel, 2416 m: Gipfel beidseits der Flatschkofelscharte (T2–3), 1.00 bis 1.30 Std.

Senneshütte, 2135 m, bzw. Seekofelhütte, 2327 m: von der Grünwaldalm über die Seitenbachscharte (T2–3), 3.30 bis 4.00 Std.

Hochtals. Man passiert den Boden bei der **Alten Kaser** ❸, 1757 m, und gewinnt im Einschnitt des Rü Fosch anschließend deutlicher an Höhe. Die Umgebung lichtet sich und schließt auf zu den Hochalmhütten, wo die **Fojedöra-Alm** ❹, 2114 m, zur Rast einlädt. Der Rückweg ist identisch.

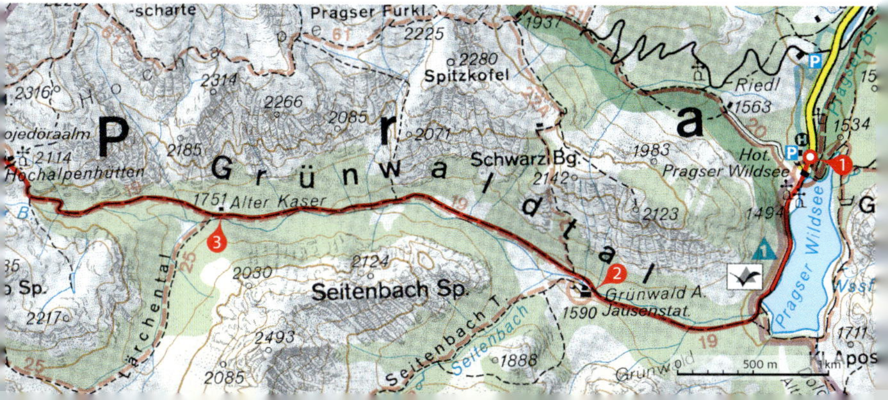

49 Brunstalm, 1898 m, und Lanzwiesenalm
Der Olanger Almsteig

5.30 Std. | 14,0 km | ↗900 m | ↘900 m

Romantische Lichtungen am Vorbau der Pragser Dolomiten

Zum Pustertal hin dachen die Pragser Dolomiten üblicherweise mit einem sanfteren, bewaldeten Vorbau und einzelnen Almrodungen ab. Besonders ausgeprägt sind diese Merkmale auf der Nordseite der Olanger »Skyline«, die von Hochalpen- und Maurerkopf, Flatschkofel, Dreifingerspitze und Piz da Peres formiert wird. Auf halber Höhe lockt hier die Querverbindung zwischen Brunstalm und Lanzwiesenalm, die beide im Sommer ein Jausenangebot bereithalten. Unter dem »Almsteig« ist jedoch keinesfalls eine stolperfreie Promenade zu verstehen, sondern eher ein etwas verschlungener Pfad, der diverse Gräben und Rippen ausgeht und zuweilen über Stock und Stein führt.

Ausgangspunkt: Wanderparkplatz im Brunsttal, 1175 m, oberhalb von Oberolang. Mit Öffis muss man im Ortskern starten (ca. 20 Min. bis zum Parkplatz).
Anforderungen: T2–3. Am Almsteig streckenweise relativ schmal gepfadet, elementare Trittsicherheit vorteilhaft, insbesondere bei Nässe, was wegen der nordseitigen Lage der Waldflanken häufiger mal vorkommen kann. Die Runde ist tagfüllend, dementsprechend nur für Ausdauernde geeignet.
Karte: Tabacco 1:25.000, Blatt 031 oder 033.

Vom Parkplatz im **Brunsttal** ❶ überschreiten wir die Bachbrücke und folgen zunächst einer breiten Forststraße (Nr. 20). Dann auf einem Waldsteig links hinauf. Nach Passieren eines Stadels wird es bis zum Rücken

Unser erster Anlaufpunkt ist die Brunstalm.

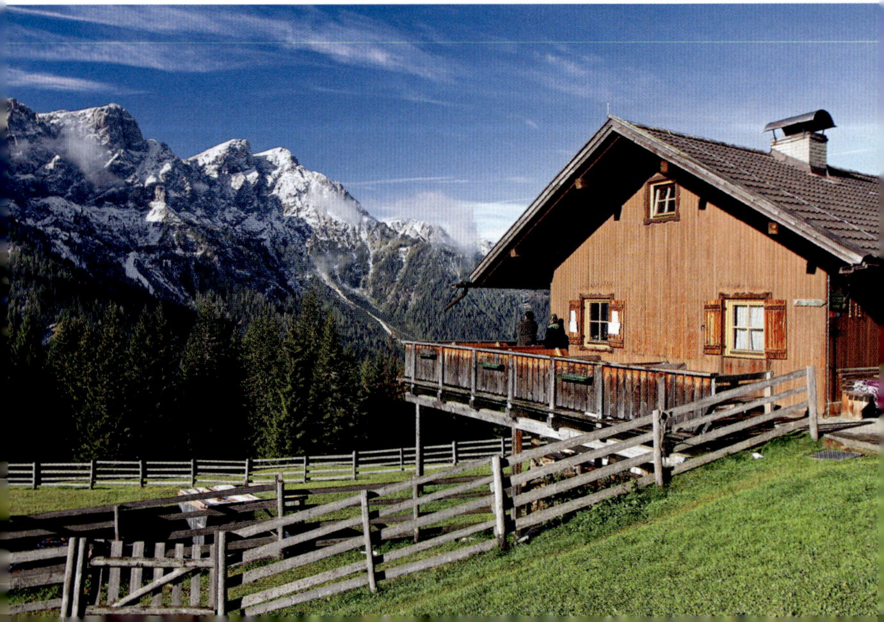

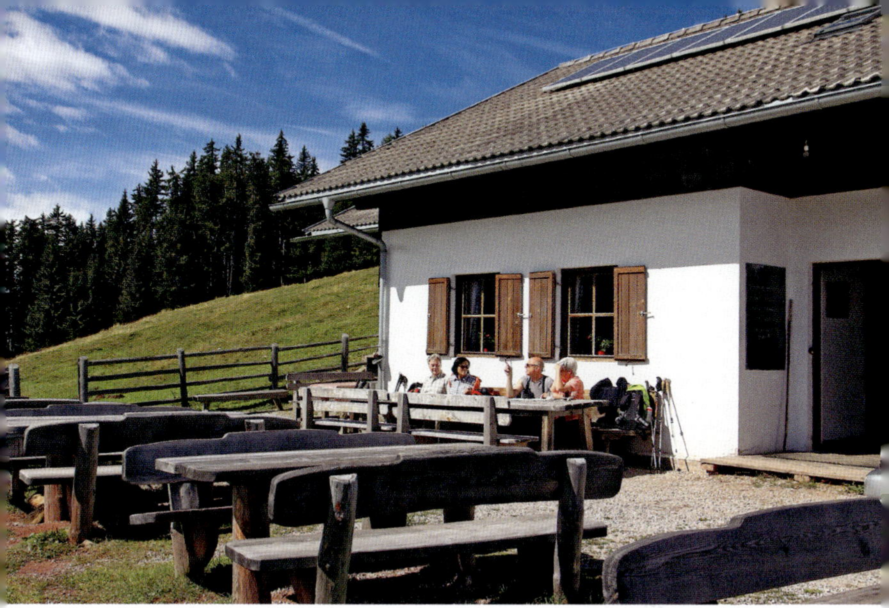

Später kommen wir zur Lanzwiesenalm.

des Brunstriedl recht steil. An diesem geht es ein Stück weiter aufwärts, bis der Weg rechts in die Flanke abbiegt und quer durch den Waldhang – am »Prälat'n-Rastl« vorbei – zur großen Lichtung der **Brunstalm ❷**, 1898 m, hinüberzieht. Hier nehmen wir den Almsteig auf und queren über die Wiese leicht abwärts ins Gehölz und bis in einen Geländeeinschnitt, der einen Richtungswechsel mehr nach Südwest hervorruft. Während der nächsten zwei Stunden gilt es nun, die Strukturen des nordseitigen Hanges am Fuße der Olanger Köpfe auszugehen, wobei in Abständen Gräben bzw. Schuttrinnen zu traversieren sind. Über einige

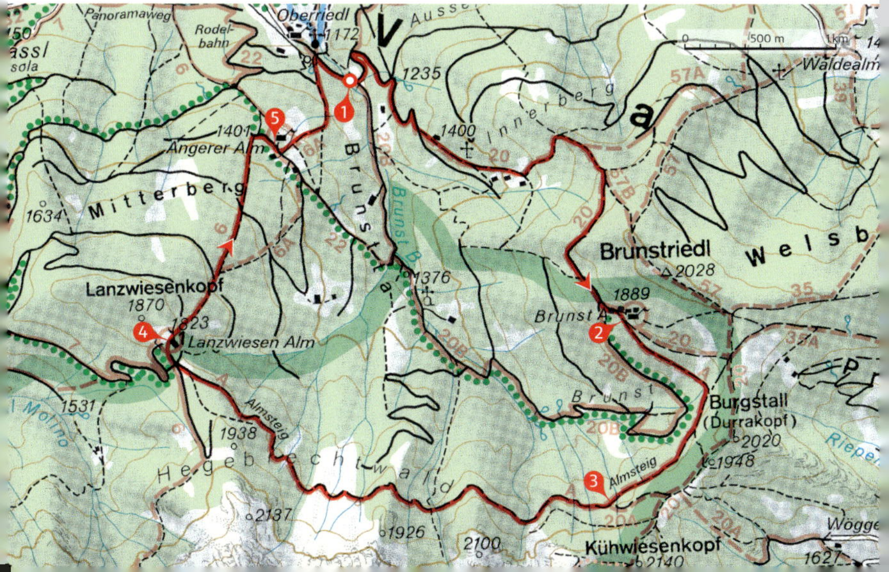

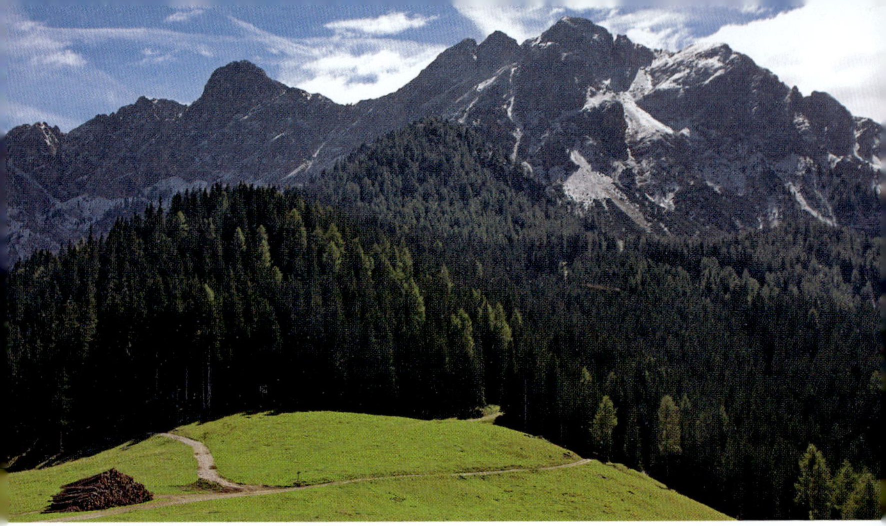

Die Nordfront der Pragser Dolomiten (»Olanger Köpfe«) über der Lanzwiese.

EINKEHR

Brunstalm, 1898 m: Anfang Juni bis Mitte September, Tel. +39 335 8351505
Lanzwiesenalm, 1823 m: Ende Mai bis Mitte September, Di Ruhetag, Tel. +39 340 2188357.
Angerer Alm, 1401 m: Mitte Mai bis Mitte September, Tel. +39 333 9947477.

TOUREN

Hochalpenkopf, 2542 m: von der Brunstalm über Kühwieskopf und Olanger Klettersteig (T4–5), 2.45 Std.
Fojedöra-Alm, 2114 m: von der Lanzwiesenalm mit Nr. 6 über die Flatschkofelscharte (T2), 2.00 Std., dort auch gipfelwärts Richtung Maurerkopf, 2567 m, bzw. Flatschkofel, 2416 m.

matschige Stellen helfen Holzstege. Zwischendurch zweigt Route Nr. 20A ab ❸. Nachdem man also mehrere vorspringende Waldnasen passiert hat, nähern wir uns durch den Hegebrechtswald allmählich der Lanzwiese, stoßen dort auf einen breiten Weg und steuern die bewirtschaftete **Lanzwiesenalm** ❹, 1823 m, an. Von dort dreht man mit Nr. 6 talwärts ab. Die in Kürze abzweigende Variante Nr. 6A ist etwas direkter und steiler, doch käme man damit nicht unmittelbar bei der ebenfalls bewirtschafteten **Angerer Alm** ❺, 1401 m, vorbei. Nehmen wir diesen Schlenker wahr, müssen wir jedoch nach rechts queren, um den finalen Abstieg auf jeden Fall mit Nr. 6A zu absolvieren. Die Route kommt bei den Riedlhöfen heraus. Zuletzt auf der Straße mit wenigen Schritten rechter Hand aufwärts zum Parkplatz ❶ – oder links nach Oberolang, falls man im Ort gestartet ist.

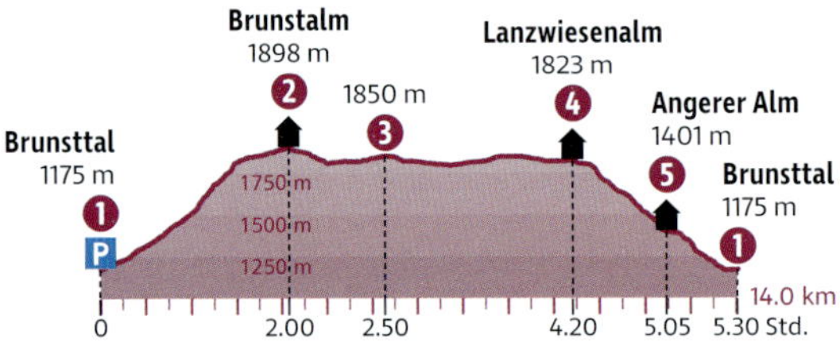

Senneshütte, 2135 m, und Fodara-Vedla-Hütte

Von Pederü auf die Sennes-Hochfläche

3.30 Std. | 9,9 km | ↗ 630 m | ↘ 630 m

Das eindrückliche Tafelland in den Enneberger Dolomiten
Sanft gewellt mit einem Mosaik aus Latschenbuckeln und Hochweiden erstreckt sich das Sennesplateau bis hinüber zum Seekofel und zum Gaislstock, der die Pragser Dolomiten gewaltig überragt. Bei unserem Hüttenausflug bleiben wir allerdings eher im Nahbereich von Pederü und stoßen oberhalb der Steilstufe des Rautals auf zauberhafte Almgründe. Einer davon heißt Fodara Vedla. Das Almdorf mag so ähnlich schon seit Urzeiten daliegen, seit Jahrzehnten versorgt man auch Gäste, die sich auf Streifzüge durch die ladinische Dolomitenwelt begeben. Einst, so weiß die Legende, gab es zwischen den Ennebergern und den Ampezzanern Streit um diese Hochweiden. Es wurde vereinbart, dass vier Ampezzaner Männer einen großen Felsblock stemmen mussten und wo sie ihn fallen ließen, die Grenze zu liegen kam. Und sie trugen den Block mit unglaublicher Leichtigkeit weit ins Ennebergische hinein, dass man glauben konnte, sie waren mit dem Teufel im Bunde – bis eine Sennerin voller Schrecken rief: »Jesus, Maria! Sie nehmen uns die ganze Alm!« In diesem Moment begrub der Felsblock die vier Ampezzaner unter sich. Nördlich von Fodara Vedla entdecken wir mit der Senneshütte ein weiteres komfortables Berggasthaus, das sogar zur Skitourenzeit bewirtschaftet ist, eignet sich die kupierte Hochfläche doch hervorragend für diese Spielart.

Fodara Vedla, malerisches Almdorf auf dem Sennesplateau.

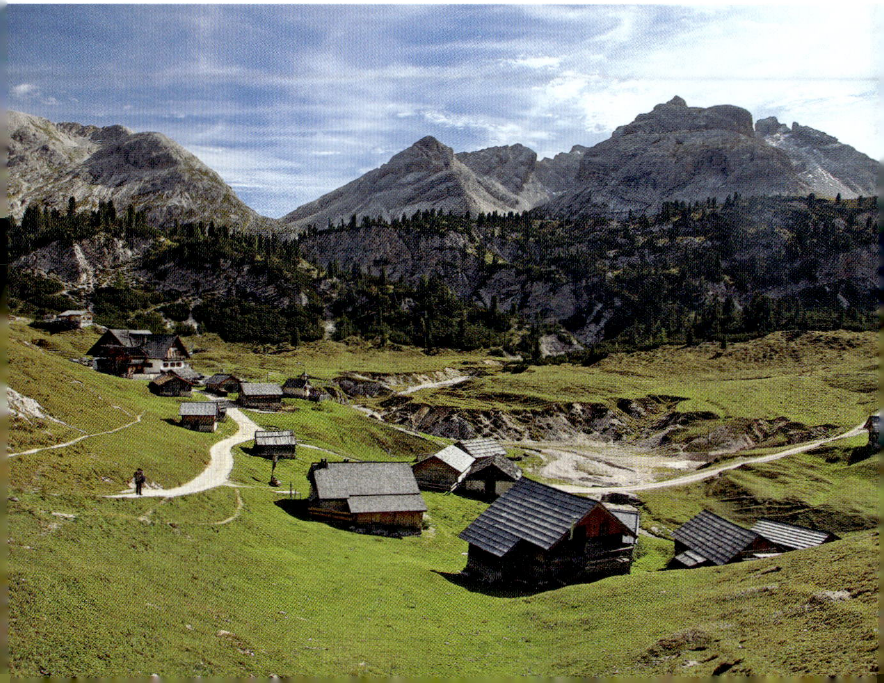

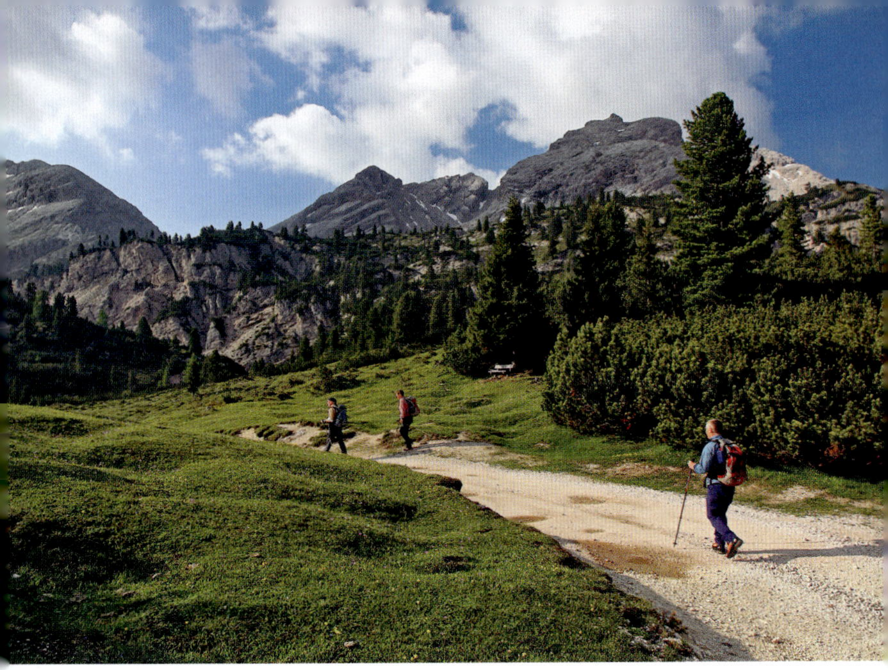

Das sanfte Hochflächengelände wirft keinerlei Hindernisse auf.

Ausgangspunkt: Pederü, 1548 m, im Rautal hinter St. Vigil in Enneberg. Zufahrt in der Hauptsaison mautpflichtig; es verkehrt auch ein Shuttle-Bus.
Anforderungen: T1–2. Breite, befestigte Wege und unkomplizierte Pfadabschnitte verlangen keine besonderen Fähigkeiten. Das erste Stück ist vergleichsweise steil; die gesamte Tour ein gutes Halbtagesprogramm.
Variante: Gegebenenfalls ist etwas höher auch die Munt-de-Sennes-Hütte, 2176 m, im Sommer einfach bewirtschaftet; zusätzliche Gehzeit bis dorthin 20 Min.
Karte: Tabacco 1:25.000, Blatt 031.

Vom großen Parkplatz bei **Pederü ❶** links haltend aufwärts und den engen Serpentinen des Fahrwegs folgend über die steile Geländestufe hinweg. Erst im flachen Bereich kürzt man die weite Schleife via Fodara Vedla über den markierten Steig Nr. 7A ab. Dann wieder in die Sandpiste einfädelnd und in sanfter Steigung über die Hochfläche des Plan de la Lasta zur großzügigen **Senneshütte ❷**, 2135 m.

Wanderer kehren von einer Gipfeltour zur Senneshütte zurück.

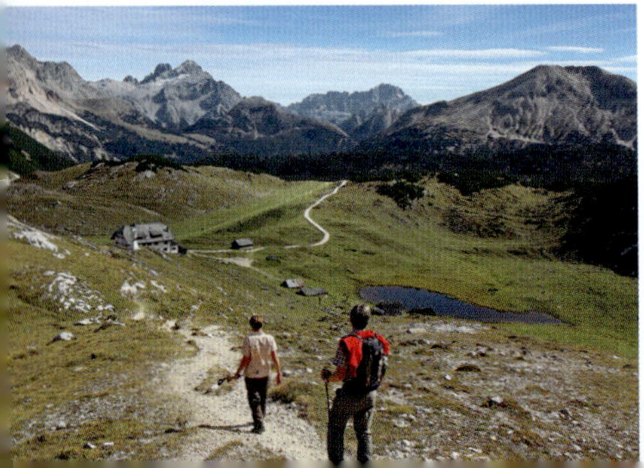

Beim Rückweg verlassen wir die breite Trasse und durchqueren mit Nr. 7 das wellige Plateaugelände südwärts. Nach einer Weile taucht der liebreizende Almgrund von **Fodara Vedla ❸**, 1972 m, auf, wo sich in dem Hüttendorf ebenfalls ein Gasthaus befindet. Anschließend mit dem Fahrweg hinaus und in den Hinweg einmündend zurück nach **Pederü ❶**.

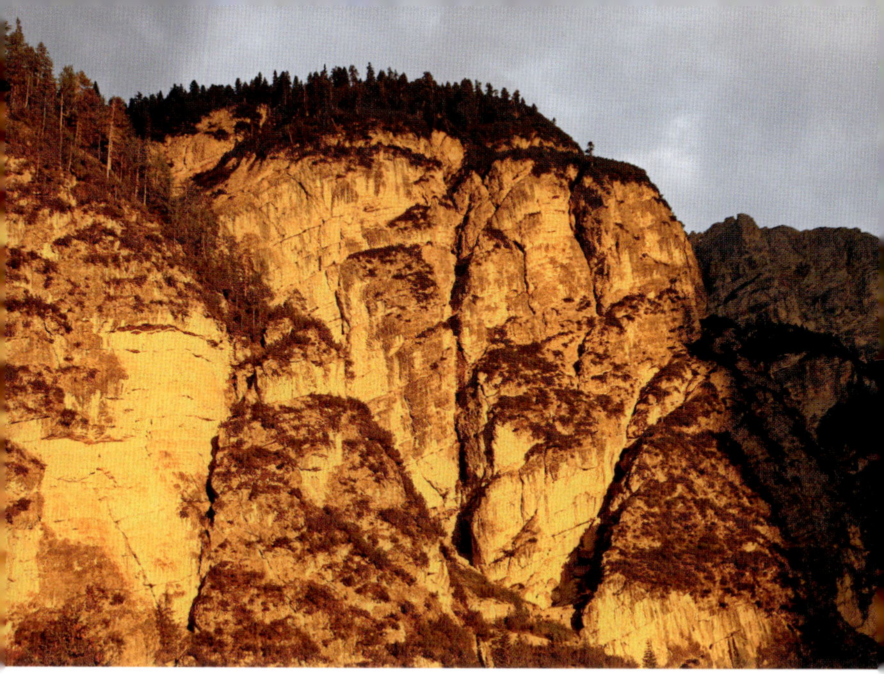

Zum Rautal hin gibt es aber respektable Felsabbrüche, hier im Abendlicht.

EINKEHR

Berggasthof Pederü, 1548 m: Mitte Mai bis Mitte Oktober und Anfang Januar bis Anfang April, Übernachtungsmöglichkeit, Tel. +39 0474 834316, pederue.it.
Senneshütte, 2135 m: privat, Anfang Juni bis Mitte Oktober sowie im Winter bis Anfang April, 60 Schlafplätze, Tel. +39 0474 646355 oder +39 328 7945579, sennes.com.
Fodara-Vedla-Hütte, 1972 m: privat, Ende Mai bis Anfang November, Übernachtungsmöglichkeit, Tel. +39 348 8537471, fodara.it.

TOUREN

Seekofelhütte, 2327 m, und Seekofel, 2810 m: von der Senneshütte 1.00 Std. bzw. bis zum Gipfel 2.30 Std.
Monte Sella di Sennes, 2787 m: markierte Route über die schrofige Südostseite (T2–3), gut 2.00 Std.
Lavinores, 2462 m: zwei Routen von Fodara Vedla erlauben eine Überschreitung (max. T3), im Aufstieg 1.30 Std.

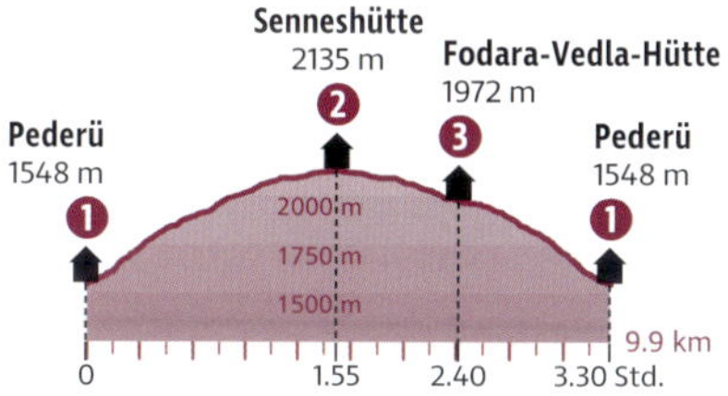

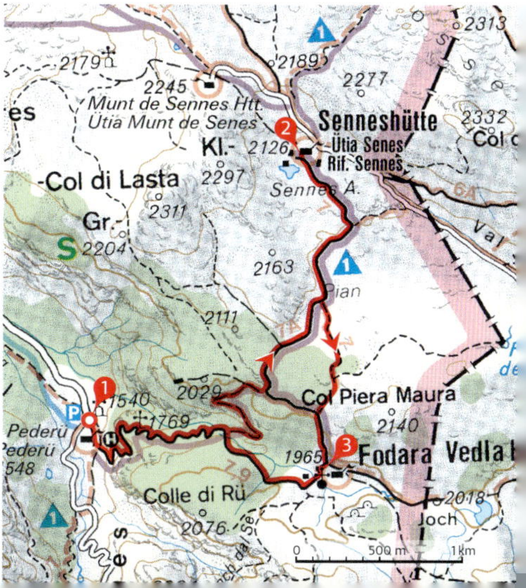

51 Lavarellahütte, 2042 m, und Faneshütte, 2060 m

Von Pederü hinauf nach Kleinfanes

3.45 Std. | 12,6 km | ↗550 m | ↘550 m

Kleinode Ladiniens

Zu den eigenwilligsten Landschaften der Dolomiten gehört gewiss das sagenumwobene Hochland von Fanes, das sich zwischen Alta Badia und Enneberg erstreckt. Die Randabstürze passen allenthalben ins typische Schema dolomitischer Formenschätze, doch oben wähnt man sich in der Weltverlorenheit weitläufiger Karrenfelder und stiller Hochkare, die aus den umliegenden Tälern kaum zu erahnen sind. Kein Wunder, dass der alte ladinische Legendenschatz hier fruchtbaren Boden fand. Zwei Oasen, die als Almgebiete eine sehr lange Tradition besitzen, umschmeicheln unsere Sinne: Klein- und Großfanes. Man geht davon aus, dass sie seit mindestens 1000 Jahren bestoßen werden, so weit zurück reicht nämlich die erste urkundliche Erwähnung. Immerhin schon über 100 Jahre alt sind zwei privat bewirtschaftete Hütten auf Kleinfanes, die heutzutage ein breites Publikum anlocken und als Stützpunkte für ein ganzes Sammelsurium von Gipfelbesteigungen dienen können. Zu manchen Zeiten platzen sie gleichsam aus allen Nähten. Dann haben die Mutschlechners von der Faneshütte und die Frenners von der Lavarellahütte alle Hände voll zu tun. Letztere brauen neuerdings sogar ihr eigenes Bier!

Ausgangspunkt: Pederü, 1548 m, im Rautal hinter St. Vigil in Enneberg. Zufahrt in der Hauptsaison mautpflichtig; es verkehrt auch ein Shuttle-Bus.

Anforderungen: T1–2. Ins Fanes-Hochtal führt eine geschotterte Fahrpiste und auf weiten Strecken ein problemloser paralleler Steig. Trotz einer gewissen Marschstrecke auch konditionell noch recht moderat.

Karte: Tabacco 1:25.000, Blatt 07 oder 031.

Unweit der Hütten fasziniert der verträumte Grünsee.

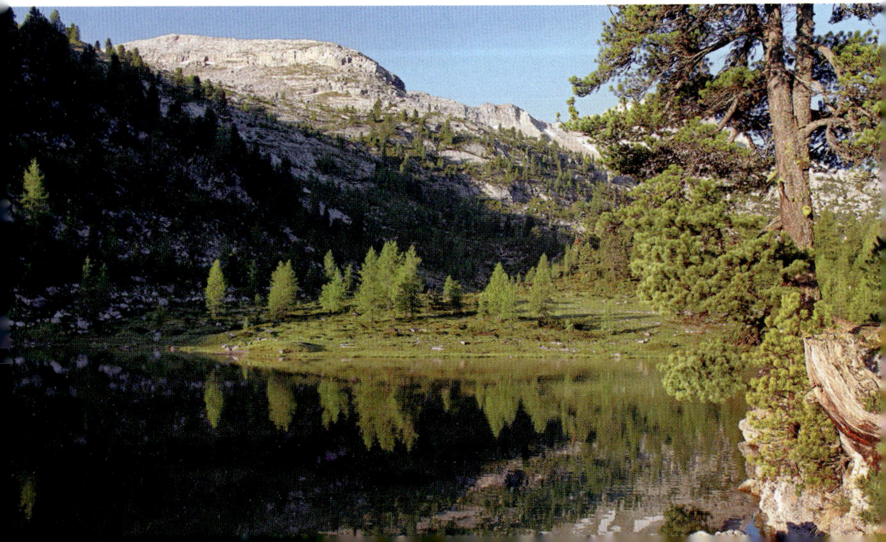

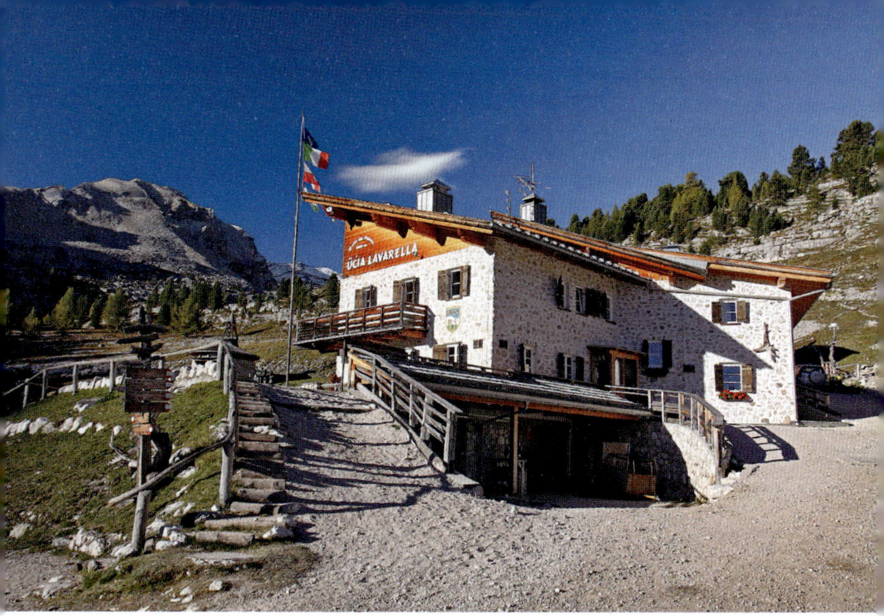

Auf der Lavarellahütte wurde für den Kinderfilm »Die Pfefferkörner« gedreht.

EINKEHR

Berggasthaus Pederü, 1548 m: Mitte Mai bis Mitte Oktober und Anfang Januar bis Anfang April, Übernachtungsmöglichkeit, Tel. +39 0474 834316, pederue.it.
Lavarellahütte, 2042 m: privat, Mitte Juni bis Mitte Oktober und Weihnachten bis April, 50 Schlafplätze, Tel. +39 0474 501094, lavarella.it.
Faneshütte, 2060 m: privat, Anfang Juni bis Mitte Oktober und Anfang Januar bis Mitte April, 77 Schlafplätze, Tel. +39 0474 453001, rifugiofanes.com.

TOUREN

Pareispitze (Col Bechei di sopra), 2796 m: über Limosee und Südflanke (T3), 2.15 Std.
Monte Vallon Bianco, 2684 m: Richtung Großfanes und später unter der Furcia Rossa entlang (T3), 2.45 Std.
Antoniusspitze, 2655 m: über Antoniusjoch und Südwesthang (T2–3), 2.00 Std.
Neuner, 2968 m: über Antoniusjoch und Ostgrat (T4), 3.00 Std.
Heiligkreuzkofel, 2907 m, und Zehner, 3026 m: zur Kreuzkofelscharte und dort nach rechts gipfelwärts (T2–3), am Zehner zuletzt Klettersteig (T4), 3.00 bis 3.30 Std.
Lavarella, 3055 m, und Cunturinesspitze, 3064 m: über Großfanes und Busc da Stlü (T3 bis T4) oder über Forcella de Medesc und Lavarella-Nordseite (T4), jeweils ca. 4.00 Std.
Heiligkreuz-Hospiz, 2045 m: Übergang via Kreuzkofelscharte ins Gadertal, westseitig klettersteigartig ausgebaut (T3–4), 4.00 Std.

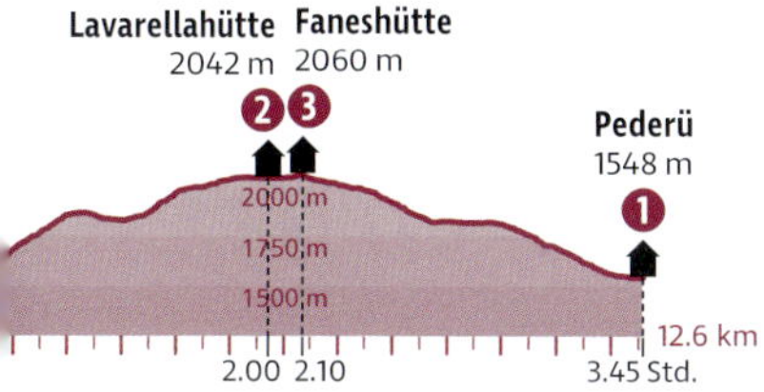

Von der Faneshütte wird zu den umliegenden Gipfeln ausgeschwärmt.

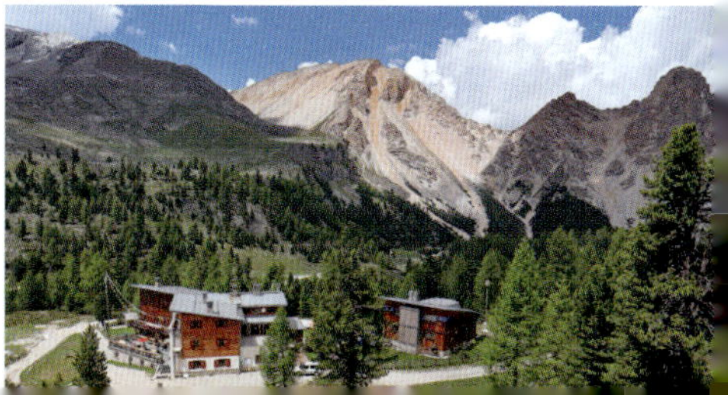

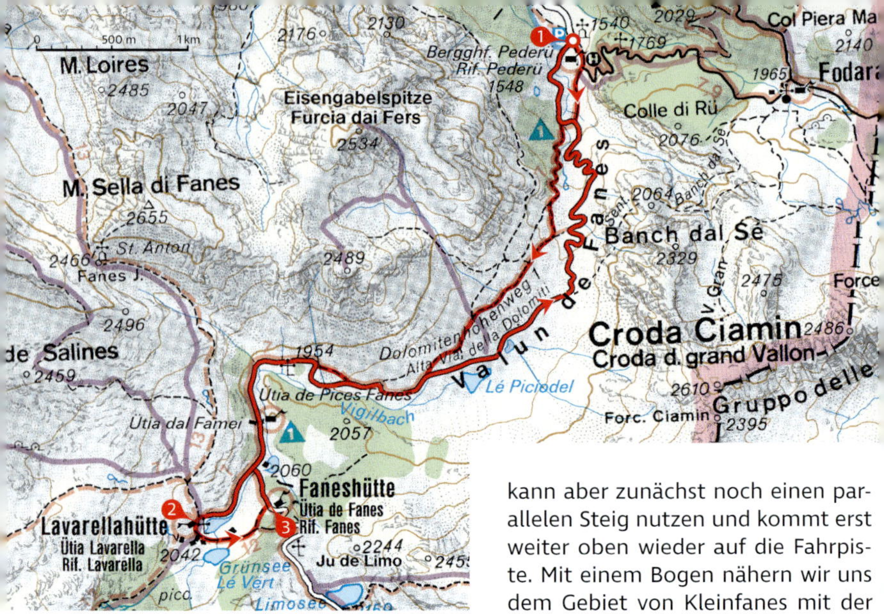

Von **Pederü ❶** über den Bach auf die rechte Seite, wo der Weg Nr. 7 am markanten Erosionstrichter vorbei aufwärts führt. Weitere Serpentinen bringen uns über die Schwelle ins Valun de Fanes. Hier nun flacher zwischen Blöcken und Latschenfeldern hindurch, zwischendrin sogar mal mit ein wenig Höhenverlust. Man tangiert die Schotterstraße, kann aber zunächst noch einen parallelen Steig nutzen und kommt erst weiter oben wieder auf die Fahrpiste. Mit einem Bogen nähern wir uns dem Gebiet von Kleinfanes mit der wichtigen Verzweigung: Nach rechts gelangt man zur **Lavarellahütte ❷**, 2042 m, links hingegen zur **Faneshütte ❸**, 2060 m, wobei es zwischen beiden auch eine Direktverbindung am lauschigen Grünsee vorbei gibt. Wer retour etwas zügiger unterwegs sein möchte, kann die geschotterte Fahrbahn nutzen, muss aber gelegentlich mit staubigem Jeepverkehr rechnen.

Die Steinbänke tauchen in Sagen als »Parlament der Murmeltiere« auf.

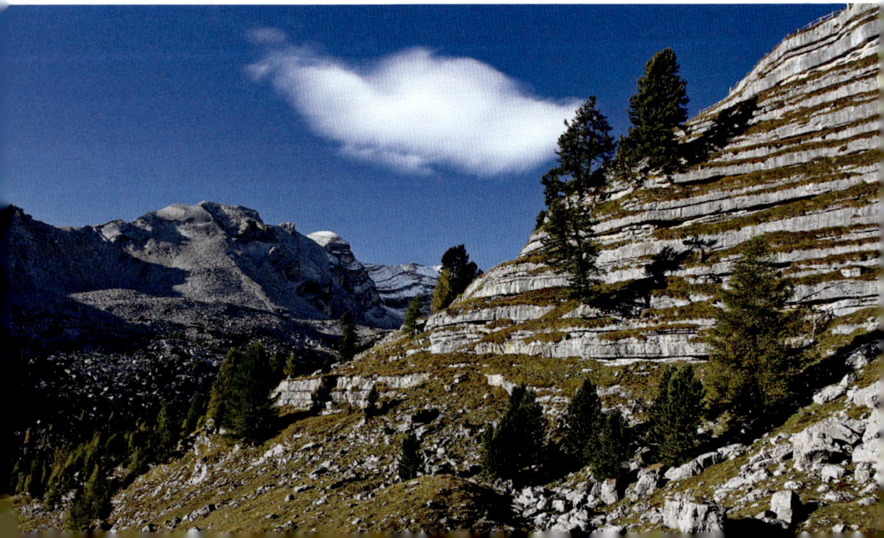

Pralongiahütte, 2130 m

Mit Seilbahnhilfe von St. Kassian

2.40 Std. | 9,5 km | ↗200 m | ↘650 m

Im geografischen Zentrum der Dolomiten

Am Schnittpunkt zwischen Nord und Süd, zwischen West und Ost erhebt sich im großen Dolomitenreich ein Bergstock, der gar nicht so richtig ins Bild passt: die Pralongià. Schroffe Felsen sucht man hier vergebens, das wellige Plateau ist natürlicherweise von Matten überzogen und seitens der Menschen zudem von einem dichten Netz an skitouristischer Infrastruktur. Etliche Hütten laden sommers wie winters zum Einkehrschwung ein; beinahe am höchsten Punkt liegt die Ütia Pralongià. Es gibt sicher reizvollere Umgebungen, doch die Rundumschau ist gigantisch: Sella, Puez, Lavarella, Tofane, Setsass, Civetta und Marmolada ordnen sich im 360-Grad-Zirkel an.

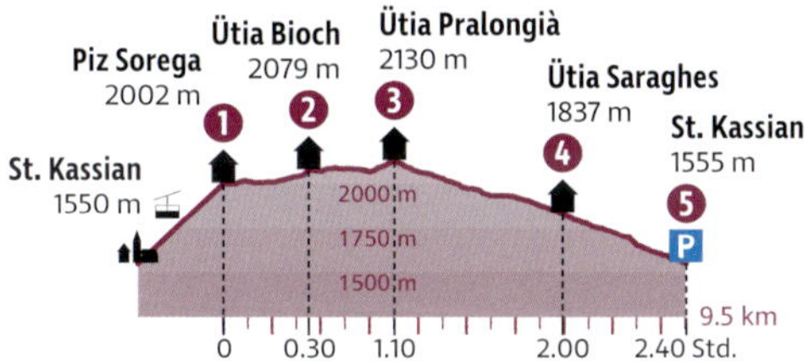

Ausgangspunkt: St. Kassian im Hochabtei (Alta Badia), ca. 1550 m. Talstation der Seilbahn auf den Piz Sorega, 2002 m. Betriebszeiten im Sommer zwischen Mitte Juni und Anfang Oktober, täglich 8.30 bis 17.30 Uhr.
Anforderungen: T1. Durchwegs leichte und breite Trassen (Wirtschaftswege),

Die stattliche Pralongiahütte mit dem Cunturines-Massiv im Hintergrund.

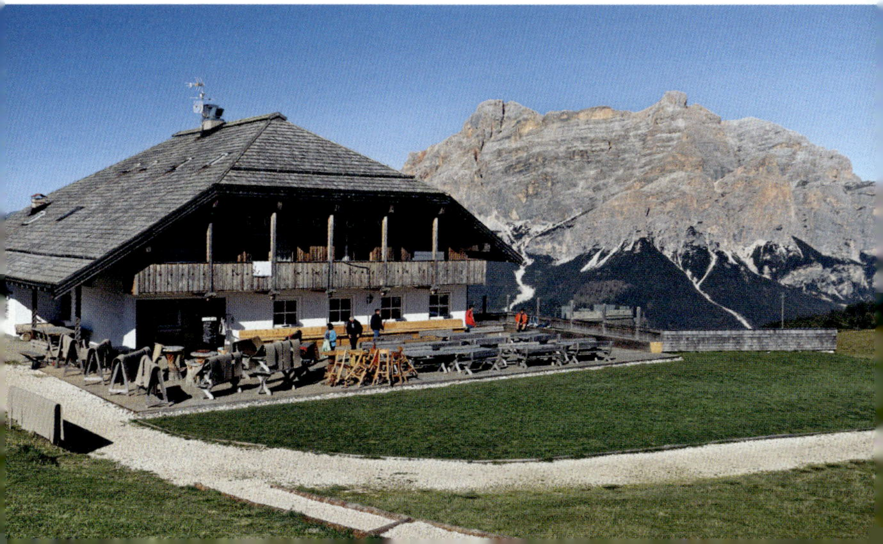

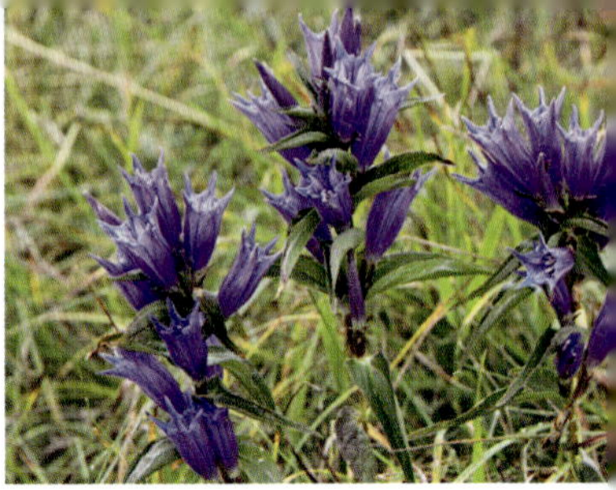

Enzianblüten auf den Bergwiesen.

auch nirgends besonders steil und mit Seilbahnhilfe minimal fordernde Halbtagestour.

Variante: Bei Aufstieg zu Fuß zur Bergstation verlängert sich die Gesamtgehzeit auf 4.00 Std.

Karte: Tabacco 1:25.000, Blatt 07.

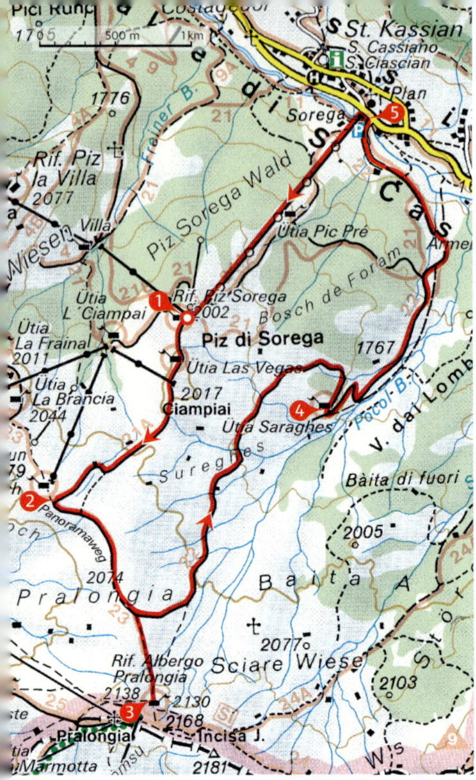

Nach der Bergfahrt zum **Piz Sorega** ❶ nehmen wir vom Seilbahnkomplex den Weg südwärts auf, später mehr nach rechts und allmählich ansteigend zur **Bioch-Hütte** respektive **Ütia de Bioch** ❷, 2079 m. Hier nach links und in ähnlicher Manier weiter über die freien Hochflächen. Man nähert sich der **Pralongiahütte/Ütia Pralongià** ❸, ca. 2130 m, die von Skiliften und einer Kapelle auf der Kuppe flankiert wird. Von unserem Umkehrpunkt geht es rund 500 Meter zurück, ehe wir mit Nr. 22 nach rechts ausscheren. Beim Abstieg taucht man nun in eine etwas ursprünglichere Wald-Wiesen-Landschaft mit verstreuten Stadeln ein. Nach einem links ausholenden Bogen kommt man noch bei der modernen **Saragheshütte/Ütia Saraghes** ❹, 1837 m, vorbei (Streichelzoo für Kinder) und lässt die Wanderung durchs Val dai Lomberg Richtung Talort **St. Kassian** ❺ ausklingen.

EINKEHR

Piz-Sorega-Hütte, 2002 m: Tel. +39 0471 849434, pizsorega.it.
Bioch-Hütte, 2079 m: Tel. +39 329 5924008, bioch.it.
Pralongiahütte, 2130 m: Übernachtungsmöglichkeit, Tel. +39 0471 836072, pralongia.it.
Saragheshütte, 1837 m: Tel. +39 335 7897164, saraghes.com (alle Hütten etwa Mitte Juni bis Ende September und Anfang Dezember bis Mitte April geöffnet).

TOUREN

Störes, 2181 m: von der Pralongiahütte in ca. 15 Min. bis auf die Bergkuppe.

Großzügig trassierter Weg vor weitem Horizont auf der Pralongia.

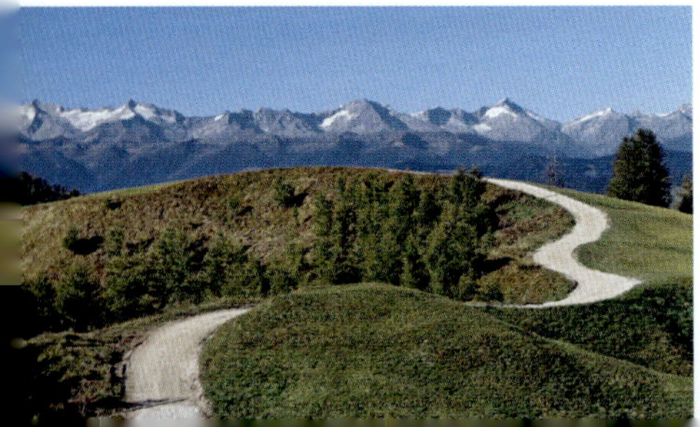

Pisciaduhütte, 2585 m

Durchs Val Setùs und Val de Mesdi

53

3.45 Std. | 6,9 km | ↗660 m | ↘840 m

TOP

An der düsteren Nordfront der Gralsburg Ladiniens

Im Herzen der ladinischen Dolomiten, genau am Schnittpunkt der Täler von Gröden, Alta Badia, Buchenstein und Fassa, bildet die Sella eine kolossale Felsenfestung, gern bildhaft als »Gralsburg Ladiniens« betitelt. Am wuchtigsten und grimmigsten dünkt mir stets die düstere Nordfront über dem Grödner Joch: wo man hinschaut, hochgetürmter Fels, an manchen Stellen wie von Titanenhand zerschlagen. Da scheint es für den Wanderer auf den ersten Blick kein leichtes Durchkommen zu geben. Das steinern-bleiche Hochplateau, auf dem kaum irgendwo ein Halm wächst, ist der frappierende Kontrapunkt der Sella – ein regelrechtes Flachdach über steilsten Randabstürzen, überhöht einzig noch durch die Pyramide des Piz Boè, die dem ganzen Kunstwerk quasi das i-Tüpfelchen aufsetzt. Interessant ist der zweistöckige Aufbau des Massivs: Über einem mächtigen Sockel aus kompaktem Schlerndolomit kommt im Obergeschoss der Haupt- oder Dachsteindolomit zu liegen, als Trennlinie ein dünner Horizont Raibler Schichten, die das markante, fast umlaufende Terrassenband bilden. Ihm gilt hier unsere besondere Aufmerksamkeit, steht die Pisciaduhütte doch genau auf diesem Absatz in halber Höhe. Es war die Alpenvereinssektion Bamberg, die hier Anfang des 20. Jahrhunderts ihr zweites Schutzhaus in der Sellagruppe postierte (das erste war die Bamberger Hütte, heute Rifugio Boè, auf dem Hochplateau). Die Pisciaduhütte wuchs aber erst durch die Sektion Bologna des CAI zu heutiger Größe und Bedeutung. Und keinen geringen Beitrag, dass sie so populär geworden ist, trägt sicher die 1968 angelegte Via ferrata Brigata Tridentina, unter Kennern kurz Pisciadu-

Bei Sonnenaufgang an der Pisciaduhütte gegen den Sas da Lech.

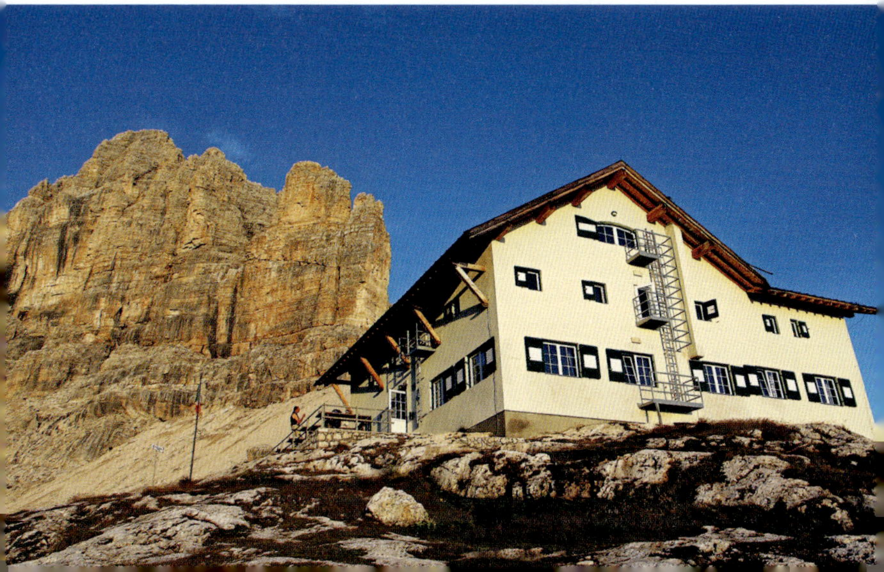

Klettersteig genannt. Sie ist ein wahrer Magnet, obschon »solo per esperti«! Wer sich ihrem Anspruch nicht gewachsen fühlt, weicht vorteilhaft auf die alten Zugänge durchs Val Setùs oder durchs vordere Val de Mesdi aus – freilich ebenfalls keine Spaziergänge …

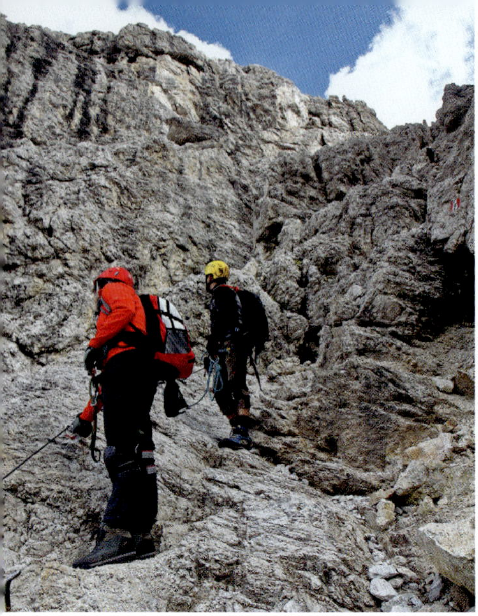

Durch den Felsriegel im Val Setùs verläuft ein Klettersteig.

Ausgangspunkt: Parkplatz »Pisciadu«, 1960 m, an der Ostrampe der Grödner-Joch-Straße. Auch Bushalt der Linie von Corvara.
Endpunkt: Kolfuschg, Ortsteil Pecëi, 1672 m. Hier ebenfalls Parkplatz und Bushaltestelle.

Anforderungen: T4. Anspruchsvollere Steige, schon in den Geröllabschnitten Trittsicherheit erforderlich, in den Felsriegeln teilweise gesichert (Grad A/B der Klettersteigskala) und zusätzlich Schwindelfreiheit wichtig. Konditionell aufgrund des kompakten Rahmens nicht übermäßig fordernd, obgleich die Steilheit des Geländes vielen natürlich Anstrengung bereitet.
Varianten: 1. Der Startpunkt kann auch aufs Grödner Joch, 2121 m, verlegt werden. Man nimmt dann bereits Route Nr. 666 auf und quert unter den Felsen entlang ins Val Setùs.
2. Berggehern mit Klettersteigerfahrung und entsprechender Ausrüstung steht zudem die Via ferrata Brigata Tridentina offen (wird mit Grad C eingestuft).
Karte: Tabacco 1:25.000, Blatt 05 oder 06 oder 07.

Vom **Parkplatz Pisciadu** ❶ überwinden wir im Zickzack die untere Geländestufe und halten uns bei der Gabelung rechts. Abermals werden einige Kehren absolviert, ehe sich über uns das Val Setùs öffnet und von rechts der Zugang vom Grödner Joch (Nr. 666) dazukommt ❷. In dem

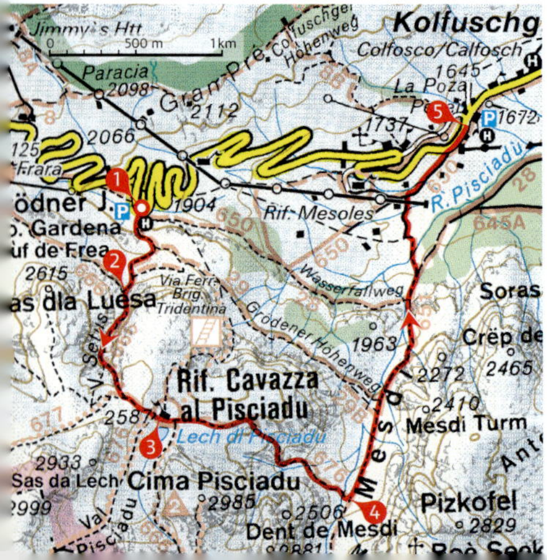

EINKEHR

Pisciaduhütte, 2585 m: CAI, Ende Juni bis Ende September, 100 Schlafplätze, Tel. +39 0471 836292 oder +39 335 6096141, rifugiopisciadu.it.

TOUREN

Cima Pisciadù, 2985 m: Fortsetzung der Route Nr. 666 ins Val de Tita, später links haltend mit Stellen I. Grades gipfelwärts (T4), 1.20 Std.
Rifugio Boè, 2871 m: Route Nr. 666 bis aufs Sellaplateau (T3), 2.00 Std.

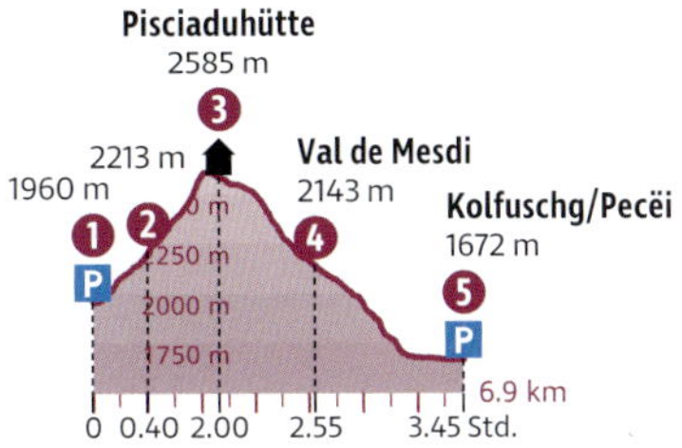

steilen Geröllschlauch lassen uns weiterhin viele Serpentinen an Höhe gewinnen (bis in den Sommer hinein Schneefelder wahrscheinlich). Dabei passiert man den massigen Campanile Campidel und nähert sich einer Felsbarriere, die fast durchgängig als Klettersteig ausgebaut ist. Nicht jeder Anwärter kraxelt hier behände über die Hürden hinweg – objektiv gefährlich ist die Sache bei Vereisung, was wegen der Nordexposition nicht so selten vorkommt. Durchschnaufen können wir beim Ausstieg auf das breite Sella-Ringband (P. 2610), wo man links haltend in Kürze auch zur **Pisciaduhütte** ❸, 2585 m, gelangt.

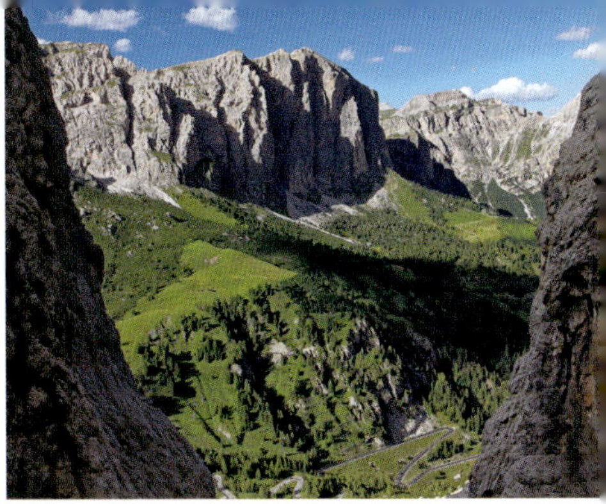

Das Val Setùs wirkt wie ein gewaltiger Schluchttrichter.

Nur mäßig geneigte Hänge am Fuß der Cima Pisciadù leiten den Abstieg mit Nr. 676 gegen das Val de Mesdi ein, doch wird es allmählich schon wieder steiler. Wir überwinden eine gesicherte Geländestufe hinunter in einen kleinen Karwinkel und halten uns rechts zur Einmündung in die Route Nr. 651, welche im schuttreichen **Val de Mesdi** ❹ verläuft. Vorerst geht es dort noch relativ steil bergab, später dann auf einem breiten Weg hinaus nach **Pecëi** ❺ bei Kolfuschg.

Beim Ausstieg aufs Sella-Ringband wird's einfacher.

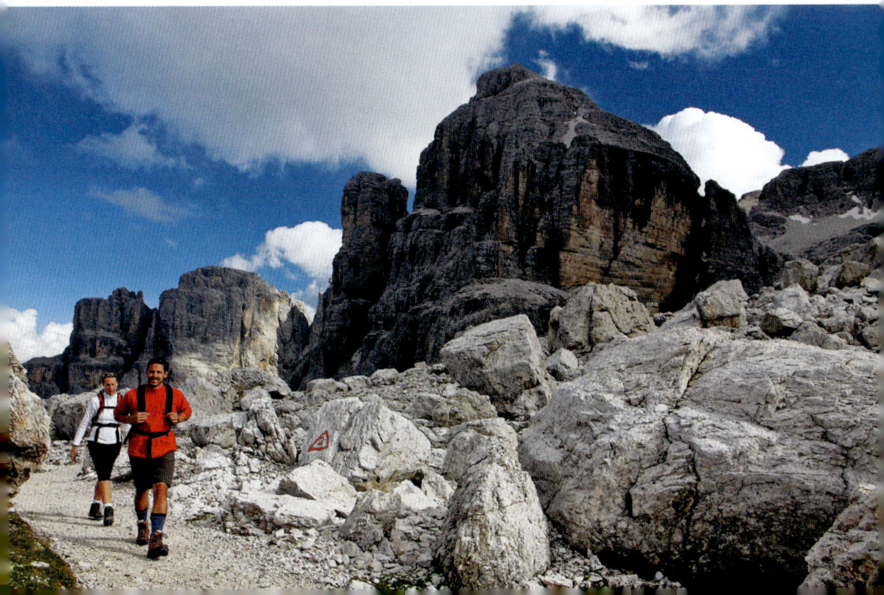

54 Gardenaciahütte, 2050 m

Mit oder ohne Lift von Stern

3.00 Std. | 4,9 km | ↗600 m | ↘600 m

An den Rand eines gewaltigen Ödlands

»Gherdenacia« – das Wort mutet für die meisten Ohren wohl fremdartig an. Es ist ladinisch und bezeichnet eine Hochfläche im Ostteil der Puezgruppe. Mag unten in den Tälern auch quirliges Touristenleben pulsieren, dort oben wähnt man sich in einer ganz anderen Sphäre, in einem Gebiet von geheimnisvoller Weltentrücktheit, von Karrenfeldern und Gräben zerklüftet, mit tafelbergartigen Sandburgen wie dem Col de la Soné und grünen oasengleichen Mulden zwischendrin. An deren Rand befindet sich auf der Sterner Alm – sehr malerisch zwischen lichten Lärchenbeständen – die Gardenaciahütte. Aus dieser Balkonlage heraus bewundert man vor allem die Fanesberge gegenüber, rechts dahinter grüßen schon die Ampezzaner Dolomiten mit Tofane und Co. Und aus der Küche kommen herzhafte ladinische Spezialitäten auf den Teller ...

Ausgangspunkt: Stern (La Villa) im Hochabtei (Alta Badia); am besten den Parkplatz bei der Kirche, 1477 m, im südlichen Ortsteil nutzen. Buslinie von Bruneck durchs Gadertal.
Anforderungen: T2–3. Gut ausgebaute, allerdings teils ziemlich steile Bergwege, mit elementarer Trittsicherheit beherrschbar. Selbst ohne Liftunterstützung nur ein Halbtagespensum.
Variante: Nutzung des Gardenacia-Sessellifts, zwischen Juli und September täglich von 8.30 bis 17.30 Uhr in Betrieb. Von der Bergstation, ca. 1790 m, südwärts querend bis zu Wegpunkt 2, später von Wegpunkt 4 rasch wieder zurück zur Bergstation. Gesamtgehzeit nur 1.30 Std.
Karten: Tabacco 1:25.000, Blatt 07.

Stern im Hochabtei ist der Talort für diese Tour.

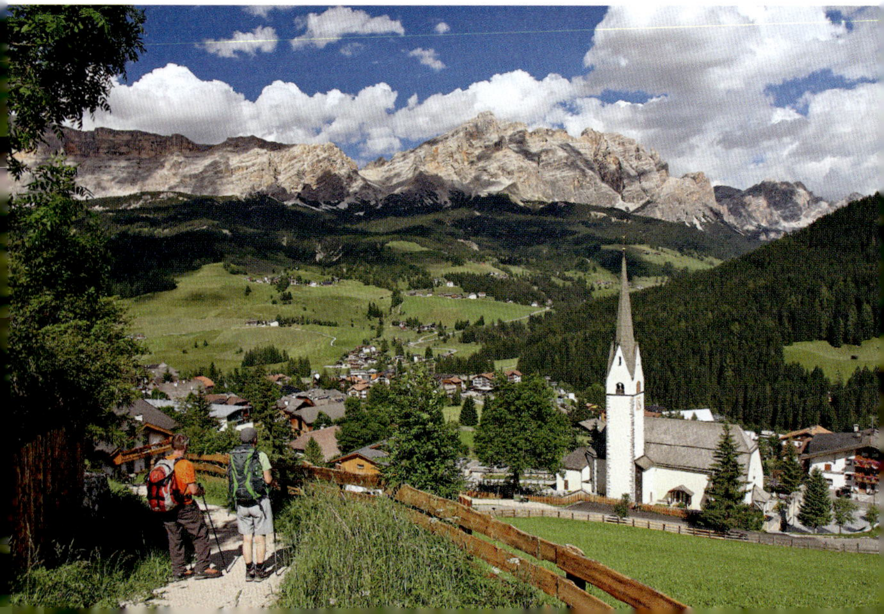

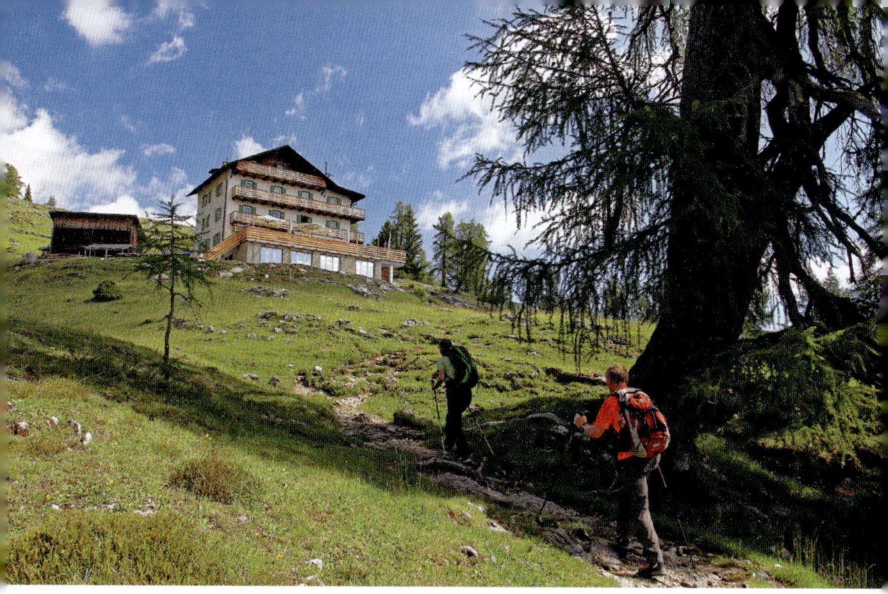

Die letzten Schritte zur Gardenaciahütte.

Bei der Kirche in **Stern** ❶ schlagen wir Route Nr. 11 ein und gewinnen im Bergwald zunächst sachte, später deutlicher an Höhe. Nach rund einer Stunde wird der Zugang von der Bergstation (Nr. 11A) aufgenommen ❷, ca. 1830 m. Gemeinsam geht es zu einer von Felsen gesäumten Rinnenpassage, die zwar etwas grimmig ausschaut, aber im Zickzack ohne

Das schmucke Haus hat seinen Standort am Ostrand der Puezgruppe.

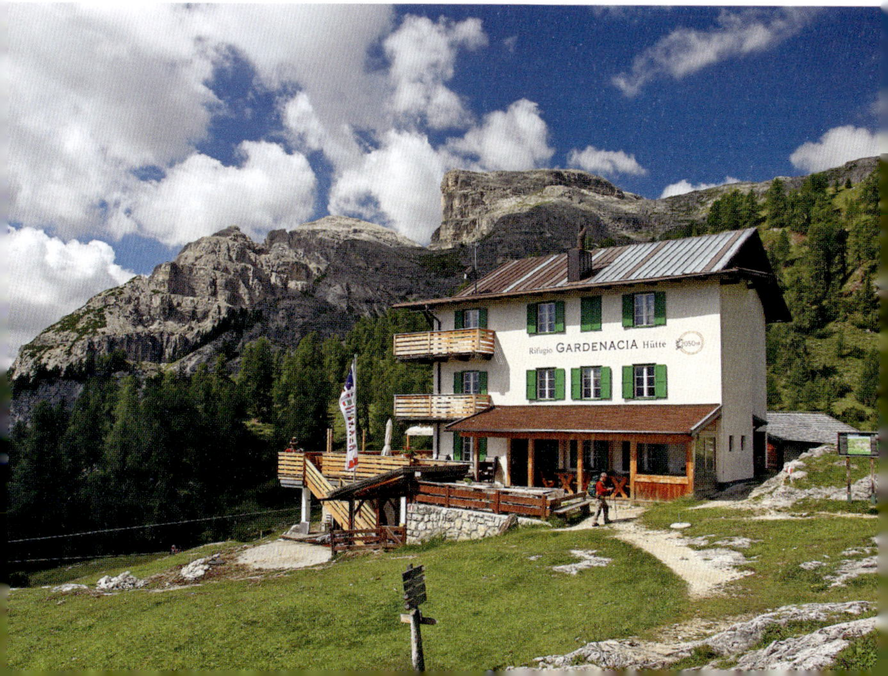

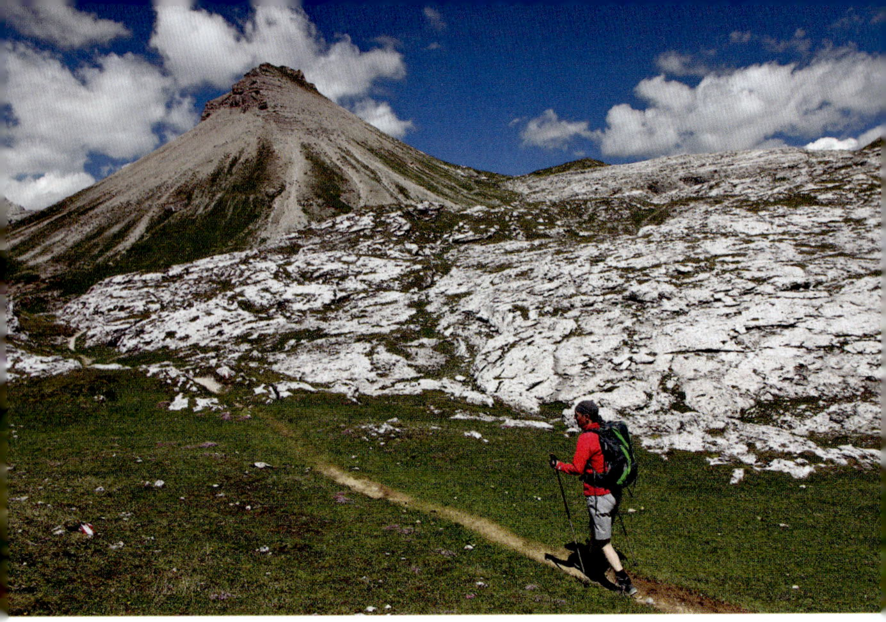

Fast wie ein Vulkankegel mutet der Col de la Sonè auf der kargen Gardenacia-Hochfläche an.

EINKEHR

Gardenaciahütte, 2050 m: privat, Mitte Juni bis Anfang Oktober, 40 Schlafplätze, Tel. +39 0471 840128 oder +39 335 8124781, gardenacia.it.

Sponatahütte, 1703 m: im Sommer und Winter geöffnet, Tel. +39 0471 847847.

TOUREN

Sassongher, 2665 m: Route Nr. 5 in Val de Juel, später mit Nr. 7 von Nordwesten gipfelwärts (T3–4), 2.15 Std.

Puezhütte, 2475 m: auf zwei verschiedenen Routen über die Hochfläche der Gardenacia (maximal T3), ca. 2.30 Std.

Probleme durchstiegen wird. Oberhalb tritt man aus dem Wald heraus und erreicht bald darauf schon die **Gardenaciahütte** ❸, 2050 m.

Für den Abstieg sind wir nicht auf dieselbe Route angewiesen, denn weiter nördlich ausholend führt ein anderer, mit Nr. 5 markierter Weg zu Tal. Nach Überwindung der Plateauschwelle und einer Passage unter Felswänden entlang gabelt er sich beim Plan de Sponata ❹, 1789 m. Wir halten uns rechts (jetzt Nr. 15) und steigen im Bereich einer Skipiste weiter ab (links befindet sich die Ütia Sponata, 1703 m), im Talort **Stern** ❶ durch die Streda Plaön.

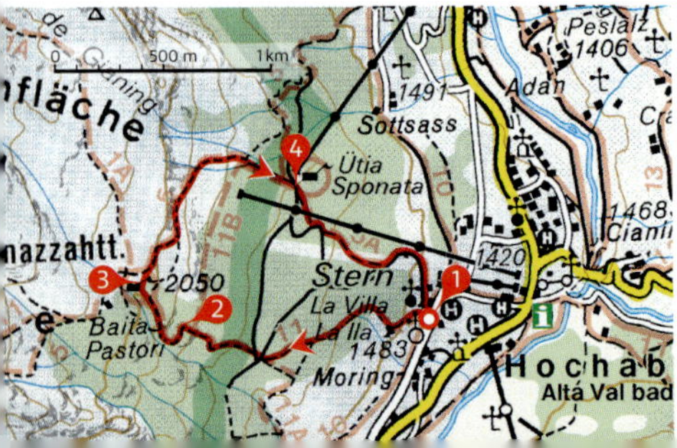

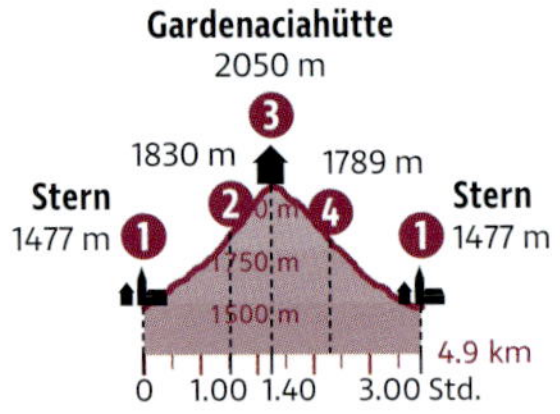

Munt de Fornella, Vaciara- und Göma-Hütte

Rund um den Peitlerkofel

55

4.30 Std. | 13,1 km | ↗ 630 m | ↘ 630 m

Kontrastreiche Wanderung zwischen Wiesengrün und Felsengrau

Ringsum vom Grün malerischer Wiesen und Zirbenwälder umgeben, setzt sich der Peitlerkofel wunderbar in Szene – seine Form ist aus gewissen Perspektiven unverkennbar. Eine Umrundung, am besten vom Würzjoch aus begonnen, gehört wohl zu den attraktivsten Genusswanderungen weit und breit. Währenddessen lernen wir drei feine Jausenstationen kennen: auf den südostseitigen, sonnenverwöhnten Peitlerwiesen die kleine Ütia Vaciara, unter dem mächtigen Bollwerk der Nordwand hingegen Ütia de Göma und Munt de Fornella. Abermals lässt Ladiniens Bergwelt ihren unwiderstehlichen Charme verströmen …

Ausgangspunkt: Würzjoch, 1987 m, Straßenpass zwischen dem Gadertal und Villnöss bzw. Afers eisacktalseitig. Lässt sich auch von beiden Seiten (St. Martin in Thurn bzw. St. Peter in Villnöss) per Bus erreichen.
Anforderungen: T2+. Meist leichte Wander- und Wirtschaftswege. Erhöhte Konzentration auf der abschüssigeren Westtraverse und stellenweise vielleicht unterhalb der Peitlerscharte angezeigt. Relativ entspanntes Tagesprogramm.
Karte: Tabacco 1:25.000, Blatt 07 oder 030.

Vom **Würzjoch** ❶ geht es anfangs auf breitem Weg südwärts am Rande des tiefen, geologisch interessanten Erosionskessels entlang. Im Wiesengelände bei der **Fornella-Alm/Munt de Fornella** ❷, 2067 m, direkt unter dem Nordabsturz des Peitlers, gabelt sich die Route. Empfohlen sei die Richtung gegen den Uhrzeigersinn. Daher mit Nr. 8A in die Westflanke, wo die breite Trasse bald von einem Steig abgelöst wird. Nach Querung

Munt de Fornella, eine von mehreren Almhütten rund um den Peitler.

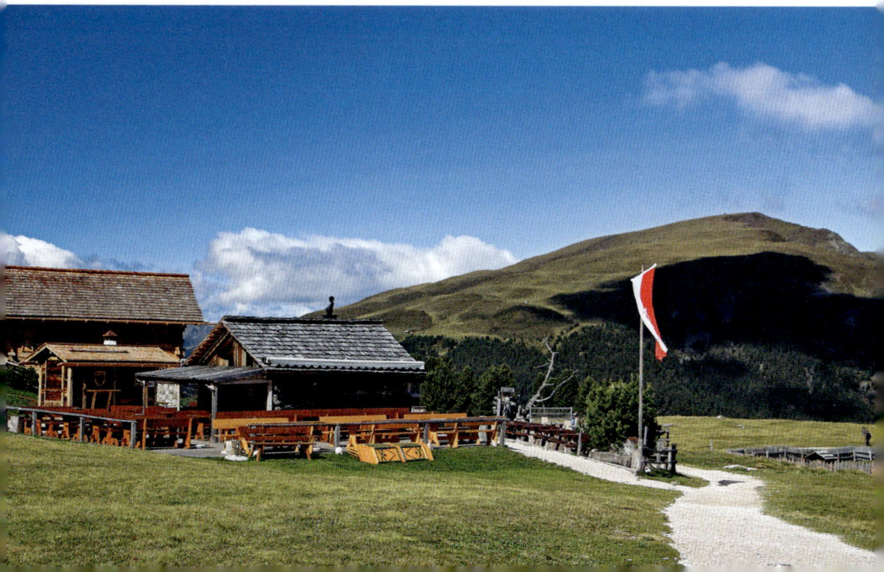

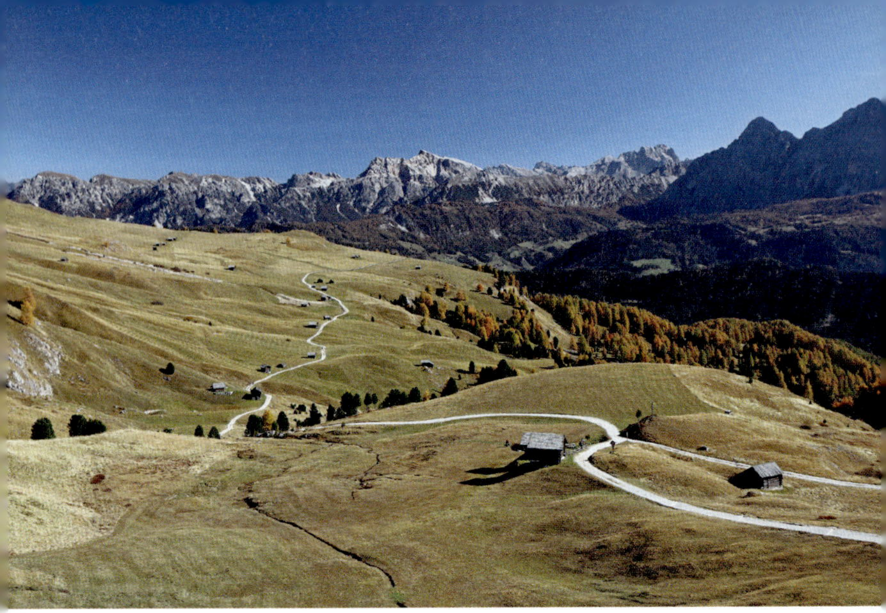

Sanft dachen die Peitlerwiesen gegen das Gadertal ab; im Hintergrund die Skyline der Pragser Dolomiten.

mürber, etwas abschüssiger Hänge treten wir in den Einschnitt des Schartenbachs ein und gewinnen dort fast 300 Höhenmeter: teils über Geröll, aber doch ordentlich gepfadet bis in die **Peitlerscharte ❸**, 2357 m, empor. Hier befindet sich nicht nur der Einstieg in die Gipfelroute, es öffnet sich auch ein völlig neues Blickfeld.

Wir steigen indessen ins Gebiet der ausgedehnten Peitlerwiesen ab und folgen dort der Bezeichnung Nr. 35 mit geringen Höhenunterschieden gen Osten bzw. Nordosten. Der breite Güterweg zieht zwischen zahlreichen Stadeln hindurch und passiert die sommers bewirtschaftete **Vaciara-Hütte/Ütia Vaciara ❹**, 2090 m. Dahinter scheren wir links aus und erreichen leicht ansteigend den Übergang beim **Gömajoch ❺**,

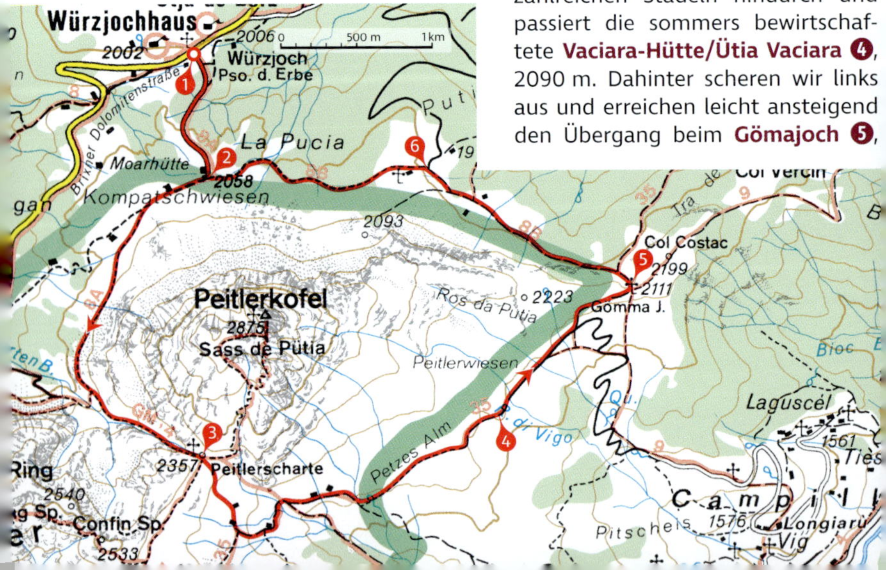

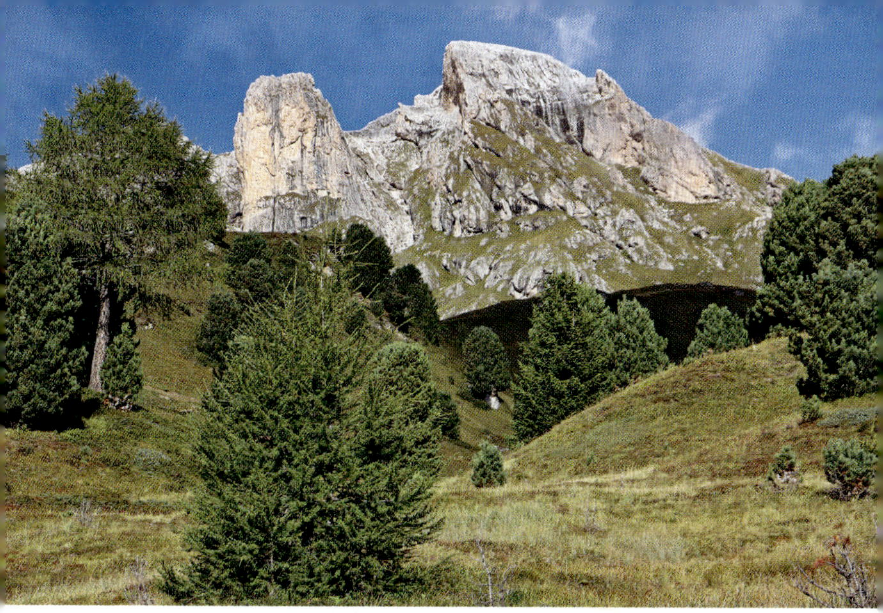

Die Peitler-Runde vermittelt eine Mischung aus lieblichen und hochalpinen Akzenten.

EINKEHR

Würzjochhütte, 2006 m: Gasthof im Sommer und Winter geöffnet, Übernachtungsmöglichkeit, Tel. +39 0474 520066, boerz.it.

Munt de Fornella (Fornella-Alm), 2067 m: Mitte/Ende Mai bis Mitte Oktober, Tel. +39 335 6166673, muntdefornella.it.

Vaciara-Hütte, 2090 m: Mitte Juni bis Mitte Oktober, Tel. +39 339 7026003, gscnara.it.

Göma-Hütte, 2030 m: Mitte Juni bis Mitte Oktober, Tel. +39 347 4186136 oder +39 0474 520067.

TOUREN

Peitlerkofel, 2875 m: von der Peitlerscharte, am Gipfelaufbau klettersteigartig (T4), 1.30 Std.

Schlüterhütte, 2297 m: von der Peitlerscharte über den Dolomiten-Höhenweg Nr. 2 via Kreuzkofeljoch (T2), 30 Min.

2111 m. Nordseitig durch lichten Wald ein Stück weit tiefer, dann auf breiter Trasse zur **Göma-Hütte/Ütia de Göma** ❻, 2030 m, und jenseits eines Wiesenrückens erneut etwas abwärts. Dabei wird ein mittlerweile bewaldetes Bergsturzareal am Fuß der Peitler-Nordwand durchquert. Ein kleiner Gegenanstieg bringt uns auf die Wiesen bei der **Fornella-Alm/Munt de Fornella** ❷, wo sich der Rundkurs schließt. Knapp 20 Minuten später laufen wir am **Würzjoch** ❶ ein.

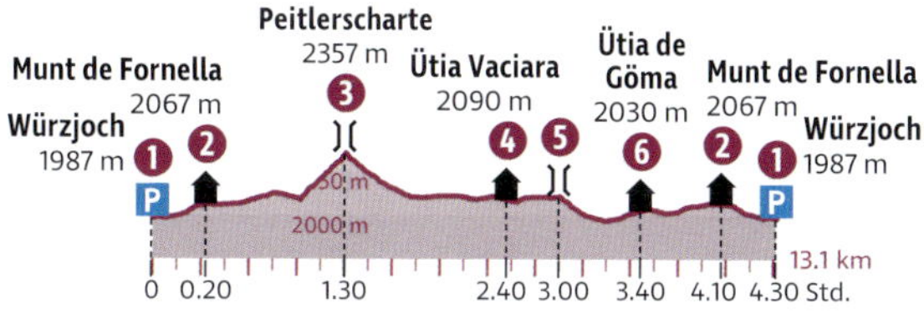

56 Maurerberghütte, 2127 m

Von Pé de Börz

2.00 Std. | 5,9 km | ↗320 m | ↘320 m

Im sanften Vorfeld der Dolomiten

Alpingeografisch werden die Dolomiten im Norden und Westen durch Pustertal und Eisacktal begrenzt, doch das erste formgewaltige Antlitz zeigt erst der Peitlerkofel, während sich davor eher sanft geschwungene Bergzüge mit ausgedehnten Hochweiden erstrecken. In dieser Idylle liegt, nur knapp vier Kilometer vom Peitler entfernt und ganz von diesem Kulissenbild beseelt, die Maurerberghütte an einem Sonnenhang. Der Aufstieg ist auch von jedem Gelegenheitswanderer zu schaffen. Nicht selten sind hier aber auch ziemlich große Trekking-Rucksäcke unterwegs, womöglich auf dem populären Fernwanderweg von München nach Venedig …

Ausgangspunkt: Pé de Börz, 1862 m, an der Würzjochstraße. Anfahrt von St. Martin Thurn über Untermoi (auch per Bus) oder aus dem Villnöss über den nahen Pass.
Anforderungen: T1–2. Bis zur Hütte führt ein Fahrweg, im oberen Teil einige Abkürzungen. Weiter zur Pecolhütte ebenfalls Steig im Wald-Wiesen-Gelände, danach wieder breiter Wirtschaftsweg. Lockere Halbtagestour.
Karte: Tabacco 1:25.000, Blatt 030.

Vom Parkplatz **Pé de Börz ❶** rücken wir mit Nr. 1 ostwärts ab, absolvieren auf der Forststraße zwei Schleifen an einer Lichtung vorbei und können weiter oben auf die Abkürzung im Bereich einer Schneise ausweichen. Ansonsten führt auch der Fahrweg mit vier weiteren Serpentinen bis

Frühaufsteher versäumen nicht, wenn der Peitler im ersten Licht erglüht.

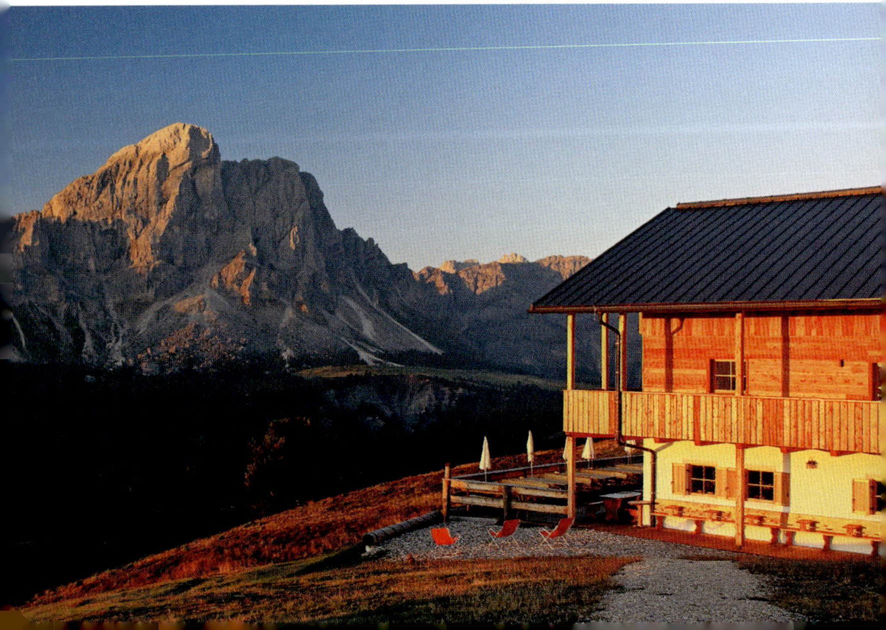

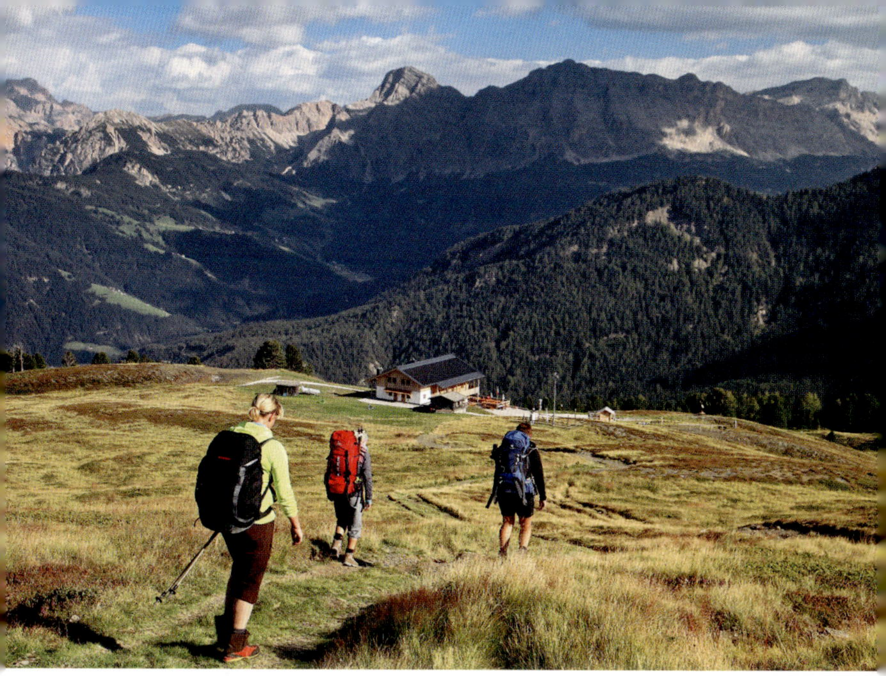

Wanderer laufen über den Maurerberg bei der Hütte ein.

zur **Maurerberghütte ❷**, 2127 m. Die manchmal zu lesende Höhe von 2157 m dürfte etwas zu hoch sein. Beim Rückweg unternehmen wir noch einen Schlenker, indem wir mit Nr. 2 im Schrägabstieg westwärts die **Pecolhütte ❸**, ca. 1950 m, ansteuern. Auf deren Zufahrt geht es anschließend mit geringem Gefälle quer durch die Hänge, von einer Lichtung rechts um die Kuppe P. 1951 herum und zurück nach **Pé de Börz ❶**.

EINKEHR

Maurerberghütte, 2127 m: privat, Anfang Juni bis Mitte/Ende Oktober, Tel. +39 0474 520059, maurerberg.com.

Pecolhütte, ca. 1950 m: im Sommer einfach bewirtschaftet, Tel. +39 335 7878777.

TOUREN

Maurerberg, 2332 m: über das Alfreiderjoch und den Südrücken (T1–2), 45 Min.

Kreuzwiesenalm, 1924 m, bzw. Starkenfeldhütte, 1936 m: via Maurerberg, Lüsner Joch, Glittner See, Wieseralm und Jakobsstöckl ins Gebiet der Lüsner Alm, von der Maurerberghütte 4.00 bis 5.00 Std.

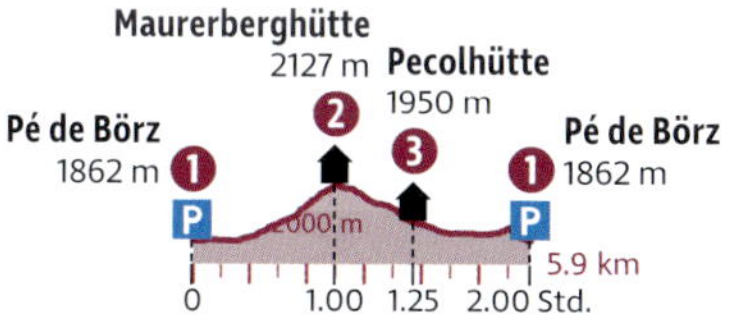

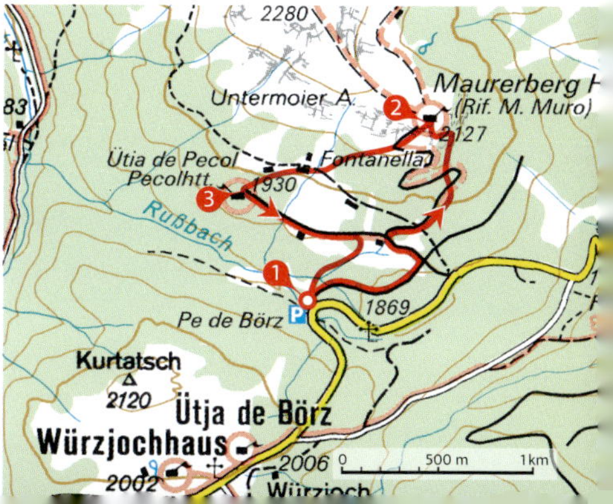

57 Über die Lüsner Alm

Mit Roner-, Rastner-, Starkenfeld- und Kreuzwiesenhütte

TOP | 4.30 Std. | 14,5 km | ↗ 400 m | ↘ 1150 m

Streckenwanderung über eines der größten Almgebiete Südtirols
Etwas versteckt hinter waldreichen Höhenzügen hat sich das Tal von Lüsen eine wohltuende Ursprünglichkeit bewahrt. Es lockt nicht mit irgendwelchen Superlativen, sondern eher mit bergbäuerlicher Beschaulichkeit, die sich oben auf den weiten Flächen der Lüsner Alm aufs Trefflichste manifestiert. Zwar gehört dieses Bergland streng geografisch bereits zu den Dolomiten, doch ist der Landschaftstyp ein gänzlich anderer – man möchte fast sagen, gegenteiliger Natur. Stark verwittertes Altkristallin und zu sanften Formen abgetragene Bergrücken prägen fast mehr einen Mittelgebirgs- als einen Hochgebirgscharakter, vergleichbar am ehesten den südlichen Ausläufern der Sarntaler Alpen. Die Weite des Horizonts ist bestechend. In Abständen empfangen uns hier vier Almgasthäuser, die sich kulinarisch richtig ins Zeug legen. Das traditionellste Erscheinungsbild besitzt wohl noch die Rastnerhütte mit ihrer urigen Stube, die anderen setzen auch schon vermehrt auf moderne und gehobene Angebote wie Alm-Wellness. Auf der Kreuzwiesenalm wird noch eigener Käse hergestellt. Für Genussmenschen ist die Lüsner Alm also sicherlich ein Platz, an den man gerne zurückkommt …

Ausgangspunkt: Zumis-Parkplatz, ca. 1725 m, am Scheitelpunkt der Bergstraße zwischen Rodeneck und Lüsen (auch Linienbusverkehr von Mühlbach, von Lüsen aus verkehrt jeweils am Do um 9.10 Uhr ein Wanderbus Richtung Zumis, retour um 16.15 Uhr).
Endpunkt: Lüsen, 981 m. Linienbusverbindung nach Brixen.
Anforderungen: T2. Im Almgelände

Im Sommer ist die Lüsner Alm natürlich das ideale Hochweidengelände.

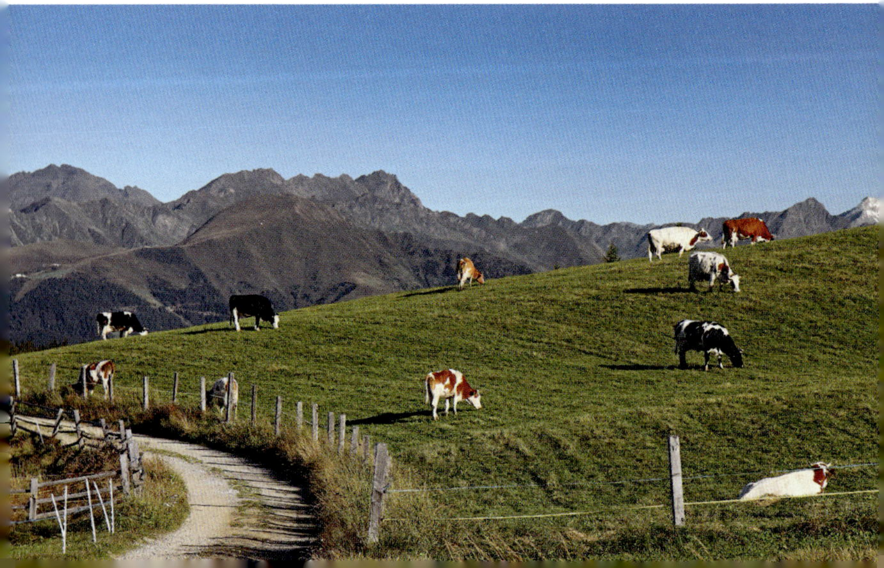

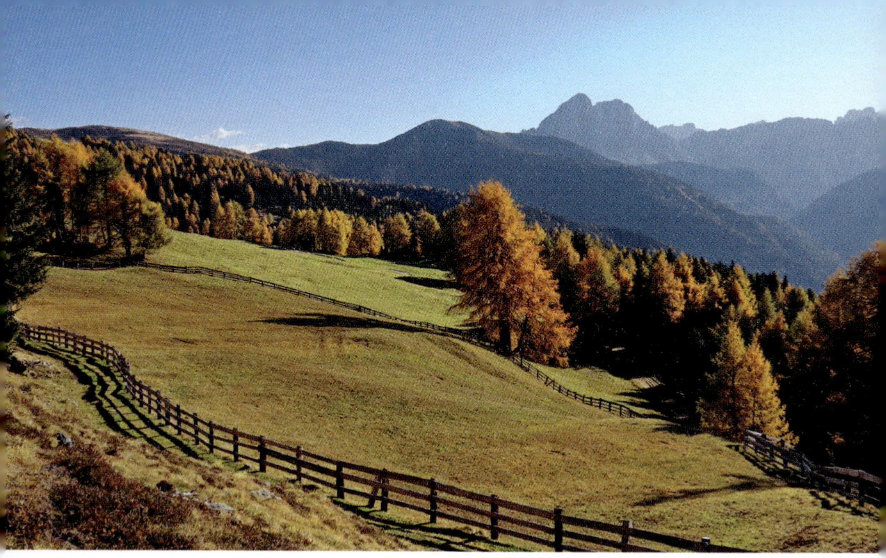

Im Herbst überzieht ein goldgelber Glanz die Landschaft.

überall ganz leichte Wanderwege, streckenweise komfortabel breit trassiert. Etwas höher sind die Anforderungen beim Abstieg durch den recht steilen Waldhang talwärts, aber auch hier ein gewöhnlicher Steig. Ein gewisses Maß an Ausdauer bzw. Marschfreude angezeigt.

Variante: Rückweg auf (weitgehend) gleicher Route Richtung Zumis oder über den Griablsteig zum Weg Nr. 3, der zum Parkplatz Herol führt; knapp unterhalb befindet sich eine Bushaltestelle.
Karte: Tabacco 1:25.000, Blatt 030.

Nach Start am Parkplatz **Zumis** ❶ Richtung Ronerhütte gabelt sich der Weg bald in zwei parallele Stränge – wir ziehen den Fußweg der breiten Fahrbahn vor. Das letzte Stück von einem kleinen Gewässer geht es wieder gemeinsam hinüber zur **Ronerhütte** ❷, 1832 m, die zu einem stattlichen Almgasthof mit Ausblick über das Pustertal ausgebaut wurde. Markierung Nr. 2 entfernt sich in einem Waldstück vorübergehend vom breiten Wirtschaftsweg, doch fädeln wir später wieder ein und gelangen etwas aufwärts zur Kapelle am **Pianer Kreuz**, 1901 m. Nur wenige Schritte dahinter vom Hauptweg links abzweigend auf einen lauschigen Wanderweg, der uns zur **Rastnerhütte** ❸, 1903 m, bringt. Nicht weit entfernt in südöstlicher Richtung empfängt uns bereits die modernisierte

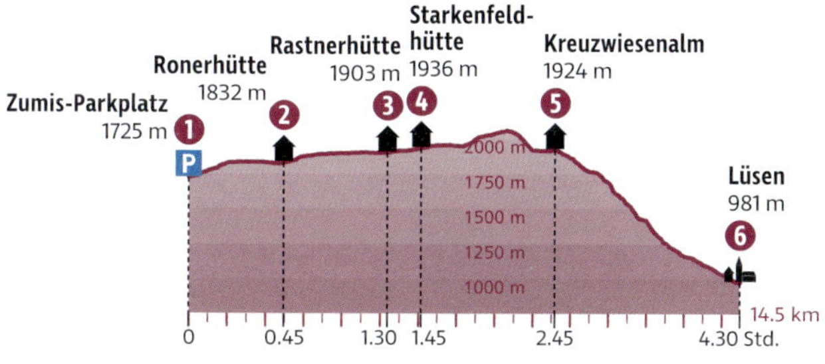

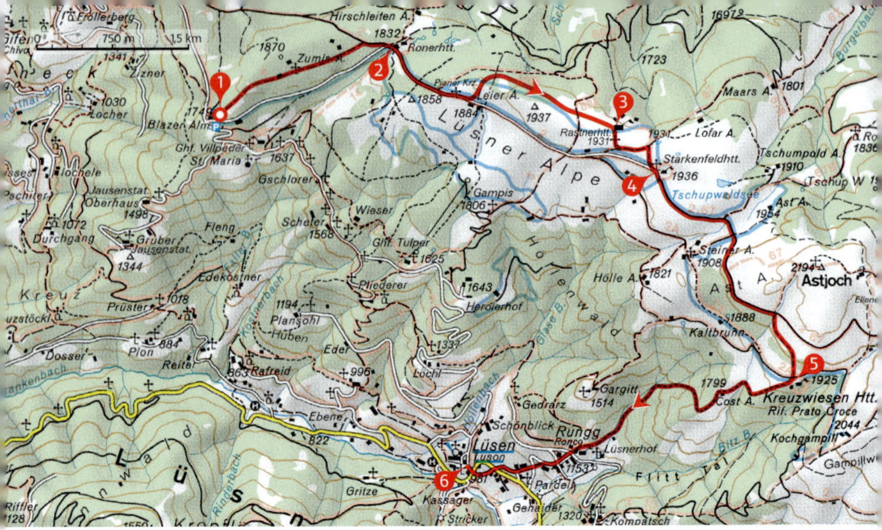

EINKEHR

Ronerhütte (Neue Roneralm), 1832 m: Anfang Mai bis Anfang November und Mitte Dezember bis Mitte März, Übernachtungsmöglichkeit, Tel. 39 0472 546016, roneralm.com.
Rastnerhütte, 1903 m: Ende Mai bis Ende Oktober und Weihnachten bis Mitte März, Tel. +39 0472 546422, rastnerhuette.com.
Starkenfeldhütte, 1936 m: Mitte Mai bis Mitte November und Mitte Dezember bis Mitte März, Übernachtungsmöglichkeit, Tel. +39 331 3513049, starkenfeld.com.
Kreuzwiesenalm, 1924 m: Mitte Mai bis Anfang November und zeitweise im Winter, Übernachtungsmöglichkeit, Tel. +39 333 7484880, kreuzwiesenalm.com.

TOUREN

Astjoch, 2194 m: von der Kreuzwiesenalm über den Südhang oder von der Starkenfeldhütte über die Westseite (T2), jeweils 1.00 Std.

Starkenfeldhütte ❹, 1936 m. Breit trassiert geht es im Bogen um den Hang herum und dann im Bereich einer sumpfigen Senke nach Wegweiser »Astjoch« links ausscherend aufwärts. Wir müssen aber nicht notwendigerweise die Gipfelkuppe besteigen (obwohl dies des umfassenden Panoramas wegen reizvoll erscheint), sondern setzen mit Nr. 10 zu einer Traverse an, wählen bei der nächsten Kreuzung Nr. 11 abwärts und kommen wieder auf einen Fahrweg, der schließlich zur **Kreuzwiesenalm ❺**, 1924 m, leitet. Kurz davor wird bereits die Abstiegsroute Nr. 12 nach Lüsen ausgewiesen. Diese führt über einen ersten Grabeneinschnitt hinweg zur Lichtung der aufgelassenen Gostalm und von einer Art Schulter in einen zweiten, markanteren Graben hinab. Zunächst auf der linken Seite, später rechts hinaus zum Weiler Rungg und weiter durch das Streusiedlungsgebiet am Hang bis in den Ort **Lüsen ❻**, 981 m.

Die Kreuzwiesenalm.

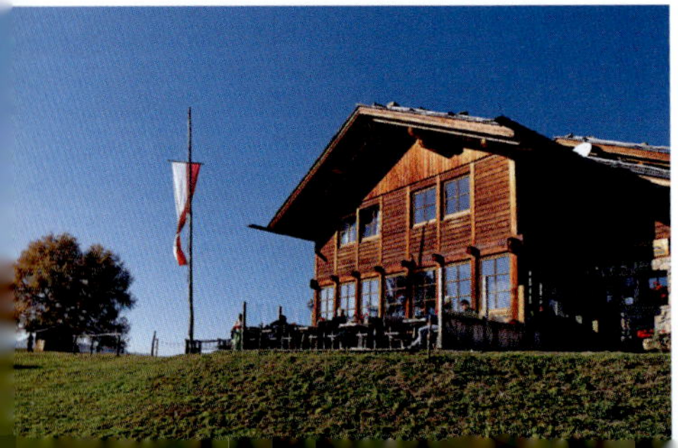

Plosehütte, 2447 m

Mit Ochsenalm und Rossalm

58

4.15 Std. | 13,2 km | ↗ 600 m | ↘ 600 m

Überschreitung am Brixner Hausberg

Die Plosehütte besitzt beinahe Gipfelstatus und erfreut sich einer reizvollen Perspektive auf die Geislerspitzen, die ein Stück weit südlich ihr Zackenprofil in den Himmel zeichnen. Als die Hütte in den 1880er-Jahren erbaut wurde, war die Plose natürlich noch von touristischer Jungfräulichkeit umgeben – mit der Vereinnahmung durch das Brixner Skigebiet wandelte sich dann nicht nur das Gelände, sondern zum Teil auch die Hüttenklientel, die nun verstärkt im Winter auf den Plan trat. Gleichwohl blieb die Plosehütte bis heute in den Händen des Italienischen Alpenclubs und steht zum Beispiel als Eingangsquartier für den zweiwöchigen Dolomiten-Höhenweg Nr. 2 zur Verfügung. Im Rahmen dieses Vorschlags wollen wir über den Brixner Höhenweg ausholend zunächst die rustikale Ochsenalm einbeziehen, später dann noch die Rossalm, die aus einer einfachen Hirtenhütte hervorging und sich heutzutage einen modern-komfortablen Anstrich gibt.

Ausgangspunkt: St. Andrä, Talstation der Plosebahn (erreichbar per Bus von Brixen), die hinauf zur Bergstation, 2050 m, bei Kreuztal führt. Betriebszeiten zwischen Ende Mai und Mitte Oktober täglich von 9 bis 18 Uhr (ab Mitte September bis 17 Uhr). Man kann auch mit dem Auto auf einer Bergstraße über Afers bis nach Kreuztal hinauffahren (Parkplatz auf knapp 2000 m).

Anforderungen: T2. Sowohl am Brixner Höhenweg als auch über die Plose hinweg im Prinzip leichte Bergwanderwege mit nur wenigen steileren

Der Brixner Höhenweg verläuft hoch über dem Eisacktal im Bereich der Waldgrenze.

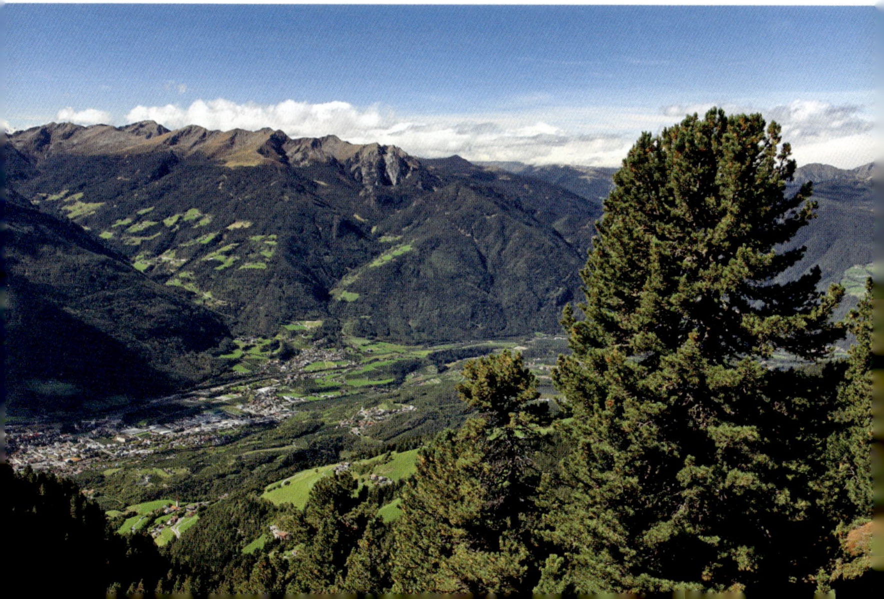

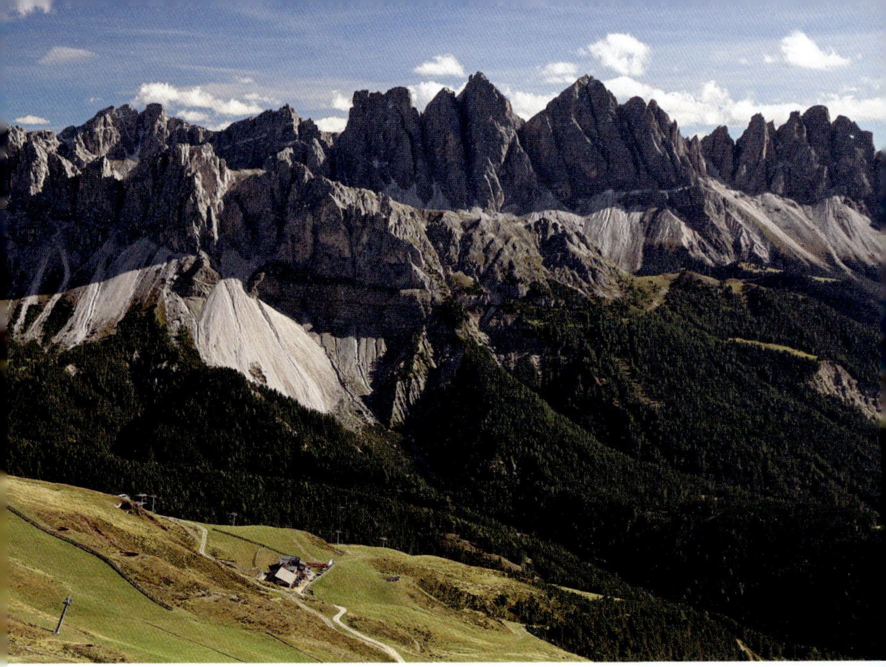

Von der Plose haben wir die Geislerspitzen voll im Blick; weiter unten die Rossalm.

Abschnitten. Insgesamt schon etwas Ausdauer erforderlich.
Variante: Die Direktroute Nr. 7 von der Bergstation durchs Pistengelände zur Plosehütte ermöglicht eine reduzierte Tour, man könnte also auf Ochsenalm und/oder Rossalm verzichten.
Karte: Tabacco 1:25.000, Blatt 030.

EINKEHR

Ochsenalm, 2085 m: Mitte Juni bis Mitte Oktober, Tel. +39 328 8433955.
Plosehütte, 2447 m: CAI, Anfang Juni bis Ende Oktober und Anfang Dezember bis Anfang April, 60 Schlafplätze, Tel. +39 0472 521333 oder +39 347 8607292, plosehuette.com.
Rossalm, 2180 m: Mitte Mai bis Mitte Oktober und Anfang Dezember bis Anfang April. Übernachtungsmöglichkeit, Tel. +39 377 3772275, rossalm.com. Weitere Einkehrmöglichkeiten im Bereich Kreuztal/Plosebahn.

TOUREN

Große Pfannspitze, 2545 m, Großer Gabler, 2576 m: östlich der Plose aufragende Gipfelpunkte, die über die Lüsner Scharte unschwierig erreicht werden.

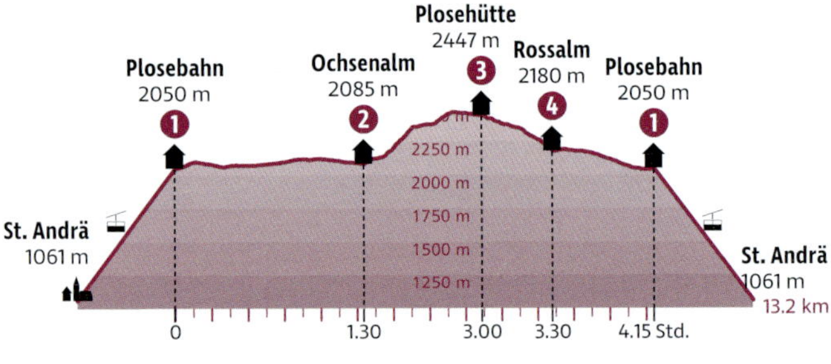

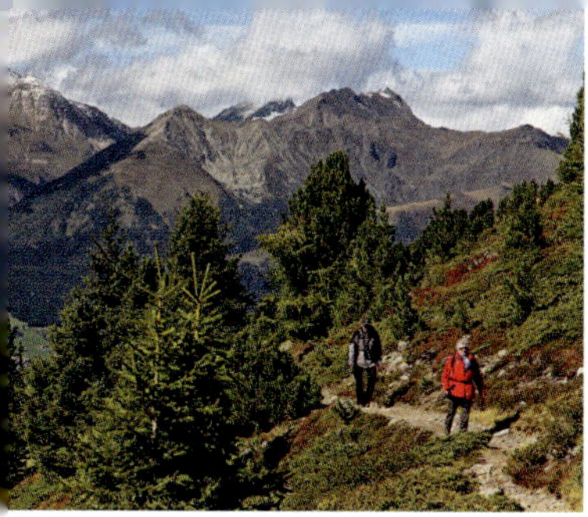

Am Brixner Höhenweg.

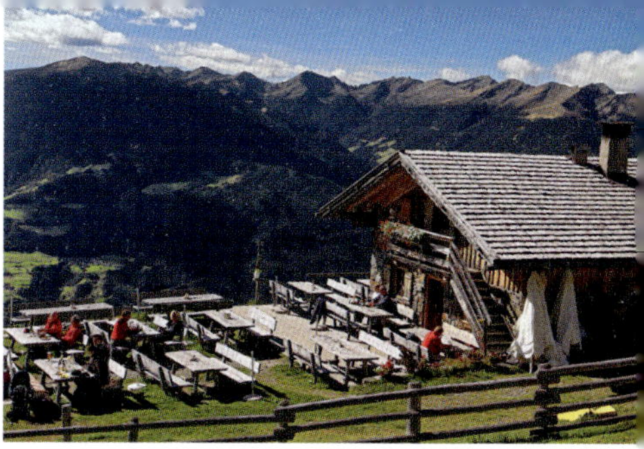

Einfach urig: die Ochsenalm.

Von der Bergstation der **Plosebahn** ❶ nehmen wir den mit Nr. 30 bezeichneten **Brixner Höhenweg** auf, der kilometerweit quer durch den zirbenbestandenen Westhang der Plose zieht. Man bewegt sich nahezu horizontal im Bereich der Waldgrenze, kreuzt nach einer Weile den Tramezzograben, wandert um einen weiten Hangrücken und gelangt durch mehrere kleine Einbuchtungen zur Jausenstation der **Ochsenalm** ❷, 2085 m. Oben am Kammrücken erkennen wir auf einer Schulter schon das St. Leonharder Kreuz, 2365 m, zu dem wir anschließend mit Nr. 6 via Plosescharte aufsteigen. Die Aussicht weitet sich vor allem nordwärts Richtung Pfunderer Berge, denn der flache Plosebühel bildet nun kein Hindernis mehr. Ohne wirklich anspruchsvoll zu sein, offenbart der Weiterweg bis auf das Gipfelplateau der Plose einen leicht alpinen Anstrich. Die höchste Kuppe namens **Telegraph**, 2486 m, ist aufgrund der Militäranlagen leider kein Schmuckstück. Man wird sich dort womöglich nicht allzu lange aufhalten und eine Rast bei der nahen **Plosehütte** ❸, 2447 m, am Südrand des Plateaus vorziehen. Von dort geht es südostwärts rasch zur Lüsner Scharte, 2383 m, und mit der lokalen Nr. 6 am Südhang weiter gegen die **Rossalm** ❹, 2180 m, hinab. Der Rückweg zur Bergstation ❶ erfolgt schließlich auf einem breit angelegten Panoramaweg quer durch die Flanken.

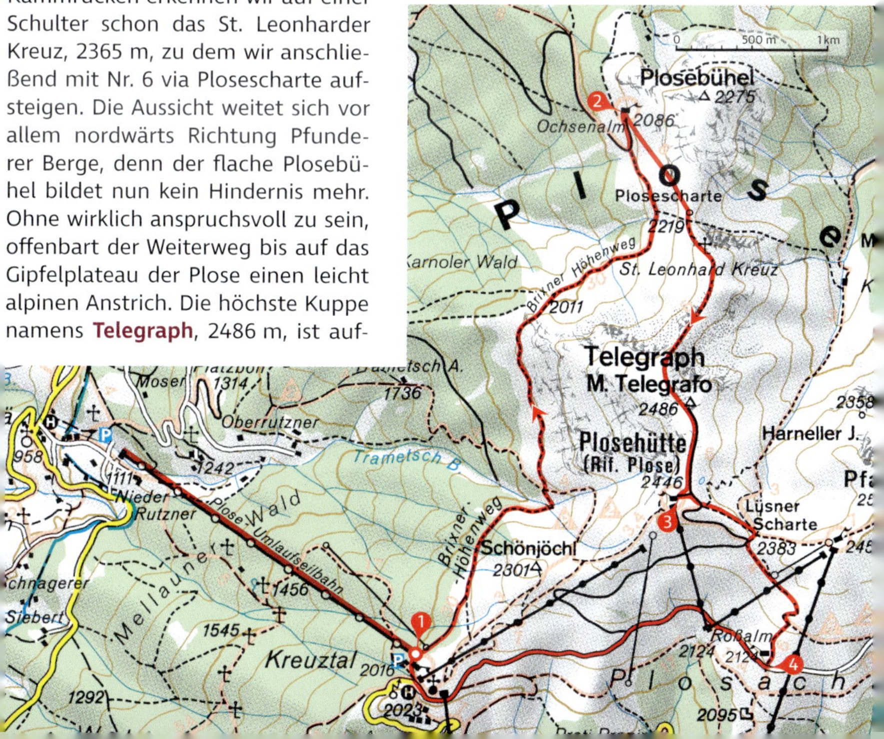

59 Glatschalm und Gschnagenhardtalm, 2006 m

Von der Zanser Alm zum Adolf-Munkel-Weg

2.30 Std. | 8,5 km | ↗ 450 m | ↘ 450 m

Villnösser Almrunde am Fuße der Geislerspitzen

Der Vorbau der eindrucksvollen Geislerspitzen offenbart einige idyllische Almlichtungen, die sich beim gemäßigten Wandervolk enormer Beliebtheit erfreuen. Hier kann man vor perfekter Dolomitenkulisse so richtig die Seele baumeln und sich von landestypischen Leckereien verwöhnen lassen. Die Verbindung zwischen Glatsch- und Gschnagenhardtalm nehmen wir über den populären Adolf-Munkel-Weg, der sich durch urwüchsiges Zirbengelände schlängelt.

Ausgangspunkt: Zanser Alm, 1680 m, im Talschluss von Villnöss. Endhaltestelle der Buslinie von Brixen.
Anforderungen: T2. Zur Glatschalm Fahrweg, ansonsten gut angelegte Wanderwege, die wenig Mühe bereiten. Allenfalls unterhalb der Geisleralm ist etwas Vorsicht angezeigt. Halbtagesprogramm.
Variante: Abkürzungsmöglichkeit von der Glatschalm zur Duslerhütte.
Karte: Tabacco 1:25.000, Blatt 030 oder 05.

EINKEHR

Zanser Alm, 1680 m: zwei Jausenstationen im Bereich des Ausgangspunktes, im Sommer und Winter bewirtschaftet, Tel. +39 0472 840054 bzw. +39 0472 671311.
Glatschalm, 1902 m: Mitte Mai bis Mitte Oktober, im Winter an Wochenenden, Tel. +39 0472 670978, glatschalm.com.
Gschnagenhardtalm, 2006 m: Ende Mai bis Ende Oktober, Tel. +39 0472 840158 oder +39 338 6752633, profanterhof.com.
Geisleralm, 1996 m: Mitte Mai bis Anfang November (Mo Ruhetag) und Weihnachten bis Mitte März (Di/Mi Ruhetag), Tel. +39 339 6044685 oder +39 333 7569029, geisleralm.com.

Im Licht der untergehenden Sonne strahlen Furchetta und Sas Rigais alle Erhabenheit aus.

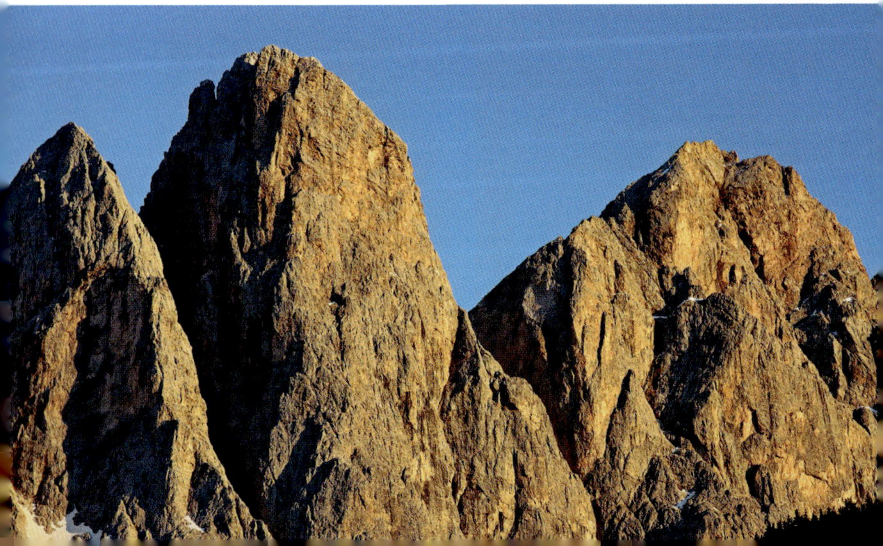

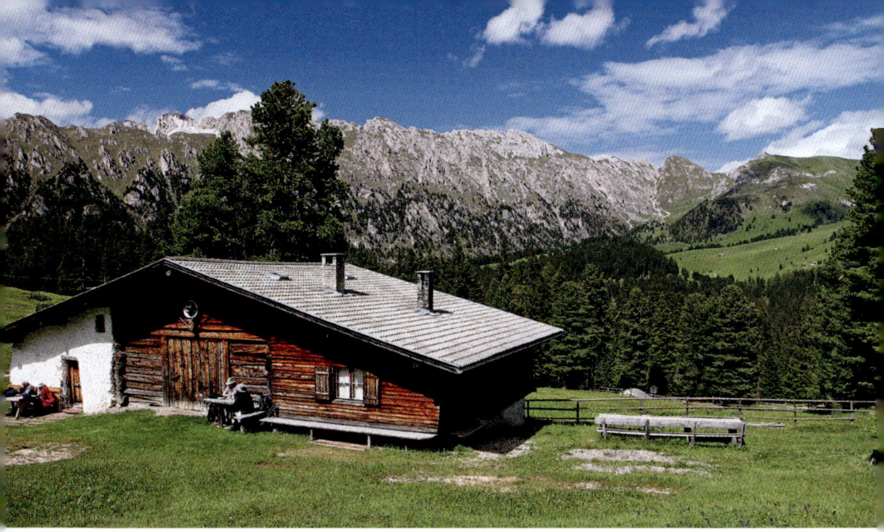

Idylle auf der Glatschalm gegen die Aferer Geisler.

Bei der **Zanser Alm ❶** wählen wir Route Nr. 36, gehen bei einer Gabelung rechts und kommen mit einer Kehre zum Wiesenplateau der **Glatschalm ❷**, 1902 m. Von dort schließen wir südwärts zum Adolf-Munkel-Weg (Nr. 35) auf, der sich nun an der Nahtstelle zwischen dem Bergwald zur Rechten und den steilen Geröllreißen der Geislerspitzen zur Linken bewegt. Bewachsene Felsblöcke zeugen von einstigen Bergstürzen. Einen ersten Abzweig direkt Richtung Geisleralm ignorieren wir noch, beim zweiten im Bereich eines Geländesattels verlassen wir dann den Munkelweg und treten über eine Kuppe auf die ausgedehnte Almlichtung hinaus. Dort empfangen uns die **Gschnagenhardtalm ❸**, 2006 m, und ein paar Schritte weiter die **Geisleralm**, 1996 m. Der beste Rückweg führt jetzt nicht über die Forststraße, sondern mit Nr. 36 ostwärts gegen einen Grabeneinschnitt hinunter und bei einem zweiten zur zuletzt nicht mehr bewirtschafteten **Duslerhütte ❹**, 1782 m. Schließlich im großen Bogen um den Waldhang herum zurück zur **Zanser Alm ❶**.

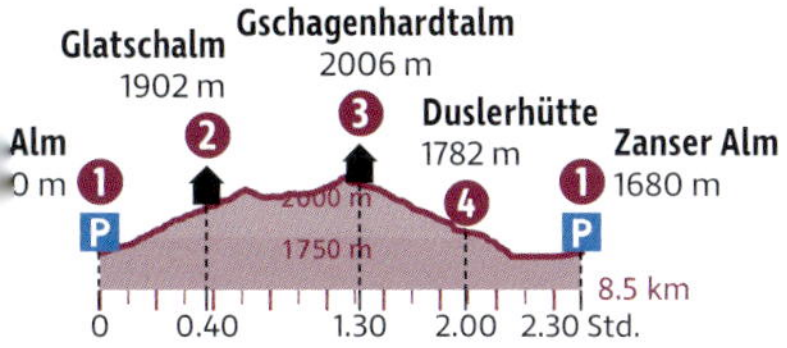

TOUREN

Brogleshütte, 2045 m: Fortsetzung des Adolf-Munkel-Weges in westliche Richtung (T2), ab Gschnagenhardt ca. 1.00 Std.

Sas Rigais, 3025 m: Kehrenweg zur Mittagsscharte, dann auf Klettersteig gipfelwärts (T5), 3.30 Std.

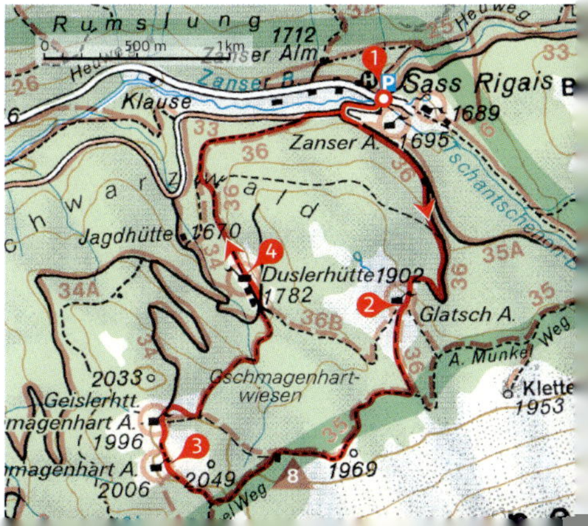

60 Gampenalm und Schlüterhütte, 2297 m

Von der Zanser Alm via Kaserill

3.00 Std. | 8,6 km | ↗ 620 m | ↘ 620 m

Am Ursprung des Villnösstals

Mit den scharf geschnittenen Geislerspitzen liefert Villnöss ein Paradebild der Dolomiten als Visitenkarte. Dieser Bilderbuchtalschluss ist das Ambiente unserer Wanderung, wenn es zu Füßen schroffer Felszacken über die lieblichen Gampenwiesen hinaufgeht bis zur Schlüterhütte unweit des Kreuzkofeljochs. Links stehen die von dieser Seite eher formlosen Aferer Geisler Spalier, doch rechts lassen die großen Geislerspitzen, allen voran Furchetta und Sas Rigais, jeden gebannt innehalten. Villnöss trat gegen Ende des 19. Jahrhunderts ins Licht einer breiteren Öffentlichkeit, als sich auf dem Hütten- und Wegesektor auch hier einiges tat. Seit dieser Zeit ist die Talschaft mit den Namen Franz Schlüter und Adolf Munkel, beide Alpenvereinsfunktionäre aus dem fernen Dresden, verbunden. Schlüter begeisterte sich bei einem Besuch im Jahre 1896 so sehr für die Gegend, dass er spontan beschloss, am Kreuzkofeljoch eine Unterkunft zu errichten. Bereits zwei Jahre später konnte die Franz-Schlüter-Hütte feierlich eingeweiht werden. Mit dem Adolf-Munkel-Weg hinüber zur Broglesalm kam bald darauf eine Wanderroute dazu, die zu einem echten Evergreen avancieren sollte (vgl. Tour 59).

Gampenalm gegen Zendleser Kofel.

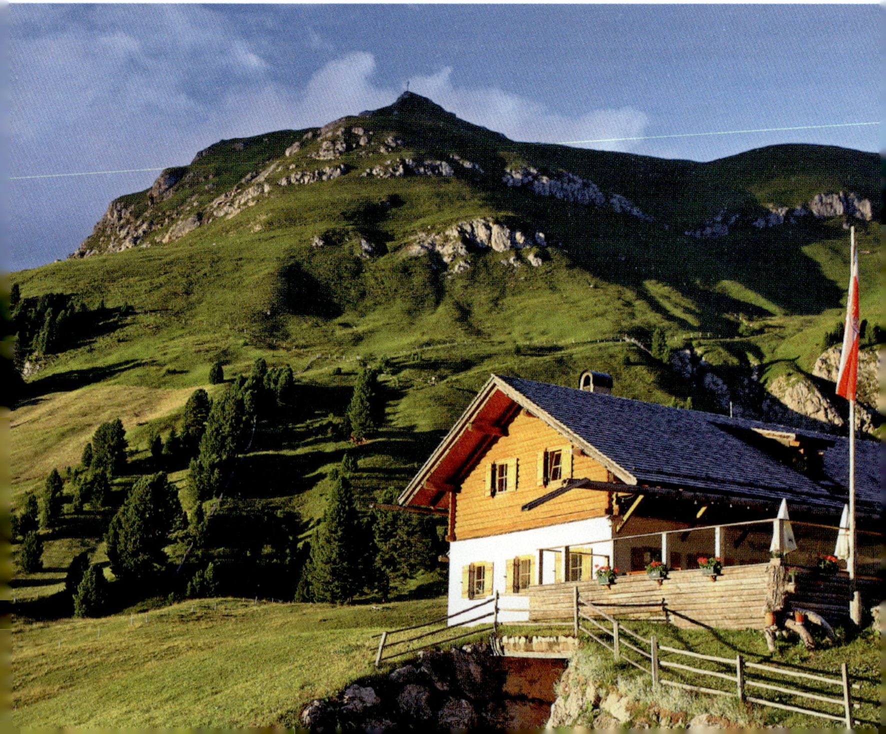

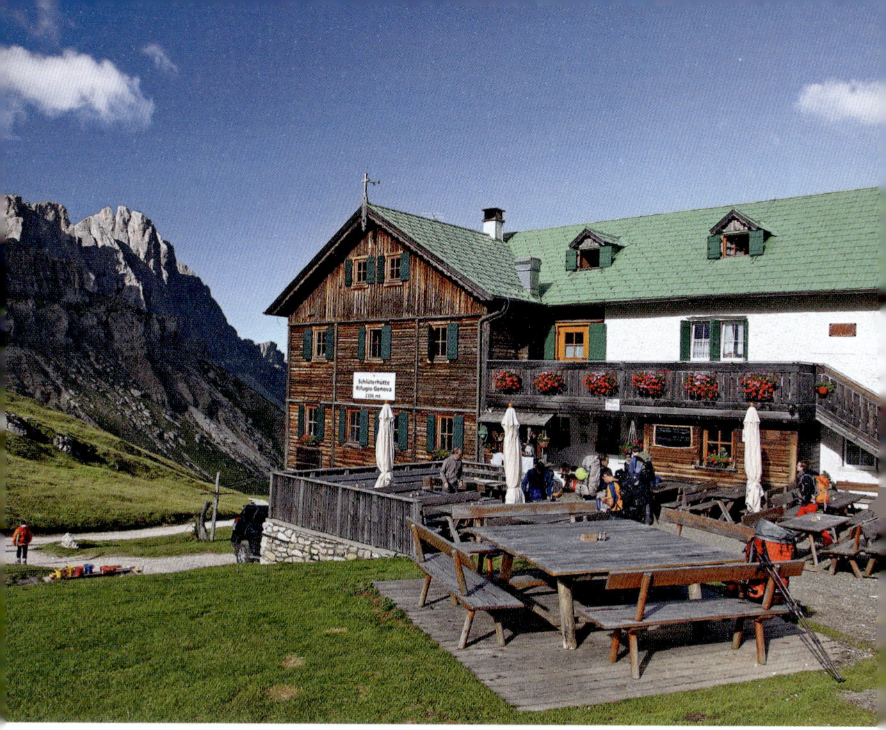

Eine Etage höher zieht die Schlüterhütte Wanderer jeder Couleur an.

Ausgangspunkt: Zanser Alm, 1680 m, im Talschluss von Villnöss. Endhaltestelle der Buslinie von Brixen.
Anforderungen: T2. Problemlose Wanderwege im Wiesengelände, im oberen Teil etwas aufsteilend. Halbtagesprogramm.
Variante: Ein anderer Zugang zur Schlüterhütte kommt aus dem Campilltal (Parkplatz, 1536 m, unterhalb des Weilers Misci) über Weg Nr. 4 Richtung Kreuzkofeljoch; Aufstiegszeit ca. 2.30 Std.
Karte: Tabacco 1:25.000, Blatt 030 oder 05.

Von der **Zanser Alm** ❶ orientieren wir uns am Kaserillbach und folgen dem alten Heuweg sachte aufwärts. Der vorzeitige Abzweig zur Gampenalm wird ignoriert, um zunächst bei der **Kaserillalm** ❷, 1920 m, Station zu machen. Sie besitzt eine eigene Schaukäserei. Anschließend queren wird das Wiesengelände mehr gen Süden und erreichen schräg ansteigend die **Gampenalm** ❸, 2062 m. Der Schlussaufstieg zur **Schlüterhütte** ❹, 2297 m, leitet nun gegen einen steileren Hang hinan, der bis in die Hochmulde unterhalb des Kreuzkofeljochs kehrenreich überwunden wird. Der Rückweg verläuft im Prinzip ähnlich, ab Gampenalm dann aber direkter über die Gampenwiese Richtung Kaserillbach. Man kann im Übrigen auch den geschotterten Fahrweg wählen, der weiter links ausholend ins Tal des St.-Zenon-Bachs führt.

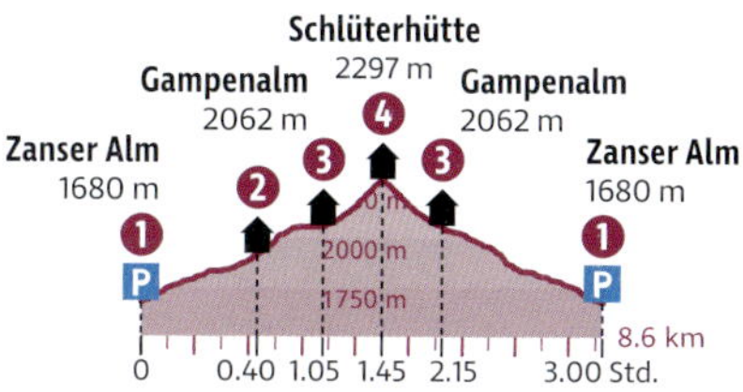

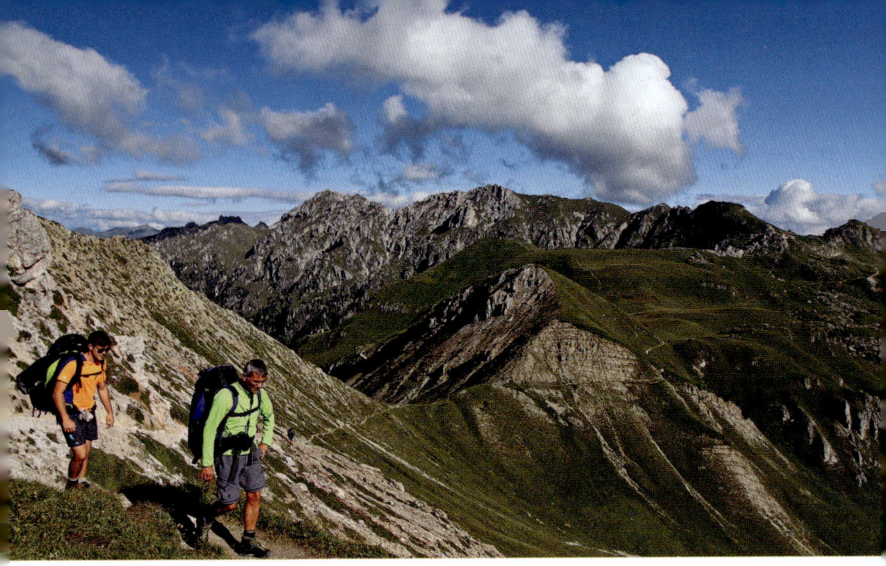

Auf dem Dolomiten-Höhenweg Nr. 2 lässt sich übers Kreuzkofeljoch weiter ausschweifen.

EINKEHR

Zanser Alm, 1680 m: zwei Jausenstationen im Bereich des Ausgangspunktes, im Sommer und Winter bewirtschaftet, Tel. +39 0472 840054 bzw. +39 0472 671311.

Kaserillalm, 1920 m: Anfang Juni bis Mitte Oktober (in der Nebensaison Di Ruhetag), sowie zeitweise im Winter, Tel. +39 0472 840219 oder +39 320 3512545, kaserillalm.com.

Gampenalm, 2062 m: Pfingsten bis Anfang November und Weihnachten bis Mitte März (im Winter Mo/Di Ruhetag), 30 Schlafplätze (nur im Sommer), Tel. +39 0472 840001 oder +39 348 2721587, gampenalm.com.

Schlüterhütte, 2297 m: Auton. Prov. Südtirol, Mitte Juni bis Anfang/Mitte Oktober, 90 Schlafplätze, Tel. +39 0472 670072 oder +39 347 2667694, schlueterhuette.com.

TOUREN

Zendleser Kofel, 2422 m: ab Schlüterhütte 20 Min.

Peitlerkofel, 2875 m: Höhenweg zur Peitlerscharte, anschließend durch die Südflanke, im oberen Teil gesichert (T4), gut 2.00 Std.

Günther-Messner-Steig: klettersteigartig ausgebaute Route über den Kamm der Aferer Geisler (T4), als komplette Runde von der Zanser Alm ca. 7.30 Std.

Regensburger Hütte, 2037 m: über Kreuzjoch und Roascharte (T3), 3.30 Std., bei Abzweig zur Nivesscharte auch Richtung Puezhütte, 4.00 Std.

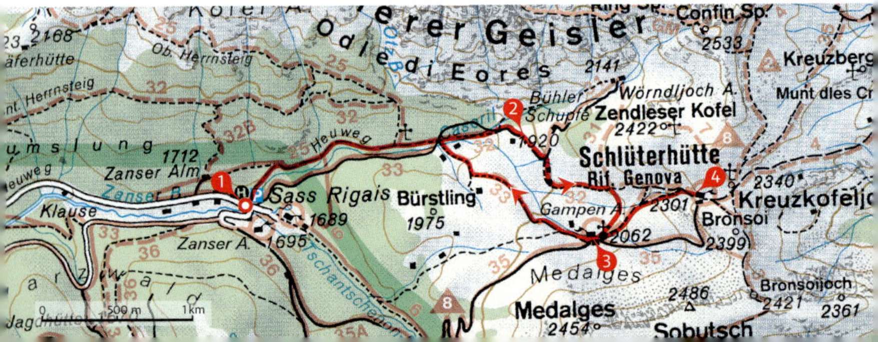

Raschötzhütte und Ramitzler Schwaige

Von der Raschötz nach Lajen

61

3.10 Std. | 11,3 km | ↗ 80 m | ↘ 1100 m

Vom Touristenbrennpunkt in stille Waldnatur

Eine ungewöhnliche Wanderung, die vom Hotspot an der Raschötz, die für ihr bestechendes Panorama berühmt ist, ins stillere, waldreiche Vorland des Grödnertals eintaucht und dort noch bei zwei urigen Hütten Station macht. Diese gehören zum Ramitzlhof respektive zum Platiederhof und bieten ganz authentisches Flair.

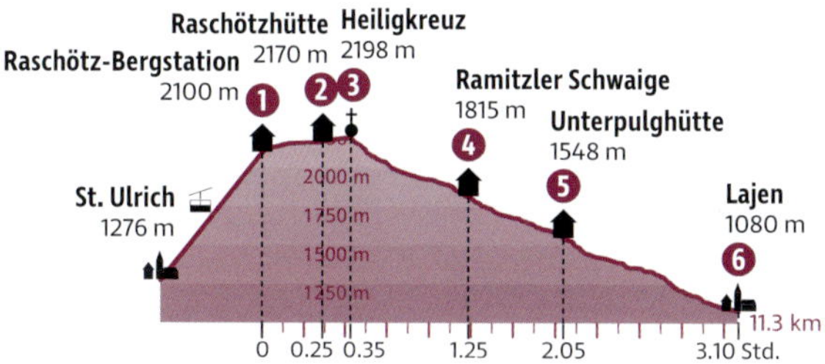

Ausgangspunkt: St. Ulrich, Talstation der Standseilbahn auf die Raschötz, ca. 2100 m. Betriebszeiten zwischen Mitte Mai und Mitte Oktober, täglich 9 bis 17 Uhr.

Endpunkt: Lajen, 1080 m, auf einer Hangterrasse über dem vorderen Grödnertal. Busverbindung nach Klausen und ins Grödnertal (St. Ulrich).

Anforderungen: T2+. Im ersten Teil promenadenartiger Höhenweg, anschließend ein gepflasterter Abstieg,

Auf einer romantischen Waldlichtung liegt die Ramitzler Schwaige.

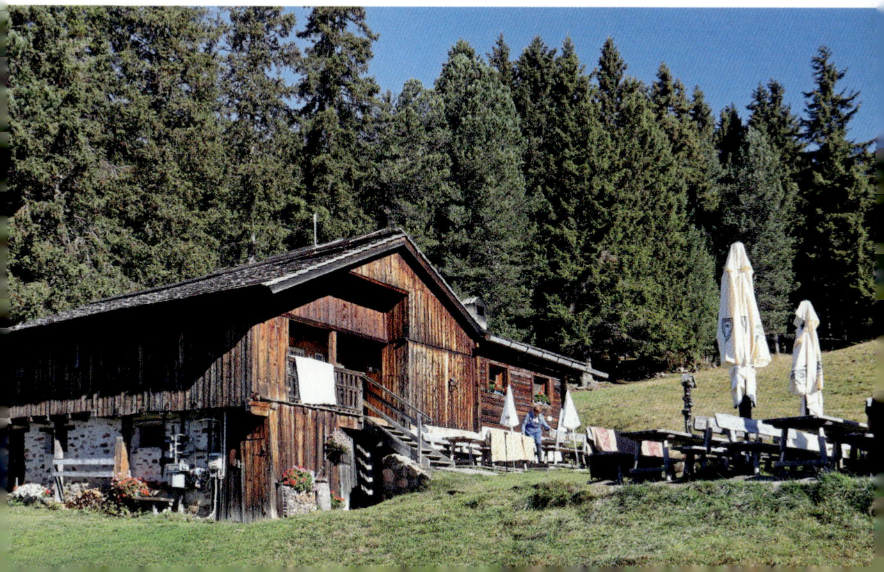

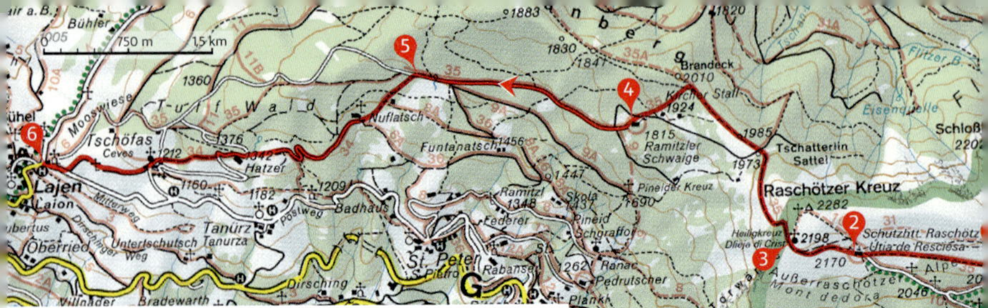

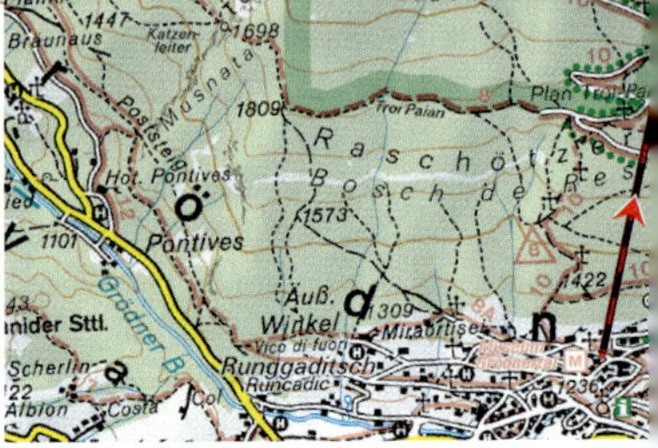

im großen Rest problemlose Karren- und Waldwege. Halbtageswanderung, überwiegend im Bergab.
Variante: Von der Ramitzler Schwaige über Pineider Kreuz und Pedrutsch hinab nach Pontives, ca. 1.30 Std.
Karte: Tabacco 1:25.000, Blatt 05 oder 030.

EINKEHR

Chalet Raschötz bzw. Saltnerhütte (Cason): Restaurants im Bereich der Bergstation, Tel. +39 335 5630007 bzw. +39 348 8223647.
Raschötzhütte, 2170 m: privat, im Sommer und Winter bewirtschaftet, 40 Schlafplätze, Tel. +39 328 3345986, rifugioresciesa.com.
Ramitzler Schwaige, 1815 m: Ende Juni bis Mitte Oktober, Tel. +39 340 2420649, ramitzlerschwaige.com.
Unterpulghütte, 1548 m: Mitte/Ende Mai bis Ende Oktober, Tel. +39 338 1675375, platiederhof.com.

TOUREN

Außerraschötz, 2281 m: Gipfelpunkt am Westeck der Raschötz, von der Raschötzhütte 20 Min.

Die Standseilbahn bringt uns von St. Ulrich bis zur **Bergstation ❶** an der Waldgrenze, wo wir uns gen Westen orientieren und in kaum einer halben Stunde bereits die **Raschötzhütte ❷**, 2170 m, erreichen. Ein Stück weiter steht an einer aussichtsreichen Hangkante die Kapelle **Heiligkreuz ❸**, 2198 m. Hier taucht unsere Nr. 35 in den urwüchsigen westseitigen Berghang ab, für eine Weile aufwendig gepflastert, später rechts haltend Richtung Tschatterlinsattel. Wir durchwandern das aufgelockerte Gelände der Tschanwiesen und achten auf den Linksschwenk hinab zur **Ramitzler Schwaige ❹**, 1815 m. Richtung **Unterpulghütte ❺**, 1548 m, geht es allmählich weiter leicht abwärts, dann wechseln wir von Nr. 35 auf Nr. 34 und gelangen über Außergspoi (kurz auf der Zufahrt) zum Weiler Tschöfas, schlussendlich auf dem Poststeig durchs offene Gelände in den Zielort **Lajen ❻**.

Fantastische Schau über die Umgebung des Eisacktals bis zur Ortlergruppe am Horizont.

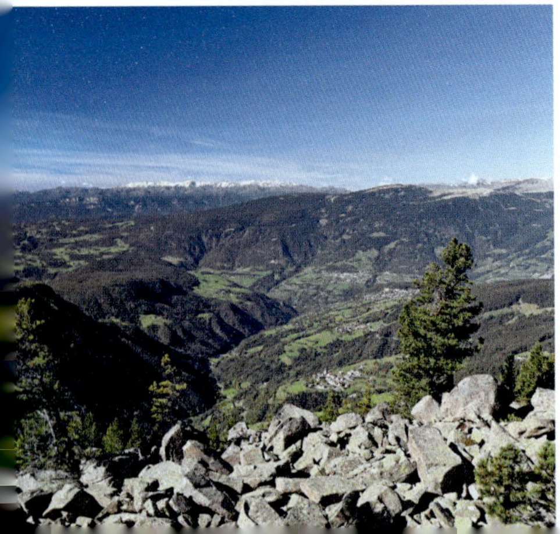

Cisles- und Secëda-Alm

Rundtour vom Col Raiser

62

2.15 Std. | 7,2 km | ↗ 350 m | ↘ 350 m

Zur Regensburger Hütte und einer Handvoll Jausenstationen

Wohl selten ist die Dichte an Einkehrstationen so hoch wie auf der Geisler-Südseite, im Bereich der Cisles- und Secëda-Alm, wo wir auf einem relativ eng gesteckten Rundkurs mehr als ein halbes Dutzend Gelegenheiten finden. Abgesehen von einer Reihe privat geführter Almgaststätten besitzt hier die Regensburger Hütte eine besonders lange Tradition – 1888 erbaut durch die Sektion Regensburg des DuÖAV, später übernommen durch den CAI Florenz und nunmehr im Besitz der Provinz Südtirol. Das Tourenangebot ringsum ist ergiebig, besonders was die Übergänge betrifft. Während sich Kletterer bevorzugt an den Fermedatürmen verausgaben, gilt für Normalbergsteiger der Sas Rigais als Paradeziel. Die meisten Besucher bummeln aber wohl nur ein wenig durchs liebliche Almgelände zu Füßen der stolzen Felsrecken.

Ausgangspunkt: Bergstation Col Raiser, 2107 m, erreichbar mit der Seilbahn von St. Christina im Grödnertal. Betriebszeiten zwischen Ende Mai und Anfang November, täglich von 8.30 bis 17 Uhr.

Anforderungen: T1–2. Leichte und vollkommen harmlose Wanderwege im Almgelände, oft komfortabel trassiert. Genussvolle Halbtagestour.

Karte: Tabacco 1:25.000, Blatt 05.

Die Phalanx der Fermedatürme über der Cislesalm.

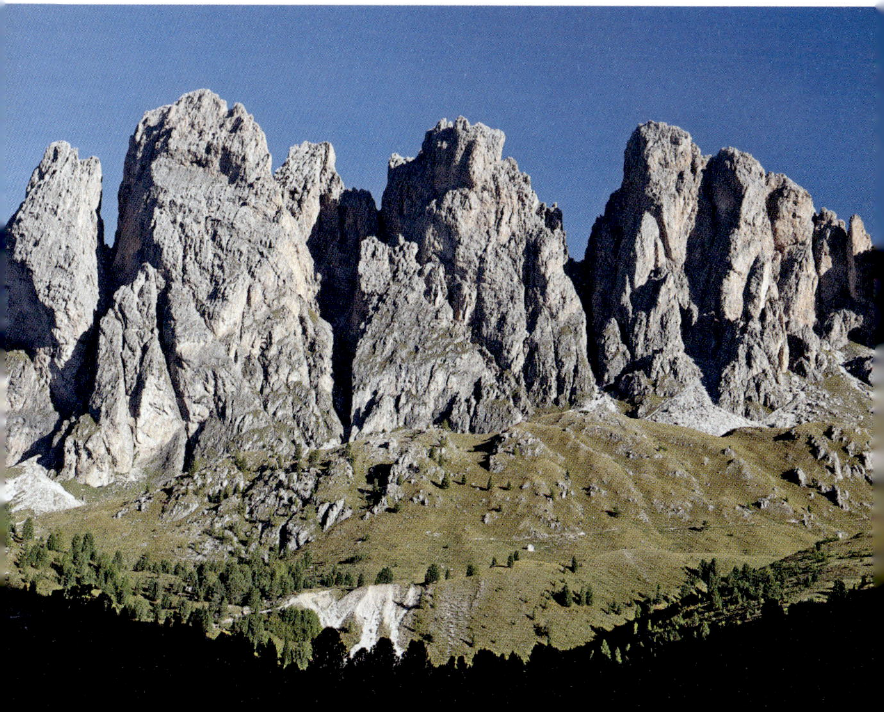

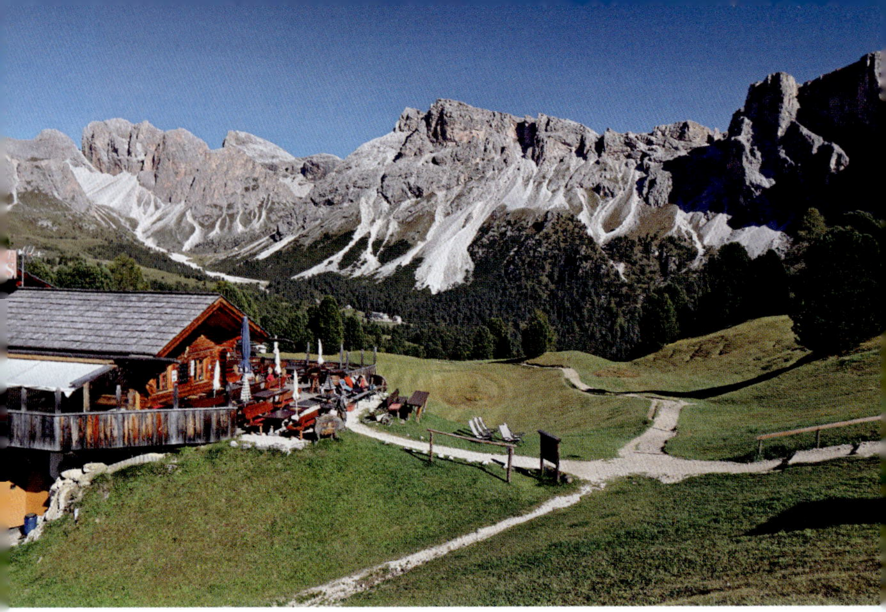

Am Col Raiser ist man augenblicklich von der landschaftlichen Ausstrahlung ergriffen.

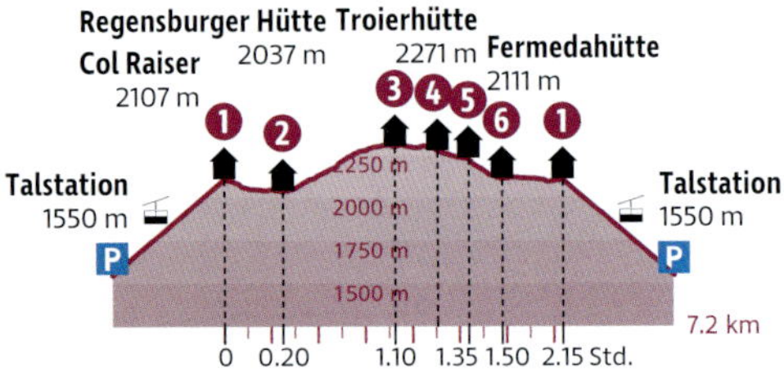

TOUREN

Sas Rigais, 3025 m: über zwei Klettersteige erreichbarer Hauptgipfel der Geislerspitzen (T4–5), 3.00 Std.

Col da la Pières, 2751 m: über die Nadelscharte oder über Sielesscharte und Nordseite (T3–4), jeweils ca. 2.30 Std.

Steviahütte, 2312 m: über Nadelscharte (T3), 2.00 Std.

Puezhütte, 2475 m: über Sielesscharte (T3), 3.00 Std.

Schlüterhütte, 2297 m: über Roascharte, Kreuzjoch und Bronsoijoch (T3), 4.00 Std.

Brogleshütte, 2045 m: über Panascharte (T2–3), 2.00 Std. (alle Zeiten gelten ab Regensburger Hütte).

Wir nutzen die Seilbahn zum **Col Raiser** ❶ und nehmen dort den gepflegten Weg auf, der malerisch zwischen Weiden und Baumbeständen leicht abwärts zur **Regensburger Hütte** ❷, 2037 m, führt. Auf Route Nr. 13 halten wir anschließend nordwärts auf die Felstürme der Odle zu, gewinnen derweil ein gutes Stück an Höhe und biegen mit Nr. 2B nach links (westwärts) ab. In der Nähe markanter Felsblöcke empfängt uns die kleine **Pieralongia-Alm** ❸, 2297 m. Wir setzen den Weg unterhalb der Fermedaspitzen fort und beachten dann den Abzweig Richtung **Troierhütte** ❹, 2271 m. In rela-

EINKEHR

Almhotel Col Raiser, 2107 m: ganzjährig, Tel. +39 0471 796302, colraiser.com.
Odleshütte, 2100 m: im Sommer und Winter geöffnet, Tel. +39 338 2005571, www.odles.info.
Regensburger Hütte, 2037 m: Auton. Prov. Südtirol, Anfang Juni bis Mitte Oktober, 90 Schlafplätze, Tel. +39 0471 796307, rifugiofirenze.com.
Pieralongia-Alm, 2297 m: Mitte Juni bis Mitte Oktober, Tel. +39 0471 793029
Troierhütte, 2271 m: im Sommer und Winter geöffnet, Tel. +39 339 8212373, troier.com.
Danielhütte, 2228 m: im Sommer und Winter geöffnet, Tel. +39 335 6482660, seceda.cc.
Fermedahütte, 2111 m: im Sommer und Winter geöffnet, Übernachtungsmöglichkeit, Tel. +39 0471 1632522, fermeda.com.

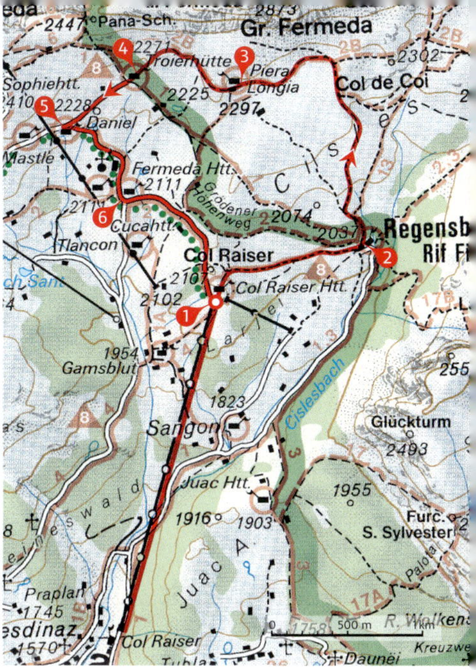

tiv kurzen Abständen folgen auf den Böden der Secëda-Alm nun auch **Danielhütte ❺**, 2228 m, und **Fermedahütte ❻**, 2111 m, ehe sich der Kreis mit geringen Höhenunterschieden zum **Col Raiser ❶**, schließt.

Die Regensburger Hütte am Fuß der Stevia.

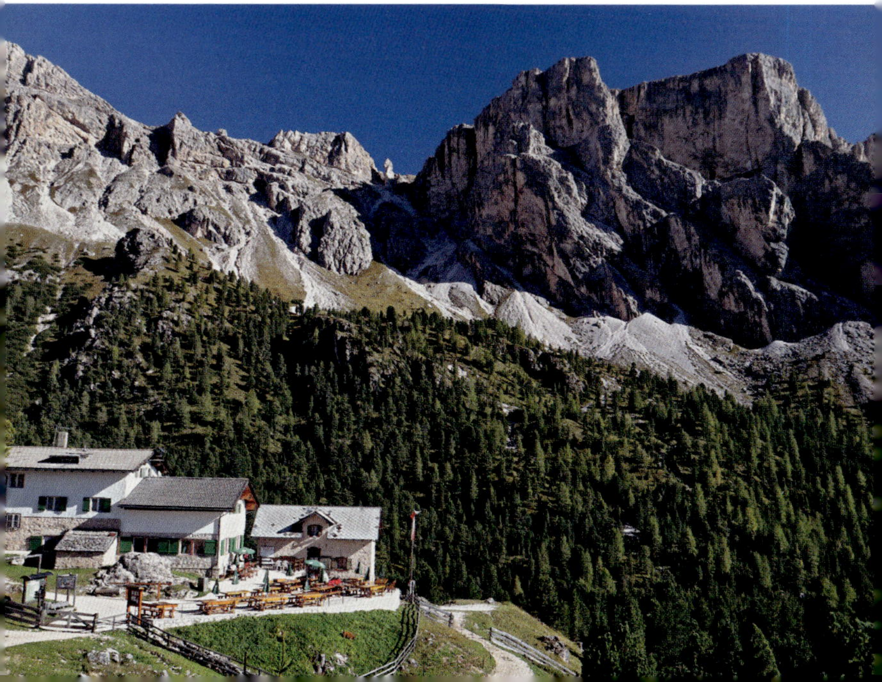

63 Steviahütte, 2312 m

Von Wolkenstein über den Troi Palota

3.40 Std. | 7,8 km | ↗720 m | ↘720 m

Sonnenbalkon hoch über dem Langental

Die kleine Steviahütte erfreut sich einer besonders reizvollen Lage – sie punktet mit einer fantastischen Aussicht Richtung Langkofel, Sella und Puezgruppe und ist nur über relativ steile Steige zu erreichen. Bis vor einigen Jahren kamen manche Besucher sogar über einen kernigen Klettersteig aus dem abgrundtiefen Langental herauf, doch diese Via ferrata Sandro Pertini musste auf Geheiß der Behörden wieder abgerüstet werden, da sie ohne Genehmigung in einem Naturpark gebaut worden war. Wir kombinieren hier zwei Routen, die sich nahe der Silvesterscharte treffen und lernen damit weiter unten auch noch die Hütte auf den Juacwiesen kennen, die aus einer Alm hervorgegangen und nach und nach zu einem modernen Gastbetrieb ausgebaut worden ist.

Ausgangspunkt: Parkplatz Daunëi, ca. 1710 m, oberhalb von Wolkenstein im Grödnertal. Dorthin verkehrt saisonal auch ein Wanderbus.
Anforderungen: T3. Gut angelegte Bergwege, die streckenweise in steilem Gelände verlaufen, entsprechend ist grundlegende Trittsicherheit erforderlich. Konditionell durchschnittlich.
Karte: Tabacco 1:25.000, Blatt 05.

Vom Weiler **Daunëi** ❶ starten wir auf dem Hauptweg Nr. 3, zweigen aber schon nach kurzer Zeit rechts ab und nehmen damit den **Troi Palota** (Nr. 17A) auf. Eine Weile geht es noch durch dichten Bergwald, ehe die Szenerie allmählich offener wird. In ziemlich steilem Gelände schraubt sich unser Steig höher, unter den Felsen rechts ausbiegend und zum

Über dem Grödner Talort Wolkenstein baut sich wuchtig der Langkofel auf.

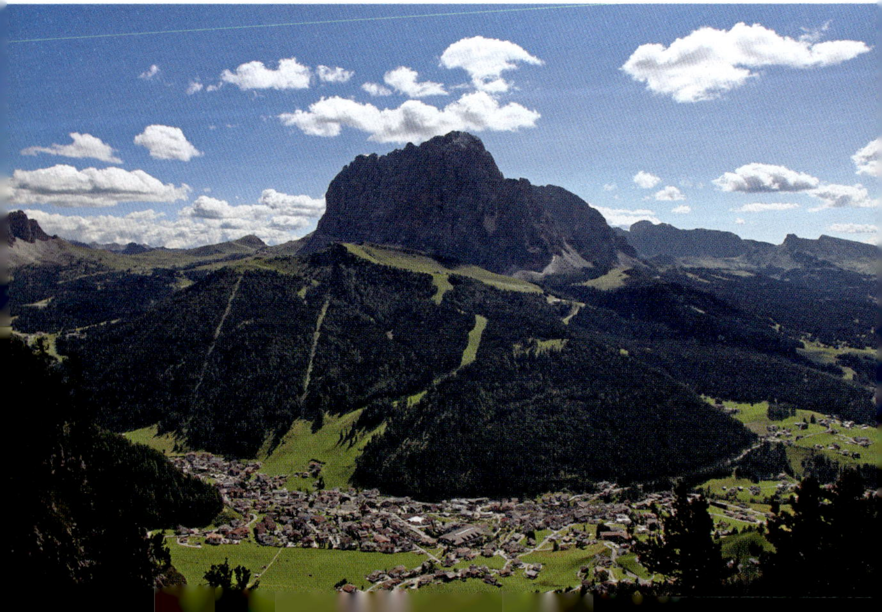

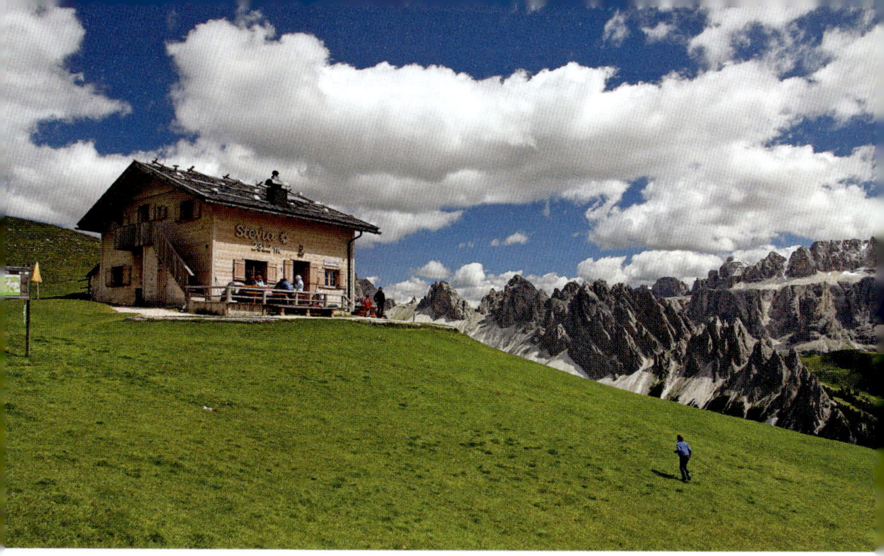

Wie auf einem natürlichen Aussichtsbalkon: die Steviahütte.

Ausstieg auf den Wiesenrücken der »Steviola«. Nach einem kleinen Zwischenabstieg, bei dem man unterhalb der Silvesterscharte quert, folgt eine spannende, etwas verschlungene Passage durch mehrere Runsen, welche schwindelerregend ins tiefe Langental abbrechen. Auf einer mäßig geneigten Wiesenfläche empfängt uns die **Steviahütte ❷**, 2312 m. Beim Rückweg können wir abwechslungshalber die **Silvesterscharte**, 2280 m, überschreiten, um an der jenseitigen Bergflanke schräg abzusteigen. Weiter unten kommt man wieder in sanfteres Wald-Wiesen-Gelände, wo die **Juac-Hütte ❸**, 1903 m, ihren Platz hat. Mit Nr. 3 schließlich leicht abwärts zurück zum Parkplatz **Daunëi ❶**.

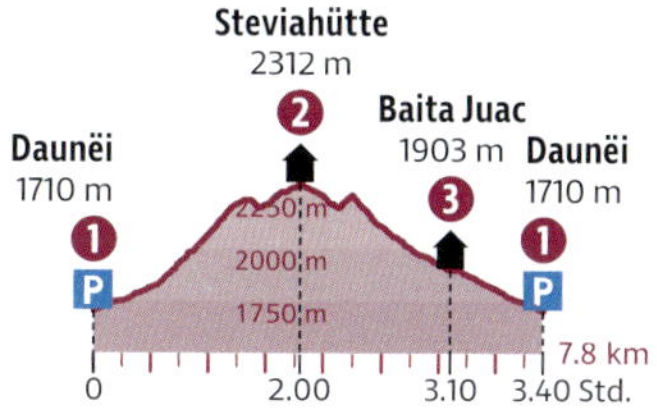

EINKEHR

Steviahütte, 2312 m: privat, Ende Juni bis Mitte September, Tel. +39 347 3053879, stevia.bz.it.
Juac-Hütte, 1903 m: privat, Mitte Juni bis Mitte Oktober und Weihnachten bis Ende März, 20 Schlafplätze, Tel. +39 335 8082321 oder +39 335 7552415, juac.it.

TOUREN

Col dala Pières, 2747 m: auf Route Nr. 17 die Nadelscharte (Furcela dla Piza) tangierend und über die Westseite (T3-4), 1.30 Std., Überschreitung auf die Nordseite möglich.
Regensburger Hütte, 2037 m: über die Nadelscharte (T3), 1.30 Std.

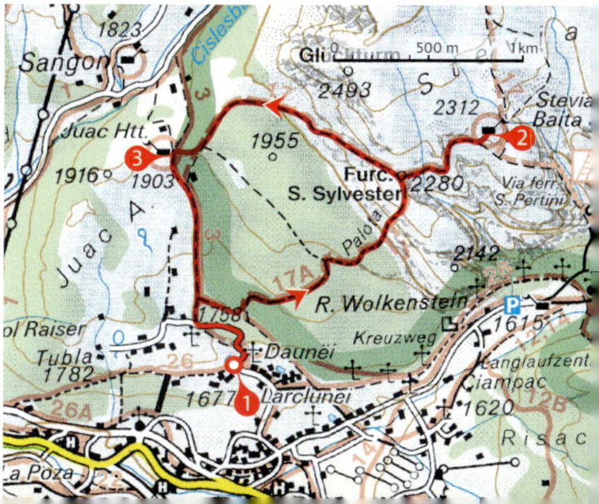

64 Puezhütte, 2475 m
Aus dem Langental

5.20 Std. | 14,2 km | ↗ 860 m | ↘ 860 m

Durch den Grödner »Grand Canyon« auf die Schwelle zur Gardenacia

Sternförmig laufen die Wege auf die Puezhütte zu und mit ihnen im Wandel der Zeit ein stetig wachsender Zustrom von Wanderern. Als sich die Puezgruppe aus dem touristischen Schattendasein heraus entwickelte, wurde die Notwendigkeit eines modernen Stützpunktes deutlich, denn das alte, bescheidene Ladiniahüttchen genügte längst nicht mehr den Anforderungen. 1982 wurde die neue Puezhütte durch die Sektion Bozen des CAI eröffnet. Am westlichen Rand der Gardenacia-Hochfläche liegt sie auf einem Geländebalkon genau über der Achse des Langentals, das von Gröden aus weit in die Puezberge hineinzieht. Beidseits hochschießender Fels lässt diese markante Furche wie einen »Canyon« erscheinen; kaum eine andere Talwanderung in den Dolomiten kann stärkere Impressionen vermitteln.

Ausgangspunkt: Parkplatz am Eingang ins Langental, ca. 1620 m, bei Wolkenstein. Mit Bus muss man direkt im Ort starten.
Anforderungen: T2–3. Im Langental zunächst längere Flachstücke, an den Flanken steilere Passagen, für die es etwas Trittsicherheit braucht. Tagfüllende Unternehmung.

Varianten: Ein anderer praktikabler Zugang kommt von Kolfuschg über die Forcella de Ciampëi, dabei kann die Seilbahn zum Col Pradat eingesetzt werden. Auch vom Grödner Joch sowie aus dem Campilltal kann man gut zur Puezhütte wandern.
Karte: Tabacco 1:25.000, Blatt 05 oder 07.

Die Puezhütte wird aus einer Handvoll verschiedener Richtungen angelaufen …

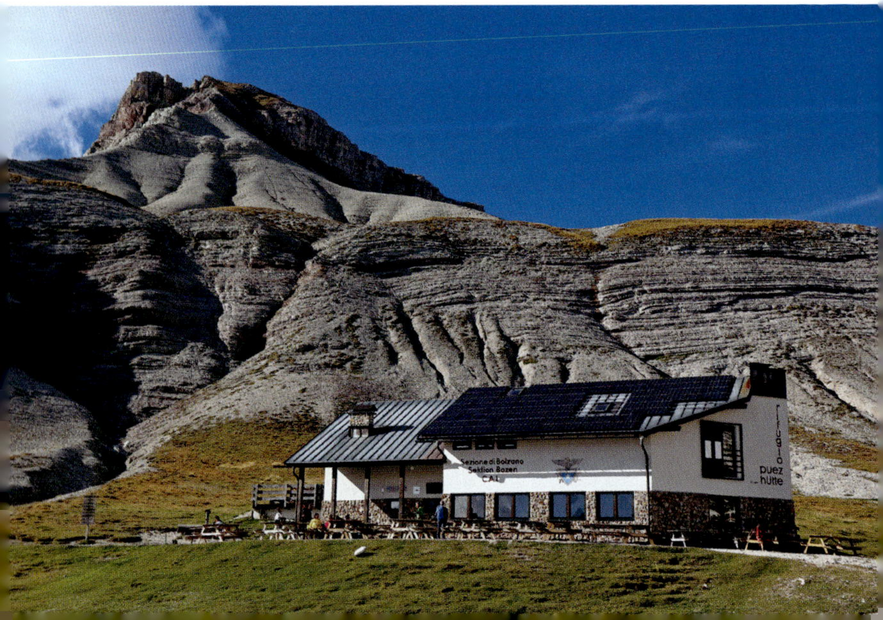

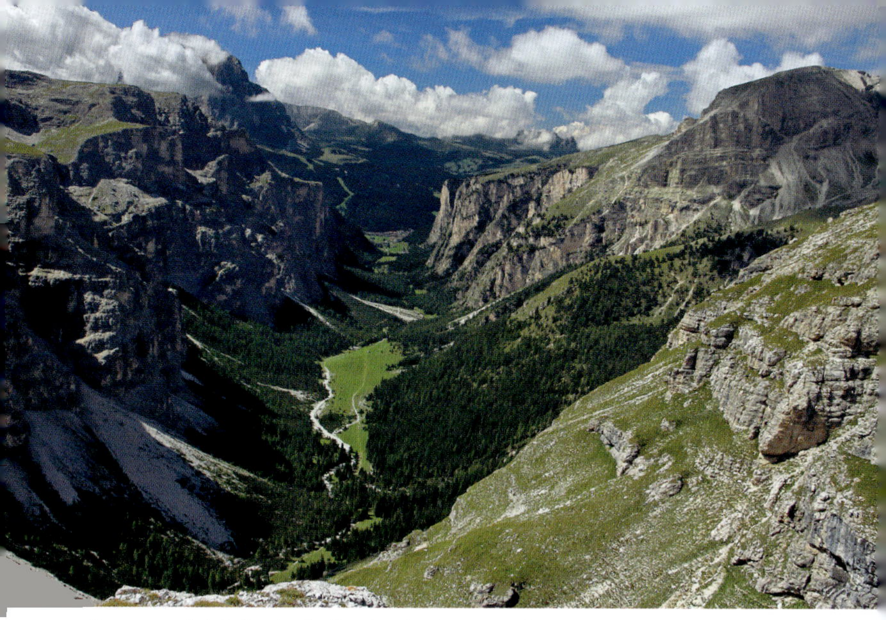

... unser Zugang erfolgt durch die Furche des Langentals.

EINKEHR

Puezhütte, 2475 m: CAI, Mitte Juni bis Ende September, 50 Schlafplätze, Tel. +39 0474 646427, rifugiopuez.it.

La Ciajota, 1620 m: Jausenstation am Ausgangspunkt, im Sommer und Winter geöffnet, Tel. +39 333 5217201.

TOUREN

Östliche Puezspitze, 2875 m: markierte Route über die Südostflanke (T3), 1.15 Std.

Piz Duleda, 2909 m: über Nivesscharte und Südflanke (T3–4), gut 2.00 Std.

Sas Ciampac, 2672 m: über Forcella de Ciampëi auf die Crespëina-Hochfläche (T3), 1.40 Std.

Gardenaciahütte, 2050 m: Überschreitung der Gardenacia-Hochfläche, auf zwei verschiedenen Routen möglich (T2–3), ca. 2.00 Std.

Schlüterhütte, 2297 m: über Nivesscharte, Roascharte, Kreuzjoch und Bronsoijoch (T3), 4.00 Std.

Regensburger Hütte, 2037 m: über Sielesscharte (T3), 2.45 Std.

Vom Parkplatz im **Langental** ❶ geht es an der Silvesterkapelle vorbei taleinwärts. Wir folgen einem breiten, sanft ansteigenden Weg (Nr. 14) durch Waldparzellen sowie über mehrere schöne Wiesenböden. Links dräuen die von Schluchten durchzogenen Steviawände, zur Rechten sind es die Abstürze von der Crespëina-Hochfläche. Zwischendurch

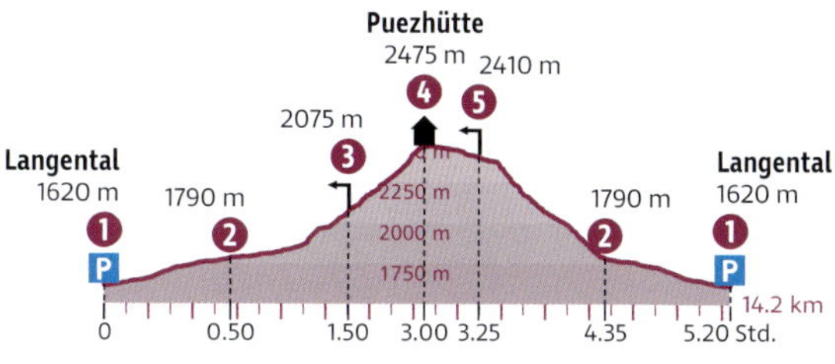

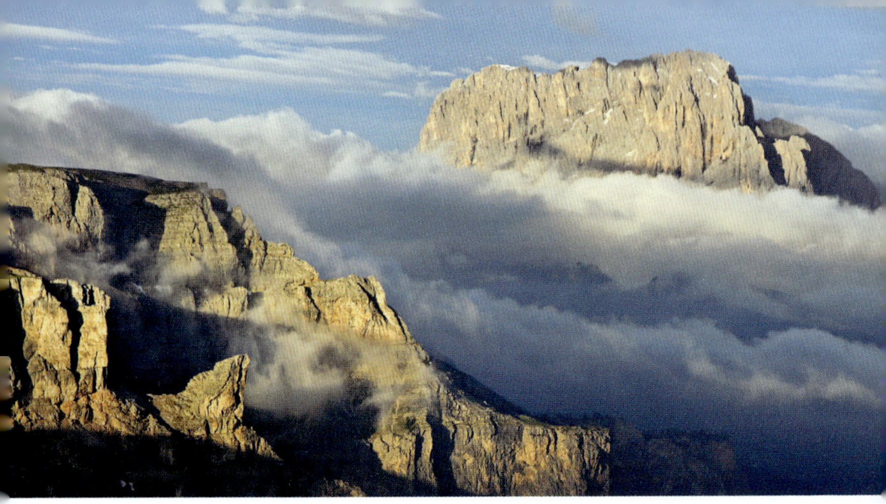

Wolkenstimmung in der Grödner Bergwelt, hinten der Langkofel.

zweigt Route Nr. 16 ab, über die wir später zurückkommen ❷. Bis in den hintersten Winkel wird deutlich, dass das Langental seinen Namen nicht umsonst hat. Vor der prägnanten Rinne, die vom Ciampëijoch herabschießt, drehen wir nach links ab ❸ und steigen nun durch geröllige Steilhänge über den Talriegel hinweg. Auf der weiten Hangterrasse oberhalb erwartet uns die **Puezhütte** ❹, 2475 m.

Folgt man anschließend dem Balkonweg in westliche Richtung, öffnet sich nach einer knappen halben Stunde zwischen den Felsbarrieren ein möglicher Durchschlupf ❺ talwärts, den sich Steig Nr. 16 zunutze macht. Der erste Abschnitt führt dort in eine zirbenbestandene Hangmulde hinab, der zweite mit Querung eines steilen Grabens bis in die Talsohle nahe Pra da Ri ❷. Schließlich geht es noch fast drei Kilometer mit geringem Gefälle talauswärts bis zum Ausgangspunkt ❶.

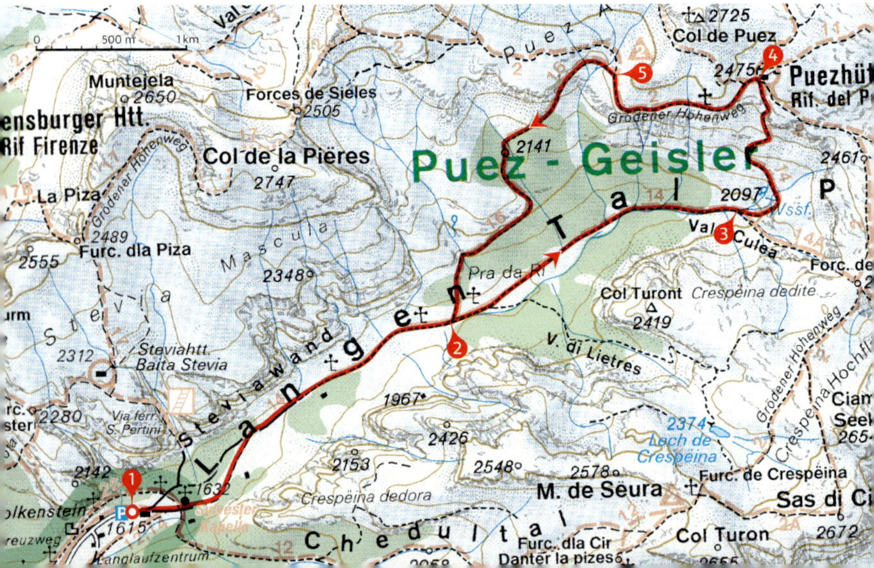

Plattkofelhütte, 2300 m, und Langkofelhütte

Von Saltria auf der Seiser Alm

65

5.30 Std. | 17,0 km | ↗1000 m | ↘1000 m

Im Bannkreis des Langkofelmassivs

Wie der Schlern gehört auch der monumentale Langkofelstock zum unverzichtbaren Kulissenbild der Seiser Alm. Die Besucherfrequenz auf der größten Hochweide Europas erscheint längst des Guten zu viel, doch ihrem Charme erliegt man nur allzu leicht – befeuert natürlich auch durch eine jahrzehntelange Tourismuswerbung. Wir wenden uns hier den beiden wichtigsten Berghütten im Ostteil zu, einerseits der am weiten Fassajoch gelegenen Plattkofelhütte, zum anderen der 1894 errichteten Langkofelhütte, die ihren Platz im felsumkränzten Innern der hufeisenförmigen Gruppe hat. Häufig wird dafür die klassische Runde vom Sellajoch vorgeschlagen. Doch auch der Zugang von der Seiser Alm verströmt unwiderstehliches Flair – für reine Genusswanderer vielleicht auch nur mit einem Besuch beim Zallinger, der hier längst eine Institution ist.

Ausgangspunkt: Saltria, ca. 1675 m, im Ostteil der Seiser Alm. Keine individuelle Anfahrt möglich, obligatorisch ist der Bus von Seis über Compatsch (bis dorthin vor 9 Uhr mit Pkw möglich, aber sehr teure Parkplätze).
Anforderungen: T2. Weitgehend hindernislose, gut trassierte Wanderwege, bei der Plattkofel-Traverse mitunter etwas abschüssige Hänge. Für Geübte normale, für Gelegenheitswanderer schon ziemlich lange Tagestour.
Variante: Der anfängliche Aufstieg zur Zallingerhütte kann mit dem Sessellift abgekürzt werden (1 Std. Ersparnis).
Karte: Tabacco 1:25.000, Blatt 05.

Die Langkofelhütte hat ihren Platz im düsteren Kar.

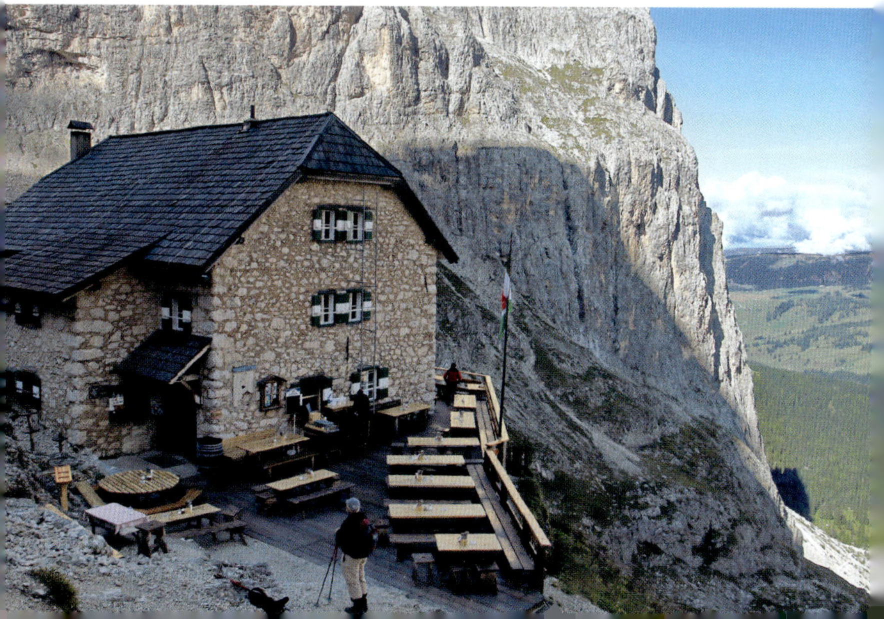

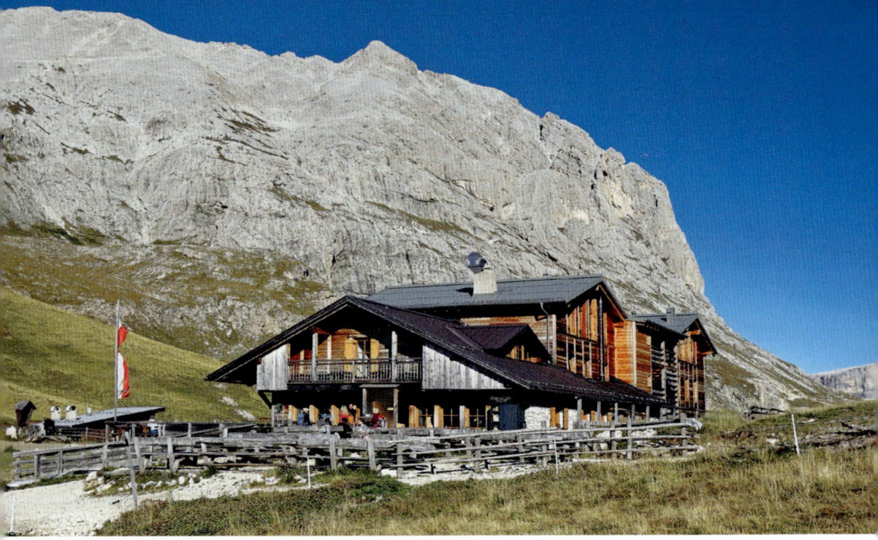

Zu Füßen des Plattkofels befindet sich das gleichnamige Schutzhaus.

EINKEHR

Saltria, ca. 1675 m: mehrere Gasthäuser und Jausenstationen auf engem Raum: Restaurant Sessellift Florian, Radauer Schwaige, Saltner Schwaige sowie die Hotels Saltria, Brunelle und Floralpina.

Zallingerhütte, 2037 m: ganzjährig bewirtschaftet, Übernachtungsmöglichkeit, Tel. +39 0471 727947, zallinger.com.

Plattkofelhütte, 2300 m: privat, Ende Mai bis Mitte/Ende Oktober, 50 Schlafplätze, Tel. +39 0462 601721 oder +39 334 9569626, plattkofel.com.

Langkofelhütte, 2253 m: Auton. Prov. Südtirol, Mitte Juni bis Ende September, 69 Schlafplätze, Tel. +39 0471 792323 oder +39 338 6075674, rifugiovicenza.com.

TOUREN

Plattkofel, 2958 m: von der Plattkofelhütte über den südwestseitigen Normalweg (T3), 2.00 Std., von der Langkofelhütte über den gesicherten Oscar-Schuster-Steig (Grad B, T5), 2.30 Std.

Rund um die Langkofelgruppe: am besten vom Sellajoch aus im oder gegen den Uhrzeigersinn unternommen (T2–3), ca. 6.00 Std.

Tierser-Alpl-Hütte, 2440 m: schöner Höhenweg auf der Schwelle zwischen Seiser Alm und Val Duron (T2), ab Plattkofelhütte 2.30 Std.

Vom Umschlagplatz **Saltria** ❶ geht es mit Nr. 30 kurz Richtung Radauer Schwaige, dann mit Nr. 7A an der Saltner Schwaige vorbei aufwärts

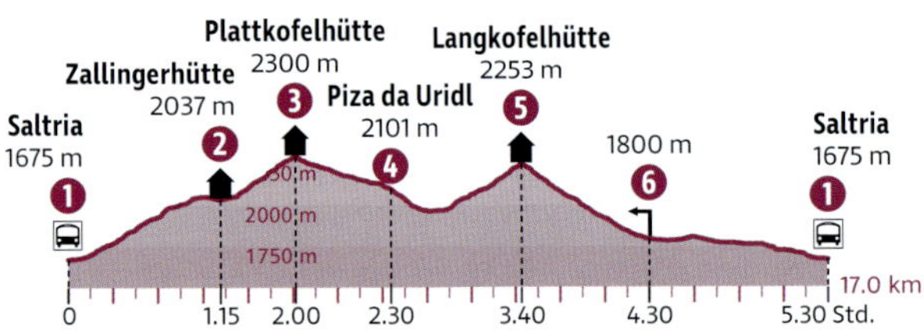

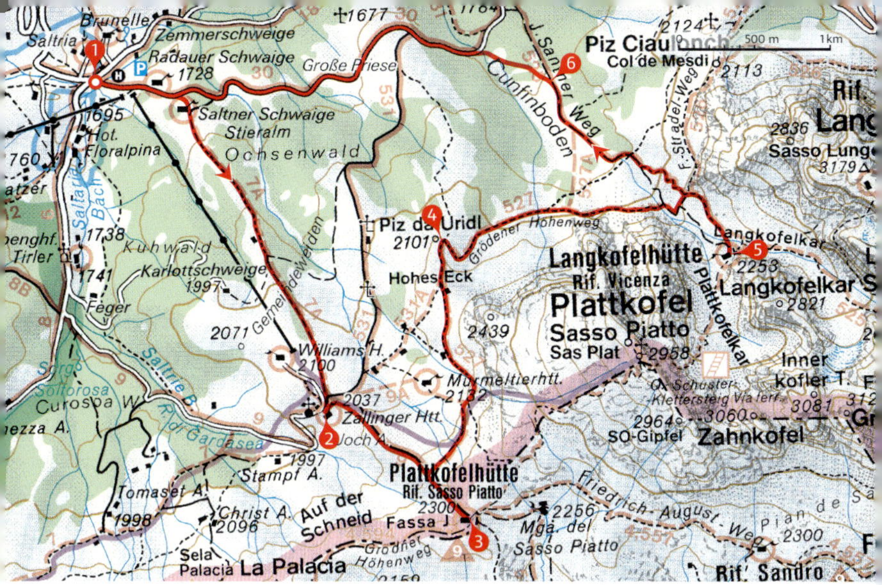

Man durchmisst nun eine lange Wiesenschneise parallel zur Lifttrasse weiter rechts. Nach einem Zaunüberstieg taucht der stattliche Komplex der **Zallingerhütte** ❷, 2037 m, auf. Wer dort nicht einkehren möchte, kann sich gleich links halten und den mit Nr. 9 bezeichneten Karrenweg hinauf zum wenig ausgeprägten Fassajoch folgen. Dort befindet sich die **Plattkofelhütte** ❸, 2300 m. Die Fortsetzung ins Langkofelkar zweigt bereits wenige Gehminuten unterhalb ab. Route Nr. 527 schneidet jetzt unter sukzessivem Höhenverlust die Westflanke des Plattkofels. Am **Piza da Uridl (Hohes Eck)** ❹, 2101 m, erfolgt ein markanter Knick, anschließend die Traverse unter dem Nordabbruch des Berges. Vom zwischenzeitlich tiefsten Punkt (P. 1961) geht es allmählich wieder aufwärts. Wo sich das Langkofelkar öffnet, kreuzt die Route Nr. 525, die uns bergwärts den Abstecher zur **Langkofelhütte** ❺, 2253 m, beschert und später im Abstieg Richtung Cunfinböden verfolgt wird. Man achtet dabei auf den Linksabzweig ❻, ca. 1800 m, und kehrt über den breit ausgebauten Weg Nr. 30 nach **Saltria** ❶ zurück.

Kletterei am Oscar-Schuster-Steig.

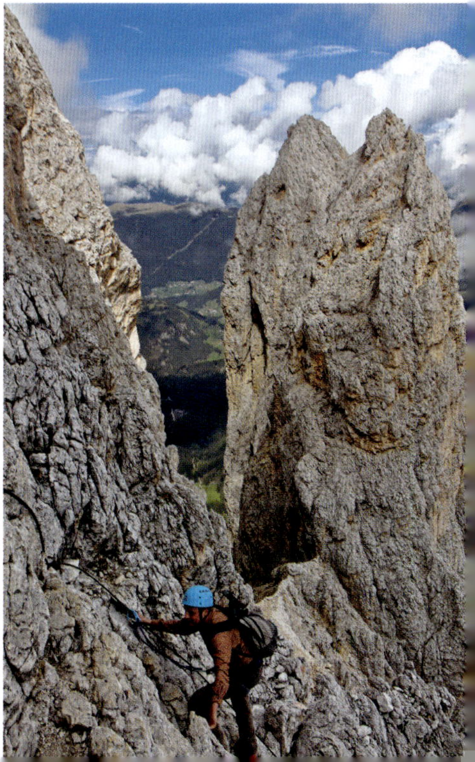

66 Schlernhaus, 2457 m

Touristensteig von der Seiser Alm

5.30 Std. | 16,7 km | ↗ 900 m | ↘ 900 m

Wolkenhaus an einem alpinen Wahrzeichen Südtirols

Der Schlern ist gleichsam zu einem Symbolberg Südtirols avanciert, zum Spiegelbild dessen, was die Menschen unter der »Seele« ihres Landes verstehen. Schon von Bozen aus sieht man seinen mehr als 1000 Meter mächtigen Dolomitaufbau bugartig über der Völser Mittelgebirgsterrasse aufragen. Sein einzigartiges Profil mit den beiden Schlernzacken (Euringer- und Santnerspitze geheißen) über den sanften Wiesenwogen der Seiser Alm stempelt ihn zu einer Art Klischeebild Südtiroler Bergidylle. Da kann es kaum verwundern, dass schon früh die Idee aufkam, oben auf dem Schlern ein Schutzhaus zu bauen. Genug Platz hat es ja, schließlich bildet der Berg eine ausgedehnte Tafel und stürzt nur an den Rändern steil ab. Das Projekt war nicht unumstritten, wie uns die Chronik überliefert, doch nachdem namhafte Persönlichkeiten wie Johann Santner vehement dafür eintraten, kam es 1885 zur Umsetzung durch die Sektion Bozen des Deutschen und Österreichischen Alpenvereins. Nach mehrfachen Um- und Anbauten sprach man später nicht mehr vom Schlernhaus, sondern von den »Schlernhäusern«. Eine Nacht dort oben hat bis heute nichts von ihrer Faszination verloren, handelt es sich doch (beinahe) um eine Gipfelhütte. Der Petz als höchster Punkt des Berges ist nur einen Katzensprung entfernt, und wenn sich im Licht der untergehenden Sonne die Silhouette des Rosengarten tief rot färbt, dann fühlt man sich garantiert wie im siebten Himmel …

Abends legt sich ein besonderes Licht über die Schlern-Hochfläche.

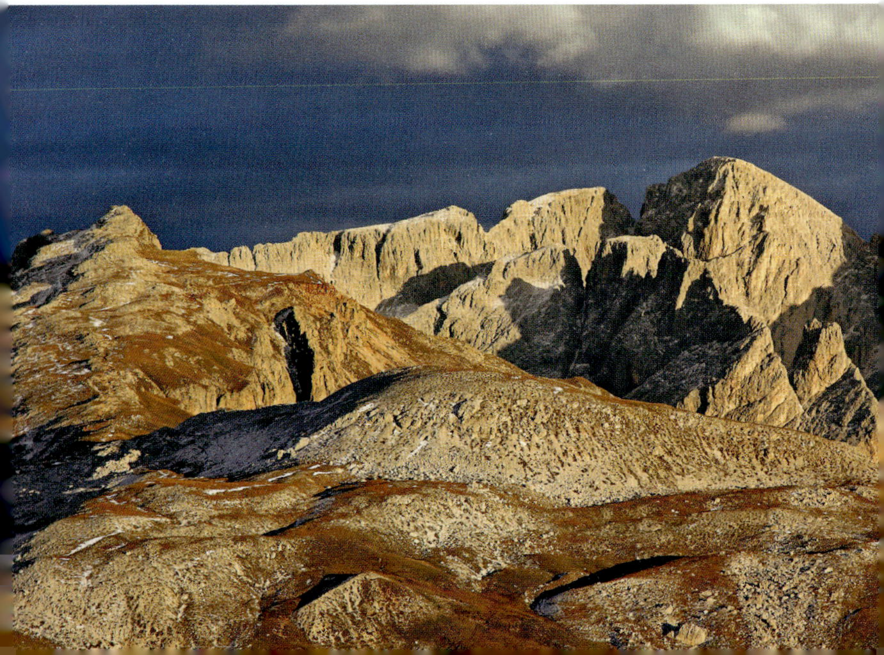

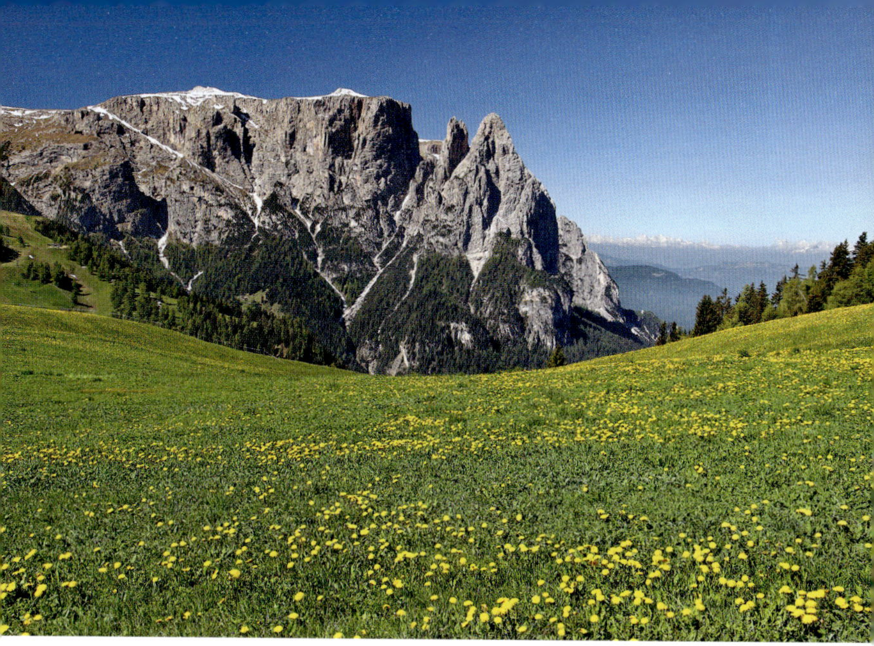

Frühsommer auf der Seiser Alm, flankiert vom markanten Profil des Schlern.

Von **Compatsch** ❶ nehmen wir Nr. 10 am Hang auf, wobei man das Sträßchen bereits nach der ersten Linkskehre verlässt. Die Route gewinnt eine sanfte Geländewölbung auf der Seiser Alm und senkt sich dahinter wieder ein wenig ab. Nach rund einer Dreiviertelstunde biegen

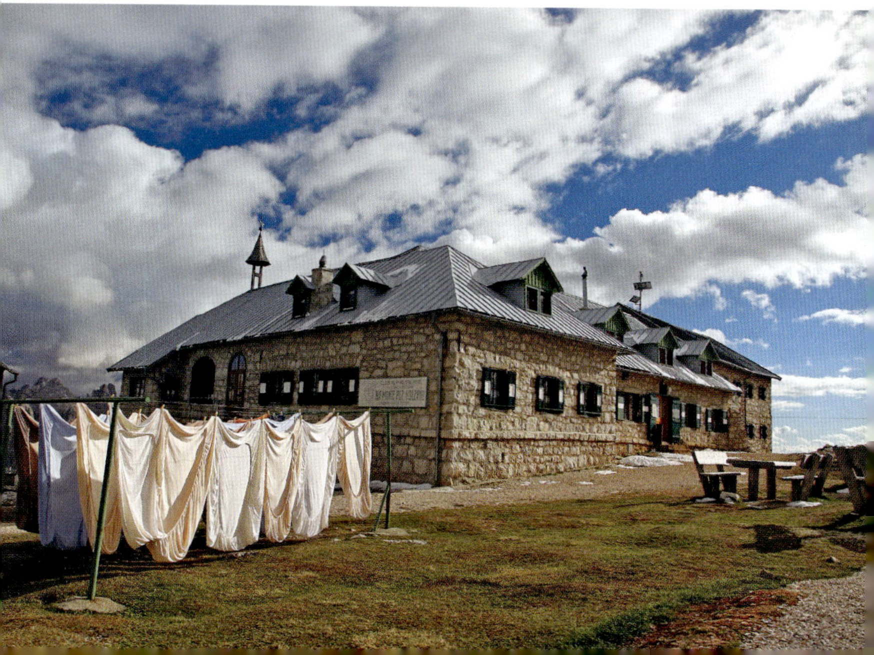

Waschtag auf dem Schlernhaus.

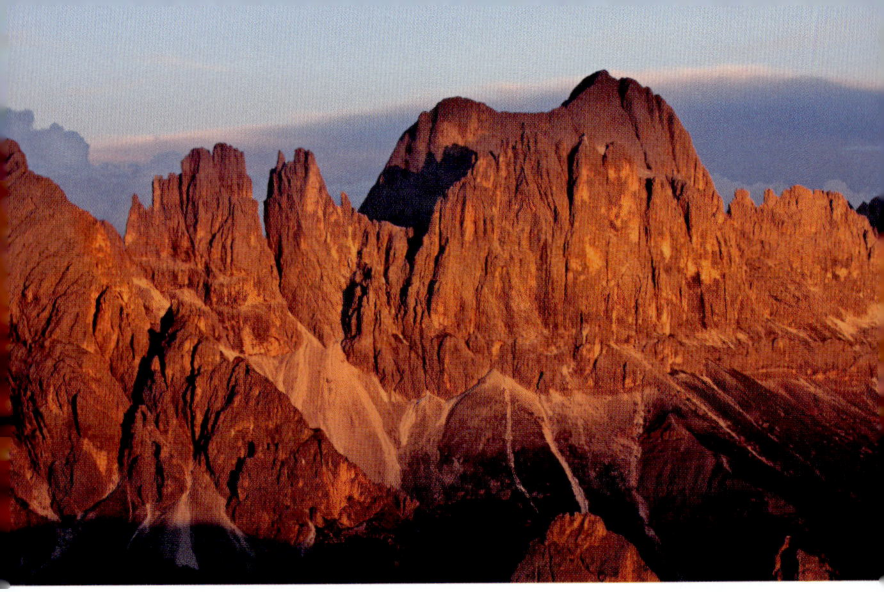

Stimmungsvoller Höhepunkt ist die Enrosadüra an der Rosengartenspitze.

Ausgangspunkt: Compatsch, 1844 m, auf der Seiser Alm. Für Privatfahrzeuge ist die Zufahrt zwischen 9 und 17 Uhr gesperrt, ansonsten verkehren ab Seis ein Shuttle-Bus sowie die Seiser-Alm-Bahn (Betriebszeiten zwischen Ende Mai und Anfang November täglich 8 bis 18 Uhr, Hauptsaison bis 19 Uhr).
Anforderungen: T2+. Bis Saltnerhütte vollkommen leichte Almwanderung, anschließend anstrengender bergauf, jedoch auch dort komfortabel ausgebauter Steig. Als volle Tagestour gewisse Ausdauer vonnöten.

Varianten: Die verschiedenen Alternativanstiege, zumeist erheblich länger, können hier nur im Telegrammstil erwähnt werden. Von Bad Ratzes kommt der originale Touristensteig über die Schlernbödelehütte (vgl. Tour 67). Aus Richtung Völs bzw. Ums kann man Prügelsteig (via Sesselschwaige) oder den vorher abzweigenden Schäufelesteig wählen. Bei der Sesselschwaige mündet außerdem die Route von Weißlahnbad durch die Bärenfalle (Tschafatschsattel).
Karte: Tabacco 1:25.000, Blatt 05.

wir nach links in Weg Nr. 5 ein und nähern uns über den Tschapitbach hinweg der **Saltnerhütte ❷**, 1825 m. Bald darauf wird der Frötschgraben gekreuzt, ehe wir nach einer Rechtsdiagonale in den originalen Touristensteig (Nr. 1) von Bad Ratzes einfädeln. Mit einer ganzen Serie vorbildlich angelegter Serpentinen geht es nun bis auf die Schlern-Hochfläche hinauf. Dort oben nimmt die Steigung markant ab – in gänz-

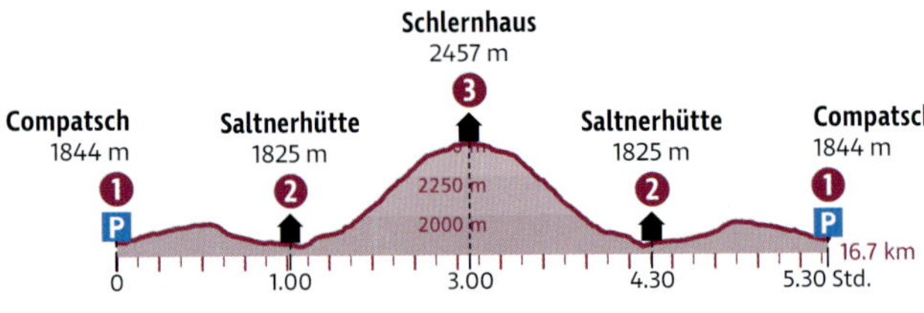

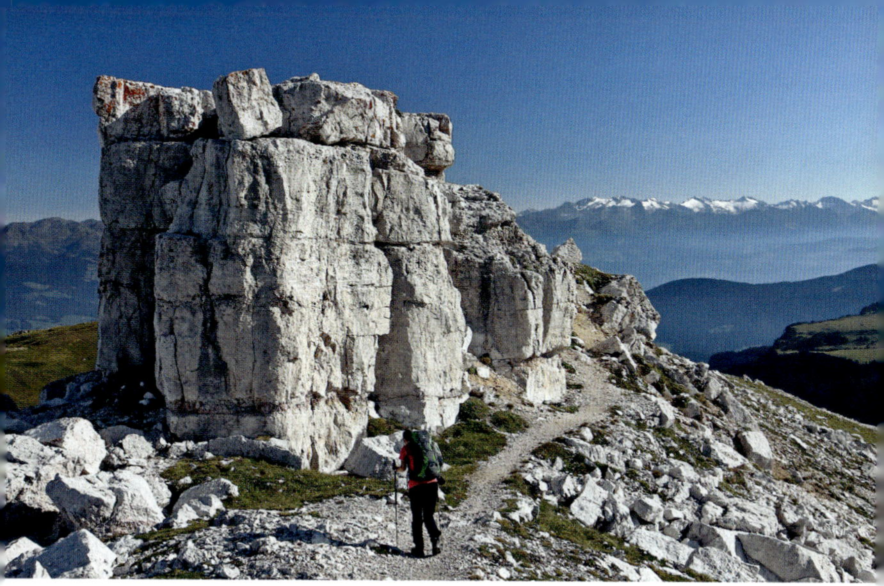

Felsblöcke am Petz, dem eigentlichen Gipfel des Schlern.

EINKEHR

Compatsch, 1844 m: Hotelsiedlung mit zahlreichen Unterkünften und Restaurationsbetrieben.
Saltnerhütte Tschapit, 1825 m: Juni bis Oktober, Tel. +39 0471 706887, miesnerhof.com.
Schlernhaus, 2457 m: CAI, Anfang Juni bis Mitte Oktober, 110 Schlafplätze, Tel. +39 0471 612024, schlernhaus.it.

TOUREN

Petz, 2564 m: höchster Punkt des Schlern, von der Hütte nur 20 Min.
Roterdspitze, 2655 m, bzw. Tierser-Alpl-Hütte, 2440 m: über das Schlernplateau (T2), 1.30 bzw. 1.50 Std. (auch der Maximilian-Klettersteig von der Roterdspitze über die Roßzähne kann einbezogen werden).
Schlernbödelehütte, 1693 m: ab Saltnerhütte 1.00 Std.

lich harmlosem Gelände zieht die Spur hinüber zum **Schlernhaus** ❸, 2457 m. Eine Zugabe bis zum **Petz**, 2564 m, sollte eigentlich auch noch drinliegen. Ungeachtet diverser Überschreitungsmöglichkeiten kehren wir auf demselben Weg zurück.

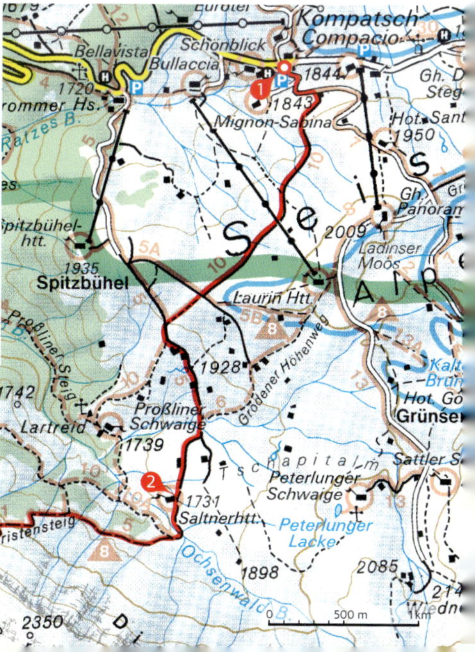
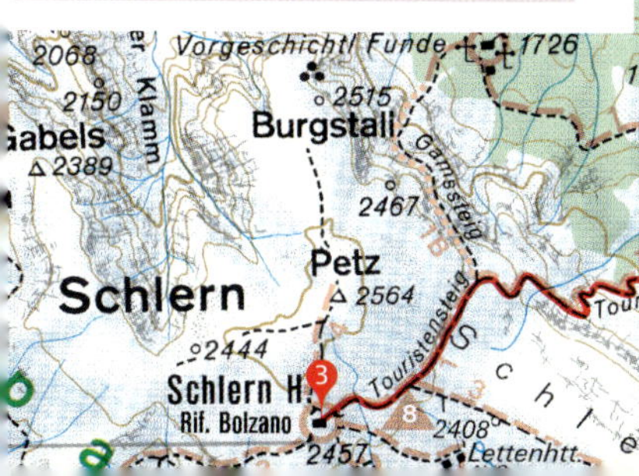

67 Schlernbödelehütte und Proßliner Schwaige

Von Bad Ratzes in die Schlucht des Frötschbachs

3.40 Std. | 9,5 km | ↗ 670 m | ↘ 670 m

Auf halber Höhe unterm Schlern

Auf der Westseite der Seiser Alm hat der Frötschbach im Laufe der Jahrtausende eine tiefe, schluchtartige Kerbe ins Gelände geschnitten. Sie offenbart verschiedenste Gesteinsschichten, was 2006 die Anlage des Geologensteiges von Bad Ratzes zur Proßliner Schwaige veranlasst hat. Auf 10 Infotafeln können wir viel Interessantes erfahren. Gegenüber liegt am Schlernbödele eine Hütte des Südtiroler Alpenvereins in romantischer Umgebung. Daraus ergibt sich eine interessante Schlerntour auf halber Höhe.

Ausgangspunkt: Parkplatz, ca. 1200 m, bei Bad Ratzes. Zufahrt von Seis auf verwinkelten Straßen bis zum Parkplatz kurz vor dem Gasthaus. Es gibt auch einen Shuttle-Bis von Seis.
Anforderungen: T2+. Sehr gut angelegte, kehrenreiche Bergwege, die streckenweise in steilerem Waldgelände verlaufen. Absturzgefahr nicht ganz ausgeschlossen, daher etwas Trittsicherheit (Tendenz zu »rot«).
Karte: Tabacco 1:25.000, Blatt 05.

EINKEHR

Schlernbödelehütte, 1693 m: AVS, Juni bis Oktober, 20 Schlafplätze, Tel. +39 0471 1885169 oder +39 338 7677009, schlernboedelehuette.com.
Proßliner Schwaige, 1740 m: Mitte Mai bis Ende Oktober, Tel. +39 0471 708081.
Hotel Bad Ratzes, 1212 m: Tel. +39 0471 706131, badratzes.it.

TOUREN

Schlernhaus, 2457 m: gutmütige Fortsetzung über den Touristensteig (T2), wesentlich anspruchsvoller über den Gamssteig (T4), ab Schlernbödele 2.30 Std.

Am Gamssteig oberhalb des Schlernbödele; im Hintergrund das Wiesenpult des Puflatsch.

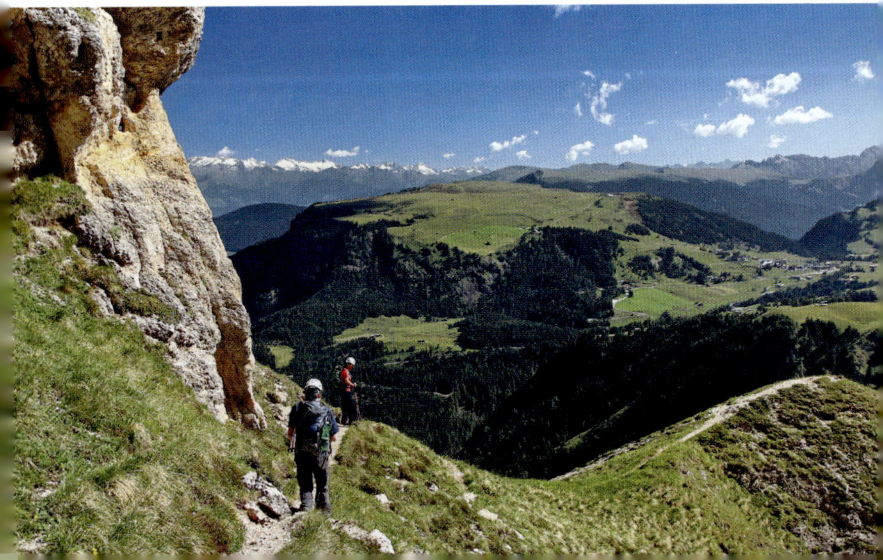

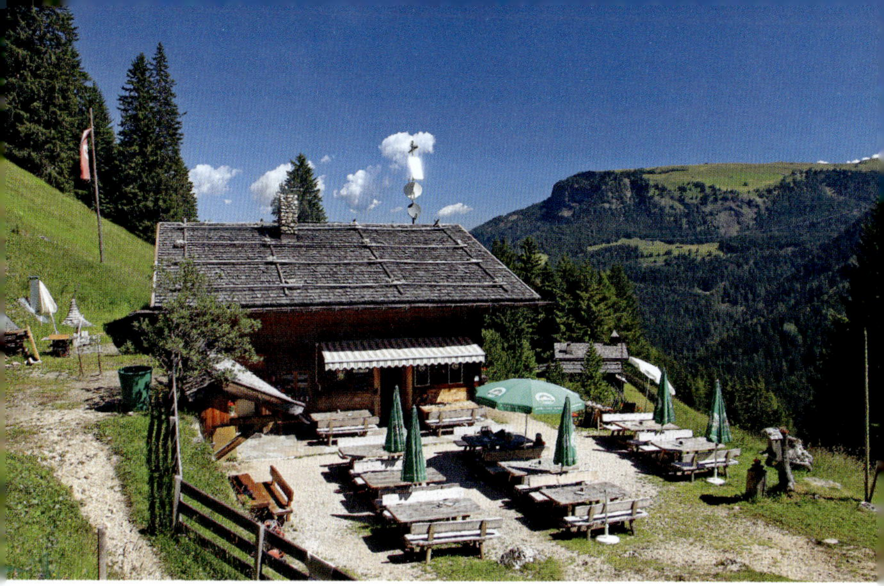

Fast komplett aus Holz: die gemütliche Schlernbödelehütte.

Wir folgen der Bezeichnung Nr. 1 und überschreiten gleich hinter **Bad Ratzes** ❶ den Frötschbach nach rechts. Auf breitem Waldweg taleinwärts bis zur Gabelung auf ca. 1350 Metern ❷. Wir können uns die Richtung nun aussuchen. Rechter Hand steigt man zum Schlernbödele an, und zwar mit etlichen Kehren auf stets gut ausgebautem Weg durch dichten Steilwald. Später wieder südwärts eindrehend und auf die Lichtung mit der **Schlernbödelehütte** ❸, 1693 m, hinaus. Die Nr. 1 ist auch im weiteren Verlauf maßgebend. Wir traversieren die Hänge am Schlernmassiv noch mit leichtem Höhengewinn, überschreiten derweil mehrere Gräben und stoßen bei einem schönen Aussichtspunkt (Rastbank) auf eine Gabelung. Während es rechts aufwärts zum Schlernhaus ginge, wandern wir jetzt mit Nr. 1A leicht abwärts, kreuzen die Quellbäche des Frötschbachs hinüber auf die andere Seite und kommen über die Wiesen zur **Proßliner Schwaige** ❹, 1740 m. Von dort windet sich der Steig geschickt am Rande der Schlucht tiefer, da und dort auch mal Gerinne querend. Schon weit unten wieder über den Bach (P. 1344) und zur Einmündung in den Hinweg ❷ von **Bad Ratzes** ❶.

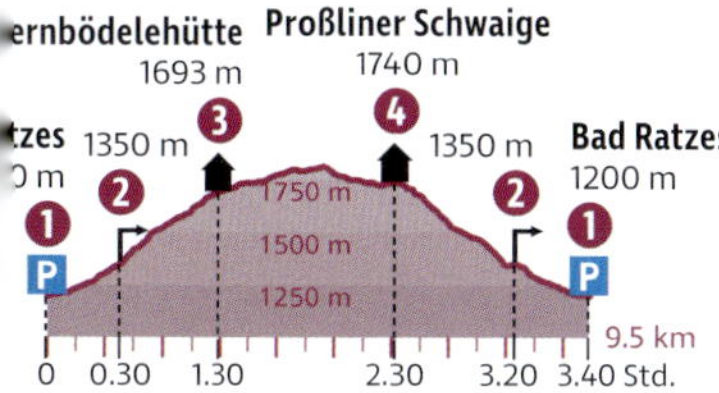

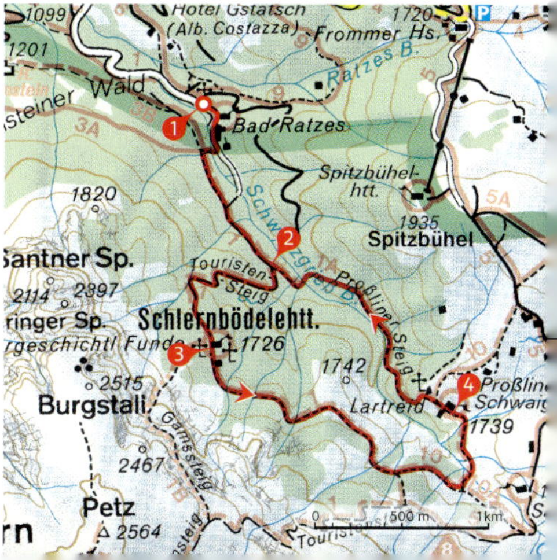

68 Hofer Alpl, 1340 m, und Tuffalm, 1274 m

Rundtour von Ums

3.10 Std. | 8,2 km | ↗450 m | ↘450 m

Die Mittelgebirgsterrasse am Fuße des Schlern

Auf der Mittelgebirgsterrasse um Völs, die ein gutes Stück oberhalb der Talsohle des Eisack gesundes Klima in liebreizender Kulturlandschaft auszeichnet, bewegt man sich fast immer im Bannkreis des Schlern. Diese Prädikate lassen sich auch den beiden Einkehrstationen bescheinigen: Im Hofer Alpl und der Tuffalm kommen regionale Köstlichkeiten auf den Teller, zum Teil aus eigener Landwirtschaft. Und sommers lockt der Völser Weiher zum erfrischenden Bad …

Ausgangspunkt: Ums, 932 m. Zufahrt von Völs bis zum Parkplatz im Weiler (auch Busverkehr im Anschluss an die Hauptlinie von Bozen nach Völs).
Anforderungen: T2. Problemlose Bergwanderwege, seltener Forststraßen, mit meist nur mäßigen Steigungen. Wenig anstrengendes Halbtagespensum.
Karte: Tabacco 1:25.000, Blatt 029 oder 034.

EINKEHR

Hofer Alpl, 1340 m: Anfang April bis Anfang November, Übernachtungsmöglichkeit, Tel. +39 349 4008560, hoferalpl.it.
Tuffalm, 1274 m: fast ganzjährig geöffnet, Tel. +39 0471 726090 oder +39 335 450799, tuffalm.it.

TOUREN

Schlernhaus, 2457 m: Route Nr. 1 (Prügelsteig) über die Sesselschwaige (T2–3), ab Hofer Alpl 3.30 Std., ab Tuffalm 4.00 Std.

Harmonisches Gefüge aus Wiesen, Wald und Felsen.

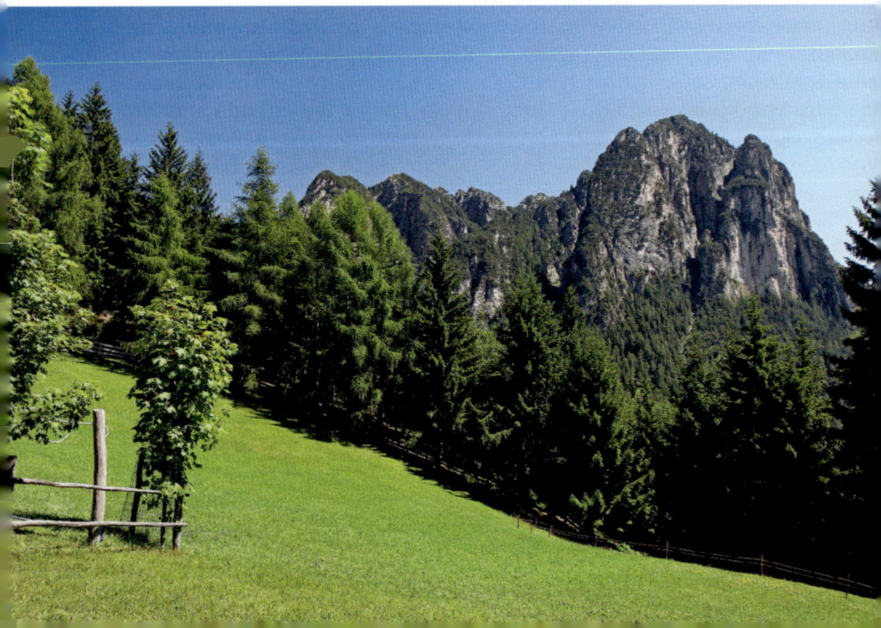

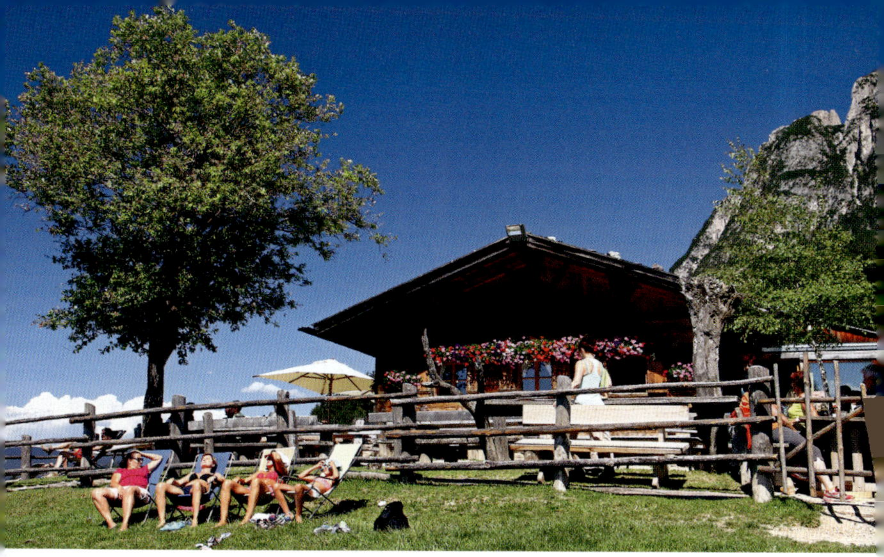

Auf der Tuffalm ist Relaxen angesagt.

In **Ums** ❶ schlagen wir Weg Nr. 3 zum Hofer Alpl ein, zunächst auf Anrainerstraßen mit mehreren Richtungswechseln. Später zieht ein Steig durch abschnittsweise aufgelockerten Wald bergauf, womit wir nach reichlich einer Stunde das beliebte **Hofer Alpl** ❷, 1340 m, erreichen. Etwas höher bei der Gabelung nach links (Nr. 8) und sofort auf den Verbindungssteig (Nr. 1A) Richtung Tuffalm. Nach einer Traverse des Waldhangs erfolgt die Einmündung in die breitere Route Nr. 1. Absteigend geht es über den Völser Bach hinweg und weiter zur Lichtung der **Tuffalm** ❸, 1274 m, deren oft sehr bevölkerte Jausenstation auf einer Wiesenanhöhe steht. Etwas tiefer stoßen wir auf eine Forststraße und tangieren den **Huber Weiher**, der sich binnen 10 Minuten lohnend umrunden lässt. Gleich darauf zweigt links der Rückweg nach Ums ab ❹, doch auch der nahe **Völser Weiher**, lohnt eigentlich noch einen kleinen Abstecher (zwei Gastbetriebe und Freibademöglichkeit). Indem wir mit Nr. 2 südwärts abbiegen, folgen wir zunächst einem Forstweg und dann rechter Hand dem Waldsteig. Hinter dem Völser Bach zu einem Parkplatz, abermals ein Stück weit durchs Gehölz und schließlich durch die Wiesen am Umser Feld zur Bergstraße, die in 5 Minuten zum Weiler **Ums** ❶, führt.

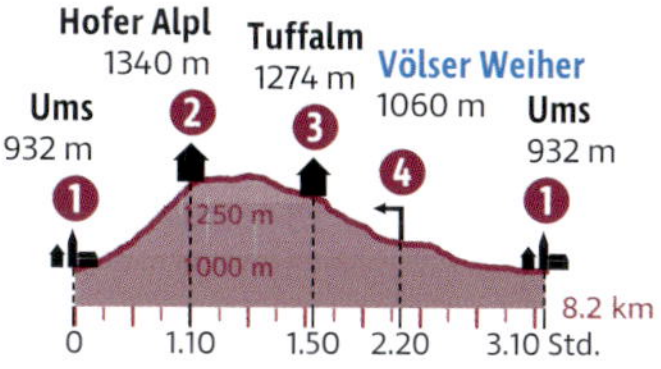

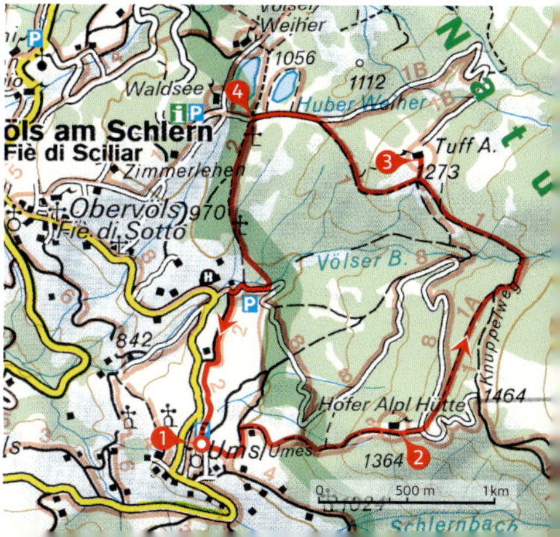

69 Tschafonhütte, 1737 m
Von Weißlahnbad

2.40 Std. | 6,5 km | ↗ 540 m | ↘ 540 m

Ein traditionelles Tierser Kleinod

Schon über 100 Jahre steht die Tschafonhütte auf einer idyllischen Lichtung unter dem massigen Hammerwandzug, direkt nördlich über Tiers. Es ist den Bewirtschaftern hoch anzurechnen, dass bis heute noch kein modernes Gasthaus daraus geworden und auch der jüngste Um- und Ausbau auf behutsame Weise erfolgt ist – mit einem sensiblen Gespür für die Umgebung. Man fühlt sich hier der Tradition verpflichtet, und dazu passt auch die kulinarische Philosophie, die mit eigens angebauten Salaten, Kräutern und Gemüsen einhergeht. Die sonnige, südseitige Lage und das relativ milde Klima des Tierser Tals sind wohl ein Garant dafür, dass der Anbau auch in dieser Höhenlage funktioniert. Als Bergsteigerstützpunkt besitzt die Tschafonhütte sicher nur eine untergeordnete Bedeutung, meist sind es Tagesgäste, die sich hier verwöhnen lassen. Aber warum nicht einmal oben verweilen, zum Sonnenuntergang noch auf die Völseggspitze und anderntags vielleicht die Hammerwand-Überschreitung oder den Übergang zum Schlern anpacken …

Ausgangspunkt: Weißlahnbad, ca. 1200 m, oberhalb von Tiers (bei St. Zyprian links aufwärts abzweigen). Busverbindung von Bozen.
Anforderungen: T1–2. Breiter, aber streckenweise recht steiler Karrenweg, manchmal auch parallel geführter Wanderweg. Lockere Halbtagestour.
Variante: Rundwanderung vom Gasthaus Schönblick (Zufahrt über Völser Aicha).
Karte: Tabacco 1:25.000, Blatt 029.

Das Tierser Tal wird vom Rosengarten beherrscht.

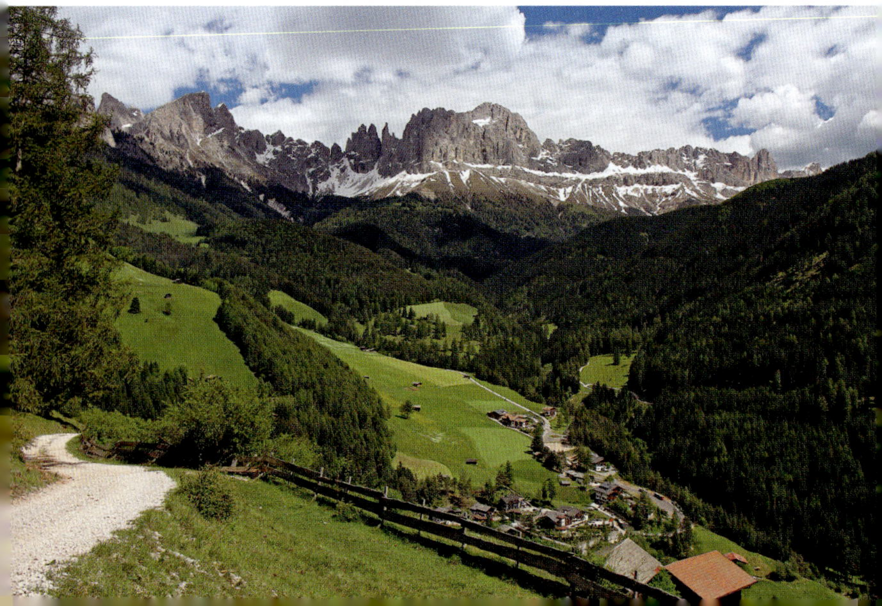

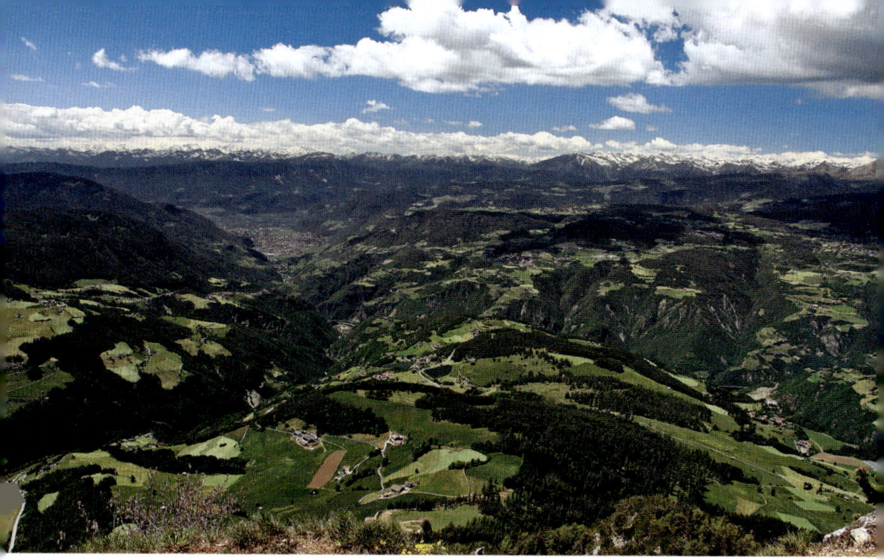

An der Völseggspitze öffnet sich ein toller Blick über weite Bereiche Südtirols.

Der kürzeste Anstieg zur Tschafonhütte beginnt in **Weißlahnbad** ❶, zunächst auf einer Forststraße bis zur Wiese des **Wuhnlegers** ❷, 1403 m, wo man sich rechts aufwärts wendet. Oberhalb einer Schleife gesellt sich die Route Nr. 4 von Tiers dazu, welche zuvor an der Pestkapelle des Heiligen Sebastian Station gemacht hat. Nun kann man je nach Gusto weiter dem teilweise steil anziehenden Güterweg folgen oder auf den Wanderpfad ausweichen. Dieser schlängelt sich durch die bewaldete Südflanke, gibt ab und zu schöne Ausblicke frei und tritt durch ein Gatter auf die Wiesen bei der **Tschafonhütte** ❸, 1737 m. Zurück geht es auf demselben Weg.

EINKEHR

Tschafonhütte, 1737 m: privat, Anfang April bis Anfang November, Übernachtungsmöglichkeit, Tel. +39 347 8131152, schutzhaus-tschafon.com.

TOUREN

Völseggspitze, 1834 m: großartiger Aussichtspunkt nur 20 Min. von der Hütte entfernt.
Hammerwand, 2128 m: alpiner Aufstieg über die Südflanke, 1.30 Std., Überschreitungsmöglichkeit in den Tschafatschsattel und durch die Bärenfalle hinab nach Weißlahnbad (T3–4).
Schlernhaus, 2457 m: entweder mit Traverse der Hammerwand-Westflanke zum Prügelsteig oder über den Hammerwandzug hinweg, ab Sesselschwaige gemeinsam, ca. 4.00 bis 5.00 Std.

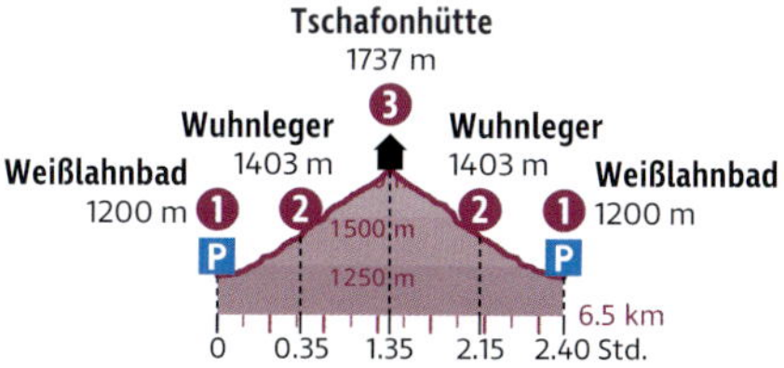

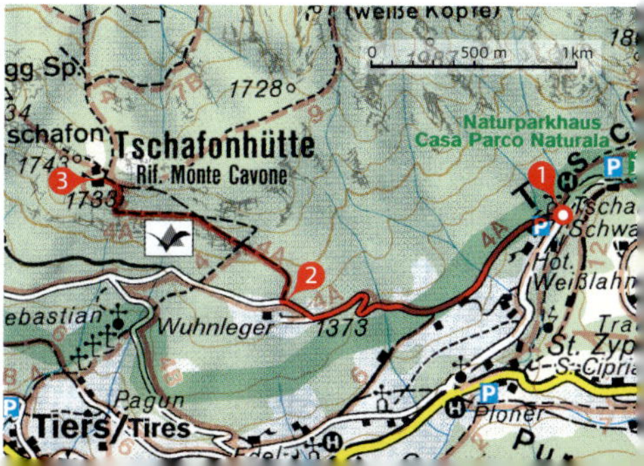

70 Tierser-Alpl-Hütte, 2440 m, und Grasleitenhütte

Durchs Tschamintal und über den Molignonpass

TOP | 8.00 Std. | 18,2 km | ↗1450 m | ↘1450 m

Zwei alpine Hüttengenerationen im Nördlichen Rosengarten

Geografisch schlägt das Tierser-Alpl-Joch die Brücke zwischen dem Rosengarten und dem Schlerngebiet einschließlich der Seiser Alm und verbindet gleichzeitig das Südtiroler Tschamintal mit dem Val Duron auf Fassaner Seite. Die Bedeutung als Knotenpunkt alpiner Wanderrouten untermauerte Max Aichner, als er zwischen 1957 und 1963 an dieser Stelle in aufopferungsvoller Kleinarbeit eine Hütte schuf. Sie etablierte sich rasch, zumal sich der umtriebige Wirt auch bald daran machte, die Umgebung bergsteigerisch attraktiver zu gestalten. Direkt über den Köpfen ragt ja der Zackenkamm der Rosszähne in den Himmel – ideale Linie für einen prickelnden Gratklettersteig hoch über den Wiesenwogen der Seiser Alm. So entstand der pfiffige Maximiliansteig. Mit der Via ferrata Laurenzi am Molignon wurde eine knackige Verbindung hinüber zur Antermoiahütte erschlossen. Im Gegensatz zur Tierser-Alpl-Hütte, die sich heute in modernem Gewand zeigt, ist die Grasleitenhütte wesentlich älteren Datums. Ihr Bau fällt in die klassische Zeit der Gebirgserschließung durch den Alpenverein, genau gesagt 1887 durch die Sektion Leipzig. Die Atmosphäre ist urig, wozu sicher auch die Lage in dem fast schluchtartig zu nennenden Einschnitt zwischen Grasleitenspitzen und Valbonkogeln beiträgt: ein wahrhaft wilder, ganz und gar dolomitisch anmutender Winkel. Beide Hütten lassen sich zu einer spannenden Runde über dem hinteren Tschamintal verknüpfen, wobei zwischendurch der Molignonpass überschritten wird.

Die Hütte am Tierser Alpl gegen die Roterdspitze.

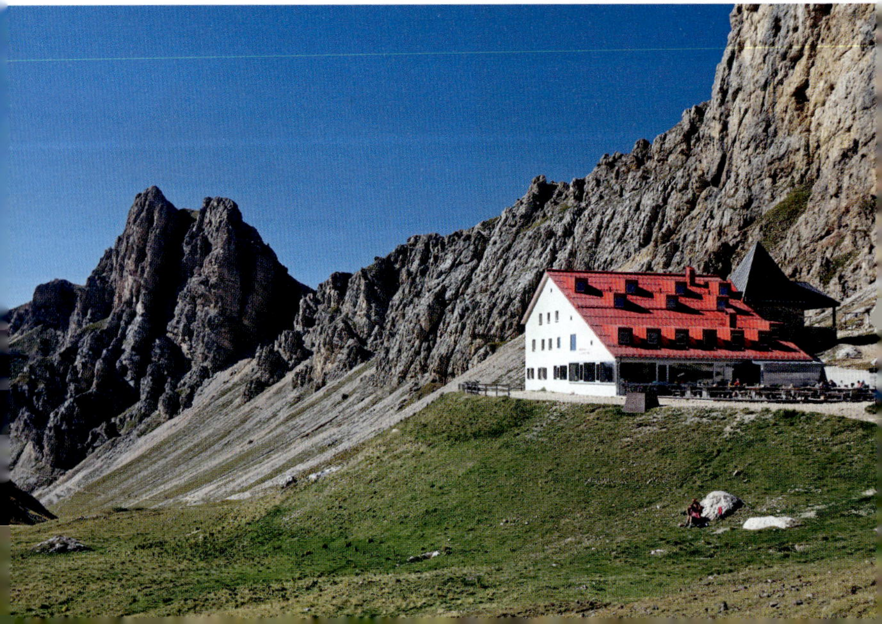

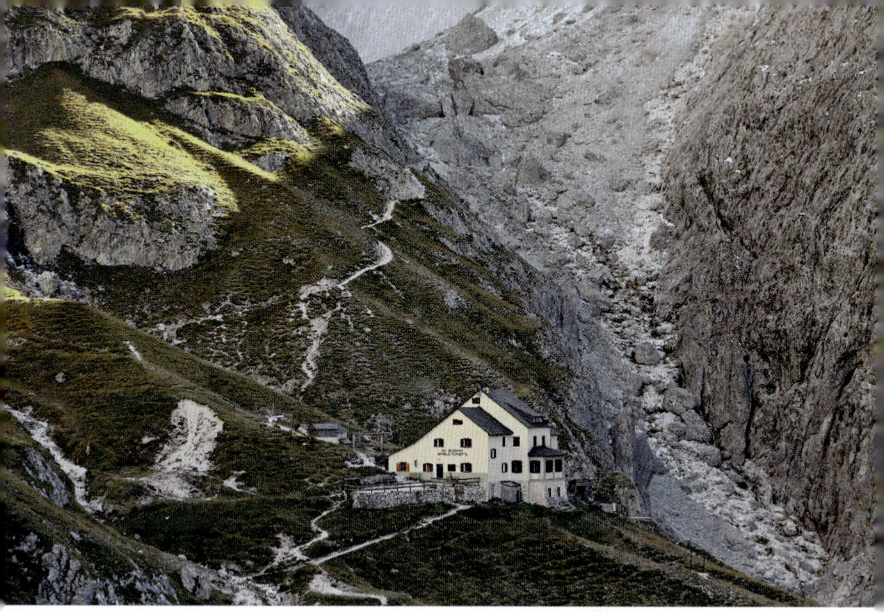

Im grimmigen Grasleitental stoßen wir auf die gleichnamige Hütte.

Ausgangspunkt: Weißlahnbad, ca. 1200 m, oberhalb von Tiers (bei St. Zyprian links aufwärts abzweigen). Busverbindung von Bozen.
Anforderungen: T3. Lange Bergwanderung, zunächst ganz leicht durch ein Hochtal, später jedoch auf alpinen Steigen mit einzelnen gesicherten Stellen. Als Tagestour sehr anstrengend; Entzerrung auf zwei etwa gleichlange Etappen von 4 Std. möglich.

Variante: Das Tierser Alpl kann auch gut von der Seiser Alm aus erwandert werden (Seilbahn von Seis nach Compatsch). Man nimmt die Route über die Roßzahnscharte oder jene über die Mahlknechthütte, ca. 2.30 Std. Mit der Verbindung zum Schlernhaus ergibt sich sogar eine attraktive Rundtourmöglichkeit.
Karte: Tabacco 1:25.000, Blatt 029 oder 05 oder 06.

Vom Parkplatz in **Weißlahnbad** ❶ mit Nr. 3 sogleich hinunter zum Bach, den man bei der **Tschaminschwaige** überschreitet. Nun kurzfristig recht kräftig steigend bis zu einer Forststraße und auf dieser wei-

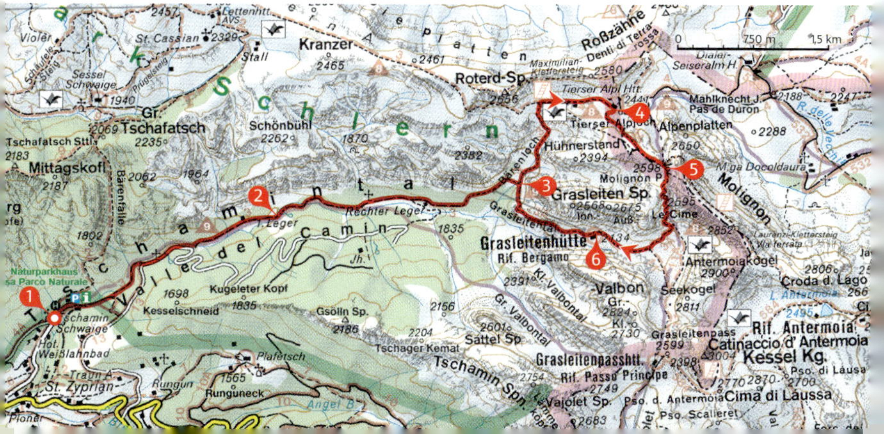

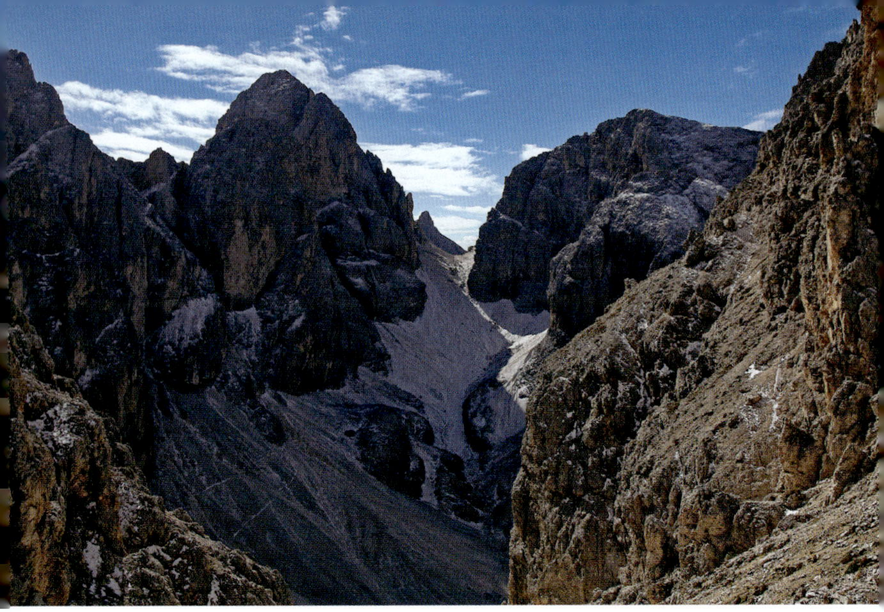

Über den Molignonpass treten wir in den engen Grasleitenkessel ein; gegenüber der Kesselkogel.

ter taleinwärts. Man wechselt dabei mehrmals die Bachseite und kommt zur Lichtung beim **Rechten Leger** ❷, 1603 m, wo sich die imposanten Felsspitzen über dem Talschluss zeigen. Einen knappen Kilometer wandert man noch auf breitem Weg, der anschließend von einem Steig abgelöst wird. Die Route führt gegen den Einschnitt des **Bärenlochs** hinan und gabelt sich auf knapp 1900 Metern ❸. Während es zur Grasleitenhütte rechts weiterginge, steigen wir nun ins Bärenloch ein, wo oberhalb einer begrünten Hangmulde in steileren Schrofenriegeln Sicherungen verbaut sind. Nach dieser »Schlüsselpassage« öffnet sich eine lang gestreckte Hochmulde am Fuß der Roterdspitze. Gemeinsam mit dem vom Schlern kommenden Höhenweg Nr. 4 geht es schließlich in mäßiger Steigung weiter zur **Tierser-Alpl-Hütte** ❹, 2440 m.

Der Übergang zur Grasleitenhütte führt mit Nr. 3A vom Joch südwärts zu einer kleinen Felsbarriere, die mit Drahtseilhilfe rechts haltend über-

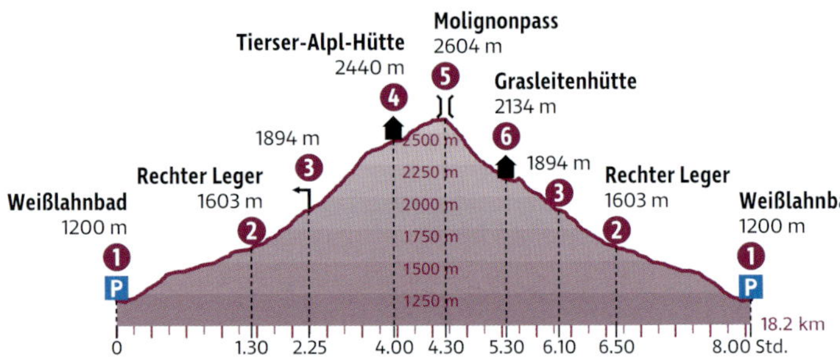

EINKEHR

Tschaminschwaige, 1184 m: Ende Mai bis Anfang November, Mi Ruhetag, Tel. +39 349 2876453 oder +39 349 0694535, tschaminschwaige.com.

Tierser-Alpl-Hütte, 2440 m: privat, Ende Mai bis Mitte Oktober, 76 Schlafplätze, Tel. +39 0471 727958, tierseralpl.com.

Grasleitenhütte, 2134 m: Auton. Prov. Südtirol, Anfang/Mitte Juni bis Anfang Oktober, 80 Schlafplätze, Tel. +39 0471 1632320, grasleitenhuette.com.

TOUREN

Großer Roßzahn, 2653 m, und Roterdspitze, 2655 m: Gratverbindung über den Maximilian-Klettersteig (Grad B, T4–5), als Runde vom Tierser Alpl ca. 2.30 Std.

Schlernhaus, 2457 m: Weg Nr. 4 über das Schlernplateau (T2), 1.45 Std.

Plattkofelhütte, 2300 m: aussichtsreicher Höhenweg in östlicher Richtung (T2), gut 2.00 Std.

Molignon, 2852 m, und Rifugio Antermoia, 2497 m: anspruchsvoller Übergang auf der Via ferrata Laurenzi (Grad D, T6), von Hütte zu Hütte 3.00 Std.

Kesselkogel, 3002 m: höchster Gipfel im Rosengarten, von der Grasleitenhütte zum gleichnamigen Pass und über den Klettersteig an der Westseite (Grad A/B, T4–5), 2.45 Std.

Rifugio Vajolet, 2243 m: über den Grasleitenpass (T3), 2.30 Std.

wunden wird. Eine sanftere Geländeabdachung leitet zum **Molignonpass** ❺, der sich als doppelter Sattel entpuppt – kotiert mit 2598 und 2604 m. Zwischen beiden liegt eine kurze Traverse. Jenseits tauchen wir auf einer Zickzackspur in den fast ringsum von hohen Wänden umschlossenen Grasleitenkessel ab, wobei sich die anfängliche Rinne rasch zu einem Geröllhang weitet. Unter den Felsen dreht man rechts ein und gewahrt nun den schmalen Ausgang des Kessels, wo wir über einige felsdurchsetzte Passagen die **Grasleitenhütte** ❻, 2134 m, erreichen. An den begrünten Rampen zur Rechten zieht die Route tiefer, später um ein markantes Geländeeck herum und zur Mündung des **Bärenlochs** ❸. Im Tschamintal ist der Rückweg schließlich identisch.

Auf den Bergwiesen tummeln sich die Murmeltiere.

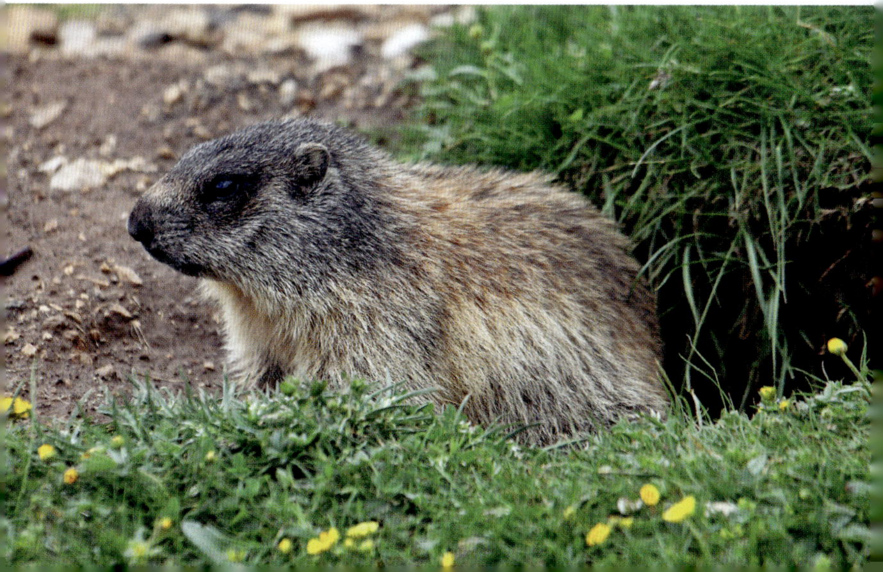

71 Haniger Schwaige, 1904 m, und Plafötschalm

Auf dem Sagenweg

3.15 Std. | 9,6 km | ↗400 m | ↘880 m

Bergromantik vor großer Rosengartenkulisse

Wer je das Alpenglühen am Rosengarten erlebt hat, wird sich vielleicht an die uralte Sage des Zwergenkönigs Laurin erinnern, der nach einer Niederlage im Kampf seinen Rosengarten verwünschte, auf dass er niemals mehr blühen solle, weder bei Tag noch in der Nacht. Doch Laurin vergass bekanntlich die Dämmerung ... Auf einer Wanderung zur Haniger Schwaige und Plafötschalm können wir dieses Flair in uns aufleben lassen, denn Bergromantik hat hier, über dem Tierser Tal, zweifellos eine Heimstatt, wenn wir der mal wuchtigen, mal eleganten Felsarchitektur ansichtig werden und dabei noch eine schmackhafte Südtiroler Marende unseren Gaumen erfreut. Übrigens: Morgens liegt die Flanke im Schatten; das schönste Licht kommt hier erst zu fortgeschrittener Tageszeit ...

Ausgangspunkt: Nigerpass, 1690 m, an der Straßenverbindung zwischen Tiers und Welschnofen (auch Bushaltestelle).
Endpunkt: Haltestelle Runggun, an der gleichen Buslinie von Tiers Richtung Karerpass.
Anforderungen: T2. Teils breite Wirtschaftswege, teils normale Bergwege, wobei auch mal releativ abschüssige Hänge gequert werden. Dank der guten Trassen mit elementarer Trittsicherheit aber kein Problem und auch konditionell moderat.
Karte: Tabacco 1:25.000, Blatt 029 oder 06.

EINKEHR

Haniger Schwaige, 1904 m: Mitte Mai bis Ende Oktober, Tel. +39 348 2463394, hanigerschwaige.com.
Plafötschalm, 1570 m: Mitte Juni bis September, Mo Ruhetag, 12 Schlafplätze, Tel. +39 335 1050988, plafoetsch.com.

TOUREN

Kölner Hütte, 2875 m: von der Haniger Schwaige 2.00 Std.

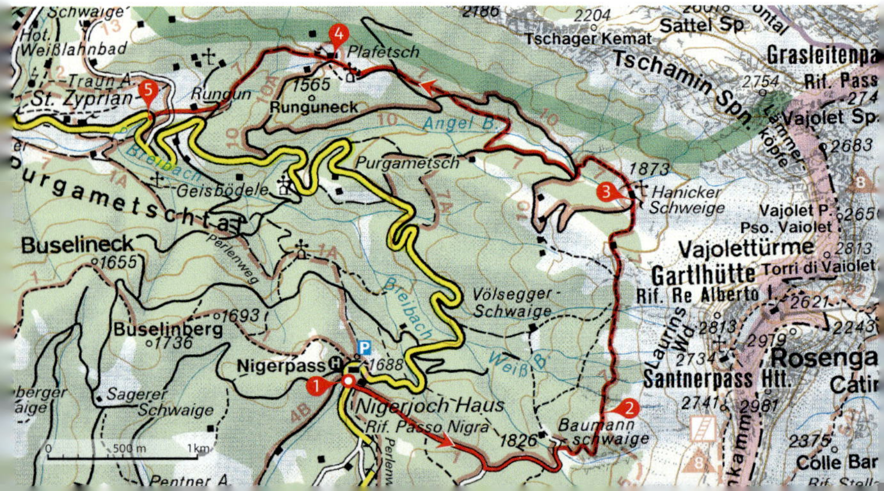

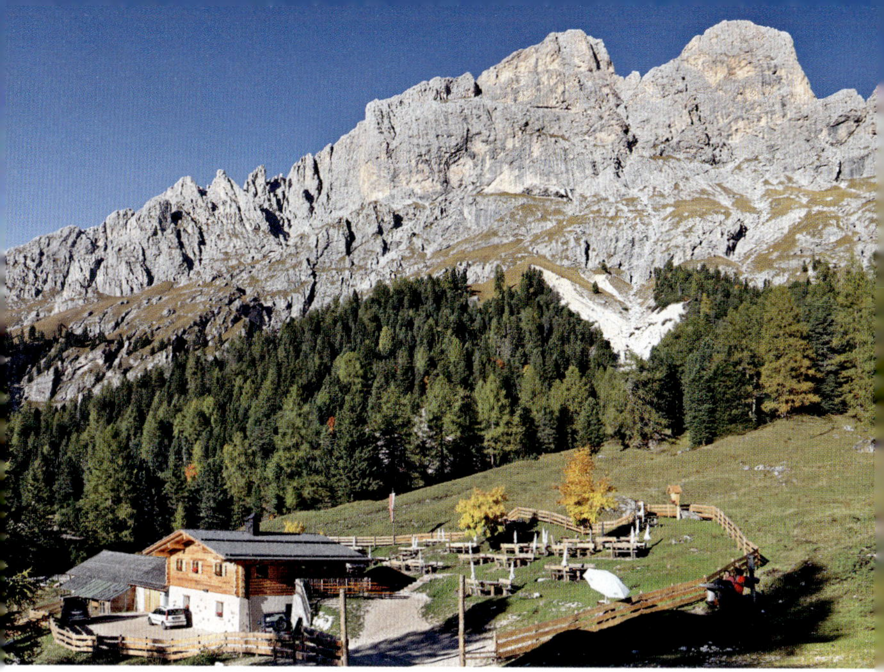

Haniger Schwaige gegen Tschaminspitzen.

Beim Parkplatz am **Nigerpass** ❶ nehmen wir mit Nr. 1 den Sagenweg auf und schreiten auf einer Forststraße zügig bergwärts. Bei der Gabelung mit Nr. 7 links um ein Eck herum und den Graben des Kanzentals kreuzend bis in die Nähe der Baumannschwaige. Kurz davor setzt ein Steig ein, der sich durch lichten Bergwald höher windet und ungefähr an der 2000-Meter-Linie auf einen Querweg trifft ❷ (Rastbank). Nun vollziehen wir eine Hangtraverse gen Norden, verlieren zwischendurch wieder einige Höhenmeter, folgen einer Neutrassierung, um oberhalb einer Rinne vorbeizukommen, und erreichen mit etwas Auf und Ab die zauberhafte Angelwiese. Über die Kante noch leicht bergab zur **Haniger Schwaige** ❸, 1904 m. Der Sagenweg setzt sich als Route Nr. 7 absteigend fort, kreuzt zweimal den Angelbach (dazwischen den scharfen Rechtsknick beachten!) und trifft bei der **Plafötschalm** ❹, 1570 m, ein. Der Auslauf kann wahlweise zu den Bushaltestellen Plafötsch oder **Runggun** ❺ erfolgen oder sogar bis **St. Zyprian**.

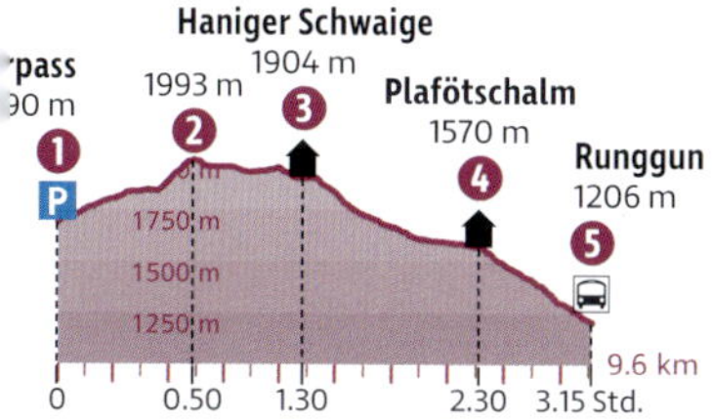

Laurinwand und Rosengartenspitze im Licht der untergehenden Sonne.

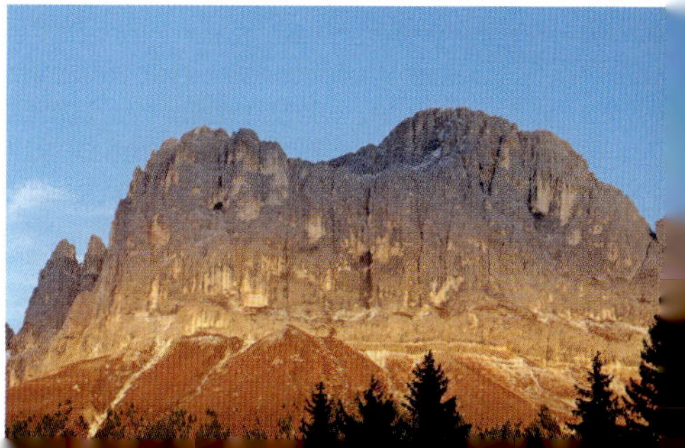

72 Rifugio Torre di Pisa, 2671 m

Mit Rückweg über Mayrlalm und Epircher Laner

4.30 Std. | 11,8 km | ↗ 600 m | ↘ 1140 m

Zur kleinen Hütte am Latemargrat

Das Rifugio Torre di Pisa, benannt nach einem nahen Felsturm, der schiefer anmutet als sein von Menschenhand geschaffenes Pendant in der Toskana, befindet sich ganz knapp auf Trentiner Boden, erhält aber auch von Südtiroler Seite viel Besuch. Acht Jahre lang baute der aus Predazzo stammende Camillo Gabrielli an der Verwirklichung seines Traumes und schuf damit auch im vernachlässigten Latemar einen vollwertigen Stützpunkt für Bergsteiger. Die freie Lage am Kamm des Cavignon eröffnet nicht nur ein tolles Panorama, sondern auch großartige Stimmungen zu Sonnenauf- und -untergang.

Ausgangspunkt: Obereggen, Sesselbahn zur Bergstation Oberholz, 2096 m. Betriebszeiten zwischen Mitte Juni und Anfang Oktober, täglich von 8.30 bis 18 Uhr. Busverbindung von Bozen über Birchabruck.
Anforderungen: T3-. Der Anstieg zum Rifugio Torre di Pisa verläuft auf mittelsteilem Bergweg, für den es elementare Trittsicherheit braucht. Der Rest der Tour ist leicht. Mit Liftunterstützung moderate Tagestour.
Varianten: 1. Aufstieg von Oberholz zur Gamstallscharte (Route Nr. 18) und quasi von hinten zur Hütte.
2. Die reduzierte einfache Almwanderung dauert nur rund 1.45 Std.
Karte: Tabacco 1:25.000, Blatt 029.

Von der Bergstation **Oberholz ❶** kurz zur Route Nr. 22 hinauf, die in leicht ansteigender Querung gen Süden verfolgt wird. Interessant und lehrreich sind die Stationen des »Latemarium natura«. Auf den Abzweig zur Mayrlalm kommen wir erst später zurück – stattdessen weiter mit Nr. 22 abwechselnd aufwärts und querend um einen Hangrücken, bis wir auf Nr. 516 treffen ❷, 2334 m, und uns damit steil bergwärts wenden. Eine vorherige unbezeichnete Pfadabkürzung ist nur sehr Trittsicheren anzuraten. Der Serpentinenweg überwindet nun noch gute 300 Höhenmeter bis zum **Rifugio Torre di Pisa ❸**, 2671 m.
Der Rückweg ist zunächst identisch, dann schwenkt man mit Nr. 23A ins Pistengebiet ein und gelangt rasch zur **Mayrlalm ❹**, 2050 m. Weiter unten wird die Markierung Nr. 9 parallel zur Reiterjochstraße maßgebend

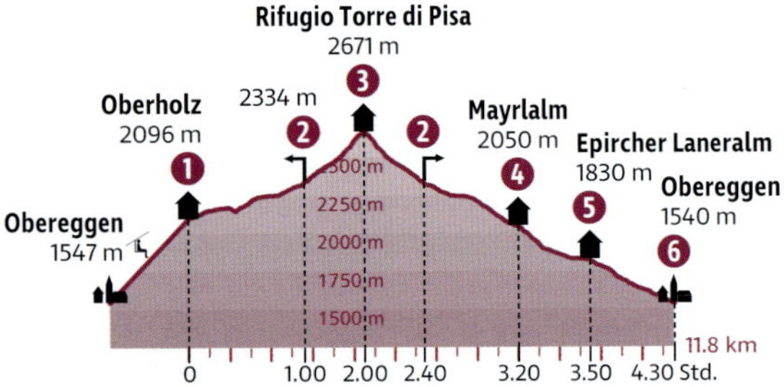

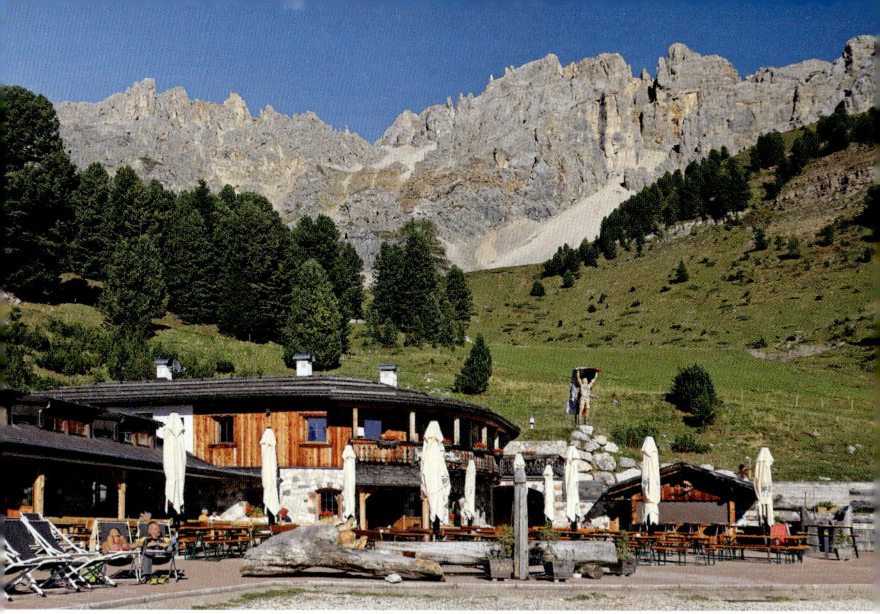

Die Mayrlalm erweist sich als großzügiges Ausflugslokal.

Ab **Epircher Laneralm** ❺, 1830 m, die ebenfalls zu einer großzügigen Gastwirtschaft ausgebaut worden ist, wählt man am besten den Wirtschaftsweg entlang einer Piste, die Richtung **Obereggen** ❻ führt. Zuletzt links abkürzend zur Talstation.

EINKEHR

Berghütte Oberholz, 2096 m: im Sommer und Winter geöffnet, Tel. +39 0471 618299, oberholz.com.
Rifugio Torre di Pisa (Latemarhütte), 2671 m: privat, Mitte Juni bis Anfang/Mitte Oktober, 36 Schlafplätze, Tel. +39 348 3645379, rifigiotorredipisa.it.
Mayrlalm, 2050 m: Mitte Juni bis Anfang Oktober und Anfang Dezember bis Mitte April, Tel. +39 333 6234245, mayrl-alm.com.
Epircher Laneralm, 1830 m: im Sommer und Winter geöffnet, Tel. +39 348 4587337, epircher-laneralm.com.

TOUREN

Via ferrata Campanili del Latemar: abschnittsweise gesicherte Traverse zwischen Rotlahnscharte und Großer Latemarscharte (T5), ab Hütte bis zum Bivacco Rigatti ca. 3.00 Std.
Reiterjochspitze, 2799 m: über die Südseite, stellenweise etwas Kletterei (T4), 1.30 Std.

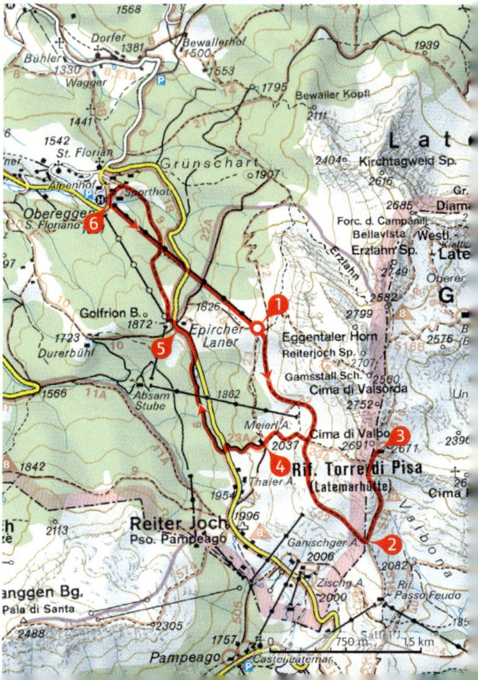

73 Liegalm, 1750 m
Über Heuweg und Protzleitweg

3.00 Std. | 7,9 km | ↗520 m | ↘520 m

Auf den Geländehöhen am Regglberg

Der Regglberg ist quasi das südwestliche Vorland der Dolomiten, eine zumeist sanft gewellte Wald- und Wiesenlandschaft, die eher mittelgebirgstypisch erscheint und zu den großen Bergstöcken Abstand hält. Lediglich das Weißhorn sticht hier mit einem felsigen Antlitz ins Auge. Als schlichte Hochfläche wäre der Regglberg allerdings nicht adäquat beschrieben – es gibt durchaus markante, meist waldbestandene Täler und Gräben. Einen Eindruck davon bekommen wir auf einer Wanderung zur Liegalm, die sich aus dem Schwarzenbachtal etwas ambitionierter gestalten lässt als vom Lavazèjoch aus. Beschaulich bleibt es allemal.

Ausgangspunkt: Hotel Schwarzenbach, ca. 1240 m, an der Straße von Birchabruck hinauf nach Deutschnofen. Hier befindet sich die Bushaltestelle, ein Wanderparkplatz hingegen ein kleines Stück oberhalb bei der Straßenkehre.
Anforderungen: T2. Am Heuweg mittelsteiler Bergweg, am Protzleitweg breiter Forstweg. Halbtageswanderung.
Variante: Vom Lavazèjoch kann man binnen einer guten halben Stunde ganz bequem zur Liegalm wandern (Route Nr. 9).
Karte: Tabacco 1:25.000, Blatt 029.

Auf Höhe des Hotels **Schwarzenbach ❶** schlagen wir scharf links die Nr. 8 ein (anfangs asphaltiert), wandern unterhalb vom Häusler entlang und achten vor einer Brücke auf den Beginn des Heuweges. An der rechts-

Blick vom Heuweg über die Mittelgebirgshöhen Richtung Schlern.

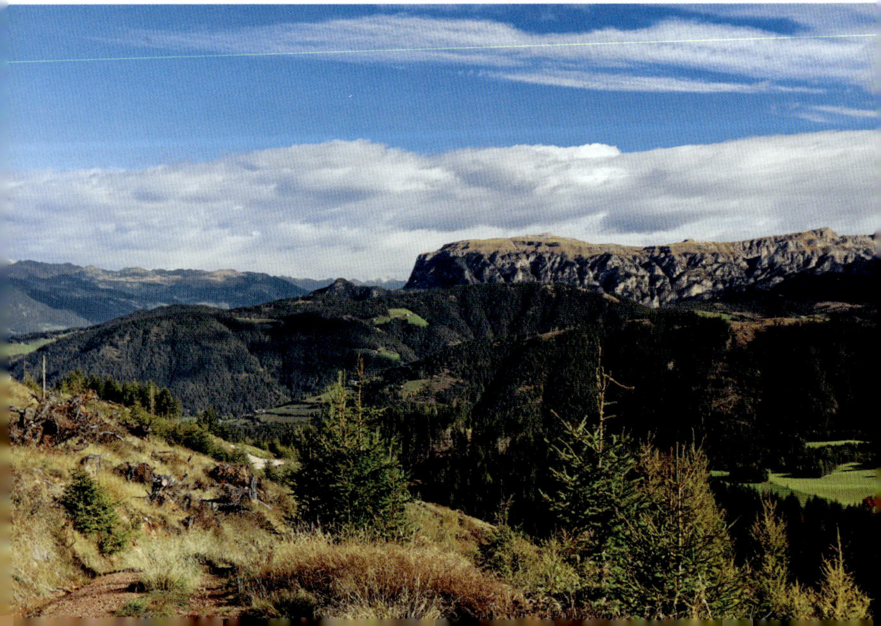

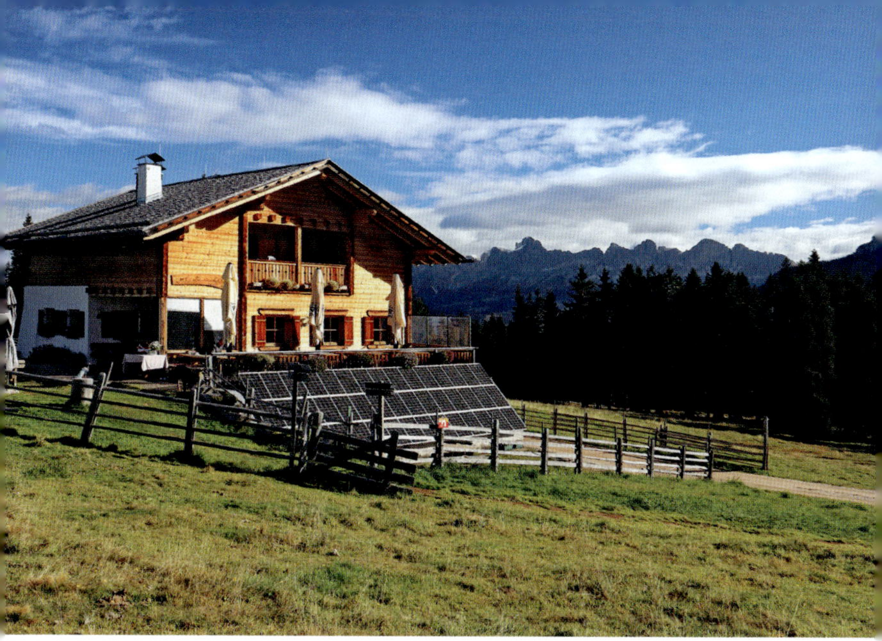

Auf einem idyllischen Wiesenplateau erreichen wir die Liegalm.

seitigen Flanke des vom Liegbach geschaffenen Taleinschnitts geht es eine ganze Weile schräg aufwärts, und zwar in praktisch kaum veränderter Routenführung über zwei Wirtschaftswege hinweg. Im oberen Teil legt sich das Gelände zurück und formiert einen plateauartigen Rücken, auf dem sich die große Lichtung mit der **Liegalm ❷**, 1750 m, befindet.

Für den Rückweg laufen wir ein paar Minuten retour und wenden uns dann links auf den Protzleitweg. Dieser leitet befestigt aus dem Freigelände in Grundrichtung Nordwest in den Wald und schwenkt später immer mehr nach links ins Schwarzenbachtal hinunter. Dort auf der Forststraße hinaus bis zum Parkplatz an der Landstraße (P. 1271) und gegebenenfalls noch kurz weiter bis zur Bushaltestelle.

EINKEHR

Liegalm, 1750 m: Mitte Mai bis Mitte Oktober und zeitweise im Winter, in der Nebensaison Di Ruhetag, Tel. +39 342 3654343.

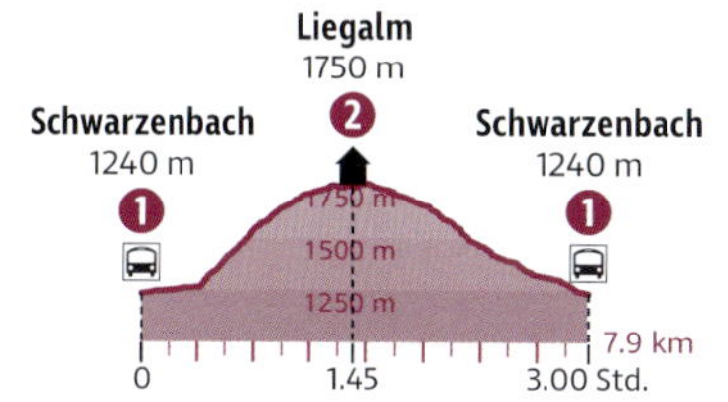

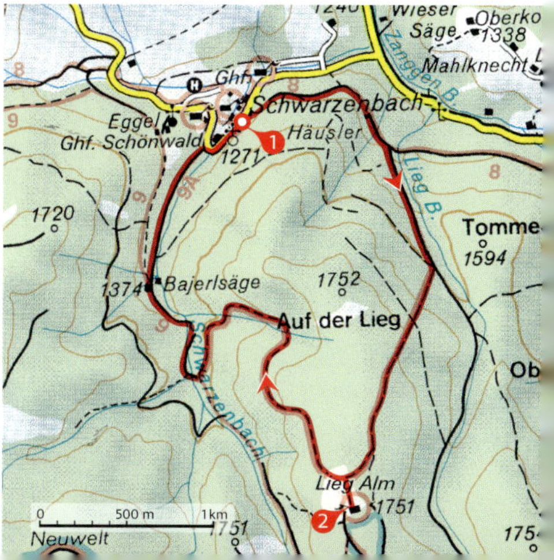

74 Laabalm, Neuhütt und Petersberger Leger
Almrunde bei Deutschnofen

TOP | 2.15 Std. | 6,6 km | ↗300 m | ↘300 m

Das idyllische Wesen des Regglbergs

Drei feine Einkehrmöglichkeiten, jede mit individueller Note, hält diese kompakte Regglberg-Wanderung im Einzugsbereich von Deutschnofen bereit. Sie darf als charakteristisch für die erholsame Mittelgebirgsgegend gelten. Bei Schönwetter – das hier im Süden Südtirols bekanntlich öfters herrscht – sind die Tische meist gut besetzt. Und an Spielmöglichkeiten für den Nachwuchs mangelt es auch nicht.

Ausgangspunkt: Laabalm, 1649 m, südlich von Deutschnofen. Zufahrt über eine kurvenreiche Straße bis kurz vor die Alm gestattet; Bus nur bis Deutschnofen.
Anforderungen: T2. Es überwiegen unbefestigte Wald- und Wiesenwege, relativ gesehen am anspruchsvollsten ist der Wurzelweg beim Abstieg zum Petersberger Leger. Insgesamt aber eine gemäßigte Wanderung, auch konditionell.
Varianten: 1. Zwischen Laabalm und Neuhütt vollständig über den befestigten Weg weiter außen.
2. Als Ausgangspunkt kommt auch Maria Weißenstein infrage; von dort erreicht man den Petersberger Leger binnen 30 Min.
Karte: Tabacco 1:25.000, Blatt 029.

Bei der **Laabalm ❶**, 1649 m, können wir uns entweder für die offiziell ausgeschilderte Route Nr. 1 entscheiden oder vorteilhafter für jene nicht beschilderte, die in der Karte kenntlich gemacht ist und direkter über die Lärchenwiesen am Monte Lavina führt. Damit leicht aufwärts, später vorübergehend in einen Forstweg einmündend und nach einem wei-

Die Almwirtschaft Neuhütt ...

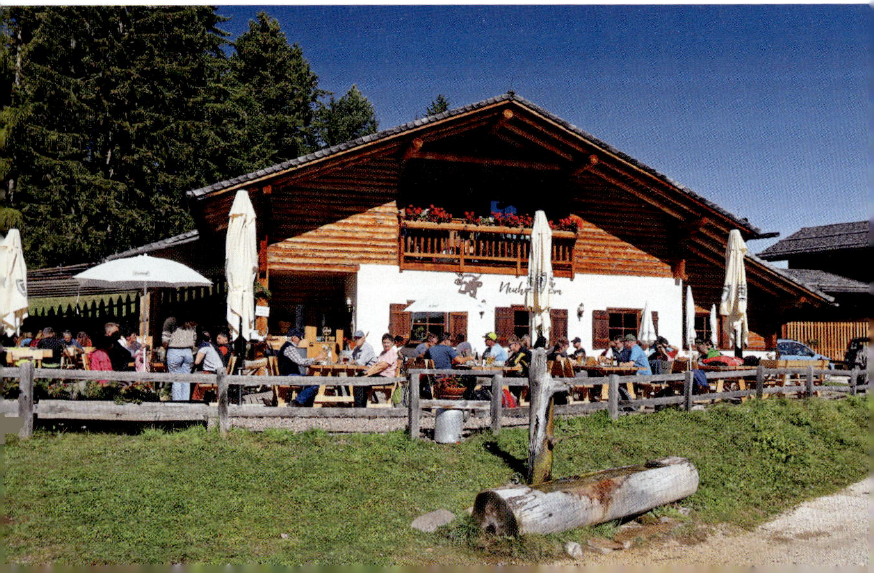

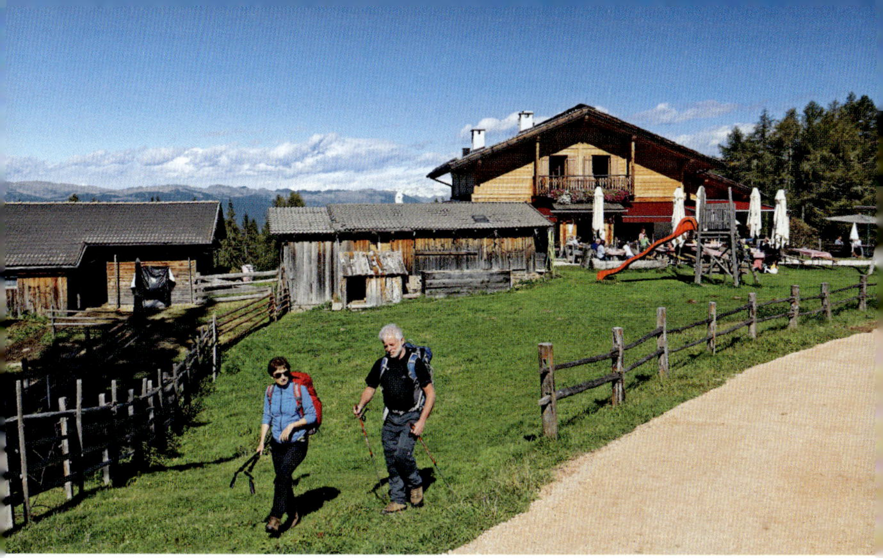

… und die Laabalm locken mit kulinarischen Schmankerln.

teren leichten Bergauf erneut über Weiden bis zum Anschluss an die Umgehung. Mit einem markanten Linksknick und einem Aufwärtsbogen steuern wir nun **Neuhütt ❷**, 1791 m, am höchsten Punkt der Tour an. Kurz dahinter scheren wir aus der Forststraße aus und verlieren auf einem wurzligen Waldweg (Nr. 2) rund 200 Höhenmeter. Die Route flacht ab und leitet schließlich auf die ausgedehnten Wiesen beim **Petersberger Leger ❸**, 1529 m. Zurück Richtung Laabalm müssen nun wieder einige Meter zurückgewonnen werden. Man kommt auf einen breiten Weg (Nr. 1B), beachtet den Rechtsknick, absolviert eine in Schleifen angelegte Aufwärtspassage und schließt auf einem Fahrweg den Kreis.

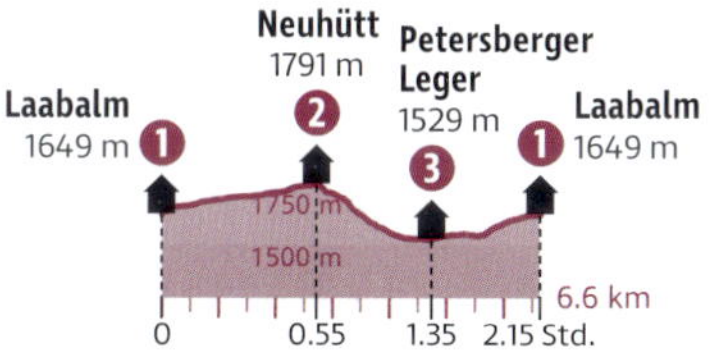

EINKEHR

Laabalm, 1649 m: im Sommer und Winter geöffnet, Mo Ruhetag, Tel. +39 348 7300633, laabalm.com.
Neuhütt-Alm (Capanna Nuova), 1791 m: im Sommer und Winter geöffnet, Di Ruhetag, Tel. +39 340 2377293.
Petersberger Leger, 1529 m: im Sommer und Winter geöffnet, Tel. +39 327 2879294, petersbergerleger.it.

TOUREN

Weißhorn, 2317 m: von Neuhütt über die Route Nr. 5A und 5 nordseitig zum Gipfel (T3), 1.45 Std.

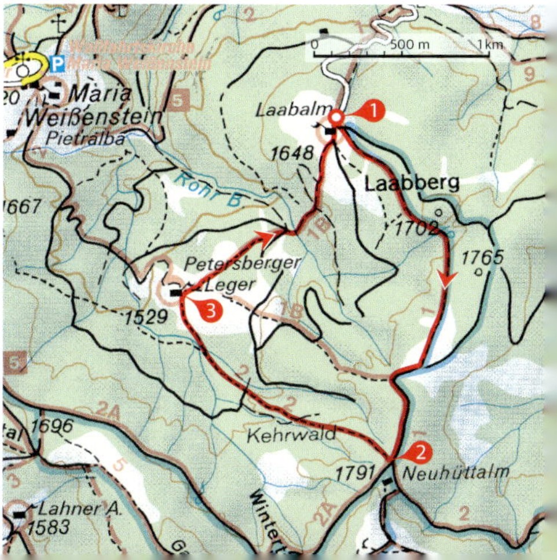

75 Gurndinalm, 1952 m, und Isihütte

Von Radein über Blauweg und Jugendweg

2.40 Std. | 8,1 km | ↗450 m | ↘450 m

Auf der Sonnseite des Weißhorns

Ein Brennpunkt des Wandertourismus am Regglberg befindet sich zweifellos rund ums Weißhorn, von dem westwärts ja auch die berühmte Bletterbachschlucht ausgeht. Bis zum Jochgrimm an der 2000-Meter-Marke kann mit dem Auto gefahren werden – davon profitieren auch der Berggasthof Gurndin und die noch relativ junge Isihütte. Wir wollen allerdings etwas mehr als nur einen kurzen Spaziergang und wählen einen stilleren Zugang von Radein. Freuen dürfen wir uns auf Spezialitäten aus hauseigener Landwirtschaft – vielleicht hat man sogar Glück und auf der Isihütte werden die leckeren Strauben gebacken.

Ausgangspunkt: Oberradein, ca. 1550 m, Parkplatz unweit des Nigglhofes. Busanbindung von der Staatsstraße Auer – Cavalese; nächstgelegene Haltestelle »Radein, Stadt«.
Anforderungen: T2. Waldsteige und Forststraßen gemischt, dabei höchstens mittelsteiles Gelände. Gemäßigte Halbtagestour.
Variante: Am schnellsten sind beide Hütten vom Jochgrimm zu erreichen.
Karte: Tabacco 1:25.000, Blatt 029.

Vom Parkplatz in **Radein ❶** starten wir auf dem Forstweg Nr. 7B und zweigen nach rund 20 Minuten nach rechts auf den Blauweg ab. Dieser sammelt nun an einem Waldhang Höhenmeter, kreuzt weiter oben nochmals einen Forstweg und nähert sich nach einem Rechtsbogen bereits der **Gurndinalm ❷**, 1952 m, in wunderschöner Umgebung an der Waldgrenze. Die Verbindung zur rund 100 Meter tiefer gelegenen **Isihütte ❸**, 1853 m, erfolgt binnen einer halben Stunde über eine Forst-

Am Weißhorn setzt der Erosionstrichter der Bletterbachschlucht an.

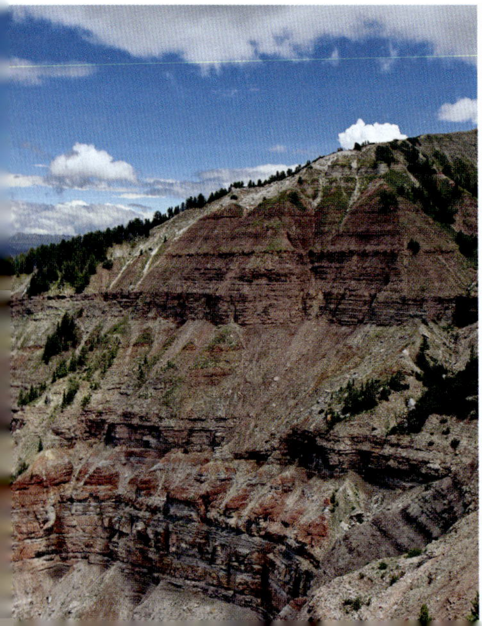

Feuerlilien lieben warme Standorte.

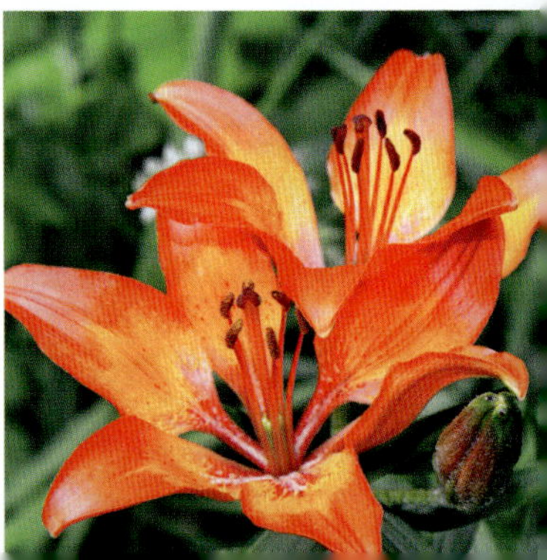

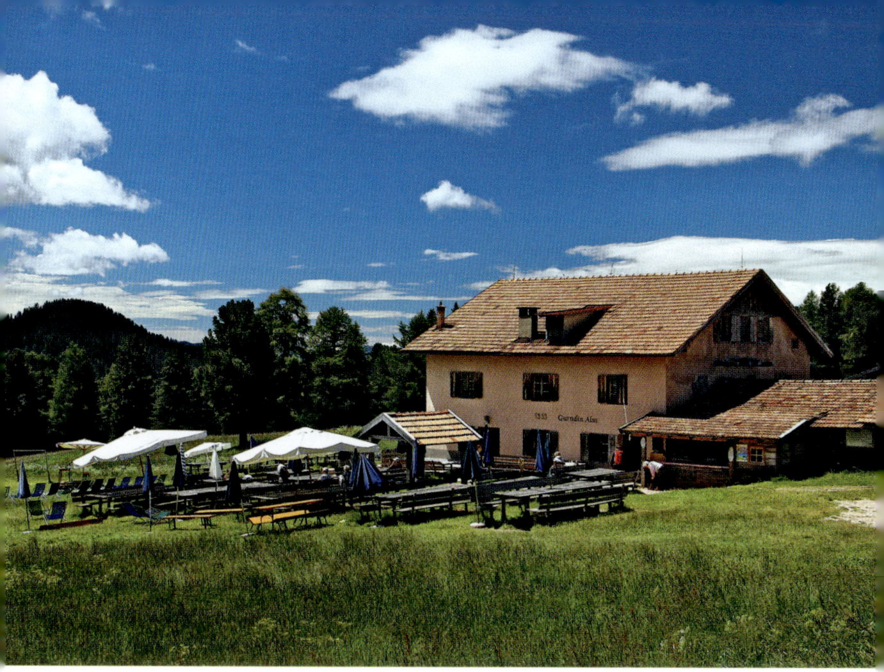

Die Gurndinalm verströmt heiteres Flair.

EINKEHR

Gurndinalm, 1952 m: Mitte Mai bis Anfang November und Mitte Dezember bis Mitte März, Übernachtungsmöglichkeit, Tel. +39 330 765083, gurndinalm.com.

Isihütte, 1850 m: Juni bis Anfang November, Di Ruhetag, Tel. +39 348 8108694, isi.st.

TOUREN

Weißhorn, 2317 m: von der Gurndinalm über die Südwestflanke (T2–3), 1.00 Std.

Schwarzhorn, 2439 m: vom Jochgrimm über die Nordseite oder nach Querung zum Kugeljoch über die Südwestseite (Überschreitungsmöglichkeit).

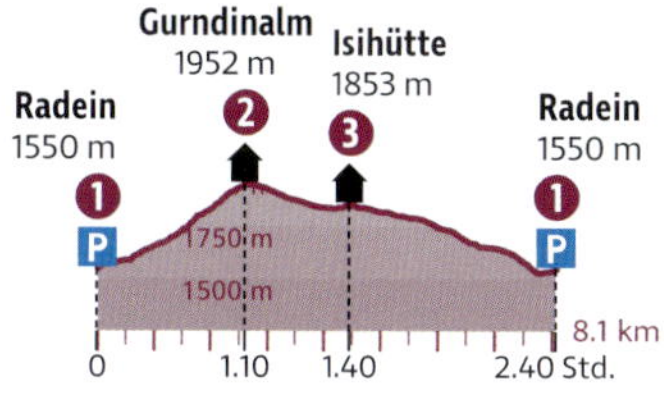

straße, wobei man sich an der Gabelung links hält. Im Abstieg nehmen wir Route Nr. 14 (Jugendweg) auf und wandern durch ein häufiger mal offenes Gelände (Flurname »Niederleg«), dabei zunächst noch auf befestigter Trasse, später auch auf einem schönen Steig. Beim Radeiner Bach stößt man auf die Autostraße und hat schlussendlich noch eine minimale Gegensteigung zurück zum Parkplatz ❶ zu absolvieren.

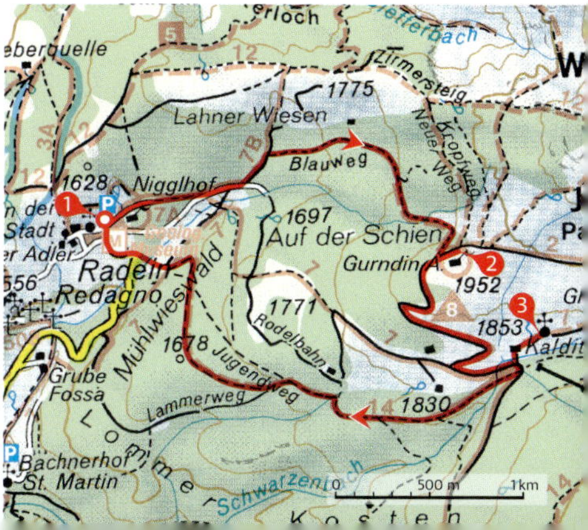

76 Cisloner Alm, 1249 m

Kurzaufstieg von Truden

1.40 Std. | 5,7 km | ↗150 m | ↘150 m

Im Naturpark Trudner Horn

Die Gegend um Truden, schon nah an der Trentiner Grenze und merklich unter deren Einfluss, wie man etwa am Ortsbild ablesen kann, entbehrt zwar weitgehend hochalpiner Eindrücke, ist aber dennoch sehr interessant. Nicht umsonst hat man hier den Naturpark Trudner Horn eingerichtet – es handelt sich quasi um den »Waldpark« Südtirols. Im engeren Einzugsbereich des schmucken Dorfes finden wir die Lichtung der Cisloner Alm als Hort der Friedlichkeit und heiteren südlichen Lebensart. Vor ein paar Jahren wurde das Almgebäude erneuert, der Charme ist geblieben. Vor weitem Horizont lässt sich eine leckere Marende natürlich umso mehr genießen.

Ausgangspunkt: Truden, 1127 m. Mehrere Parkplätze im Ortsbereich, Busanschluss von der Staatsstraße zwischen Auer und Cavalese.
Anforderungen: T1. Relativ kurzer Anstieg über einen geringen Höhenunterschied, entweder ganz oder teilweise auf Fahrweg (kinderwagentauglich) und somit in jeder Hinsicht problemlos.
Variante: Wer ein wenig länger unterwegs sein möchte, kann eine Umrundung des Cislon absolvieren und auf dem beschriebenen Weg am Ende nur absteigen.
Karte: Tabacco 1:25.000, Blatt 049.

Das hübsche Bergdorf Truden ist von einem waldreichen Naturpark umgeben.

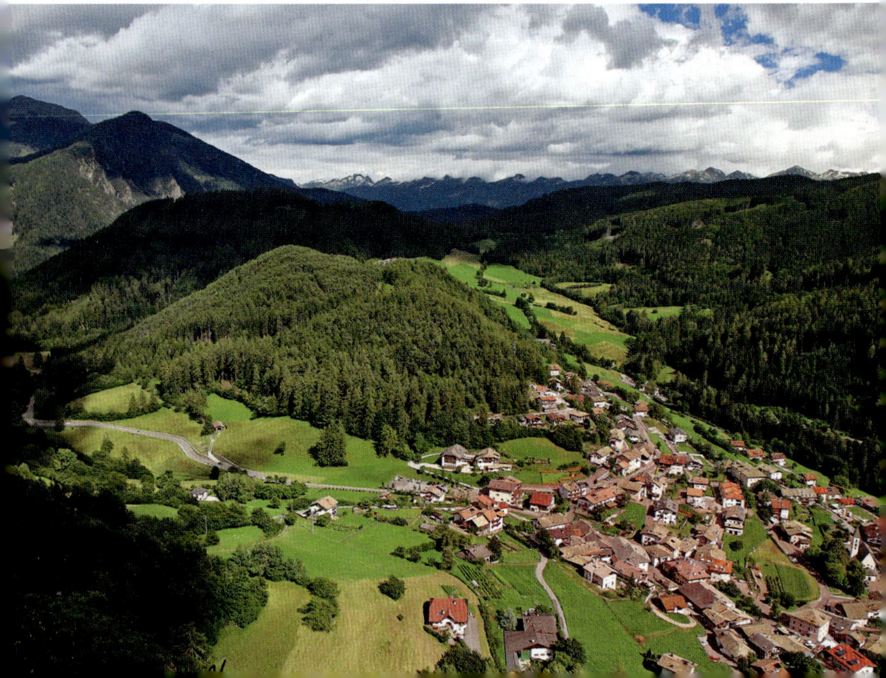

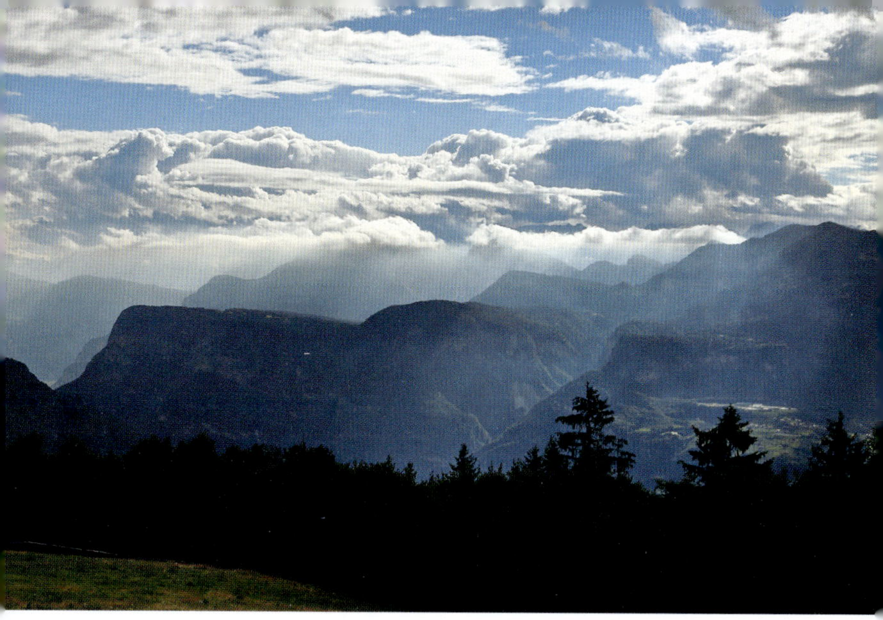

Sommerliche Wolkenstimmung über den Trentiner Bergen.

Der Beginn in **Truden** ❶ hängt vom individuellen Startpunkt ab – jedenfalls kommen wir aus dem Ortszentrum in den Kruegner Weg voran und setzen auf der Forststraße (Nr. 1) am Hang fort. Später kann diese für ein Zwischenstück wahlweise verlassen werden. Bei einem Bildstock aber wieder auf den Wirtschaftsweg, wo ums Eck bereits die **Cisloner Alm** ❷, 1249 m, auftaucht. Der Rückweg verläuft im Prinzip gleich.

EINKEHR

Cisloner Alm, 1249 m: fast ganzjährig geöffnet (Mi Ruhetag, außer zwischen Juli und September), Tel. +39 0471 1889832.

TOUREN

Rund um den Cislon: von Truden über Hochwand und Cisloner Alm (T2–3), knapp 3.00 Std.

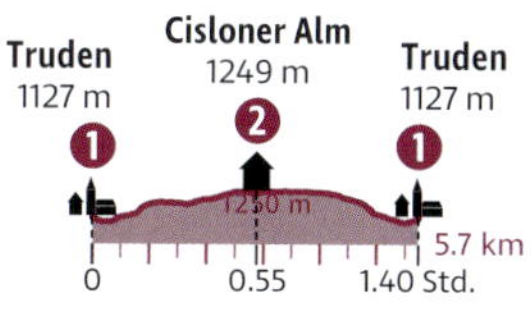

Auf der Cisloner Alm werden Ziegen gehalten.

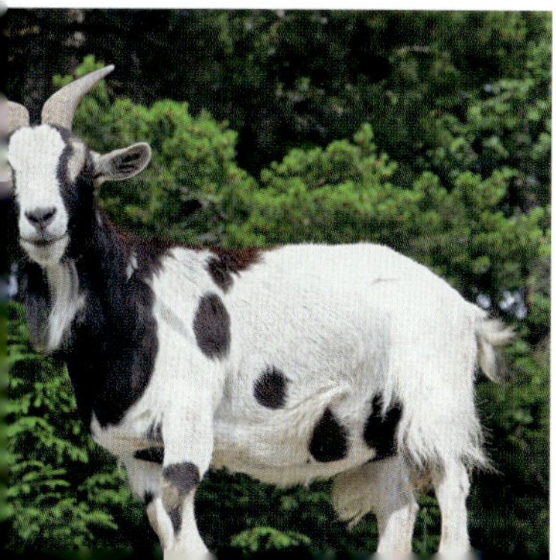

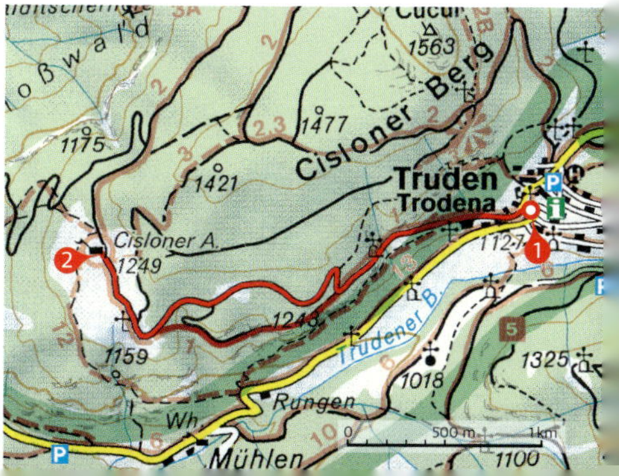

77 Krabesalm und Trudner Hornalm, 1710 m

Rundtour von Truden

4.45 Std. | 13,7 km | ↗750 m | ↘750 m

An der Grenze zum Trentino

Ein weiterer Streifzug durch den Naturpark Trudner Horn! Die Krabesalm liegt geografisch bereits südwärts zum Fleimstal (Val di Fiemme) ausgerichtet – der Blick schweift hier ins Gebiet der Lagoraiberge. Sie gehört administrativ aber noch zu Südtirol, und zwar zur kleinen Gemeinde Altrei, die wie eine Exklave fungiert. Die Trudner Hornalm hingegen hat ihren Standort tatsächlich schon auf Trentiner Boden. Wir können beide in einer Tour zusammenfassen und diese auch von Truden aus starten, was die Anreise womöglich etwas weniger umständlich macht.

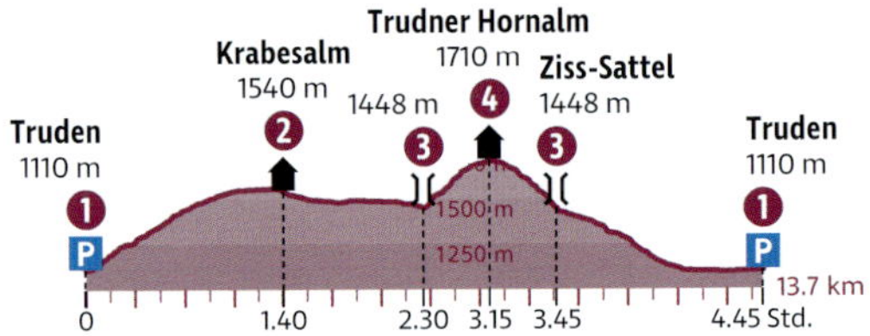

Ausgangspunkt: Truden, am besten die Parkmöglichkeiten bei der Alten Säge, ca. 1110 m, oder am Sportplatz nutzen. Mit Bus startet man im Ortskern.

Anforderungen: T1–2. Forststraßen und kleinere Waldwege gemischt, meist nur mäßig steil und ohne jegliche Hindernisse. Etwas Ausdauer sollte mitgebracht werden.

Variante: Bei Start in Altrei, 1222 m, erreicht man die Krabesalm schon nach 1 Std. Insgesamt verringert sich das Pensum um rund 1 Std.

Karte: Tabacco 1:25.000, Blatt 049.

Trudner Hornalm ...

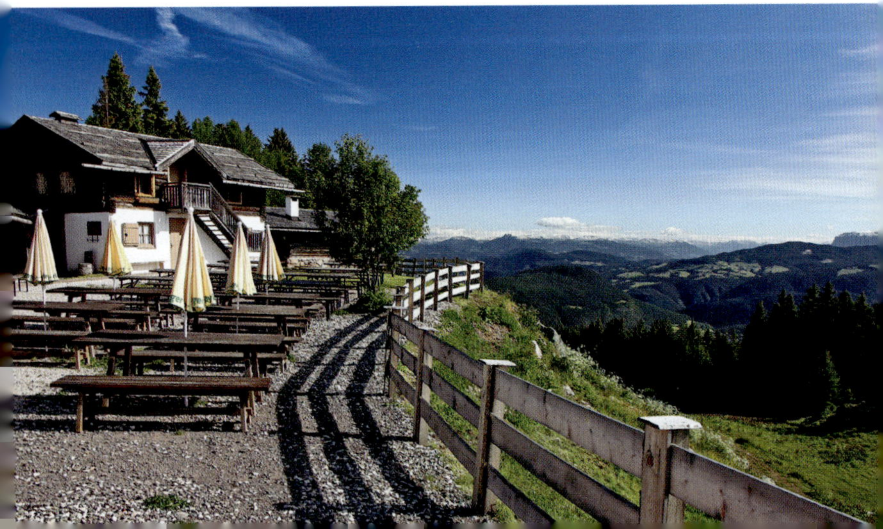

EINKEHR

Krabesalm, 1540 m: Mai bis Oktober, Di Ruhetag (außer im Juli/August), Tel. +39 340 0081212.

Trudner Hornalm, 1710 m: Mitte Mai bis Ende Oktober (mit Übernachtungsmöglichkeit, 9 Schlafplätze), in der Nebensaison Mo Ruhetag, außerdem auch in der Wintersaison bewirtschaftet, Tel. +39 338 1022342 oder +39 0471 869910, zur-muehle.com

In **Truden** orientieren wir uns zur Alten Säge ❶, wo Route Nr. 6 einsetzt. Die Forststraße wird zeitweilig von einem Steig abgekürzt (stets gute Beschilderung). Man kommt damit auf die weithin bewaldeten Mittelgebirgshöhen, nimmt kurzfristig Weg Nr. 4 auf und wendet sich dann südwärts auf einen kleinen Wanderweg. Über den Scheitelpunkt der Tour erreichen wir eine Lichtung und die sehr idyllisch gelegene **Krabesalm** ❷, 1540 m. Für die Fortsetzung wählen wir zunächst Weg Nr. 9, der teils als Forststraße, teils als Waldwanderweg insgesamt minimal fallend die Hänge des Gampenplateaus Richtung **Ziss-Sattel** ❸, 1448 m, quert. Von dort lässt sich auch die **Trudner Hornalm** ❹, 1710 m, einbinden. Mehrere Serpentinen des Zubringersträßchens werden abgeschnitten, zuletzt auf diesem mit einem Rechtsbogen zum Ziel. Zurück am Ziss-Sattel bleiben wir am E5 und folgen der Forststraße nordwärts. Nach einer zwischenzeitlichen Abkürzung wird der Einschnitt des Kaltwassertals passiert, ehe wir in der Nähe des Trudener Sportplatzes herauskommen und gegebenenfalls rechts zur Alten Säge ❶ abdrehen.

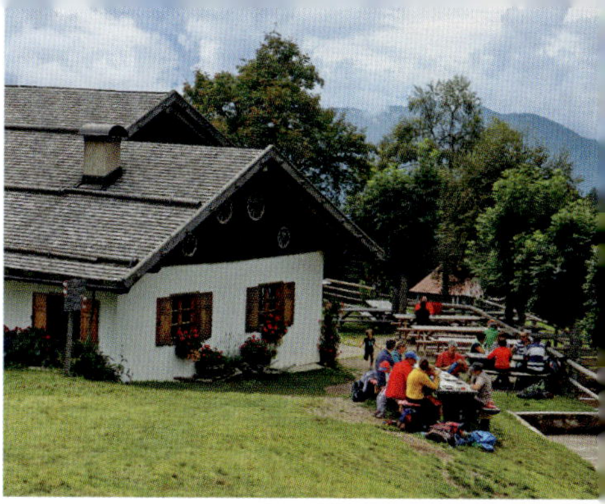

... und Krabesalm gehören zu den schönsten Wanderzielen im Süden Südtirols.

Eine farbenfrohe Waldlichtung.

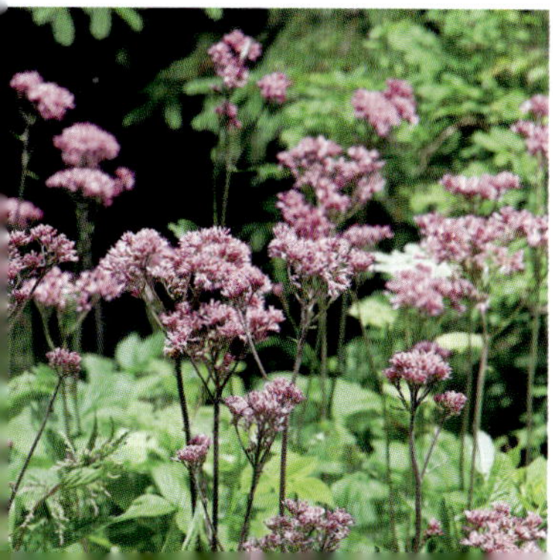

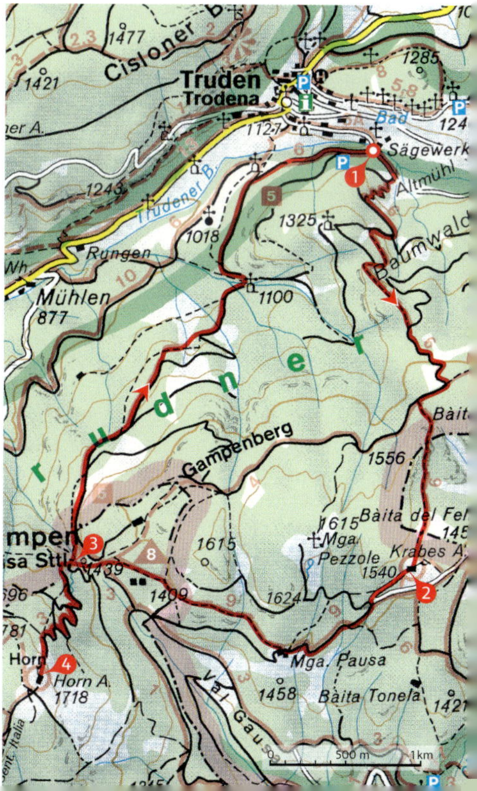

Stichwortverzeichnis

Impressum

Umschlagbild: Die Drei-Zinnen-Hütte am Fuß des Sextner Steins.

Bild im Innentitel: Auf dem Weg zur Haniger Schwaige im Rosengarten.

Bild Seiten 38/39: Das Schlernhaus vor der großartigen Rosengarten-Kulisse.

Alle 277 Fotos von Mark Zahel.

Kartografie: 77 Wanderkärtchen im Maßstab 1:50.000 / 1:75.000 sowie
2 Übersichtskärtchen im Maßstab 1:500.000 und 1:1.200.000

Werk-Nr.: 3316

Die Ausarbeitung aller in diesem Führer beschriebenen Touren erfolgte nach bestem Wissen und Gewissen des Autors. Die Benützung dieses Führers geschieht auf eigenes Risiko. Soweit gesetzlich zulässig, wird eine Haftung für etwaige Unfälle und Schäden jeder Art aus keinem Rechtsgrund übernommen.

1. Auflage 2024

ISBN 978-3-7633-3316-5

MIX
Papier | Fördert gute Waldnutzung
FSC® C147178

Wir freuen uns über jeden Korrekturhinweis zu diesem Wanderbuch!
Bitte per E-Mail an: **leserzuschrift@rother.de**

ROTHER BERGVERLAG · Keltenring 17 · D-82041 Oberhaching
Tel. +49 89 608669-0 · www.rother.de